김정은의 전략과 북한

세계정치 34

김정은의 전략과 북한

발행인 서울대학교 국제문제연구소
주소 서울시 관악구 관악로 1(220동 504호)
전화 02-880-6311
팩스 02-872-4115
전자우편 ciscis@snu.ac.kr

2021년 4월 21일 초판 1쇄 찍음
2021년 4월 30일 초판 1쇄 펴냄

지은이 정영철, 강혜석, 안경모, 전영선, 장철운, 김기헌, 최은주, 변학문, 이경수, 최형화
기획 서울대학교 국제문제연구소
책임편집 정영철

편집 김천희
디자인 김진운
마케팅 최민규
펴낸곳 (주)사회평론아카데미
펴낸이 윤철호, 고하영
등록번호 2013-000247(2013년 8월 23일)
전화 02-326-1545(영업) 02-326-0333(편집) 팩스 02-326-1626
주소 서울시 마포구 월드컵북로6길 56
이메일 academy@sapyoung.com 홈페이지 www.sapyoung.com

ISBN 979-11-6707-006-7 94340

세계정치 34

김정은의 전략과 북한

서울대학교 국제문제연구소 편
정영철 책임편집

사회평론아카데미

* 이 저서는 2019년도 서울대학교 미래 기초학문 분야 기반조성 사업의 지원을 받아 수행된 연구 결과물임.

서문

김정은의 전략과 북한

여기에 실린 글들은 김정은 등장 이후, 북한의 변화를 살펴본 것들이다. 지금까지 우리는 북한에 대해 지나치게 핵과 미사일 문제에만 집중해왔다. 2012년 김정은의 등장 이후, 2017년 화성-15형 미사일 발사 시험, 그리고 마침내 '핵무력 완성'을 선언하기까지 미친듯이 폭주해왔던 것을 생각하면, 이러한 연구-분석 경향이 잘못되었다고 보기는 힘들다. 실제 김정은 등장 이후, 4차례에 걸친 핵 시험과 광명성 2호부터 시작하여 4호까지의 위성 발사 시험, 북극성, 화성 등의 미사일 발사 시험 등이 정신없이 이어졌다. 이러한 사정은 우리로 하여금 그 무엇보다 먼저 북한의 핵과 미사일 문제에 집중하도록 만들었고, 실제 핵과 미사일의 뒤편에서 벌어지고 있는 북한의 이데올로기, 정치, 경제, 과학, 사회문화 등에 대해서는 눈을 감도록 만들었다.

따지고 보면, 소위 말하는 '북한 핵' 문제는 1989년부터 불거지기 시작하여 1990년대 이래 지속적으로 한반도의 핵심 의제가 되어왔다. 벌써 한 세대가 넘게 풀리지 않는 문제가 되어 있는 셈이다. 더욱이 미-중 간의 갈등과 겹쳐지면서 '북한 핵' 문제는 '북한' 문제로 전변되었으며, 마치 냉전시대의 북-중-러(소) 그리고 한-미-일 간의 갈등을 상기시키는 새로운 동북아시아의 대결 구조를 만들어왔다.

김정은의 등장은 북한 사회에 새로운 세대, 새로운 문화, 즉 새로운 시대가 등장했음을 의미한다. 실제, 김정은의 등장 이후, 북한 사회는－비록 우리에게는 잘 알려지지 않고 있지만－여러 방면에서 변화하고 있다. 김정은 등장 초기, 마치 충격요법(shock therapy)처럼 다가온 모란봉 악단의 등장에서부터, 광명성 3호기-1호기 발사 실패를 곧바로 인정하는 모습, 부인 리설주의 등장과 최고지도자 부부가 대중 앞에서 공개적으로 모습을 드러내는 등, 이전에는 상상하기 힘들었던 북한의 모습이 나타났다. 단지 문화적인 부문만이 아니라 경제적으로는 전국의 주요 지점을 특구-개발구로 지정하고, 기업과 생산단위에 자율권을 대폭적으로 확대하는 모습, 시장을 활성화시키고 시장을 통한 경제적 활력을 추구하는 모습 등은 형식적인 변화가 아니라 내부적으로 '새로운 북한'을 만들고자 하는 김정은의 전략이 조용히 그러나 지속적으로 추진되고 있음을 보여주는 사례라 할 것이다.

여기에 실린 글들은 바로 이러한 김정은 시대의 변화의 모습을 이데올로기, 경제, 과학기술, 군사, 사회문화, 그리고 중앙과 지방의 관계로부터 살펴보고 있다. 가장 먼저, 정영철은 김정은 시대의 국가전략을 살펴보고 있다. 그는 지금까지의 북한의 딜레마를 '안보-발전'의 문제에 있다고 보고, 김정은의 새로운 국가전략은 안보 문제의 근본적인 해결, 그리고 경제발전에의 매진이라고 분석한다. 이를 위해 김정은은 1990년대 이래의 선군정치를 사실상 마감하고 '발전'을 중심에 두는 전략으로 전환했다고 진단한다. 2018년 남북관계의 대전환, 그리고 역사적인 북미 정상회담 등을 통해 안보 문제의 근본적인 해결을 추진했던 근원에 이와 같은 북한의 '대전략'이 작동하고 있었음을 보여주고, 2019년 이후 '하노이 교착' 이후에도 이러한 북한의 전략이 근본적으로는 변하지 않고 있다고 주장한다. 이러한 연장선에서 올 초에 있었던 8차 당대회는 '발전'을 위한 내부의 정비이자 내부의 동원을 통한 '발전'의 추구가 극명하게 드러난 것이라고 본다.

강혜석·안경모의 글은 김정은 시대의 이데올로기적 변화를 다루고 있다. 김정일 시대의 '선군'을 뒤로하고, '국가와 인민'을 전면에 내세우는 이데올로기적 변화를 추구하고 있다고 진단한다. 올 초의 8차 당대회에서 천명한 '인민대중제일주의 정치' 역시 그와 같은 연속선에 있음을 주장하고 있다. 북한의 이러한 이데올로기적 변화는 혁명, 안보 등에서 발전, 그리고 복지로의 변화를 함축하고 있다는 것이다. 김일성 시대의 주체사상, 김정일 시대의 선군사상, 그리고 김정은 시대의 국가와 인민을 중심에 놓는 이데올로기적 변화는 김일성-김정일주의의 순수 이데올로기의 정식화와 함께, 결국에는 인민 제일주의라는 새로운 실천 이데올로기의 등장을 의미하며, 이의 궁극적인 목적은 결국 인민생활 향상으로 모아진다는 것이다.

전영선의 글은 지난 7차 당대회에서 제기했던 '사회주의 문명국' 건설을 다루고 있다. 그는 김정은 시대의 문화는 과거 김정일 이전 시기의 '개인 희생'에 기초한 집단주의 문화에 비해 '자신의 욕망을 분출'하는 방식으로 변화하고 있다고 진단한다. 그러면서 새로운 시대에 맞게 의식의 전화, 과학과 교육을 통한 사회 발전을 추구하면서 세계의 당당한 국가로 나서고자 하는 의지를 보여주고 있다고 진단한다. 다만, 이를 위해서는 경제의 활성화 및 인민생활에 대한 통제가 관건이라고 주장하면서, 대외적인 환경 개선이 필수적이라고 주장한다. 이는 곧 2018년 왜, 북한이 대담한 전환에 나서게 되었는가에 대한 사회문화적인 측면에서의 진단이라고 할 것이다.

장철운의 글은 핵과 미사일 이 외에 북한의 군사 부문에 대한 변화를 분석하고 있다. 핵과 미사일의 고도화에 집중하면서 그간 소홀히 다루어져왔던 북한 군의 모습이 지난 당 창건 75주년 열병식을 통해 재래식 전력의 현대화에서도 상당하게 진척되어 왔음을 지적하고, 이를 가능케 했던 요인들을 분석하고 있다. 특히, 김정은 시대의 군의 변화는 이미 김정일 시기부터 추진되어 왔을 가능성이 높고, 우리가 이를 인지하지 못했다고 주장한다. 이제부터라도 핵과 미사일 이 외에 북한 군의 변화를 진지하게 따져보아야 한다는 주장이다. 그리고 중요하게는 이러한 변화에 큰 영향을 미치고 있는 것이 다름아닌 남한의 군비증강이라고 주장한다. 이 외에도 김정은 시대의 군의 변화로 군수와 민수의 관계, 최고지도자의 군 및 군 경제 분야에 대한 지도, 투명성의 증대 등을 꼽고 있다.

김기헌의 글은 북한의 경제를 살펴보고 있는데, 특이하게도 '화폐'를 중심에 놓고 북한 경제를 분석하고 있다. 일반적으로 사회주의 국가에서 화폐는 보조적인 역할에 머무는 것으로 인식되어 왔다. 그러나 김기헌의 글은 사회주의 국가 북한에서도 생산과 재생산에 '화폐'가 핵심적인 역할을 하고 있음을 보여주고 있다. 일명 SFC 모델(Stock-Flow Consistency Model)을 통해 북한 경제를 화폐의 생산과 흐름을 중심으로 분석하고 있다. 김정은 시대의 '사회주의기업책임관리제' 등의 경제 관리의 변화의 핵심에 이러한 '화폐'의 새로운 흐름이 놓여 있다는 주장이다. 김기헌의 글은 지금까지 북한의 경제를 계획과 시장, 공급과 부족의 측면에서 주로 논의해왔던 경향을 벗어나 새로운 '북한 경제 읽기'를 시도하고 있다고 할 수 있다.

이어지는 최은주의 글은 북한의 경제제도가 김정은 시대에 들어와 어떻게 변화하고 있는지를 추적하고 있다. 계획과 시장, 분권화와 자율성, 국가의 전략이라는 측면에서 북한의 경제제도가 어떻게 변화하고 있는지를 보여주고 있다. 많은 북한 경제 연구자들이 북한 경제를 시장화, 정보화 등으로 규정하고 있는데, 최은주의 글 역시 그러한 경향에는 동의하지만, 동시에 김정은 시대에 '국가, 즉 정부'가 주도하고, 우위에 서는 모습을 보여주고 있다고 진단한다. 즉, 정부 주도의 시장의 활성화, 분권화와 자율성의 증대, 그리고 이를 국가 전략으로 포섭하고 있다고 주장한다. 결국 현재 북한 경제의 변화는 시장에 따라 가는 정부가 아니라 오히려 정부가 주도하는 시장이라고 할 수 있는 것이다.

변학문의 글은 김정은 시대의 과학기술 정책에 대한 평가와 전망에 대한 것이다. 김정은 시대의 두드러진 특징의 하나는 과학기술을 대단히 강조하고 있다는 점이다. 물론, 북한은 지난 70여 년 동안 과학기술을 강조해왔다. 그러나 김정은 시대의 달라진 지점은 이를 독자적인 강국 건설의 하나로 주장하고 있다는 점이다. 지난 2016년 당 7차대회에서는 과학기술강국을 '5대 강국'의 하나로 규정한 바 있다. 김정은 시대의 10여 년에 걸친 과학기술에 대한 강조는 소기의 성과를 내는 데서는 실패한 것으로 평가한다. 그럼에도 불구하고 일정 수준의 발전, 과학교육에서의 진전, 생산의 현대화와 정보화 등의 성과를 부정하기는 어렵다. 대외적인 제재와 고립 속에서 북한은 앞으로도 지속적으로 과학기술을 강조할 것이다. 그리고 이에 기초한 혁신을 요구할 것이다. 그러나 이것이 성과를 거두기 위해서는 실패의 용인, 간부 역량의 강화 등이 요구된다. 더욱 중요한 것은 국가의 정책적이고 재정적인 지원이 될 것이다. 지난 8차 당대회 이후에도 북한은 지속적으로 과학기술을 강조하고 있으며, 과학기술에 근거한 자력갱생을 줄기차게 주장하고 있다. 과학기술에 대한 북한의 국가 정책을 눈여겨보아야 할 지점이다.

마지막으로 이경수의 글은 북한의 지방을 다루고 있다. 북한의 지방을 다룬 연구는 지금까지 많지 않았다. 그 이유의 하나는 북한처럼 고도로 중앙집권화된 국가체제에서 지방에 대한 관심도가 높지 않아서였다. 그러나 김정은 이후의 최근의 경향은 북한에서 지방에 대한 자율성의 증대, 그리고 지난 8차 당대회에서는 '지방의 자립화 강화'를 5개년 계획의 중요 과제로 제시하고 있다. 지난 2012년 수정된 지방예산법을 중심으로 중앙-지방 관계의 변화, 그리고 지방 자율성의 증대가 미친 영향을 예산, 지방 경제, 그리고 지방 자원의 효율적 동원 등의 측면에서 살펴보고 있다. 특히, 김정은 시대에 들어와 지방 단위의 개발구 설치, 관광 등의 특화 분야에서의 지방 자율성의 증대 등에 주목하면서 중앙-지방 관계가 어떻게 변화하고 있는지를 살펴보고 있다. 이러한 변화가 지방의 소멸이나 중앙-지방의 균열로까지 확대되지는 않겠지만, 지방간 차이의 확대 등을 낳을 수 있는 요소로 작동할 수도 있음을 지적하고 있다.

김정은 집권 10년을 넘어서고 있다. 초기 핵과 미사일의 폭주, 그리고 '공포정치'라고 불릴 정도의 숙청과 군부 정리의 과정이 있었다. 이 과정에서 우리는 북한의 변화하고 있는 지점을 제대로 살펴보지 못했다. 이 책은 이러한 변화의 지점을 최대한 구조적인 분석을 통해 드러내고자 하였다. 사실, 이러한 변화를 읽어내지 못한다면, 앞으로의 북한 변화도 읽어내지 못할 것이다. 지난 8차 당대회 이후, 김정은의 북한은 대외적인 어려움 속에서 '문제의 원인은 주체에게 있다'는 원리에 따라 내부의 역량 강화, 혁신을 통해 발전의 길을 모색하고 있다. 과연 북한이 또 어떤 변화를 모색할지 주목해야 할 때이다.

2021년 2월

정영철

차례

세부 차례

제1장

전략적 선택과 북한 사회주의 미래

— '새로운 길'과 인민생활 향상

The Strategic Choices and The future of the North Korean Socialism: The 'New Way'and Improvement of People's life

정영철 | 서강대학교 공공정책대학원 교수

* 이 글은 "김정은 시대 북한의 전략적 선택: 21세기 부국강병의 길," 『한국과 국제정치』 36권 4호(2020)에 실린 글을 수정, 보완한 것이다.

김정은의 시대적 과제는 인민생활 향상이다. 그러나 북한이 경제건설에 집중하기 위해서는 무엇보다도 안보 문제를 해결해야만 했다. 따라서 초기 김정은은 선군정치를 계승하면서, 핵과 미사일 능력의 강화를 추구하였다.

김정은의 북한은 인민생활 향상을 위해 가장 먼저 당과 국가체제의 정상화, 군의 정상화, 그리고 경제 및 사회문화적 변화를 추구하였다. 김정은 집권 초기에 보여주었던 군 인사의 숙청 등은 군을 제자리에 돌려놓는 것이었고, 2016년의 제7차 당대회는 당-국가 체제로의 북한을 정상화에 기초하여 새로운 전략적 노선을 결정짓는 것이었다. 그리고 그 핵심은 바로 강성국가 건설, 특히 과학기술에 기반한 경제강국 건설에 있었다. 남북-북미관계의 개선에 따라 병진노선이 경제건설총력집중 노선으로 변화하였고, 경제건설을 위한 국가적 자원을 총동원할 것을 예정하였다. 그러나 2019년 '하노이 교착'은 이러한 북한의 전략적 선택에 중대한 장애물을 조성하였고, 그 결과 '정면돌파전'을 통한 경제건설을 추구하고 있다. 최근의 남북-북미관계가 교착상태에 있지만, 현재까지 북한은 자신들이 채택한 '경제건설'의 전략적 노선을 바꾸지 않을 것으로 보인다.

It can be said that Kim Jong-un's national strategic route is to build a wealthy and a strong military state in the 21st century. Its core is science and technology-based economic construction, and its ultimate goal is to improve people's lives. To this end, improvement in inter-Korean relations and NK-US relations is required, and the great change in 2018 could be said that showed the dramatic appearance of North Korea's foreign policy for this.

In spite of the "Hanoi deadlock," North Korea is making its efforts to concentrate national resources on economic construction and strengthen military deterrence. In the near future, it is unlikely that North Korea will change the strategic line of the 21st century power of wealthy nations.

KEYWORDS 김정은 Kim, Jong-Un, 인민생활 향상 Improvement of people's life, 부국강병 National prosperity and military power, 정면돌파전 Offensive for a frontal breakthrough

I 머리말

"우리는 민족적 대사들을 성대히 치르고 민족의 존엄과 기상을 내외에 떨치기 위해서도 동결상태에 있는 북남관계를 개선하여 뜻깊은 올해를 민족사에 특기할 사변적인 해로 빛내여야 합니다"(김정은 2018).

지난 2018년 김정은이 직접 발표한 신년사의 한 구절이다. 남한에서는 '평창동계올림픽'이, 북한에서는 '공화국창건 70돐'이라는 민족적 대사를 앞두고, 남북관계를 개선하여 2018년을 '특기할 사변의 해'로 만들어야 한다는 의미이다. 돌이켜보면, 2017년까지 핵과 미사일 폭주를 이어갔던 북한의 입에서 나온 말이라고는 선뜻 이해하기 힘든 구절이 아닐 수 없다. 그러나 현실은 언제 그랬냐는 듯, 2018년은 세 번에 걸친 남북 정상회담, 역사적인 북미 싱가포르 회담으로 남북관계는 물론 북미관계까지 역사적인 전환점을 맞이하였다. 도대체 어떻게 이런 일이 가능했을까?

이 글은 바로 이러한 질문에 답하기 위한 것이다. 단지 북한의 전술적인 변화만으로 치부할 수 없다는 것이 이 글의 주된 주장이다. 이러한 변화의 이면에는 김정은 시대의 '국가 대개조'의 전략적 선택이 놓여 있다. 바로 그러한 전략적 선택이 어떤 방향과 내용인지를 규명해보고자 한다. 위의 신년사 한 구절의 바로 다음에 오는 구절은 다음과 같다.

"무엇보다 북남사이의 첨예한 군사적 긴장상태를 완화하고 조선반도의 평화적 환경부터 마련하여야 합니다"(김정은 2018).

북한의 2018년 남북관계 개선으로의 방향 이면에는 바로 이와 같은 '한반도의 평화'가 목적으로 제시되어 있는 것이다. 이미 이러한 북한의 의지와 의도는 2012년 김정은의 첫 공개연설에서도 그대로 드러났었다. 즉, 2012년 4월 15일 소위 '태양절' 행사의 열병식에서 밝힌 공식 연설에서 김정은은 "강성국가건설과 인민생활향상을 총적목표로 내세우고있는 우리 당과 공화국정부에 있어서 평화는 더없이 귀중합니다. 그러나 우리에게는 민족의 존엄과 나라의 자주권이 더 귀중합니다"라고 밝히고 있다(김정은 2012). 인민생활 향상을 최고의 과제로 내세우고, 이를 위한 평화적 환경 마련의 중요함을 강조하고 있지만, 이를 위해서는 '자주권'을 보장받아야 한다는 논리인 것이다. 바로 여기에 김정은 시대의 핵과 미사일의 폭주, 2018년의 대격변, 그리고 핵과 평화의 교환이라는 새로운 전략적 선택이 놓여 있고, 그 궁극적 목표로서 '인민생활 향상'이 제시되고 있는 것이다. 바로 2018년의 대변화가 의미하는 것은 '인민생활 향상'을 위한 조건의 마련과 대타협을 시도하겠다는 것을 의미한다. 그리고 여기에는 김정은 시대의 '국가 대개조' 전략이 숨어 있다고 할 수 있다.

실제 김정은 시대에 가장 먼저 제도적인 변화를 보인 영역은 '교육' 분야였고, 뒤를 이어 '병진노선'을 통한 경제와 국방의 동시 발전, 그리고 마침내 '경제건설총력집중 노선'을 통한 전면적인 경제발전 전략이 드러나고 있다. 문제는 이를 위해서 요구되는 것은 안으로는 교육-과학기술 발전을 통한 동력의 확보이며, 밖으로는 한반도의 평화 보장 및 북미관계 개선이었다. 2018년은 이러한 북한의 의지와 의도가 서서히 외부로 그 모습을 드러낸 것이라고 할 수 있다.

이 글은 바로 이러한 일련의 흐름을 당과 국가의 재등장, 현대화-세계화를 통한 세계 속의 북한, 그리고 마침내 21세기 부국강병을 전략적 선택으로 규정하고, 앞으로의 북한 변화를 전망해보고자 한다.

II 김정은 시대, 북한 변화의 핵심-당과 국가의 재등장

1. 김정은의 과제

김정은의 등장은 북한으로서는 한 시대가 종언을 고하고, 새로운 시대를 맞이한다는 의미가 있었다. 1990년대부터의 위기 – 안보의 위기, 발전의 위기 – 속에서,[1] 북한은 정치적으로뿐 아니라 경제적, 사회적, 군사적으로 여러 가지 심대한 변화들이 진행되고 있었다. 정치적으로는 김정일 시대의 핵심 간부들이 이미 노년층으로서 퇴장해야 할 위치에 있었고, 경제적으로는 시장의 탄생과 확장에 따른 변화가 이미 일상생활의 하나로 자리 잡고 있었다. 사회문화적으로는 개인주의적 가치관의 확산에 따른 세대 간 차이가 확장되고, 외부 문화의 수용에 따라 문화적인 변용이 발생하고 있었다.

1 1990년대 북한의 위기는 총체적인 위기였다. 그러나 그 핵심은 바로 안보와 발전의 위기였다.

군사적으로는 핵과 미사일 개발이 소위 말하는 '핵무력 완성'의 길목에 서 있는 상황이었다. 그렇다면, 김정은에게 남겨진 과제는 무엇이었을까? 이미 김정일 말기부터 북한은 비정상적(?)인 상황을 끝내고, 정상적인 당-국가체제로의 복귀 및 경제건설에의 집중을 모색하고 있었다.[2] 그리고 나아가서는 지금까지 지속된 '허리띠를 졸라매는' 시기를 뒤로하고 경제적인 부강과 번영의 길을 걸어야 하는 것이 최고의 과제로 제기되었다. 지난 1990년대 이후부터 지속되어 왔던 경제강국의 건설, 즉 인민생활의 향상이 가장 큰 과제였고, 이러한 시대적 과제를 앞두고 출범한 것이 바로 김정은 시대라고 할 수 있다. 이를 극적으로 표현한 것이 바로 2012년 김정일의 첫 대중연설이었다.

> "우리 인민이 다시는 허리띠를 조이지 않게 하며 사회주의부귀영화를 마음껏 누리게 하자는것이 우리 당의 확고한 결심입니다"(김정은 2012).

그러나 북한의 처지는 곧바로 경제건설의 길로 나아가기에는 여러 가지 부족한 것이 많았다. 김정일 시기 말부터 경제현장에 대한 현지지도가 부쩍 늘어나고 있었지만, 여전히 불안정한 외부환경이 경제건설에만 집중할 수 없도록 하였다.

2 여기서 말하는 비정상과 정상은 상대적인 개념이다. 김정일 시기의 '고난의 행군' 그리고 그 이후의 일련의 상황은 분명 김일성 시대의 정상적인 당-국가체제와는 구분되는 시기였다. 김정은 시기는 바로 이러한 시기를 뒤로하고, 김일성 시대로 상징되는 정상화의 길을 걸어야 하는 혹은 정상적인 국가체제를 만드는 것을 과제로 안고 있었다.

표 1-1. 김정일 현지지도 동향

	1994	1995	1996	1997	1998	1999	2000	2001	2002	2003
군사		**12**	**30**	**34**	**46**	**39**	**20**	**39**	**36**	**56**
경제			**6**	**3**	**11**	**19**	**25**	**21**	**21**	**13**
대외	3	1			1	1	15	20	39	9
기타	9	14	14	14	13	8	13	12	11	8
총계	12	27	50	51	71	67	73	92	107	86

	2004	2005	2006	2007	2008	2009	2010	2011
군사	**56**	**61**	**69**	**37**	**50**	**37**	**33**	**34**
경제	**12**	**22**	**14**	**22**	**24**	**68**	**64**	**58**
대외	21	28	6	13	5	10	12	21
기타	6	12	12	15	16	37	49	35
총계	95	123	101	87	95	152	158	148

출처: 통일연구원(2011)을 참조하여 필자가 재정리.

이런 상황에서 김정은의 선택은 우선적으로 선군의 계승을 통한 핵무력 완성에 두었다. 또한, 권력 초기 선군정치의 계승을 대중 앞에서 공개적으로 선언한 상황에서, 선군의 길을 접고 경제건설로 방향을 수정하기는 쉬운 일이 아니었다. 즉, 안보의 위기가 해소되지 않고 있는 상황에서 선군을 통한 확실한 체제 안전의 길을 우선적으로 만들어놓아야 하였다. 이를 위한 정책적 대응이 바로 2013년도의 '경제건설과 핵무력 건설의 병진노선'이라 할 수 있다.[3] 병진노선은 대외적인 환경, 특히 남북관계에 부정적인 영향을 확대시켰다. 그럼에도 병진노선을 선포한 이후, 김정은의 현지지도는 오히려 경제 분야에 더 많은 시간을 들이고 있음을 확인할

3 '경제건설-핵무력 건설의 병진노선'은 2013년 3월 당 중앙위원회 전원회의를 개최하여 결정하였다.

수 있다. 이는 김정일 시기의 말부터 진행된 경제건설에 대한 지도가 김정은 시기에 들어와서는 그대로 지속되고 있을 뿐 아니라, 오히려 강화되고 있음을 말해준다. 또한, 김정일 시기 말부터 경제제도의 변화가 조심스럽게 모색되고 있었고, 이후 김정은 시기에 하나씩 그 모습을 드러내기 시작하였다. 결국 병진노선은 한편으로는 안보위기 해소를 위한 핵무력의 건설과 함께 궁극적인 목표로서 경제건설에 방점이 찍혀 있었다고 할 수 있다.

표 1-2. 김정은의 현지지도 동향

	2012	2013	2014	2015	2016	2017	2018 (8.21)
현지지도	**21**	**47**	**53**	**64**	**52**	**29**	**35**
군 시찰	**25**	**14**	**13**	**8**	**5**	**5**	**1**
지도	6	19	31	8	20	15	0
참배	11	13	9	12	7	7	2
사진촬영	19	17	12	18	14	9	1
관람	25	26	20	9	6	5	2
방문	5	5	2	0	2	2	2
회의진행	6	7	10	6	6	8	3
행사참석	8	6	1	3	3	0	1
열병/행진	1	1	0	2	1	1	1
참관	0	2	0	9	5	4	1
돌아봄	15	38	16	9	2	1	1
접견/면담	2	8	2	4	1	1	8
연회	4	2	0	0	1	3	2
축하/표창	1	2	1	1	2	2	0
연설	1	3	2	1	7	4	1
산행	0	0	0	1	0	1	0
선거	0	1	1	1	0	0	0
정상회담	0	0	0	0	0	0	6
현지요해	0	0	0	0	0	0	1
합계	150	211	173	156	134	97	69

출처: 홍민(2018, 3).

이와 함께 선군정치의 과정에서 왜소화된 당과 국가 그리고 당을 에워싸고 있는 외곽단체들을 정상적인 상태로 되돌려 놓아야 했다. 이는 곧 총체적으로 당의 정치적 기능의 복원 및 국가의 정상적인 행정집행의 기능을 복원하는 것을 의미했다.

결국 김정은 집권 이후 제기된 최고의 과제는 인민생활의 향상이었고, 이를 위한 전제조건으로서 확고한 안보 역량의 구축이라고 할 수 있다. 안보 역량의 구축이 김정일 시기에 지속된 핵과 미사일 무력의 확대 및 완성에 있었다면, 인민생활의 향상을 위해서는 당 및 국가의 정상화, 새로운 경제정책과 대외환경의 마련이 요구되었다. 그러나 집권 초기 당장은 그렇게 할 수 있는 조건과 역량이 한계가 있었고, 따라서 우선적으로 핵과 미사일 역량의 완성에 초점을 맞추면서, 경제발전에 매진할 수 있는 환경을 조성하는 것으로 맞추어졌다.[4]

2. 당의 정상화와 국가의 재등장

김정은 집권 초기, 눈에 띄게 두드러진 특징의 하나는 당 및 외곽조직에 대한 정상화였다. 선군의 질서 속에서 왜소화되었던 당의 정상화는 곧 당-국가체제의 복원을 의미했다. 또한, 당을 복원하는 것은 당의 외곽단체 및 부문 기관, 단체들이 당을 튼튼히 둘러싸도록 하는 것을 의미하는 것이기도 하였다. 이로부터 제7차 당대회

4 이를 분명하게 표현한 것이 바로 2012년 4월 15일의 김정은 연설이다. 여기서 김정은은 총적 과제로서 인민생활 향상을 말하지만, 그 전제로서 평화, 그리고 평화의 전제로서 자주권을 말하고 있다.

표 1-3. 당 외곽단체 및 분야별 기관, 단체들에 대한 김정은의 지도 동향

연도	날짜	내용	김정은 참석 여부
2012	6.6-7.	**조선소년단** 창립66돌 계기 전국연합 단체회의	참석 및 연설/ 사진촬영
	7.12.	**청년동맹** 대표자회	
	7.17.	**조선직업총동맹** 대표자회	
	7.18.	**조선농업근로자동맹** 대표자회	
	7.19.	**조선민주여성동맹** 대표자회	
	11.26.	사법검찰일꾼열성자대회	김정은 서한 전달 〈혁명발전의 요구에 맞게 사법검찰사업에서 새로운 전환을 일으킬 데 대하여〉
2013	1.28-29.	당 제4차 세포비서대회	개.폐회사 및 연설
		전국3대혁명소조원 열성자회의	김정은 노작 〈현실발전의 요구에 맞게 3대혁명소조사업에서 새로운 전환을 일으키자〉 관철 대책 토의
	3.28.	전군 선전일꾼회의	김정은 연설
	6.6.	**조선소년단** 제7차 대회	김정은 참석
	10.22-23.	제4차 중대장·중대정치지도원 대회	김정은 개.폐회사 및 연설
	11.8-14.	전국 과학자·기술자대회	김정은 노작 〈과학기술발전에서 전환을 일으켜 강성국가 건설을 힘있게 다그치자〉 전달
	11.21.	제2차 보위일꾼 대회	김정은 참석
	12.21-29.	군 수산부문 열성자 회의	김정은 참가자들과 기념사진
2014	2.6-7.	전국 농업부문 분조장 대회	김정은 서한 〈사회주의 농촌테제의 기치를 높이 들고 농업생산에서 혁신을 일으키자〉 전달
	2.11.	노농적위군 지휘성원 열성자회의	김정은 기념촬영
	2.24-26.	당 제8차 사상일꾼대회	김정은 연설 및 기념촬영
	9.5.	제13차 전국 교육일꾼대회	김정은 담화, 〈새 세기 교육혁명을 일으켜 우리나라를 교육의 나라, 인재강국으로 빛내자〉게 전달
	9.18-19.	제4차 **김일성사회주의청년동맹** 초급일꾼회의	김정은 서한, 〈청년들은 당의 선군혁명위업에 끝없이 충실한 전위투사가 되자〉 전달
	11.3-4.	인민군 제3차 대대장, 대대정치지도원 대회	김정은 기념촬영
2015	4.24-25.	조선인민군 제5차 훈련일꾼대회	김정은 개.폐회사 및 연설
	7.24-25.	제4차 전국노병대회	김정은 연설 및 기념촬영
	11.3-4.	조선인민군 제7차 군사교육일꾼대회	김정은 참석 및 연설
	11.20.	제4차 3대혁명붉은기쟁취운동 선구자대회	김정은 서한, 〈혁명발전의 요구에 맞게 3대혁명붉은기쟁취운동에서 근본적인 전환을 일으키자〉 전달
	12.13.	제3차 전국 재정은행 일꾼대회	김정은 서한, 〈재정은행사업에서 전환을 일으켜 강성국가건설을 힘있게 다그치자〉 전달

* 위의 표는 통일부의 『월간북한동향』(2012년-2015년 4월)을 정리한 것이다. 당 외곽단체와 여타 기관, 단체들의 대회 및 주요 회의에 김정은이 직접 참가, 연설, 기념 촬영 등을 중심으로 구성하였다.

가 열리기 전까지 당 외곽단체들과 각 분야의 기관 및 단체들을 정상화, 김정은에 대한 충성, 그리고 노선과 정책을 충실히 집행할 수 있도록 복원 및 정리하는 일이 진행되었다.

위의 표에서 보듯이, 가장 먼저 4대 외곽단체를 비롯하여 군, 사법, 교육, 농업, 과학기술 및 경제 관련 기관, 단체들의 대회를 개최하고, 김정은이 직접 참여하거나 연설, 혹은 기념촬영 등을 통해 이들 기관, 단체와 김정은의 관계를 명확히 하였으며, 이후, 이러한 정리 작업 이후에 2016년 5월 당 제7차 대회를 개최하였다.

한편, 이와 더불어 군부 인사들에 대한 잦은 교체 및 계급 변동이 진행되었다. 선군시대에 비대해진 군의 '제자리 찾기'와 함께 과도한 정치개입을 차단하여야 하였다(김동엽 2019). 바로 이 과정에서 군부 인사들의 잦은 교체 등이 발생했고, 그동안 군의 과도한 기득권을 정리하는 과정에서 숙청 등이 발생하였다. 또한, 당을 정상적으로 되돌려놓는 과정에서도 오랜 간부에 대한 정리, 즉 세대교체를 통해 당이 다시금 활력을 찾는 것이 요구되었다. 김정은 집권 초기 잦은 세대교체, 숙청 등은 바로 이러한 것이 원인이었고, 또한 결과였다. 이는 비대해진 군을 제자리로 돌려놓는 것이자, 당이 이를 책임지고 관리하는 것을 의미했다. 병진노선의 채택에도 불구하고, 군의 강화보다는 군의 힘을 빼는 방식을 선택했으며, 이는 과거와 달리 안보 위기 해소를 위한 방식이 달라졌음을 말해준다. 즉, 병진노선에 따라 형식적으로는 대외적으로 강경한 행보를 보였지만, 군이 전면에 등장하는 방식은 아니었던 것이다. 그리고 이의 핵심은 결국 당이 군을 정상적으로 통제하는 것이었다. 김정은 집권 초기 최룡해의 총정치국장, 황병서의 총정치국장 기용 등은 당 조직부서를 활용한 군의 관리와 통제를 의미했다. 당의 인민군에 대한 통제와 관리를 정상화하는 한편, 군의 기득권 역시 민수 분야로 전환하는 사업을 본격화하였다.[5] 김정은 초기에 과도하게 발생했던 군부 인사들의 숙청, 해임 등에는 이와 관련된 것들이 적지 않을 것으로 판단된다.

주목할 만한 것은 김정은 시대의 외곽단체 복원, 군의 제자리 돌리기 등에 이어 2016년 마침내 당대회가 열렸다는 점이다. 북한에서 당대회의 개최는 과거를 총화하고 새로운 시대를 선포한다는 의미를 갖는다.[6] 2010년과 2012년 당대표자회(3, 4차)를 거쳐 김정은이 명실상부한 최고지도자의 위상을 확보했지만, 당대표자회는 당대회에 비해 과도적 성격의 대회로서 당 및 국가적 중요성이 떨어진다고 볼 수 있다. 또한, 당시의 대표자회는 김정은 후계 결정과 김정일 사후의 김정은으로의 권력 승계를 결정하는 것으로서 당 및 국가체제의 재정비와는 거리가 있었던 것이 사실이다(정영철 2016, 38-39). 그동안 북한은 1980년 제6차 당대회 이후, 90년대, 2000년대에 들어와서도 제대로 된 당대회를 개최하지 못했다. 이는 당 및 국가체제의 안정이 이루어지지 못했기 때문이었다. 따라서 2016년의 당대회는 이러한 비정상성을 끝내고 정상적인 당-국가체제로의 복원을 목적으로 하고 있다고 할 수 있다. 다음으로 당대회는 최소 6개월 이상의 시간이 걸린다는 점, 그리고 이 기간 동

5 일명 스핀오프(spin-off)로서, 군에서 확보한 과학기술 역량을 민수로 돌리는 것을 의미한다. 이에 대해서는 변학문(2018).

6 이런 의미에서 2016년 제7차 당대회는 '김정은 시대의 선포'라는 역사적 전환이라고 볼 수 있다.

안 당 조직의 재정비 및 (총)노선에 대한 전면적인 검토와 총화가 이루어진다는 점 등을 고려하면, 중앙당으로부터 기층 말단 세포에 이르기까지 당조직의 정비와 기층-중앙까지의 당 질서가 정비된다는 점에서 당의 정상화와 직결된다(정영철 2016, 39). 또한, 당대회는 당의 새로운 총노선이 선포되고, 다음 당대회까지의 기본적인 정책이 결정된다는 점에서 북한의 당 및 국가, 군대, 문화 등의 모든 분야에서의 혁신과 변화를 의미한다. 이는 앞선 시대의 총화에 기초한 '새로운 북한'을 만드는 역사적 전환점이라고 할 것이다. 실제로 지난 제7차 당대회에서는 총노선의 선포, 인사교체, 대남-대외노선의 선포 등을 통해 이를 현실화하였다. 주목되는 것은 김정일의 선군정치 시기에 거의 매번 앞자리를 차지하던 군 및 국방력 강화가 뒤로 밀리고, 인민생활 향상 특히, 과학기술강국이 앞자리를 차지하면서 김정은의 북한이 무엇을 가장 핵심적인 과제로 생각하고 있는지를 드러내보였다.[7]

또 하나 주목해야 할 점은 제7차 당대회를 통해서 그동안 군부 및 공안 인사들이 차지하고 있던 당중앙군사위원회에 당시 박봉주 총리가 위원으로 참여하게 되었다는 점이다. 이는 내각의 수장이 당 군사 분야 최고 정책결정기구에 참여하였다는 것으로, 선군정치의 변화이자 동시에 국가 자원의 군사 분야 배분에서 내각이 일정한 역할을 하게 되었음을 의미한다.[8] 즉, 내각의 위상이 민

7 당시 북한의 5대강국 건설의 순서를 보면 사상, 과학기술, 경제, 문화 그리고 군사의 강국이었다. 특히, 과학기술 강국을 말하면서 '선차적으로 점령해야 할 중요한 목표'라고 하고 있다. 반면, 경제강국 건설에 대해서는 '우리 당과 국가가 총력을 집중하여야 할 기본전선'이라고 하고 있다. 결국 과학기술에 기반한 경제강국 건설이라고 할 수 있다(김정은 2016).

간 차원의 행정집행 역할에서 군수 분야에서도 영향력을 일정하게 미칠 수 있음을 의미한다.

결국 이러한 변화는 당의 정상화, 내각의 정상화 및 강화, 그리고 군부의 제자리 찾기 등을 통해 과거 김일성 시대의 정상화된 국가 통치체제를 갖추고 있는 것으로 평가할 수 있다. 여전히 군의 위상이 현저히 약화되지 않고 있고, 국가의 모든 자원을 인민생활 향상으로 전환할 수 없는 조건이 지속되고 있지만, 그 지향점에 있어서는 인민생활 향상, 즉 경제건설로 초점이 이동했음을 확인할 수 있다. 그리고 이를 위해 가장 중요한 것은 바로 당의 정상화이자 국가의 재등장이었다고 할 수 있다.

3. 국가 주도성의 강화

김정은 시대 당-국가체제의 정상화 및 국가 주도성의 강화는 경제 및 문화적인 측면에서 두드러지게 나타나고 있다. 김정은 집권 초기, 세인의 관심을 끌었던 모란봉 악단의 출현이나 시장에 대한 활성화 조치 등은 1990년대 이래 지속되어 온 문화적 변용과 시장의 확산 등을 위로부터 적극적으로 수용하여, 국가적인 문화 및 국가의 주요한 경제 정책의 공간으로 변형시킨 것이라고 할 수 있다.[9]

8 당 중앙군사위원회는 김정일의 선군정치 시기, 군부 인물 및 공안 계통의 인사들만이 참여하였다. 그러나 당 제7차 대회 이후, 박봉주 내각 총리가 위원으로 참여하였고, 2019년 4월에는 김재룡 내각 총리가 위원으로 참여하고 있다. 이는 내각 총리가 군사위원회 위원으로 정식 구성원을 이루고 있음을 의미한다. 또한 이는 앞서 말한 스핀오프 현상과도 관련된다고 할 수 있다.

9 북한에서 시장 및 '돈주' 등에 대한 국가의 역할에 대해서는 정영철(2019).

김정은 집권 초기 가장 먼저 나타난 변화는 문화예술 분야에서였다. 잘 알려진 '모란봉 악단'의 출현은 기존 북한의 문화예술 분야에서는 보기 어려웠던 형식, 파격, 그리고 혁신의 모습이었다. 실제 김정은은 "모란봉악단공연을 중시하는 것은 공연을 통하여 모든 부문들에서 굳어진 사고방식과 낡은 틀을 마스고 혁신적인 창조기풍을 따라 배워 자기 사업에서 혁신할 방도를 찾도록 하기 위해서"라고 의미를 부여하고 있다(김정은 2013, 5). 즉, 혁신이라는 새로운 '화두'를 던지고, 이를 위한 이데올로기적 경직성을 타파할 것을 주문하고 있는 것이다. 실제, '선군시대'를 거치면서 경직된 사회 문화적 현실은 김정은 시대를 맞이하여 새롭게 수정되어야 할 필요가 있었다. 그리고 이러한 사상적 혁신을 위해 동원한 무기로써 문화적 수단을 전면에 내걸고 있다는 것이다. 일반적으로 문화를 단순한 예술작품 활동이 아니라 사상교양의 무기라고 한다면, 김정은 시대 이후의 모습은 북한 사회의 사상적 혁신을 위한 최전선에 문화가 자리하고 있음을 말해준다(정영철 2014, 6장). 이러한 문화적 변용은 1990년대 이래 북한에서 나타난 문화적 변화를 위로부터 수용한 것이라 할 수 있다. 이러한 문화적 변용은 비단 '모란봉 악단'의 탄생에서만이 아니라 김정은의 부인 리설주의 공개 및 팔짱을 끼고 등장하는 모습 등에서도 나타나고 있고, TV 등을 통해 외부의 문화를 오히려 당국이 적극적으로 소개하고 수용하는 모습 등에서도 나타나고 있다(전미영 2003).

이러한 문화적 변용과 더불어 시장에 대해서도 김정은 시대에는 달라진 모습이 두드러지게 나타나고 있다. 1990년대 위기의 시대에 탄생한 '시장'이 계획경제의 중요한 구성 부분으로 자리매김되고, 시장에 대한 힘에 의한 강제적 통제를 대신하여 경제적 수단에 의한 통제로 바뀌었다. 이와 함께 김정은 시대의 시장은 더욱 활성화되고 있다. 이미 전국적으로 500개에 가까운 시장이 문을 열었고, 시장을 통한 생산-유통-소비의 체제가 갖추어지게 되었다.[10] 일종의 '시장 친화적인 정책'이 지속되고 있는 것이다. 이 과정에서 일명 '돈주'라 불리는 신흥부유층을 합법화하고, 이들에 의한 투자 역시 합법적인 국가의 영역으로 끌어들이고 있다(정영철 2019). 이미 북한도 스스로 자인하듯, "매개 기업소들은 기술 수준과 생산 조건 등 모든 측면에서 서로 각이하며 수천 수만을 헤아리는 매 기업소들을 국가가 전적으로 맡아 세부에 이르기까지 다 지도할 수는 없다"고(리광훈 2014, 9) 하면서 기업의 자율성과 분권화, 그리고 시장을 통한 경제활동의 강화를 공식적으로 인정하고 있는 상황에서 앞으로 시장은 더욱 큰 역할을 할 것으로 기대된다. 다만, 김정은 시대에 들어와서 눈에 띄는 변화의 하나는 시장과 더불어 국가의 직영 혹은 국영 판매점이 확장되고 있다는 점이다. 즉, 대규모 도매상점 및 슈퍼마켓 등의 소매상점 등이 국가에 의해 혹은 외부와의 합영 등의 방식으로 확장되고 있다. 이는 이들 소비상점 등이 앞으로 시장과 경쟁하게 될 수도 있음을 의미하며, 이렇게 되면 북한 내에서도 가격을 둘러싼 치열한 경쟁과 함께 상품의 품질을 둘러싼 치열한 경쟁이 불가피할 수도 있음을 의미한다.

결국, 이 모든 문화적, 경제적 변화는 그간 아래로부터 진행된 여러 가지 변화와 변용을 국가가 수용하고, 이를 국가의 적극적인

10 2016년 통일연구원의 추산에 따르면 북한에서 시장은 약 404개 정도이며, 관련 종사자는 약 110만 명 정도이다(홍민 외 2016).

정책을 통해서 체제내화 혹은 포섭하는 방식으로 이루어지고 있다. 이는 앞서 말한 당-국가의 정상화를 넘어서 과거의 (북한)국가체제가 아닌 새로운 국가체제로의 변화를 조심스럽게 진행시켜가고 있음을 말한다. 그리고 그 목표는 인민생활 향상이라는 핵심과제의 수행이면서, 그 최종적인 귀결점은 21세기형 '강성국가'에 놓여 있다고 판단된다. 이를 보여주는 또 하나의 모습은 앞선 김정일과 다른 김정은의 리더십 스타일에서도 살펴볼 수 있다. 적극적인 대중친화적 모습, 세계적인 추세를 강력하게 요구하는 혁신의 리더십 등은 분명 앞선 김정일 시대와는 다른 모습이다. 적극적으로 국제화된 표준을 따라잡을 것에 대한 요구, 체육 등의 분야에서 국제대회에 적극적으로 임하는 모습, 과학기술에서 세계적인 수준을 따라잡을 것을 요구하는 모습 등과 더불어 그간 최고지도자가 보여주었던 모습에서의 변화는 당과 국가의 운영 등에서도 과거와는 달라지고 있음을 보여주고 있는 것이다. 그리고 그 방향은 현대화, 세계화의 방향이며, 그 눈이 향하고 있는 곳은 바로 '경제강국'이라고 할 수 있다. 이러한 변화가 김정은 집권 이후, 당과 국가의 주도 하에 이루어지고 있고, 이는 당-국가의 정상화에 의해 그 토대가 마련되었다. 그럼에도 이러한 변화를 추구하는 데서 나서는 가장 핵심적인 문제가 풀리지 않고 있는 것도 사실이다. 그것은 바로 대외환경의 문제이다. 2018년 북한으로부터 시작된 정세의 급변은 바로 내부의 변화를 위한 대외환경의 변화 요구에 적극적으로 나서기 시작했다는 것을 말한다. 그리고 이는 단순히 일시적인 전술적 선택이라기보다는 전략적 선택으로서 장기적으로는 '21세기 부강강병'을 위한 것이라고 할 수 있다.

III 전략적 선택: 21세기 부국강병

1. 김정은 시대의 국가전략과 전략적 선택

김정은 시대의 전략적 선택은 지난 제7차 당대회의 결정문을 통해 공식화되었다. 김정일 시대의 정치사상의 강국, 군사의 강국, 그리고 경제의 강국이라는 '강성대국' 건설의 청사진이 김정은 시대에 와서는 보다 현실적인 용어인 '강성국가'로 바뀌고,[11] 제7차 당대회에서는 이를 보다 더 구체화하여 5대 강국 건설로 정식화되었다. 사상의 강국, 과학기술의 강국, 경제 강국, 사회주의 문화강국(문명국) 그리고 군사의 강국 건설로 정식화되면서, 그간 군사의 강국을 앞세웠던 전략적 목표에 변화가 발생하였다. 즉, 과학기술에 기반한 경제강국 건설과 사회주의 문명국 건설이 가장 핵심적인 목표로 설정되었다. 그 무엇보다 과학기술이 독자적인 강국건설의 과제로 제기되었다는 점이 눈에 띄면서, 동시에 김정은의 경제건설 전략이 어떠한 방식으로 전개될지를 분명하게 보여준다고 할 수 있다. 5대 강국 건설은 기존의 사상, 군사강국을 기반으로 하지만, 동시에 경제, 과학기술, 문화를 제기하고 있다는 점에서 총체적인 국가 건설의 방향을 설정한 것으로 볼 수 있다. 장기적이고 궁극적인 목적으로서 〈사회주의 완전승리-온 사회의 김일성화〉 등에도 불구하고, 북한의 전략적 목적은 결국 강성국가 건설이라 할 것이며, 현실적으로는 강성국가의 이데올로기가 사회주의 이데올로기

11 김정일 시대의 '강성대국' 건설이 김정은 시대에 들어와 '강성국가'로 변화되었는데, 이의 가장 큰 이유는 바로 '현실성'의 문제인 것으로 판단된다.

를 대신하고 있다고 할 수 있다. 제7차 당대회에서 제시된 전략적 선택은 아래와 같이 도식화할 수 있다.

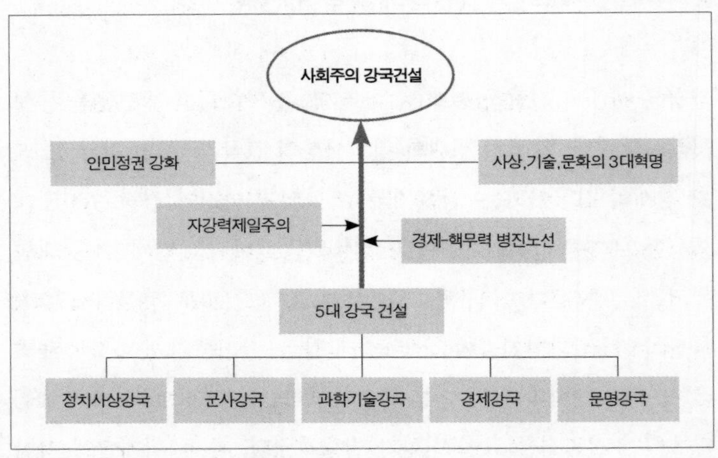

그림 1-1. 제7차 당대회에서 북한의 전략적 선택

정창현(2016)을 재정리.

이를 위해서 요구되는 것은 앞서 말한 당-국가 체제의 정상화였고, 다른 한편으로는 이데올로기적 혁신이었다. 이데올로기의 혁신은 사상의 창조성이 아니라 '경직성'을 풀고 '새로운 체제'를 건설하기 위한 사상적 기치를 다듬는 것이었다. 앞서 '모란봉 악단'이 단지 새로운 문화적 현상, 아래로부터의 변화를 위로부터 수용한 것 이상의 의미를 담고 있는 것은 바로 '혁신'의 아이콘으로 제기된 '문화정치'의 기획이었기 때문이다(정영철 2017). 그리고 이러한 '혁신'의 최종 목적지는 바로 인민생활 향상을 위한 경제 분야였다. 그 핵심으로서 과학기술에 기반한 경제건설을 기치로 내걸었지만, 중요한 것은 이를 가능하게 할 혁신적 사고, 과감한 변

화 등이었다. 바로 이 지점에서 김정은 시기에 들어와 여러 가지 다양한 경제'개혁' 조치들이 공식화될 수 있었다. 김정일 시기부터 시작된 '실리'를 중심으로 한 경제활동에서 더 나아가 이를 국가의 정책으로 공식화하고, 적극적인 개혁 및 개방의 정책들을 추진하기 시작하였다. 이 시기 진행된 몇 가지 주요한 경제 개혁-개방과 관련된 조치들을 살펴보면 다음과 같다.

첫째, 전국에 걸친 광범위한 경제개발구의 설치이다. 경제개발구는 중앙에서 관장하는 중앙급 특구 외에 지방에서 자체의 판단에 따라 설치하는 지방급 개발구로 이원화되었다. 이에 따라 경제개발구는 2013년 당초 13개로 출발하여 현재는 19개로 늘어났다. 여기에 기존의 경제특구까지 포함한다면, 전국에 걸쳐 다양한 형식과 내용을 갖춘 경제개발구를 설치하게 된다.[12] 경제개발구의 설치는 이전의 경제특구를 통한 자본과 기술의 도입 등과 같은 맥락에 위치하지만, 다른 한편으로는 북한의 기업들이 선제적으로 투자를 할 수 있도록 하는 등 과거에 비해 훨씬 더 '경제성' 및 경제논리를 강조하고 있다는 점이다(정영철 2018).

둘째, 경제관리체제의 변화이다. 독립채산제를 획기적으로 강화한 사회주의기업책임관리제와 포전담당제를 전격적으로 도입, 실시하고 있다(이종석·최은주 2019). 이와 함께 중앙의 일률적인 '계획'을 축소하고, '국가는 전략을, 기업은 계획을' 세우는 체제로 변모시켰다. 기업 및 협동농장 단위의 자율성을 최대한 발양시키고, 이에 따른 이윤도 기업과 농장 단위에서 자체로 처분할 수 있

12 현재 경제개발구는 제대로 작동하지 않고 있다. 외부로부터의 투자가 가능하지 않기 때문이다.

도록 한 것이다. 이러한 경제관리체제의 변화는 소유권을 제외한 거의 전 분야에서의 자율성을 강화시킨 것이라 할 수 있다.

셋째, 금융체제에서의 극적인 변화들이 시도되고 있다. 환율의 현실화 등의 문제 이 외에도 '상업은행'이 등장함으로써, 기존의 국가가 기업들에게 보조금을 지원하던 체제에서 벗어나 기업이 자체의 판단에 따라 상업은행을 통해서 자금을 조달하고, 그에 따른 책임을 지도록 만들었다.[13] 이제 북한의 기업은 경영의 부실에 따른 책임을 기업 경영진이 부담해야 하는 체제가 되었고, 이에 따라 기존 간부들의 세대교체 역시 벌어지고 있다. 세대교체는 정보화, 현대화의 방향에 따라 실리를 중시하는 방향으로 이루어지고 있다.

넷째, 경제 운영에 있어서도 자력갱생의 강조에도 불구하고, 대외무역이 한층 강조되고 있다. 더욱이 세계경제 속에서 경쟁력을 갖추도록 하고 있다. 북한의 『경제연구』에는 김정일 시기에 비하여, 김정은 시대에 들어와 세계경제에 대한 동향, 그리고 세계경제 속에 들어가 경쟁할 것을 요구하는 주장이 대폭 늘어나고 있다(정영철 2018). 이러한 움직임은 전통적인 자력갱생을 통한 경제발전에 덧붙여, 과학기술에 기반한 경제발전을 통해 세계경제 속으로 적극 진출할 것임을 말해준다. 여기서도 문제가 되는 것은 대외환경인 것이다.

마지막으로, 시장의 강화 및 '개인'의 재발견이다. 시장의 강

13 북한의 상업은행 체제로의 변화는 기존 지방의 중앙은행을 상업은행으로 변화시키는 것, 새로운 상업은행을 내오는 것 등의 방식으로 이루어지고 있다(김기헌 2018).

화는 김정은 초기부터 시장의 활성화 및 시장과 경쟁하는 국가 유통망의 확대 등의 조치가 이어졌다면, 농업 분야에서는 포전담당제를 넘어서 '개인'부업축산을 공개적으로 장려하고 있다.[14] 이미 개인의 역할은 '돈주'의 합법화 및 개인 투자의 허용 등으로 나타나고 있으며(이찬우 2019), 이들에게 일정한 투자 이윤을 보장하면서 국가적인 사업에까지도 참여시키고 있다. 특히, 금융 분야에서 '유휴화폐자금'의 동원을 중요한 자금조달의 하나로 지적하고 있는데, 이는 개인 수중에 놓여 있는 자금을 은행이나 기업, 농장 등에서 정당하게 투자받을 수 있는 조건을 만든 것이라 할 수 있다.[15]

결국 이러한 조치는 경제강국, 즉 인민생활 향상을 위한 전략적 선택이라고 할 수 있다. 이에 따라 북한은 김정은 집권 이후부터 당-국가 분야는 물론이고 경제 분야, 사회문화 분야 등에서 중요한 변화를 추진하고 있다. 그러나 문제는 이러한 조치들이 성과를 내고, 자신들이 희망하는 속도와 방향으로 차질 없이 진행되기

14 개인부업과 축산 등은 새삼스러운 일은 아니다. 그러나 김정은이 직접 '개인부업축산'을 언급하고 있다는 점은 의미하는 바가 크다고 할 것이다(김정은 2019).

15 유휴화폐자금 동원에 대해 북한은 "기업소는 재정관리권을 가지고 경영자금을 주동적으로 마련하고 효과적으로 리용하며 확대재생산을 실현하며 경영활동을 원만히 실현해나가야 한다. 기업소는 정해진데 따라 부족되는 경영활동자금을 은행으로부터 대부받거나 주민유휴화폐자금을 동원리용할 수 있다"고 법적으로 규정하고 있다. 〈조선민주주의인민공화국 기업소법〉 4장 38조; 나아가서 『경제연구』에서는 다음과 같이 규정하고 있는데, "기업체의 류동자금보장조직에서 나서는 중요요구는 또한 정상적인 생산경영활동과정에 부족되는 류동자금을 은행에서 대부형태로 받아쓰거나 주민유휴화폐자금을 효과적으로 동원하는 것이다…… 사회주의기업체들에서 주민유휴화폐자금을 동원하는 것은 기업체들이 재정관리권을 올바로 활용할 수 있도록 주민들의 경제적 요구와 리해관계에 맞게 신용을 직접적으로 리용하는 형태이다. 주민유휴화폐자금을 효과적으로 동원하는데서 중요한 것은 주민들의 지향과 요구에 맞게 신용을 철저히 지키면서 그들의 편의를 최대한 보장해주는 것이다"(강철수 2016, 51).

위해서는 대외적인 환경이 마련되는 것이 필수적으로 요청되고 있다. 내부적인 혁신과는 별도로 외적인 조건이 전혀 마련되지 못한 상황에서 위의 조치들이 궁극적인 성과를 내기에는 어렵다. 더욱이 2012년 김정은 집권 이후부터의 '핵과 미사일 폭주'는 국제사회의 제재는 물론 미국에 의한 봉쇄, 일본에 의한 봉쇄, 그리고 남한에 의한 봉쇄까지 제재와 봉쇄가 중첩적으로 겹쳐진 상황이었다.[16] 이를 해결하기 위해서는 어떻게 해야 할까? 그것은 결국 미국과의 담판을 통한 안보와 경제문제의 해결이었고, 그 핵심 연결고리는 바로 2018년 평창올림픽이라는 남한 주도의 대규모 국제 이벤트를 계기로 한 극적인 반전이었다. 2018년의 북한은 바로 2017년까지의 핵과 미사일 폭주–핵 무력 완성–그리고 내부적으로 진행되어 온 경제 개혁 및 개방 조치의 극적인 도약을 위한 전략적 선택의 과정에서 내려진 결단이라고 할 수 있다.

2. 대외환경 변화를 위한 결단–미국과의 대담판

문제는 위의 조치들의 시행과 더불어 '도약적 발전'을 위해서는 유리한 대외환경이 요구되었다. 그러나 이러한 대외환경은 2017년까지의 '핵과 미사일 폭주'로 인해 최악의 상황이었고, 국제사회의 대북봉쇄는 더욱 강화되었다. 이미 미국과 일본 및 서구로부터의 봉쇄는 물론 남한으로부터도 일련의 사건들에 의한 봉쇄가 지속되

16 최근 통일부는 지난 5월(2020년) '5.24 조치'의 실효성이 없다고 발표하였다. 사실상, 우리 정부의 대북봉쇄의 해제라고 할 수 있다. 그럼에도 우리 정부가 현재의 국제적인 대북제재를 넘어서기에는 제한적이다.

고 있었다. 여기에 유엔 제재에 대해서는 중국과 러시아도 참여함으로써 대외적 여건은 최악의 상황을 지속하고 있었다.

표 1-4. 유엔의 대북제재 현황

제재	원인
제825호(1993년 5월 11일)	- 1993년 3월 12일 NPT 탈퇴 선언 - IAEA 사찰 거부
제1695호(2006년 7월15일)	- 2006년 7월 5일 대포동 2호 장거리 미사일 발사
제1718호(2006년 10월 14일)	- 2006년 10월 1일 제1차 핵 실험
제1874호(2009년 6월 12일)	- 2009년 6월 12일 제2차 핵 실험
제2087호(2013년 1월 12일)	- 2012년 12월 12일 장거리 미사일 은하 3호 발사
제2094호(2013년 3월 7일)	- 2013년 2월 12일 제3차 핵 실험
제2270호(2016년 3월 2일)	- 2016년 1월 6일 제4차 핵 실험 - 2016년 2월 7일 장거리 미사일 광명성 4호 발사
제2321호(2016년 11월 30일)	- 2016년 9월 9일 제5차 핵 실험
제2356호(2017년 6월 2일)	- 2016년 9월 9일 이후부터 실시한 일련의 탄도 미사일 실험
제2371호(2017년 8월 5일)	- 2017년 7월 4일 대륙간탄도미사일(ICBM급) 발사
제2375호(2017년 9월 11일)	- 2017년 9월 3일 제6차 핵 실험
제2397호(2017년 12월 22일)	- 2017년 11월 29일 화성-15형 발사

대북제재를 푸는 것은 결국 북미 간의 관계개선 이 외의 방법은 없다. 경제강국 건설을 위해서는 내부적으로 자력갱생, 과학기술 발전 등을 통해 내부 자원의 동원과 더불어 외부의 자원을 동원, 활용하는 것이 요구되었지만, 대북제재 상황이 지속된다면 내부 자원의 동원도 한계가 있을 수밖에 없고, 그럭저럭 버티는 것을 넘어서는 '도약적 발전'을 위한 외부 자원의 유입과 활용에도 한계가 있을 수밖에 없었다. 2017년 화성 15형 미사일 발사 시험 이후,

핵무력 건설 완성을 선언하고, 곧바로 2018년도부터 정세의 변화를 추동하기 시작한 것은 바로 이러한 상황과 무관치 않다고 할 수 있다. 2012년 첫 대중연설에서 밝힌 '선군 + 신세기 산업혁명'은 곧 강성국가라고 했던 것에서 이제는 '선군'이 과제를 마무리하고, 신세기 산업혁명을 통한 강성국가 건설의 목표에 더욱 집중하는 것이 요구되었다.

북한이 목적으로 했던 '2018년의 정세 변화'의 핵심은 한반도 평화를 위한 '대담판'이었다. 즉, 대외환경의 마련, 한반도에서의 '핵과 평화'의 교환, 그리고 경제발전을 위한 대외적 장애물을 제거하는 것이었다.[17] 그리고 그 핵심 목표는 미국과의 관계개선이었다. 그러기 위해서는 자신들이 가지고 있는 '핵과 미사일'을 협상의 지렛대로 최대한 활용하는 것이었다. 2017년까지의 핵과 미사일 시험에 이은 '핵무력 완성'을 지렛대로 미국을 협상판에 끌어들이는 것이었고, 이 과정에서 남한과의 관계 개선을 우선적으로 추진하였다. 이 결과 2018년 6월의 싱가포르 북미정상회담이 가능했다.

싱가포르 회담은 70년 이상 적대적 불신과 갈등으로 점철되었던 북한과 미국의 최고지도자가 만난다는 점에서 역사적이었으며, 협상이 사라진 조건에서 충돌 일보직전까지 갔던 '북한 핵' 문제가

17 이런 점에서 북한이 '핵과 미사일'을 경제발전의 지원과 교환하고자 한다는 분석은 일면적이다. 북한에게 근본적인 문제란 곧 '평화'의 문제였다. 북한은 경제발전을 평화의 기반 위에서, 즉 한반도의 평화체제의 구축–구조의 변화–위에서 가능한 것으로 인식하고 있다. 이는 2012년 김정은의 첫 대중연설에서도 그대로 드러나고 있다. 즉, "강성국가건설과 인민생활향상을 총적목표로 내세우고있는 우리 당과 공화국정부에 있어서 평화는 더없이 귀중합니다. 그러나 우리에게는 민족의 존엄과 나라의 자주권이 더 귀중합니다"(김정은 2012).

북미 간 협상을 통해 해결될 수 있으리라는 기대감을 주었다는 점에서 파격적인 것이었다.[18] 싱가포르 회담은 북한에게도 커다란 기회였다. 연이은 남북 정상회담-북미 정상회담에 따라, 북한은 2018년 4월 그간의 '병진노선'을 마무리짓고, '경제건설총력집중노선'으로의 변화를 선언하였다. 이러한 노선의 전환은 사실상 북한이 김정은 시대에 천명한 '인민생활 향상'과 '강성국가건설'이라는 목표에 집중하겠음을 보여주는 것이자, 동시에 한반도에서의 평화의 문제가 해결의 길목으로 접어들었다는 낙관의 산물이었다. 적어도 2019년 '하노이 회담'까지 북한은 미국과의 문제 해결 과정에 낙관적인 전망을 가지고 있었고, 이에 따라 제재에 대한 일정 부분의 해제를 통해 경제건설에 매진할 수 있다는 희망을 가졌던 것으로 판단된다. 이는 2018년 3차례에 걸친 남북 정상회담, 그리고 북미 정상회담을 통해 한반도에서의 군사적인 긴장 완화와 나아가서는 종전선언-평화협정으로 이어지는 과정이 시작되고, 북미 간에는 최종적으로 관계 정상화에 이르는 길에 들어섰다고 판단했음을 의미한다. 그리고 이러한 판단 하에 2018년 하반기부터 '국가제일주의'를 내세우면서 경제건설 및 강성국가 건설에 이바지하는 '애국'의 기치를 강조하기 시작하였다. 이미 김정일 시기 말부터 모든 것을 '정상화'라는 것을 목표로 제기했고, 그 뒤를 이어 김정은 시대

18 북미 간 핵 협상은 2005년의 '9.19 공동성명', 2007년의 '2.13 합의' 이후, 별다른 접점을 형성하지 못한 채 악화일로를 걸어왔다. 특히, 김정은 시대 북한의 핵-미사일 폭주는 북한과 미국의 '완전 파괴와 늙다리' 등의 거친 설전이 오고가는 강경 일변도였으며, 이에 따라 과거 '도발-협상-합의-재도발' 등의 관계에서 '도발-제재-더 큰 도발-더 큰 제재'의 악순환관계로 진행되었다. 이에 대해서는 정영철(2013).

에 들어와 당, 국가, 군대, 그리고 경제 및 사회문화 분야에서의 정상화와 현대화, 세계화를 추구하는 과정에서 대외환경의 개선이라는 전략적 목표 달성의 필수적 전제 조건을 마련하는 데에 매진하는 1단계 과제가 성과적으로 진행되었다고 판단한 것이다.

3. 사회주의 강성국가의 건설 이데올로기로서 '국가제일주의'

2018년부터 숨가쁘게 진행된 일련의 변화는 북한이 바라는 대외환경의 마련 및 경제건설을 위한 낙관적 전망을 가져다 주었다. 당과 국가의 정상화 및 강화, 당과 국가의 주도에 의한 경제건설을 추진하면서, 이를 이데올로기화하고 전 국민을 경제건설에 나서도록 부추겼다. 2018년 병진노선을 마무리하고 '경제건설총력집중노선'을 선포한 북한은 곧바로 '국가제일주의'를 통한 체제 재건설의 이데올로기를 주장하기 시작하였다.[19] 이미 '김정일 애국주의'를 김정은 시대의 사상적 좌표로 설정한 북한이 2018년 하반기부터 '국가제일주의'를 새롭게 제기하기 시작한 것은 이러한 대외관계의 변화와 결코 무관치 않은 것이다.[20] 2018년 등장한 국가제일주의는 '애국'을 키워드로 하고 있으며, 이 애국의 내용은 '경제건설과 인민생활 향상에서 결정적 전환을 일으키고 사회주의문화건

19 북한의 국가제일주의를 체제 재건설(system-rebuilding)의 이데올로기로 해석한 논문으로는 정영철(2020a).

20 국가제일주의는 2017년 11월 『로동신문』에 처음으로 등장하였고, 이후, 2018년 11월에 다시금 등장하였다. 이후, 북한의 주요 매체들에서는 '국가제일주의'를 "김정은시대의 강대한 사회주의국가건설의 위대한 기치"로 주장하면서, 강조하기 시작하였다(편집부 2018).

설의 일대 전성기를 펼쳐 전면적인 국가부흥시대를 열어놓'는 것을 들고 있다(로동신문 2019.1.21). 이는 이미 2016년 당 제7차 대회에서 내놓은 경제강국과 문명강국 건설의 내용과 일치한다. 더욱이 '국가제일주의'의 핵심으로서 "경제건설에 총력을 집중하는 것은 현시기 가장 절박한 요구"로 규정하고 있는 것(로동신문 2019.1.27)은 당면한 북한의 목표가 어디에 있는지를 분명하게 보여주는 지점이라 할 수 있다.

그렇다면, 북한이 2018년 그간의 병진노선을 마무리하고, '경제건설총력집중노선'을 선포하면서, 이에 맞추어 '국가제일주의'를 주장한 이유는 어디에 있을까? 이미 북한은 김정은 시대에 들어서면서 당과 국가의 모든 최종목표를 '인민생활의 향상'으로 규정하였고, 이를 위한 자강력제일주의를 주장하였다. 그러나 경제건설을 위해서는 자강력제일주의를 기본으로 삼는다 하더라도 이를 위한 대외적 환경, 그리고 결정적으로는 자신들을 옥죄고 있는 제재의 해제와 경제건설을 위한 내부 및 외부의 유리한 환경을 마련하는 것이 가장 중요한 과제로 제기되었다. 이를 위한 대결단이 2018년이었고, 그해 6월의 싱가포르 북미 정상회담은 이를 위한 결정적인 전환의 계기였다. 즉, 북한으로서는 남북 정상회담과 북미 정상회담의 성공적인 결속을 바탕으로 본격적으로 경제건설을 위한 준비를 다그치고 있었던 것이고, 이를 뒷받침하기 위한 이데올로기적 기치로서 '국가제일주의'를 내놓았다고 할 수 있다. 결국 21세기 부국강병이, 김정은 시대의 목표였다면, 내부적으로는 당과 국가의 정상화 및 체제의 재건설을 위한 이데올로기적 기초로서 '국가제일주의'가 제시되었고, 외부적으로는 남북관계 및 북미관계,

나아가서는 중국과 러시아 등과의 협력 강화를 꾀했던 것이다.

더욱 중요한 것은 이러한 일련의 변화가 단지 전술적인 변화만으로 그치지 않고, 구조적인 변화, 즉 한반도의 안보환경 및 평화구조의 전략적 변경을 추구했던 것이다. 그리고 이는 북한이 가지고 있던 협상의 지렛대로서 핵과 미사일을 본격적인 카드로 제시했던 것이다.[21] 그러나 하노이에서의 교착은 '북한의 셈법'이 미국과 충돌하였음을 보여주었고, 이는 이후, 미국과의 협상에서 '새로운 길'을 모색하도록 하였다. 사실, 이미 북한은 『경제연구』 등을 통해 세계경제와의 공존을 적극적으로 준비하고 모색하고 있었으며, 이는 곧 미국과의 관계개선을 통한 세계경제로의 진입을 목적으로 하고 있었다. 또한, 모란봉 악단의 등장에서 보듯이, 개방화되고 현대화된 북한 체제를 만들어내는 것을 목적으로 하고 있었다. '하노이 회담'의 결렬은 이러한 북한의 셈법이 좌절되었음을 의미하는 것이며, 그 결과 '새로운 길'을 모색하지 않을 수 없었으며, 이는 장기전의 준비와 '정면돌파'전으로 표면화되었다.

21 이를 보여주는 것이 바로 2019년 '하노이 회담'에서 영변과 제재의 일부 해제를 맞바꾸는 것이었다. 반면, 한반도의 평화와 관련되어서는 2018년의 '남북 군사합의서' 및 종전, 나아가서는 평화체제의 구축으로 나타났다. 결국 북한이 목표했던 것은 핵과 미사일을 평화와 경제로 교환하는 것이었다고 할 수 있다.

IV 하노이 이후, 새로운 길

1. 하노이 교착 이후의 새로운 길: 정면돌파

하노이 교착 이후, 북한은 '미국의 셈법'에 대한 불신을 표명하면서, 그해 연말까지 셈법을 바꾸라고 요구하였다. 하노이 교착은 모두의 예상을 뒤엎고, 영변과 제재를 교환하고자 했던 북한의 셈법을 뒤엎어버렸다. 이미 알려져 있듯이, 여기에는 미국 내 네오콘, 즉 볼턴을 중심으로 한 강경파의 입김, 미국 내 국내 정치의 영향 등에 의해 초래된 것이었다.[22] 인민생활 향상을 최고의 목표로 내걸었던 김정은의 북한이 2018년도에 내린 전략적 결단이 위기에 봉착하게 된 것이다.

연말까지의 셈법 변화를 주장한 북한은 2019년 연말 이례적으로 4일간에 걸친 당 중앙위원회 전원회의를 개최하고, 정면돌파전의 새로운 전략을 내놓았다. 2020년 신년사까지 전원회의 결정문으로 대체한 북한으로서는 그간 미국 및 남한의 정상회담을 통해서 마련된 낙관적 전망을 거두어들이고, 그 대신 '자력갱생'에 기초한 정면돌파전을 선언하게 된 것이다(로동신문 2019.12.29-2020.1.1). 전원회의 결정문에서는 미국과의 '장기전'을 예상하고, '경제건설에 유리한 대외적환경이 절실히 필요한것은 사실이지만

22 최근 볼턴의 회고록을 둘러싸고 여러 가지 논란이 벌어지고 있다. 핵심은 볼턴이 '리비아 모델'을 주장하면서 협상의 판이 깨졌다는 것이고, 볼턴은 트럼프가 김정은에 의해 유혹되었다는 점이다. 이후의 과정이 어떻든, 결국 협상판이 깨진 원인의 핵심은 미국 내에 있다는 점이다.

결코 화려한 변신을 바라며 지금껏 목숨처럼 지켜온 존엄을 팔 수는 없'다고 선언하였다. 이러한 언급은 이미 2012년 김정은의 첫 대중연설에서 밝힌바, '우리 당과 공화국정부에 있어서 평화는 더없이 귀중합니다. 그러나 우리에게는 민족의 존엄과 나라의 자주권이 더 귀중'하다는 것을 다시 한 번 밝힌 것이라 할 수 있다. 이를 전제하고, 전원회의는 미국과의 대결과 '제재 vs 자력갱생'으로 정리하고, 자력갱생에 기초한 경제발전을 정면돌파전으로 선언하였다.[23] 그러나 북한이 말하는 정면돌파전은 단지 경제건설에만 국한되지는 않았다. 전원회의에서는 경제 분야에서의 정면돌파를 정치, 군사적으로 뒷받침하기 위해 '더 이상 미국과의 합의'에 얽매지이 않을 것'이며, "누구도 범접할수 없는 무적의 군사력을 보유하고 계속 강화해나가는것은 우리 당의 드팀없는 국방건설목표라고 하시면서 어떤 세력이든 우리를 상대로는 감히 무력을 사용할 엄두도 못내게 만드는것이 우리 당 국방건설의 중핵적인 구상이고 확고부동한 의지"라고 하면서, "이제 세상은 곧 멀지 않아 조선민주주의인민공화국이 보유하게 될 새로운 전략무기를 목격하게 될 것"이라고 선언하였다. 나아가 "미국의 대조선적대시가 철회되고 조선반도에 항구적이며 공고한 평화체제가 구축될 때까지 국가안전을 위한 필수적이고 선결적인 전략무기개발을 중단없이 계속 줄기차게 진행해나갈것임을 단호히 선언"하였다. 이러한 전원회의에

23 전원회의 보도문은 "오늘의 정면돌파전에서 기본전선은 경제전선이라고 하시면서 나라의 경제토대를 재정비하고 가능한 생산잠재력을 총발동하여 경제발전과 인민생활에 필요한 수요를 충분히 보장하는것을 현시기 경제부문앞에 나서는 당면과업으로 제시"하였다고 밝히고 있다(로동신문, 2020.1.1).

서의 결정은 북한이 말하는 '새로운 길'이 결국은 자력갱생에 기초한 경제건설에 내부의 힘과 자원을 최대한 동원하는 것이며, 이를 군사적으로 뒷받침하기 위한 핵-미사일 무장력의 강화임을 말해주는 것이다.

'하노이 교착' 이후, 북한은 당장의 군사적 대응보다는 내부의 자원을 동원하고, 자력갱생에 기초한 경제건설의 기본 방향을 확정하였다. 이를 '정면돌파'전으로 명명하면서 장기전에 대비하는 길을 선택하였다. 즉, 당면의 대응이 아니라 장기적인 청사진의 마련과 그를 위한 정치, 경제, 군사적인 역량을 강화하는 것으로 첫발을 내디딘 것이라 할 수 있다. 그러나 이것이 곧 북한이 방어적이거나 수세적인 혹은 앞으로의 미국, 남한과의 대화에 대비하는 전술적인 움직임으로 해석되어서는 곤란할 것이다. 그것은 이미 드러나고 있듯이, 금강산부터 시작하여 점차 남한에 대한 대응을 강화하고 있는 것으로 나타나고 있기 때문이다.[24] 더욱이 코로나 19 사태에 따른 전 세계적인 펜데믹 현상, 북한 역시 전면적인 국경 봉쇄와 검역, 남한의 방역 등 어지러한 혼란 속에서 김정은의 친서가 있었지만, 다른 한편으로는 김여정이 군사적인 분야에서의 원칙적인 입장의 표명 등이 이어졌다(이정철 2020 ; 정영철 2020b). 사실, 전원회의는 북한이 스스로 '전대미문의 준엄한 난국을 정면돌파하고 나라의 자주권과 최고리익을 끝까지 수호하며 자력부강

24 지난 6월부터 공식화된 남한과의 관계 단절, 대적사업으로의 전환 이전에 이미 북한은 김정은이 직접 금강산을 방문하여 시설 해체를 명령하였고, 이후 김여정이 나서면서 남한의 군사훈련 등에 대한 경고와 위협을 제기하였다. 그 이후 김여정이 전면에 나서면서 대북 삐라를 명분으로 한 대남 공격이 본격적으로 전개되었다.

의 기치높이 주체혁명위업승리의 활로를 열어나가기 위한 불멸의 대강을 제시한 것으로 하여 우리 당력사와 자주강국건설사에 특기할 사변'으로 평가할 정도로 중요한 역사적 계기임이 분명하다(로동신문 2020.1.1). 당 제7차 대회에서 밝힌 '강성국가' 건설의 방향을 견지하면서, 전원회의는 '하노이 교착' 이후의 달라진 조건에서 장기전에 대비한 국가 청사진의 제시라고 할 수 있다. 그리고 그 핵심은 '정면돌파'로 이름 붙인 경제건설과 군사적 억지력의 확장과 강화라고 할 수 있다.

2. 군사적, 경제적 정면돌파전: 다시 허리띠를 졸라매며

2019년의 전원회의와 '정면돌파'전의 선언은 결국 과학기술에 기반한 자력갱생, 그리고 자력갱생에 기초한 경제건설이 핵심이었다. 그러나 이것으로만 그치지 않고, 이를 위한 정치적, 군사적인 적극적 공세도 '정면돌파'전의 주요한 한 축을 이루고 있다. 이를 위해서는 2012년 김정은이 직접 밝힌 '우리 인민이 다시는 허리띠를 졸라매지 않도록' 하겠다는 다짐을 바꿔야 했다. 결국 전원회의에서 김정은은 "허리띠를 졸라매더라도 기어이 자력부강, 자력번영하여 나라의 존엄을 지키고 제국주의를 타승하겠다는것이 우리의 억센 혁명신념"이라고 강조할 수밖에 없었다(로동신문 2020.1.1). 이는 제재가 지속되고, 장기전이 될 수밖에 없는 상황에서 더 이상 '안보 vs 경제'의 교환에 매달리지 않겠다는 것을 의미한다.[25] 그리고 허리띠를 졸라매는 어려운 조건에서도 자체로 경제건설에 나서겠다는 것을 말하는 것이었다.

2020년 들어, 북한은 세계적인 코로나 19 사태에 따른 선제적인 국경봉쇄 등으로 경제적인 어려움이 가중되고 있는 것으로 보인다. 그러나 아직까지 경제적 어려움에 대한 추정만 존재할 뿐, 북한 내에서 물가와 환율 등이 안정적으로 유지되고 있는 것으로 보인다. 이는 내부적인 자원의 동원, 지역적인 자력체제 등을 총동원하여 경제적으로 '파국'으로 가는 길을 어느 정도 효과적으로 통제하고 있음을 의미한다.[26] 오히려, 지난 6월 김정은의 오랜 잠행 이후에 나타났던 순천린비료공장의 준공 등은 북한이 내부적으로 자신들에게 필요한 경제적 기반시설들을 복구, 가동하고 있음을 말해준다.[27]

중요한 것은 그 이후 북한이 보여준 본격적인 정치, 군사적 공세라 할 것이다. 하노이 이후, 북미관계가 교착상태에 빠지게 되면서, 내심 기대했던 남한이 자기 역할을 제대로 수행하지 못하는 현실, 특히 미국에 의해 남북 합의의 이행이 한 걸음도 진전되지 못하는 상황에서 북한으로서는 한편으로는 분노를, 한편으로는 좌절

25 그간 '안보-안보 교환', 그리고 '안보-경제 교환'을 북핵 문제의 중요한 보상과 유인으로 간주해왔다. 그러나 북한의 전원회의는 이러한 '교환방정식'을 더 이상 추구하지 않겠다는 것을 선언한 것으로 보인다. 북한으로서는 이러한 '교환방정식'이 – 이는 호혜적 상호주의에 해당한다 – 아니라 이의 극복을 주장하고 있는 것으로 보인다.

26 사실, 현재 북한의 경제상황에 대해서는 섣부른 예단이 어렵다. 코로나 19 사태로 인한 국경봉쇄로 인해 북중 간 경제적 연계가 축소되면서, 북한 경제에 미치는 부정적 영향이 클 것으로 예상할 수 있지만, 현재 북한 내부에서 경제적 어려움 때문에 문제가 심각하게 발생하고 있는 징후는 보이지 않는다.

27 순천린비료 공장의 준공은 농업 생산량을 늘리기 위한 비료 생산의 증대를 의미한다. 여기에 중요한 의미를 부여하고 있다는 점은 북한이 자체적으로 농업 생산량을 늘리는 데서 일정한 성과를 내고 있음을 말해준다. 현재 순천린비료 공장이 정상적으로 가동되고 있는지는 파악되지 않고 있다.

을 느꼈을 것이고, 마침 대북삐라를 명분으로 본격적인 대남 공세를 취했던 것이다.

북한으로서는 합의에 대한 이행 의지뿐 아니라 남한이 처하고 있는 미국에 대한 철저한 종속성을 겨냥한 것으로 보인다. 이는 김여정의 담화가 여실히 보여주고 있다. 특히, 한미 '워킹그룹'을 직접 겨냥하면서, 남한이 미국에 대한 종속 상태에서 아무런 의지와 역할도 하지 못하고 있음을 강하게 비판하고 있다.[28] 실제로 한미워킹그룹은 애초의 소통과 공조를 위한 역할을 넘어서 미국에 의해 남한의 대북 정책이 제약되는 결과를 가져왔고, 대북제재에 따른 북한 지원 등에 제동을 걸고 있다. 결국 북한은 남한이 대북정책에서 미국의 종속성으로부터 벗어날 것을 요구하고 있는 것이다. 물론, 북한도 남한이 한미동맹의 구조적 한계를 벗어나는 것이 대단히 어렵다는 것을 모르지 않는다. 따라서 한편으로는 지난 6월부터 남한에 대한 공세를 강화하고 있다면, 다른 한편으로는, 대남 공세로만 그치지 않고, 대미 공세로 이어가면서 남북관계 및 북미관계 모두를 판문점 선언 이전(혹은 6.15 이전)으로 돌려놓고 있다는 점이다. 이러한 북한의 모습은 2019년의 '정면돌파' 선언 이후, 면밀하게 계산된 것이라 할 수 있다. 즉, 북한으로는 2019년까지의 시한 설정, 그리고 '새로운 길'로서 정면돌파전에 따라 대남, 대미 공세로 나오고 있는 상황인 것이다. 그러기 위해서는 비상한

28 한미워킹그룹은 문재인 정부의 주도로 한미 간 북핵 문제 조율 및 공조를 강화하기 위해 만든 협의체라 할 수 있다. 2018년 11월 20일 워싱턴에서 출범하였다. 남한은 외교부 평화교섭본부장이 미국은 대북정책특별대표가 이 협의체를 이끌고 있다.

시국에 맞는 '허리띠 졸라매기'가 다시금 요구되었고, 이를 강조하면서 전 인민의 무장과 각오를 다지는 것이라 할 것이다.

3. '새로운 길'을 본격화한 8차 당대회

2020년 1월 5일 북한은 제8차 당대회를 개최하여 7차 당대회 이후, 약 5년의 시간 동안 이룩한 성과를 총화하고, 새로운 전략적 노선과 정책을 천명하였다. 8차 당대회의 개최는 김정은 집권 이후, 정규적인 당대회의 개최를 알리는 것이자 김정은의 통치가 '일상화'되고, 그의 리더십의 성격이 분명하게 드러난 대회라고 할 수 있다(정영철 2021).

지난 8차 당대회의 핵심 키워드는 '인민'으로 수렴된다. 그간 김정일애국주의, 우리 국가제일주의를 주장해왔던 데에서 이를 정리하여 '우리 국가제일주의' 시대의 정치방식으로서 '인민대중제일주의 정치'를 공식적인 김정은 시대의 정치방식으로 규정하였다(로동신문 2021.1.10). 또한, 그간의 경제 전략에 대한 목표가 '엄청나게' 미달되었음을 인정하고, 이를 분석총화하면서 과학성과 현실성의 결여 그리고 관료들의 주관주의, 세도, 부정부패를 주된 원인으로 지적하였다. 이를 반영하듯, 그간 방대한 조직으로 운영되었던 '당 안의 당'인 조직지도부를 분화시켜 '조직지도부'-'군정지도부'-'규율조사부' 등으로 재정립시켰다. 또한, 선전선동부의 역할을 강화하고, 당 및 국가의 사회주의적 규율과 법질서의 확립과 강화를 위해 당 내에서 '법무부'를 새롭게 신설하였다(로동신문 2021.1.11). 이러한 움직임은 대외적인 어려움－국제적인 제재, 코로나 19 팬데믹, 자연재해 – 등을 헤쳐나가기 위한 것으로서 우선적으로 내부의 역량을 강화하는 데에 집중하겠다는 것을 말해준다. 아마, 8차 당대회 이후, 북한은 내부적으로 당의 재정비 및 간부/관료들에 대한 대대적인 정풍(정화) 작업이 있을 것이고,[29] 이를 법-제도적으로 뒷받침하게 될 것이다.

그럼에도 불구하고, 기존의 경제총력집중노선 특히, 인민생활 향상을 위한 기본 노선에서의 변화는 그대로 유지하고 있다. 즉, 위에서의 변화와 혁신의 노력들이 결국은 '경제성장'을 목적으로 하고 있는 것이다. 이렇게 본다면, 2019년 제기했던 '정면돌파'전이 8차 당대회를 기점으로 본격화될 것임을 의미한다고 볼 수 있다. 이미 미국과의 대결과 현재의 국면에 대해 '장기전'을 각오한 상황에서 8차 당대회를 통해 내부적 역량의 강화를 통해 '정면돌파'전의 내적 역량을 다지고 있는 것이라 할 것이다.

V 맺음말

현재 북한은 상황의 변화에도 불구하고 '강성국가'건설, 핵심적으로는 인민생활 향상을 위한 '전략적 선택'을 거두어들였다고 보기는 어렵다. 물론, 8차 당대회에서 더 이상 '강성국가'라는 표현은

29 이미 북한은 3월에 김정은의 직접 참여, 그리고 주요 간부들이 강사로 등장하는 시.군 책임비서 강습회를 개최하였고, 4월에는 제6차 세포비서대회를 개최하였다. 당대회 이후, 당 내부의 역량 강화 및 정리 작업이 본격적으로 전개되고 있는 것이다.

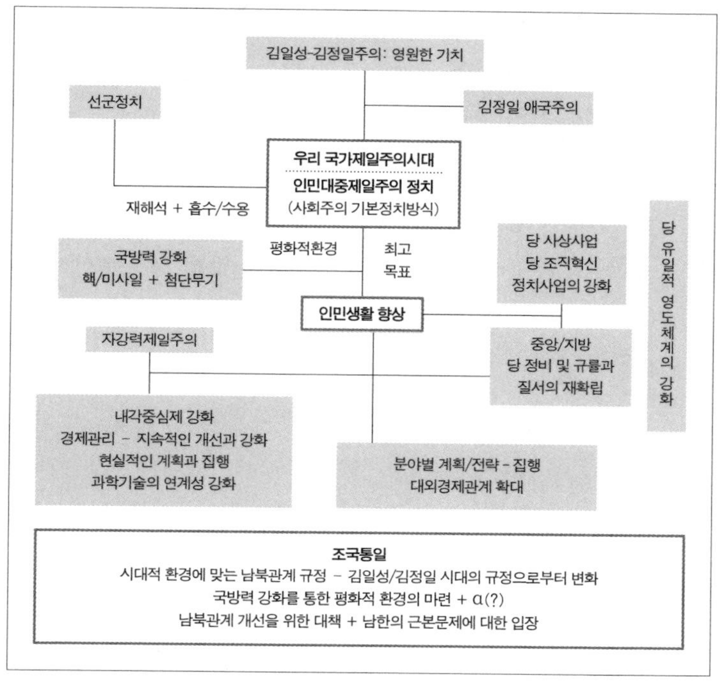

그림 1-2. 제8차 당대회를 통해 본 북한의 전략적 선택

출처: 정영철(2021).

보이지 않는다. 이는 이번 당대회에서 강조하고 있는 과학성과 현실성을 고려하여, 실현 가능한 목표를 제기하고 있는 것과 관련된다. 그렇다고, 북한이 장기적인 과제로서 '강성국가'를 포기했다고 보기에는 어렵다. 분명한 것은 2020년 이후, 애초 협상을 통해 남북, 북미 관계의 동시 발전을 병행하고, 제재를 해제하면서 경제건설을 추진할 것이라는 계획을 변경하여, 이를 장기적인 과제로 설정하고 우선적으로 내부의 자원을 동원하여 문제를 풀어나가는 것, 그리고 이와 동시에 대남, 대미 공세를 통해 정치-군사적인 정

면돌파를 병행하겠다는 것을 드러내는 것이라 할 수 있다.

하노이 이후, 북한이 장기적인 '정면돌파전'을 선언한 상황에서 남북관계와 북미관계가 어떻게 전개될지는 현재까지 유동적이다. 또한, 국사적인 억제력의 강조와 '조국통일' 문제에 대해 '국방력 강화'를 통한 평화의 조성을 선언한 상황에서 더욱 그러하다. 다만, 한 가지 분명한 것은 북한의 이러한 전략적 구상 속에서 가장 강한 고리이자, 동시에 가장 약한 고리가 남한이라는 점이다. 남북관계의 발전은 미국을 유인하는 혹은 국제적인 유리한 환경을 조성하는 것이기도 하지만, 남북관계의 후퇴는 정반대의 상황을 만들어낼 수 있다는 점이다. 실제, 2000년 정상회담은 국제적 고립으로부터 북한을 일정 정도 벗어나게 해주었으며, 2018년의 상황도 북한이 국제사회에서 자신의 존재를 각인시키는 효과를 주었다고 볼 수 있다.[30] 이렇게 본다면, 북한에게도 남한은 대단히 중요한 행위자이자, 상대(파트너)자라고 할 수 있다. 문제는 협상 이후, 남한이 북미관계, 정확히는 미국의 대북봉쇄에 가로막혀 제대로 된 역할을 하지 못한 조건에서 북한의 고민이 깊어질 수밖에 없다는 점이다. 최근에 벌어진 일련의 상황은 바로 이 지점에서 북한의 좌절과 실망의 표현이라고 할 수 있으며, 이를 총화하고 내린 결론이 바로 8차 당대회에서의 대남정책에 대한 언명이라고 할 수 있다.[31] 이에 덧붙여 2020년에 들어 발생한 전 세계적인 코로나 19

30 2018년의 한반도 정세의 급변은 북한의 국제적 위상(?)도 아울러 제고시켰다. 김정은 시대에 들어와 북한이 국제무대에서 적극적으로 활동하는 것(특히, 스포츠무대)과 맞물려, 남북관계의 개선은 북한의 국제사회 진출에 큰 동력이 된다고 할 수 있다.

31 지난 8차 당대회에서 김정은 총화보고를 통해 '남북관계의 회복은 전적으로 남한

팬데믹 현상 역시 북한으로서는 대단히 어려운 장애물이 되고 있다. 국경을 아예 봉쇄해버리는 강력한 사전 검역과 방역 조치를 취한 북한으로서는 코로나 확산에 따른 내부의 우려를 해소하는 것, 그리고 이 상황에서도 내부적인 자원을 최대한 동원하여 경제건설에 주력하고 있다.[32] 그러나 외부의 자원 도입 특히, 중국과의 무역 감소 및 검역과 방역의 강화 등에 따른 인적, 물적 교류의 축소는 경제건설에 큰 장애가 되고 있다.[33] 현재까지 북한 내에서 심각한 경제위기의 조짐이 보이고 있지는 않지만, 계획했던 경제건설에 어려움이 가중되고 있는 것은 분명해보인다. 북한으로서는 북미관계/남북관계라는 근본문제와 더불어 코로나 19라는 예기치 못한 변수를 맞이하고 있는 것이다.

김정은 이후, 북한은 여러 가지 변화를 모색하고 실천하고 있

당국의 태도 여하에 달려 있으며, 대가는 지불한 것만큼, 노력한 것만큼 받게 되어있다'고 하면서, '현 시점에서 남한 당국에 일방적으로 선의를 보여줄 필요가 없으며, 우리의 정당한 요구에 화답하는 만큼, 남북합의들을 이행하기 위해 움직이는 것만큼 상대할 것'이라고 주장하였다(김정은. 로동신문 2021.1.5-13).

32 북한의 코로나 19 대응은 과도할 정도의 사전 검역, 봉쇄조치라 할 수 있다. 지난 2월(2020년) 정치국 확대회의를 개최하였고, 이 자리에서 김정은은 "걷잡을 수 없이 확산되고 있는 전염병이 우리나라에 유입되는 경우 초래될 후과는 심각할" 것이라 지적하고 "우리 당과 정부가 초기부터 강력히 시행한 조치들은 가장 확고하고 믿음성이 높은 선제적이며 결정적인 방어대책"들이었다고 평가하였다. 또한, 4월의 정치국 회의에서도 국가적인 비상방역사업을 지속할 것을 결의하였다.

33 2020년 북중 무역통계가 발표되어야 실상을 정확히 파악할 수있지만, 현재에도 북중 간 무역은 상당히 축소된 것으로 알려져 있다. 발표된 중국 해관총서에 따른 2020년 1-5월 기간의 북중무역은 지난해와 비교하여 약 69% 감소한 것으로 나타나고 있다(연합뉴스 2020.7.22). 반면, 5월의 북중무역은 전월에 비해 약 163% 증가한 것으로 나타나고 있다(오마이뉴스 2020.7.3). 그러나 10월까지의 북중무역은 그 전해에 비해 약 76% 이상 감소하였고, 10월의 경우에는 99.9%가 감소하여 사실상 북중무역이 단절된 것으로 나타나고 있다(연합뉴스 2020.12.10).

다. 특히, 사회문화 및 경제 분야에서의 변화는 주목할 만하다. 모란봉 악단의 등장으로 대표되는 사회문화 분야에서의 변화는 북한 역시 거스를 수 없는 문화적 변용을 위로부터 수용한 것이라 할 수 있으며, 경제 분야에서의 변화는 김정일 시기부터 연구되고, 조심스럽게 실행되어왔던 조치들을 본격적으로 이행하고 있는 것이라 할 수 있다. 그 방향은 세계화와 현대화, 정보화라는 세계적 추세를 그대로 반영하고 있다. 특히, 경제 분야에서는 세계경제 속에서의 공존과 경쟁을 공식적으로 주장하고 있는 상황이다. 다만, 이러한 변화가 가속화되고, 더욱 심도 있는 변화로 나아가기 위해서는 주변 환경이 뒷받침되어야 하고, 한반도 안보 상황이 안정화되어야 한다. 2018년의 상황은 바로 이러한 배경에서 가능한 것이었고, 2019년의 '하노이 교착'은 그 길이 만만치 않은 장기적인 것이 될 것임을 말해주었다. 그리고 북한은 '부국강병'의 전략적 선택 속에서 새로운 '정면돌파'전을 선언하였다. 새로운 길로서 '정면돌파'전의 선언은 북한이 김정은 시대의 '전략적 선택'을 포기하지 않았음을 말해주는 것이라 할 것이다. 인민생활 향상을 최고의 과제로 내세우고 있는 김정은의 북한이 쉽사리 이 길을 벗어나지는 않을 것이다. 지난 8차 당대회는 바로 이 점을 분명하게 보여주고 있다.

참고문헌

강철수. 2016. "사회주의기업체들에서 류동자금 보장조직의 중요요구." 『경제연구』 3.
김기헌. 2018. "북한 화폐의 고전적 순환메커니즘 분석: 화폐생산경제로서의 북한 경제에 대한 이해." 『사회과학연구』 25(1).
김동엽. 2019. "김정은 시대 북한의 군사 분야 변화와 전망." 『경제와사회』 122.
김정은. 2012. "선군의 기치를 더 높이 추켜들고 최후승리를 향하여 힘차게 싸워나가자"(위대한 수령 김일성대원수님 탄생 100돐경축 열병식에서 한 연설). 4월 15일.
______. 2013. "우리의 사회과학은 온 사회의 김일성-김정일주의화 위업 수행에 적극 이바지하여야 한다." 『근로자』 4.
______. 2016. "당 제7차대회 사업총화보고." 『로동신문』 2016.5.6.
______. 2018. "2018년 신년사." 『로동신문』 2018.1.1.
______. 2019. "2019년 신년사." 『로동신문』 2019.1.1.
리광훈. 2014. "독립채산제 기업소들의 창발성을 최대로 발양시키는 것은 현 시기 경제강국 건설의 절박한 요구." 『경제연구』 4.
변학문. 2018. "북한의 과학기술강국 구상과 남북과학기술교류협력." 『통일과평화』 10(2).
이정철. 2020. "김여정 담화와 김정은 친서의 수수께끼." 『프레시안』 2020.3.19.
이종석·최은주. 2019. 『제재속의 북한경제, 밀어서 잠금해제』. 성남: 세종연구소.
이찬우. 2019. 『북한경제와 협동하자』. 서울: 시대의 창.
전미영. 2003. "세계화시대 북한의 문화수용과 문화정체성." 『김정은 시대의 문화』. 파주: 한울아카데미.
전원회의 결정보도문. 『로동신문』 2019.12.29－2020.1.1.
정영철. 2013. "20년의 위기: 북미대결과 한반도 평화체제." 『경제와 사회』 99.
______. 2014. "김정은 시대 북한 문화의 변화." 정영철 외. 『한반도정치론』. 서울: 선인.
______. 2016. "본격적인 김정은 시대의 선포, 대남, 대외관계 새로운 변화 추구할 것." 『민족화해』 78.
______. 2017. "문화정치의 기획으로서 모란봉 악단." 한국문화관광연구원. 『웹진 뉴스레터』 564(2017.10.25).
______. 2018. "김정은 시대 북한의 세계경제 인식 변화: 침략과 약탈의 공간에서 생존과 경쟁의 공간으로." 『통일과평화』 10(1).
______. 2019. "북한 경제의 변화: 시장, 돈주, 그리고 국가의 재등장." 『역사비평』 봄호.
______. 2020a. "북한의 우리국가제일주의: 국가의 재등장과 체제 재건설의 이데올로기." 『현대북한연구』 23(1).
______. 2020b. "전략적 사고의 부재와 행동해야 할 시간." 『통일뉴스』 2020.5.11.

______. 2021. "북한 8차 당대회 평가와 전망: 발전과 혁신을 위한 김정은 리더십." 『제68차 통일전략포럼 발표문』. 경남대 극동문제연구소.
정창현. 2016. "조선노동당 7차대회에서 제시된 북한의 노선과 정책방향." 『통일뉴스』 2016.5.13.
통일연구원. 2011. 『김정일 현지지도 동향』. 서울: 통일연구원.
편집부. 2018. "우리 국가제일주의를 높이 들고나가자." 『근로자』 5.
홍민. 2018. 『김정은 위원장 최근 현지지도 행보 속 정책 코드 읽기』(통일연구원 Online Series, CO 18-16).
홍민 외. 2016. 『북한 전국 시장 정보: 공식시장 현황을 중심으로』. 서울: 통일연구원.
『로동신문』 논설. "우리 국가제일주의를 들고 나가는데서 나서는 과업." 2019.1.27.
『로동신문』 사설. "우리 국가제일주의를 높이 들고 사회주의강국건설을 힘있게 다그쳐나가자." 2019.1.21.
『로동신문』 보도. 제8차 당대회 관련 보도(2021.1.6 - 1.12).
『연합뉴스』 2020.7.22. 보도.
『오마이뉴스』 2020.7.3. 보도.
『월간북한동향』 2012-2015. 4.

필자 소개

정영철 Chung, Youngchul

서강대학교 공공정책대학원 교수
서울대학교 섬유공학과 졸업, 서울대학교 사회학 박사

논저 『평화의 시선으로 분단을 보다』, 『김정은 시대 북한의 변화』, 『공존의 시선으로 남북을 잇다』

이메일 chungyc69@sogang.ac.kr

제2장

김정은 시대 통치 이데올로기(2012-2021)

— '선군'에서 '국가와 인민'으로

From the Military First to the State and the People: The Change of Ideology in the Kim Jong Un Era

강혜석 | 숭실대학교 정치외교학과 연구중점교수

안경모 | 국방대학교 안보정책학과 부교수

본 연구는 8차 당대회 이후 김정은 시대의 미래와 관련한 답을 통치 이데올로기에서 찾고자 한다. 본 연구가 '김일성-김정일주의', '우리 국가제일주의', 그리고 '인민대중제일주의' 등 김정은 시대에 새롭게 부상해온 이데올로기와 통치 담론들에 주목하는 이유이다. 본 연구는 분석을 위해 조직 이데올로기, 순수 이데올로기, 실천 이데올로기 등의 개념을 활용했다. 조직 이데올로기의 구성 요소는 일종의 '세계관'이자 '이론의 총체'로서 행위에 간접적인 영향을 미치는 '순수 이데올로기'와 '구체적인 실천의 방법과 원리'로 행위에 직접적인 영향을 미치는 '실천 이데올로기'로 나눌 수 있다. 이러한 차원에서 볼 때 김정은 시대의 통치 이데올로기는 순수 이데올로기로서 주체사상을 지속유지하고 실천 이데올로기로서의 선군사상을 역사화함으로써 우리 국가제일주의와 인민대중제일주의, 즉 '국가'와 '인민'을 종자로 한 새로운 실천 이데올로기의 내용을 채워가는 방향으로 변해가고 있다. 특히 국가와 인민은 '경계와 배제의 언어'가 아닌 '단일성과 통합의 언어'로서의 성격을 지니고 있다는 점에 주목할 필요가 있다. 사회주의 체제의 근본적 전투기조를 완화함으로써 혁명과 안보에서 발전과 복지로의 변화를 추동할 가능성을 의미하기 때문이다. 그러나 지속적인 안보위기는 재급진화를 통한 보수화의 계기가 될 수 있다는 점 역시 기억할 필요가 있다.

This study seeks to find answers about the futures of North Korea at the change of the ruling ideology. This is why the article pays attention to the appearance of the new political discourses and ideology during the Kim Jong Un era, such as "Kimilsungism-Kimjongilism," "Our State First Principle," and "People First Principle." This study utilized concepts such as organizational ideology, pure ideology, and practical ideology for analysis. The components of organizational ideology can be divided into "pure ideology" that indirectly affects behavior as a kind of "worldview" or "the body of theory" and "practical ideology" that directly affects behavior as a "method and principle of concrete practice." In this regard, it is analyzed that the ideology of the Kim Jong Un regime is changing from the 'Military first idea' to 'Our state first principle' and 'People first principle.' In particular, it is worth noting that 'the state' and 'the people' have the characteristics of 'the language of unity and integration,' not 'the language of boundaries and exclusion.' The reason is that such a change is likely to shift North Korea's national vision from 'the revolution and security' to 'the development and welfare' by easing the combat ethos. However, it is also worth remembering that a continuous security crisis could can reverse this change.

KEYWORDS 북한 North Korea, 이데올로기 Ideology, 김일성-김정일주의 Kimilsung-ism-Kimjongilism, 우리 국가제일주의 Our State First Principle, 인민대중제일주의 People First Principle

I 들어가며

2011년 김정일의 갑작스런 사망 이후 김정은 정권이 출범한 지 10년이 흘렀다. 그리고 2021년 1월 북한은 8차 당대회를 통해 또 다시 새로운 출발점에 섰다. 전쟁 위기와 사상 최초의 남·북·미 연쇄 정상회담이라는 극적인 기억들이 교차해온 김정은 시대의 북한은 어디로 가고 있을까? 그리고 어디로 향해 왔을까?

본 연구는 이러한 질문들에 대한 답을 김정은 시대 북한의 통치 이데올로기 변화에 대한 분석을 통해 찾아보고자 한다. '병진노선', '새로운 전략노선', '정면돌파전' 등 김정은 시대를 수놓은 정책과 전략, 그리고 사건들의 이면에 감추어져 있는 보다 장기적이고 근본적인 지향과 방법들을 독해하고 이를 통해 사후적 해석이 아닌 전망적 분석으로 나아가기 위함이다. 본 연구가 '김일성-김정일주의', '우리 국가제일주의', 그리고 '인민대중제일주의' 등 김정은 시대에 새롭게 부상해온 이데올로기와 통치 담론들에 주목하는 이유이다.

특히 본 연구는 김정은 시대의 통치 이데올로기에 대한 본격적인 분석에 앞서 '사회주의 정치체제에서 이데올로기란 어떤 기능과 역할을 해 왔으며 그 구성요소는 무엇인가?', '주체사상과 선군사상으로 이어진 김정은 시대 이전의 북한 통치 이데올로기는 어떠한 변화의 동학을 보여왔는가?', 그리고 '김정은 시대의 출발점은 어떠했는가?' 등의 질문에 답하고자 한다. 미래에 대한 전망은 과거에 대한 분석을 통해 변화의 동학을 파악하고 그 기점을 분명히 하는 데서 시작되어야 한다고 믿기 때문이다. 다음 장에서 이를 보다 자세히 살펴보자.

II 이데올로기, 사회주의, 북한

1. 사회주의의 분화와 변화, 그리고 '조직 이데올로기'

전체주의의 전형으로까지 치부되어온 사회주의 국가에서 이데올로기가 갖는 중요성은 지대하며 직접적이고 가시적이다(Kornai 1992, 55-61). 마르크스 레닌주의를 유일 지배 이데올로기로 간주하는 사회주의 국가에서 정당성의 원천은 '민(民)의 지지'가 아닌 '진리', 즉 '올바른 노선의 독점(monopoly on the correct line)'에 기반한 것이기 때문이다(Jowitt 1992, 1-49). 사회주의 정치체제가 일종의 '정치 종교(political religion)'로서의 성격을 가지며 마르크스 레닌주의는 성서에, 최고 지도자는 교황에, 당관료는 성직자에 비유될 수 있다는 주장이 설득력을 갖는 이유이다(Saxonberg 2013, 4).

특히 사회주의 체제의 특수성에 대한 관심 속에 주로 이해할 수 없는 강건성과 지속성을 설명하기 위해 동원되곤 하던 사회주의 국가의 통치 이데올로기에 대한 연구가 실재하는 다양한 사회주의 국가들의 분화와 변화를 설명하는 주요한 변수로 떠오른 것은 마르크스 레닌주의의 정전에 대한 '다양한' 해석을 제시하는 '복수의 계승자'들이 나타나면서부터였다. 사회주의 종주국 소련의 최고지도자를 마르크스 레닌주의에 대한 '유일한' 해석권자로 인정하던 스탈린 시대 때까지와는 달리 그의 사후에는 중국, 북한,

유고를 필두로 '탈(脫)소련화'를 선언한 다양한 국가들에서 새로운 해석을 제시하는 계승자들이 나타나기 시작했기 때문이다.

또한 이는 흐루쇼프 시대의 경험에서 보듯 국제적 차원뿐만이 아니라 일국적 차원에서도 동일하게 나타났다. '정치적 계승(political succession)'은 그 결정적 계기였다. 마르크스 레닌주의 체제의 모든 후계자들은 선대 지도자의 해석에 대한 '계승'이냐 '혁신'이냐를 두고 고민에 빠질 수밖에 없었기 때문이다. 결국 특정한 선택들은 다양한 변화와 분화의 계기가 되었다. 이데올로기가 사회주의 정치체제의 핵심적 분석 변수로 떠오른 이유였다.

추상적이고 모호한 개념이었던 사회주의 체제의 통치 이데올로기를 '조직 이데올로기(organizational ideology)'로 조작적으로 정의하고 그 구성요소를 다시 '순수 이데올로기(pure ideology)'와 '실천 이데올로기(practical ideology)'로 구분함으로써 이데올로기를 조직이라는 구체적인 실체와 연결짓는 동시에 그 변화의 구체적인 양상과 정치적 함의를 분석해낼 수 있는 분석틀과 개념을 제시한 이가 바로 프란츠 셔먼(Franz Schurmann)이었다.

그는 이데올로기를 "계급이나 개인의 특징적 사고방식들"로 규정한 일반적 정의를 '조직'의 그것으로 재정의함으로써 이데올로기를 '의식적이고 체계적인 실천'과 연결지을 수 있다고 주장했다. 조직이란 "특정한 과업을 달성하기 위한 합리적 도구"로서 실제 행동을 위한 것이기 때문이다. 따라서 그는 사회주의 체제의 통치 이데올로기를 "조직을 활용하고 창조하기 위한 목적에 복무하며 행동의 결과를 수반하는 체계적인 이념들의 집합", 즉 공산당이라는 특정한 조직의 이데올로기로 규정했다(Schurmann 1968, 18).

또한 실재하는 정책과 이를 산출해내는 조직과의 연결 속에 이데올로기를 실증적이고 분석적인 개념으로 활용하고자 했던 그는 여기서 한 발 더 나아가 실제 행동과의 관계가 직접적이냐 간접적이냐를 기준으로 이데올로기의 구성 요소를 크게 두 가지로 나누었다. 조직 이데올로기의 구성 요소는 일종의 '세계관(Weltanschauung)'이자 '이론의 총체(body of theory)'로서 행위에 간접적인 영향을 미치는 '순수 이데올로기'와 '구체적인 실천의 방법과 원리'로 행위에 직접적인 영향을 미치는 '실천 이데올로기'로 나눌 수 있다는 것이다(Schurmann 1968, 21-24).

물론 이와 같은 셔먼의 구분이 갖는 첫 번째 함의는 실제 혁명 이론으로서 마르크스 레닌주의가 가진 구조적 특성을 정확히 포착했다는 데 있었다. 그러나 동시에 강조되어야 하는 점은 이러한 구분을 통해 '계승'의 방식으로 올바른 노선을 재확인함으로써 선대의 권위에 기대야 하는 동시에, 변화한 현실에 적확한 '혁신'을 통해 새로운 권위를 창출해 나가야 하는 딜레마 앞에 선 마르크스 레닌주의 후계자들의 다양한 '선택'과 '분화'를 비교하고 설명하는 데 매우 유용한 도구를 제시한 점이었다. 변화의 내용과 함의에 대한 분석의 시작은 변화의 경계와 그 배경에 대한 이해에서 시작될 수밖에 없기 때문이다.

예컨대 셔먼은 이와 같은 분석틀을 활용하여 중·소 분쟁의 핵심이 순수 이데올로기와 실천 이데올로기에 대한 양자의 입장 차에 있었다고 주장했다. 중국 공산당은 순수 이데올로기로서의 마르크스 레닌주의를 '이론(theory)'으로, 마오사상을 실천 이데올로기이자 '사상(thought)'으로 구분하고 순수 이데올로기를 고정불변의 것으로 규정한 채 실천 이데올로기만을 변화 가능한 것으로 이해한 데 반해, 소련 공산당의 경우 변증법적 유물론과 사적 유물론의 발전 속에 순수 이데올로기로서의 마르크스 레닌주의 자체도 변화하는 것으로 여겼으며 그 연장선에서 중국 공산당의 입장을 교조주의적인 것으로 이해했다는 것이다(Schurmann 1968, 43). 결과적으로 마오쩌둥의 소련에 대한 비판은 '원형'에 대한 강한 집착 속에 흐루쇼프발 '분화'를 저지하려는 형태로 나타났다. 순수 이데올로기와 실천 이데올로기의 계선, 그리고 그 내용에 대한 입장 차들이 정치적 계승과 국익의 충돌 속에 가속화된 사회주의권의 분화와 변화의 핵심적 계기들로 작동하기 시작했던 것이다.

이데올로기를 매개로 한 이와 같은 동학은 마르크스 레닌주의 국가로 디자인된 북한 역시 마찬가지였다. 특히 중소분쟁 등 사회주의권 내부의 갈등과 정치적 계승의 위기 속에 이른바 '수령제', 그들의 표현으로 '당과 수령의 유일영도체계'를 확고히 한 북한의 경우 진리의 독점과 그에 따른 이데올로기적 정당성에 대한 의존은 더욱 전형적인 형태로 나타났다. 1967년 갑산파 숙청을 기점으로 권력정치적 차원에서 유일영도를 '이미' 실현한 북한이 사회주의권에서도 전무후무한 절대성을 성문화한 '당의 유일사상체계 확립의 10대 원칙'을 수립하고 이를 모든 이의 일상에서 실현할 극단적인 '새로운 생활총화제도'를 관철해 나간 것은 북한 사회에서 이데올로기가 차지하는 이와 같은 기능과 위상을 잘 보여주고 있었다(정창현 2015; 김정일 2010). 또한 북한이 사회주의 종주국인 소련과 30여 년의 차이를 둔 후발주자였다는 점 역시 유사성의 한 원인이었다. 북한의 국가 건설 및 정치적 계승의 과정에서 나타난 이데올로기적 적응이 스탈린에 의해 '창조적 적용'의 이름으로 이루어진 마르크스 레닌주의의 재해석 방식과 놀라울 정도로 닮아 있었다는 것이다(강혜석 2017a, 129).

물론 사회주의 진영의 패권국이었던 소련에 비해 신생 약소국 북한의 그것은 더욱 조심스러울 수밖에 없었다. 실제 '주체의 확립'과 '김일성주의'의 체계화 과정은 거의 30여 년에 걸쳐 매우 신중하게 이루어졌다. 또한 '선군'이라는 사회주의의 계보 어디에도 없었던 새로운 이데올로기적 화두를 들고 나온 김정일 시대 역시 이러한 고민과 신중함은 마찬가지였다. 성전의 이름이 마르크스와 레닌에서 김일성으로 바뀌었을 뿐 독선적 유일체제 하 후계자의 딜레마는 동일하게 반복되었기 때문이다.

결과적으로 이와 같은 변용은 정책과 노선을 중심으로 한 실천 이데올로기 차원의 변화를 거쳐 순수 이데올로기의 영역까지 확장되어 갔으며 종국에는 하나의 전일적 체계로서의 '조직 이데올로기'의 대체와 변화의 과정으로 나타났다. 물론 그 구체적인 내용과 범위는 '주체의 시대'와 '선군의 시대'에 각기 상이한 모습을 띠었으며 이와 같은 지속과 변화의 연속선에 김정은 정권의 현재와 미래 역시 존재한다. '김일성-김정일주의의 시대'에 대한 분석과 전망을 위해 '주체사상', '선군사상', '김일성-김정일주의'로 이어진 북한 통치 이데올로기의 궤적을 간략하게나마 살펴봐야 할 이유라 하겠다.[1]

1 북한의 이데올로기적 변화를 프란츠 셔먼의 개념을 활용해 분석한 비교적 최근의 대표적인 연구 성과들로는 김근식(2014)과 정영철(2015)을 들 수 있다. 두 연구는 모두 김일성 시대에서 김정은 시대에 이르는 이데올로기적 변화에 대한 예리

2. 주체사상과 선군사상, 그리고 김일성-김정일주의

1) 김일성 시대와 주체사상

먼저 주체사상을 살펴보자. 주체사상의 기원을 북한의 주장처럼 김일성의 항일무장투쟁으로 잡든 아니면 보다 가시적인 기점인 1955년 김일성 연설인 〈사상사업에서 교조주의와 형식주의를 퇴치하고 주체를 확립할 데 대하여〉로 잡든 자주의 모토를 기반으로 한 주체의 언어들이 '정치적으로' 호명되기 시작한 계기가 1956년 8월 종파사건이었음은 논란의 여지가 없을 것이다. 잘 알려진 바와 같이 흐루쇼프가 주도한 '탈(脫)스탈린화'의 과정은 전격적인 사회주의 개혁부터 중공업 우선의 경제노선, 그리고 최고지도자 개인에 극단적으로 집중된 권력구조에 이르기까지 이데올로기와 조직, 그리고 정책 모두에서 철저한 스탈린주의의 길을 가던 김일성 정권에 커다란 충격을 주었다. 이와 같은 충격이 내부의 권력정치적 갈등과 맞물리며 김일성의 최대의 정치적 위기로 이어진 것이 8월 종파사건의 핵심이었던 것이다.

결과적으로 이후 10년은 이와 같은 정치적 취약성을 근본적으로 제거하는 데 초점이 맞춰졌다. 김일성과 만주파는 전방위적 엘리트 교체를 통해 종파사건의 여독을 뿌리 뽑는 동시에 물질적 보상, 공산주의 및 혁명전통 교양과 현지지도, 사회주의적 애국주의 담론, 피포위 의식 등을 통해 내부의 정치적 기반을 다지며 소련과 중국으로부터의 대국주의적 압력에 대항해 정권의 안보를 지키기

한 통찰을 보여줬다. 그러나 해당 개념을 북한의 사상사에 구체적으로 어떻게 적용해 나갈 것인가의 문제에 있어 해당 연구들과 본 연구는 차별적이다.

위해 노력했다(안경모 2013, 42-44). "사상에서의 주체, 정치에서의 자주, 경제에서의 자립, 국방에서의 자위"라는 구호를 통해 1965년 정식화된 주체노선은 바로 이러한 노력의 귀결이었다(김일성 1982a).

그러나 '사상'이라는 명칭에도 불구하고 나름의 독자적인 이데올로기적 내용들이 채워지지 못한 채 자주와 자립, 자위 등 정책 수립의 몇 가지 원칙들의 수준을 넘어서지 못하고 있었던 주체사상과 김일성 정권은 또 다른 차원의 도전에 직면했다. 1966년부터 본격화된 중국발 문화대혁명의 파고는 김일성에게 사회주의권에서 가장 모욕적인 비난인 '수정주의자'라는 굴레를 씌웠고 소련공산당은 1964년 바로 그 수정주의의 대명사였던 흐루쇼프의 실각에도 불구하고 여전히 반제전선에 소극적인 모습을 보이고 있었다. 1966년을 기점으로 대규모의 지상전으로 확전되어간 베트남의 상황이 북한의 불안감을 더욱 자극했음은 물론이다.

결국 북한은 정치적 독립선언으로 당시 해외 언론에도 크게 보도된 『로동신문』 사설 「자주성을 옹호하자」를 1966년 8월 12일 발표하고 2달 후 열린 제2차 당대표자회를 통해 국방경제병진노선을 공식화하며 '주체를 세우는 데' 더욱 박차를 가하기 시작했다(안경모 2013, 44; 김일성 1982b).

특히 "주체사상을 내놓고 그것을 지침으로 하여 혁명과 건설을 영도하여왔으나 주체사상의 원리를 종합체계화하는 문제에 대하여서는 별로 생각하지 않았"(김일성 1996)다는 고백처럼 실제 이데올로기와 관련한 직접적이고 구체적인 연설이나 문건을 좀처럼 내놓지 않았던 김일성이 「자본주의로부터 사회주의에로의 과도기와 프롤레타리아 독재문제에 대하여」(김일성 1983)를 발표함으로써 소련 및 중국과 차별적인 본인들만의 독자적인 이론을 체계화하려 시도한 것은 바로 이러한 도전에 대한 응전의 결과였다.

또한 위 논문과 같은 날 발표되어 이후 김일성의 수많은 저작 중에서도 가장 핵심적인 의의를 갖는 저작 중 하나로 현재까지 기념되고 있는 「당면한 당선전사업방향에 대하여」, 일명 〈5.25교시〉를 통해 김일성 정권은 중국, 소련과 독자적인 자신들의 혁명 이론이 '유일한' 통치 이데올로기임을 분명히 했다.[2] 이제 주체사상은 정책과 전략을 넘어 행동의 원칙과 관련한 구체적인 지침들을 제공하는 '실천 이데올로기'로 확장된 것이다. 1961년 4차 당대회 규약까지만 해도 "맑스-레닌주의와 일반적 원리를 조선 혁명의 실천 활동에 창조적으로 적용"했다는 정도로 표현되던 '혁신'의 차원이 1970년 5차 당대회 규약을 통해 "조선로동당은 맑스-레닌주의와 맑스-레닌주의를 우리나라 현실에 창조적으로 적용한 김일성동지의 위대한 주체사상을 자기활동의 지도적 지침으로 삼는다"는 표현으로 격상된 것은 이를 잘 보여주고 있었다.

그러나 1967년 이후 본격화된 이른바 '후계의 정치'는 1956년 8월 종파사건과 1960년대 지속된 중·소 분쟁을 통해 강화되어온 이데올로기적 원심력을 결정적으로 가속화하였다. 사회주의에서 후계의 정치의 핵심은 정치적 권위의 가장 근본적인 기반인

2 북한은 해당 교시의 핵심이 전당에 유일사상체계를 세우는 것이었다고 주장하고 있다. 그러나 해당 문건은 현재까지도 그 원문이 공개되지 않고 있다. 문건의 의의에 대해서는 다음 기사를 참조할 것. 「주체의 사상론을 백승의 무기로 틀어쥐고」(로동신문 2015.5.25).

'이데올로기'에 대한 '유일 해석권자'의 지위를 계승하는 문제였기 때문이다.

1967년 갑산파 숙청의 과정에서 이미 그 존재감을 확실히 한 수령의 아들이자 후계 경쟁의 강력한 후보였던 김정일은 이러한 메커니즘을 정확히 이해하고 있었던 듯하다.[3] 김정일은 1966년 5월부터 1969년 7월까지 약 3년 2개월 동안 사회과학자들과 함께 마르크스 레닌주의 연구모임을 결성하여 집중적인 분석을 진행하고 이를 총결하는 연설을 통해 마르크스 레닌주의의 창조적 적용의 차원을 넘어 "완전히 새롭고 독창적인 사상"으로 주체사상을 정식화, 체계화해야 한다고 주장했다(김정일 2009; 김정일 2010a). 그리고 5년이 지난 1974년 2월, 김정일은 장장 15일 동안 전국의 모든 선전일꾼들을 한자리에 모아 강습을 진행한 자리에서 '누가 후계자인가'의 문제가 완전히 종결되었음을 과시하며 '김일성주의'의 등장을 선언했다. 김일성주의는 주체사상과 달리 사상, 이론, 방법의 전일적 체계로 이루어진 새로운 시대, "주체시대"의 "완성된 공산주의혁명이론"이라는 것이었다(김정일 2010b, 이하 2.19노작).[4] 김일성주의로 명명된 북한의 통치 이데올로기가 마르크스 레닌주의와 독자적인 실천 이데올로기와 순수 이데올로기를 모두 갖춘 완전한 '조직 이데올로기'로 규정된 순간이었다.

결국 이러한 작업은 '정치적'으로는 1980년 6차 당대회를 통

3 갑산파 숙청이 진행된 4기 15차 전원회의에서 김정일의 활약에 대해서는 정창현(2015)을 참조할 것.

4 김일성주의와 주체사상의 차별성에 대한 보다 자세한 설명은 김정일(2011a)을 참고할 것.

해 마르크스 레닌주의가 당의 지도이념에서 삭제되고 조선로동당이 "오직" 김일성의 주체사상에 의해서 지도된다고 명기함으로써 완료되었고, '이론적'으로는 1982년 김정일의 논문 「주체사상에 대하여」를 통해 순수 이데올로기에 해당되는 사상 부분이 정리되고 이어 1985년 완간된 『주체사상총서』를 통해 '사상, 이론, 방법'의 전일적 체계로서의 김일성주의가 전 10권으로 정리됨으로써 완료되었다(김정일 2011b).[5]

2) 김정일 시대와 선군사상

다음으로 선군사상이다. 레닌 사망 직후 발표된 「레닌주의의 기초」(1924)를 통해 레닌주의가 러시아에만 국한된 특수한 이론이라든가 마르크스주의 이론의 일부를 부활시킨 것에 불과하다는 주장에 맞서, 마르크스주의의 배경이 된 '전(前)혁명의 시대'와 차별적인 '제국주의와 혁명의 시대'에 적확하게 발전된 '보편적 이론'이

5 『주체사상총서』는 사상, 이론, 방법이라는 구분에 정확히 일치하는 방식으로 구성되었다. 1, 2, 3권은 세계관이자 순수이데올로기에 해당하는 주체사상의 철학적 원리, 사회역사적 원리, 지도적 원칙으로 구성되었으며 4, 5, 6, 7, 8권은 혁명이론에 해당하는 반제반봉건민주주의혁명과 사회주의혁명이론, 사회주의 공산주의 건설이론, 인간개조이론, 사회주의 경제건설이론, 사회주의 문화건설이론의 내용으로, 9, 10권은 영도방법에 해당하는 영도체계, 영도예술로 채워졌다. 그렇다면 순수 이데올로기, 즉 사상으로서의 주체사상과 사상, 이론, 방법의 전일적 조직 이데올로기로서의 김일성주의에 대한 명백한 구분에도 불구하고 왜 '김일성주의 총서'가 아닌 '주체사상총서'라 했을까? 다시 말해 혹자의 표현처럼 전자의 의미로 쓰이는 좁은 의미의 주체사상(예: 「주체사상에 대하여」에서의 주체사상)과 후자의 의미로 쓰이는 넓은 의미의 주체사상(예: 당규약에서의 주체사상)이라는 동음이의어가 필요했던 이유는 무엇일까? 이는 오직 마르크스 레닌주의만을 순수 이데올로기로 간주해온 사회주의 진영의 관례를 깨고 권위에 도전하는 것이 1980년대의 시점에서도 여전히 부담스러웠기 때문인 것으로 추정된다. 주체사상의 두 가지 의미와 총서의 구성에 대해서는 이종석(2000, 128-139)을 참조할 것.

라는 독자적인 해석을 관철시킴으로써 유일 해석권자로서의 권위를 분명히 했던 스탈린의 후계 과정과 2.19노작을 통해 전개된 김정일의 후계 과정은 선대 수령의 생존 여부만 다를 뿐 그 형식과 내용에 있어 놀라울 만큼 유사했다(강혜석 2017a, 128-130).

특히 이러한 유사성이 우연의 일치이거나 의식적인 모방의 결과라기보다는 앞서 언급한 사회주의 체제의 독특한 정당성의 구조에 기인한 것이라는 점에 주목할 필요가 있다. 실제 북한의 후계 과정 역시 소련, 중국 등 여타의 사회주의 국가들과 매우 유사한 경로를 밟아갔다. 결과의 다양성에도 불구하고 '순수 이데올로기와 실천 이데올로기', '독창성과 계승성' 등을 둘러싼 논점과 동학 자체는 공통점이 더욱 컸다는 것이다.[6]

그 핵심은 사회주의 국가의 후계자들에게 있어 '계승'의 정당성은 성전에 대한 '해석'의 차원에서 갈무리될 수 있으나 '계승 이후'의 독자적인 '권위 수립(authority building)'의 단계에서는 당면한 새로운 시대적 과제에 대한 응전으로서의 독자적인 이데올로기적 구성이 요구된다는 점이다. 스탈린이 「레닌주의의 기초」 이후 「10월 혁명과 러시아 공산주의자들의 전술」(1924)과 「레닌주의의 문제에 대하여」(1926)를 통해 '일국 사회주의론'을 새로운 실천 이데올로기로 제시함으로써 자신의 시대를 열어간 것은 바로 이와 같은 동학을 보여주고 있었다(Stalin 1988).[7]

6 독창성과 계승성과 관련한 논의는 지면의 한계상 본 연구에서는 필요한 범위에서만 간략하게 다뤘다. 주체사상을 둘러싼 해당 논점에 대해서는 안경모(2015)를, 선군사상을 둘러싼 논쟁과 관련해서는 안경모(2013, 185-186); 김진환(2013, 42); 김근식(2014, 75-76)을 참고할 것.

7 물론 이는 마르크스 레닌주의라는 순수 이데올로기에 마오사상이라는 실천 이데

'선군'은 바로 이러한 도전에 대한 김정일의 응전이었다. 김정일은 탈냉전과 고립, 극단적인 경제 및 안보위기 등으로 대변되는 자신의 시대적 조건을 '주체시대'와 차별적인 '선군시대'로 규정하고 그에 따른 새로운 실천 이데올로기를 구성해 나갔다. 1998년 김정일 정권의 본격적인 출범과 함께 '혁명적 군인정신', '붉은기 사상', '수령결사옹위정신' 등 3년 여의 유훈통치기를 수놓던 일련의 급진적 담론들이 '선군'의 담론으로 집대성된 것은 그 결과였다.[8]

선군의 이름으로 최초로 호명된 실천 이데올로기, 즉 혁명의 이론과 방법에 해당하는 '선군혁명영도'와 '선군정치'는 그 시작이었다. 먼저 선군혁명영도는 1998년 9월 북한 최초의 인공위성인 광명성 1호를 축포로 쏴올리며 김정일을 국가의 최고직책으로 격상된 국방위원장으로 재추대하면서 본격적으로 정권을 출범시킨 이후 첫 번째 신년사로서의 의미를 지녔던 1999년 1월 1일자 김정일의 담화문인 〈올해를 강성대국건설의 위대한 전환의 해로 빛내이자〉와 같은 날 발표된 신년공동사설에서 처음 등장했다(김정일 2013; 로동신문, 2000/1/1). 이후 선군혁명영도는 1999년 6월 16일 『근로자』, 『로동신문』 공동논설인 「우리당의 선군정치는 필승불패이다」를 통해 제시된 선군정치론을 통해 구체화되었다.[9] 여기서 선군정치는 "군사선행의 원칙에서 혁명과 건설에서 나서는 모든 문제를 해결하고 군대를 혁명의 기둥으로 내세워 사회주의위업전반

올로기를 '창조적'으로 부가시켰던 중국의 사례도 마찬가지였다.

8 해당 과정에 대한 보다 자세한 논의는 안경모(2013, 148-183)를 참조할 것.

9 물론 선군정치라는 단어 자체가 처음 등장한 것은 1998년 5월 26일 「군민일치로 승리하자」란 『로동신문』 사설로 알려져 있으나 그 비중과 함의로 봤을 때 1999년의 위 연설을 기점으로 보는 것이 더 타당하다고 판단된다.

을 밀고 나가는 영도방식"으로 당면한 정세와 무관한 전적으로 '새로운 시대'의 '항구적 노선'으로 규정되었다.

특히 주목되는 부분은 해당 노선이 오로지 김정일의 이름과만 결부시켜 부를 수 있는 "독특한 김정일식 정치방식"으로 규정되고 있다는 점이었다.[10] 이는 마르크스 레닌주의가 창조적으로 적용된 정책과 전략의 단계, 그리고 이보다 한 걸음 더 나간 실천 이데올로기의 단계에 멈춘 스탈린과 마오의 계승 방식을 넘어 순수 이데올로기까지 포함한 전일적 조직 이데올로기로서 마르크스 레닌주의를 대체하는 단계에까지 이른 김일성주의의 궤적을 따르는 것을 의미했기 때문이었다.

그러나 이러한 방식은 독자적인 권위의 기반을 구축할 수 있다는 장점을 가진 반면, 책임을 전가할 퇴로를 차단한다는 점에서 극단적인 실패의 가능성을 안고 있는 위험한 방식이기도 했다. 실제 김정일 정권은 해당 선택지를 놓고 상당한 고민에 빠졌던 것으로 추정된다. 2001년 김정일의 신년 연설 〈올해를 새 세기의 진격로를 열어 나가는데서 전환의 해로 되게 하자〉를 통해 '선군사상'이라는 용어를 등장시키며 이를 자신이 아닌 김일성의 것으로 선언하고 이후 2003년 1월 연설을 통해서도 선군정치가 자신만의 독자적인 개념이 아니라 김일성의 "총대중시, 군사중시사상과 노선을 계승"한 것이며 "주체사상을 구현"한 것임을 분명히 했음에도 불구하고 여전히 김정일의 독자적인 사상으로 규정하는 언급들이 병행된 것은 이러한 고민을 잘 보여주고 있었다(김정일

10 선군정치를 김정일의 독창적인 정치방식으로 규정짓는 이와 같은 흐름과 관련한 보다 자세한 논의는 리용철(2000, 11-12), 김철우(2000, 10-12) 등을 참고할 것.

2013b; 김정일 2013c; 진희관 2014, 5-6). 결국 이와 같은 혼란은 계승성을 명확히 하는 쪽으로 2004년 말에 가서야 정리되었다(진희관 2014, 6).

이후 김정일 정권은 선군사상을 체계화하는 작업을 본격화했다. "선군사상에 관한 전국연구토론회"(2004.12.21), "선군혁명 총진군대회"(2005.2.2), "선군사상에 관한 중앙연구토론회"(2006.8.17)는 그 대표적인 행사들이었다. 그러나 2009년 개정헌법을 통해 주체사상과 동급의 "국가의 지도적 지침"으로 자리매김되었음에도 불구하고 선군사상의 체계화는 가시적인 성과를 내지 못하고 있었다. 선군사상이 '총대철학', '선군혁명이론', '선군정치방식'으로 구성되었다는 단편적 언급들은 북한이 선군사상을 주체사상과 마찬가지로 '사상, 이론, 방법'의 전일적 체계, 다시 말해 순수 이데올로기까지 포함한 '조직 이데올로기'로 발전시키는 작업을 진행 중인 것이 아니냐는 추측을 낳았을 뿐이다(편집국 2006, 5; 김광수 2012, 81-83).

그러나 선군사상과 관련하여 지금까지 공개된 가장 상세한 출판물인 『우리 당의 선군사상』(2010)의 내용을 통해 볼 때 해당 작업은 공개되지 않았다기보다 실제로 거의 진척되지 못했던 것으로 보인다. 총대철학은 '선군혁명원리'로 이름만 바뀐 채 내용적으로는 "혁명은 총대에 의하여 개척되고 전진하며 완성된다는 원리"와 "군대는 곧 당이고 국가이며 인민"이라는 기존의 주장에서 한치도 더 나아가지 못하고 있었고 혁명의 주력군과 관련한 이론은 '선군혁명원칙'으로, 이 외의 군사 및 국방우선론과 국방위원회 중심의 국가관리체계는 이전과 마찬가지로 '선군정치이론'으로 정리되었을 뿐이었다.[11] 결과적으로 선군사상은 전일적 조직 이데올로기인 주체사상과 동급이라는 정치적 위상에도 불구하고 김정일 시대 내내 '이론과 방법'의 차원, 즉 실천 이데올로기의 차원에 머물렀다. 선군사상이 주체시대 이후의 새로운 시대인 선군시대의 항구적 노선이라는 반복적 선언들에도 불구하고 순수 이데올로기로의 확장이 가져올 경직성, 그리고 기존의 조직 이데올로기인 김일성주의와의 충돌의 문제 등에 대한 부담이 장고의 원인이었을 것이라 판단된다. 결국 2011년 겨울 김정일의 갑작스런 죽음과 함께 선군의 미래는 김정은 정권에게 넘겨졌다.

3) 김정은 시대와 김일성-김정일주의

주지하듯 김정은 정권은 2009년부터 3년여 진행된 짧은 후계기간에도 불구하고 매우 빠른 속도로 일사분란하게 새로운 정권의 출범을 준비해나갔다. 20여 년의 오랜 후계체제를 경험하고도 3년여의 유훈통치라는 전무후무한 과도기를 거쳤던 김정일 정권의 출범과는 사뭇 다른 모습이었다. 이는 이데올로기 차원에서도 마찬가지였다. 김정은 정권은 출범과 동시에 '김일성-김정일주의'라는 새로운 개념을 제시하며 당규약을 통해 '유일한 지도사상'으로 규정하였다. 그렇다면 김일성-김정일주의는 어떠한 내용을 담고 있을까?

김정은은 김일성-김정일주의가 "주체의 사상, 이론, 방법의 전일적인 체계"라 정의한 바 있다(김정은 2012a). 이는 선군사상의

11 총대철학의 기존 내용에 대해서는 조선로동당출판사(2006, 144-153) 참조.

등장 이전 김일성주의에 대한 김정일의 정의와 아무런 차이가 없었다. 그렇다면 선군사상은 어떻게 된 것일까? 2012년 4차 당대표자회에서 개정된 당규약을 통해 "선군정치를 사회주의기본정치방식으로 확립하고 선군의 기치 밑에 혁명과 건설을 영도한다"는 구문을 추가한 것은 어떤 의미일까? 2014년부터 발간되기 시작하여 총론을 포함 총 15권으로 2017년 완간된 것으로 알려진 『김일성-김정일주의 총서』가 입수되지 않은 현 시점에서 김일성-김정일주의의 전체 내용을 정확히 파악하는 것은 불가능하다(조선중앙년감 2015, 326; 2016, 437; 2017, 432; 2018, 251). 그러나 공개된 자료들에 대한 면밀한 분석을 통해 우리는 선군사상과 관련하여 아래와 같은 두 가지의 중요한 변화들이 있었음을 추정할 수 있다.

첫째, 순수 이데올로기의 보강을 통한 전일적 조직 이데올로기로의 확장의 갈림길에 서 있던 김정일 시대와 달리 김정은 시대는 모종의 선택을 통해 선군사상이 실천 이데올로기에 국한됨을 분명히 한 것으로 보인다. 선군사상이 "주체의 전략전술과 영도예술의 집대성"으로 "김일성-김정일주의의 혁명이론과 영도방법에서 가장 높은 자리를 차지한다"는 말은 역으로 선군사상이 실천 이데올로기인 이론과 방법의 범주에 해당하며 순수 이데올로기의 범주, 즉 사상의 차원이 아님을 분명히 한 결과라는 것이다(김현환 2016, 50-51).

또한 김정일의 혁명사상, 즉 선군사상과 김일성주의의 관계가 "불가분리의 관계"이자 "완전한 혼연일체의 관계"라 최종 정리하면서도 선군사상을 김일성주의라는 기존의 조직 이데올로기 '안'에 위치시키기보다는 하나의 수단으로 '밖'에 위치시킴으로써 보다 큰 유연성을 확보하려 시도해 온 것으로 보인다. 김일성-김정일주의의 본질적 특징이 선군사상에 의하여 '승리와 완성이 담보'되는 점에 있다거나 선군사상의 핵심 의의가 김일성주의가 "위대한 지도사상으로 빛을 뿌리게 하는 데서 중요한 역할을 한 것"이라는 주장은 그 예이다(김현환 2016, 47; 조선로동당출판사 2018, 368). 이러한 차원에서 보면 김일성-김정일주의가 김일성주의와 동일하게 "주체사상을 진수로 하는 사상, 이론, 방법의 전일적인 체계"로 정의된 것 역시 일관된 흐름으로 독해될 수 있다(조선로동당출판사 2018, 369).

둘째, 보다 최근에 이르러서는 실천 이데올로기로 국한되는 단계를 넘어 항구적 노선이 아닌 과도기적 노선으로서의 위상과 역할을 부여받았고, 특히 2017년을 기점으로 현재가 아닌 과거의 것으로 급격히 역사화되는 흐름을 보여 왔으며, 이번 8차 당대회는 이러한 흐름이 공식화된 장이었다고 판단된다.[12]

북한의 가장 중요한 정치이론 잡지로 월간으로 발행되는 당중앙위원회 기관지 『근로자』의 논조 변화는 이를 명확히 보여준다. 그 분기점은 2017년이었다. 적어도 2017년 상반기까지 선군은 명백한 계승의 대상이었으며 김정은은 "선군영장"이자 "선군조선의 강대성의 상징"으로 칭송되고 있었고 선군정치, 선군혁명영도, 선군사상은 '오늘' '우리 당의 보검'으로 강조되고 있었다(편집국 2017, 10-11; 김봉옥 2017, 11; 김정남 2017, 27-29).

12 이러한 흐름은 북한 이탈주민들의 인터뷰에서도 확인된다. 연구자들은 복수의 인터뷰에서 2017~2018년을 기점으로 공식적인 차원에서 '선군'이라는 용어를 쓰지 말라는 지시가 내려왔었다는 증언을 다수 확보한 바 있다.

그러나 2018년 『근로자』에는 선군에 대한 언급 자체가 현격히 줄 뿐만 아니라 이전처럼 선군의 담론을 '김정은' 및 '현재'와 연결 짓는 논조가 거의 사라지고 오직 '김정일'과 관련한 '과거'의 업적으로만 언급되기 시작했다(편집국 2018a; 전동길 2018; 리춘관 2018; 엄일현 2018). 2017년 7호를 마지막으로 언급되지 않던 선군사상의 경우 2018년에는 6월호에 단 한 번 언급되었는데 그조차 김정일 시대의 것으로 기술되고 있을 뿐이었다(전동길 2018, 10). 특히 김정은이 선군을 김정일의 업적으로 칭송한 어록들을 상반기와 하반기로 나누어 정확히 6개월 간격으로 두 차례에 걸쳐 실은 이례적인 구성은 선대의 업적을 역사화하는 것에 대한 예우이자 선언으로서의 성격을 지니고 있었던 것으로 보인다(편집국 2018b; 2018c).

또한 이러한 조짐은 여타의 출판물에서도 동일하게 관찰되었다. 예를 들어 2011년 김정일 사후 첫 번째 노작에서 "1mm의 편차도 없이" 김정일의 길을 그대로 걷겠다며 내세운 원칙이자 2016년 7차 당대회를 통해 항구적 전략노선으로 공인된 '자주, 선군, 사회주의의 길'은 2018년 개정증보된 『조선로동당역사』에서 선군이 빠진 "자주의 길, 사회주의의 길"로 수정되었다 (김정은 2013a, 4; 조선로동당출판사 2018, 370). 그리고 2006년 판 『조선로동당역사』에서 "당을 선군혁명위업수행의 정치적 무기로 강화발전"시킨 것으로 규정된 1999년부터의 시기는 2018년 개정 증보판에서 선군이라는 단어가 삭제된 채 "당을 사회주의강국건설의 위력한 정치적 무기로 강화발전"시킨 시기로 재규정되었다(조선로동당출판사 2006b, 13; 2018, 5). 더불어 2017년 조선중앙연감에서 "주체사상,

선군사상을 종합체계화한 도서"로 표현되던 『김일성-김정일주의 총서』에 대한 수식어 역시 2018년 연감에서는 선군사상이 빠진 채 "주체사상을 종합체계화한 도서"로 바뀌었다(조선중앙연감 2017, 432; 2018, 251).

비록 총화보고 및 개정된 당규약 전문이 확보되지 않은 한계가 있으나 현재까지 입수된 정보를 바탕으로 볼 때 2021년 1월 열린 조선로동당 8차 당대회는 이와 같은 '선군의 역사화' 작업이 공식화된 대회였던 것으로 판단된다. 2010년 제3차 당대표자회 이래 조선로동당의 기본정치방식으로 자리를 굳건히 해왔던 선군정치는 이번 당 규약 개정을 통해 그 위상을 상실했다. 또한 새로운 규약은 김일성-김정일주의가 "주체사상에 기초하여 전일적으로 체계화된 혁명과 건설의 백과전서"라는 구문을 추가함으로써 그 핵심이 주체사상 하나임을 분명히 했다(로동신문 2021.1.10). 김정은이 당대회 총화보고에서 단 한 번도 '선군'이라는 단어를 언급하지 않은 점도 주목을 끄는 지점이었다. 7차 당대회의 핵심 구호였던 '자주, 선군, 사회주의의 길' 역시 언급되지 않았음은 물론이다.[13] 그렇다면 선군이 담당했던 실천 이데올로기의 자리는 무엇으로 대체되고 있을까? 그 핵심은 바로 '국가'와 '인민'이었다. 다음 장에서 이를 자세히 살펴보자.

13 총화보고 전문이 공개되지 않은 현 상황에서 총화보고에 대한 이하의 분석은 보도기사를 기준으로 하였다(로동신문 2021. 1. 9).

III 김정은 시대의 통치 담론: '국가'와 '인민'

아마 최근 몇 년간 김정은 시대를 대표하는 통치 담론으로 가장 큰 주목을 받아온 개념이 김정일 애국주의에 이어 '국가' 개념을 더욱 강조하며 전면화된 '우리 국가제일주의'라는 데 이의를 제기하기는 쉽지 않을 것이다. 또한 2013년 김일성-김정일주의의 핵심으로 규정된 이래 지속적으로 강조되어온 '인민대중제일주의' 역시 김정은 시대의 핵심 통치담론으로 그 위상을 점차 강화해 왔다.

특히 이번 8차 당대회는 '국가'와 '인민'을 중심으로 한 이 두 개의 담론이 향후 김정은 정권의 비전을 좌우하는 핵심 기둥이 될 것임을 명확히 한 자리였다. 총화 보고에서 김정은은 현 시대가 "우리 국가제일주의시대"임을 분명히 했으며 조선로동당의 기본 정치방식의 자리를 지켜온 '선군정치'는 '인민대중제일주의정치'로 대체되었다. 이하에서는 이 두 개의 통치담론이 부상해온 과정과 내용을 자세히 살펴보도록 하겠다.

1. 우리 국가제일주의[14]

1) '국가' 부상의 전면화와 공식화

주지하듯 우리 국가제일주의는 2017년 11월 29일 대륙간탄도미사일 〈화성-15호〉의 발사 성공 이후 핵무력 완성 선언과 함께 최초 등장한 이후 2019년 신년사를 기점으로 공식화, 전면화됨으로써

14 본 절의 논의는 강혜석(2019)에 크게 의존하고 있음을 밝힌다.

크게 주목받기 시작했다(로동신문 2017.11.29; 2019.1.1). 해당 신년사가 게재된 2019년 1월 1일 "노래가 대단히 좋고 만족스러우며 널리 보급하라"는 김정은의 친필 지시와 함께 악보 전체가 게재된 〈우리의 국기〉는 "우리 국가제일주의를 훌륭히 반영한 성과작"으로 홍보되었다. 이후 우리 국가제일주의는 〈우리의 국기〉를 중심으로 말 그대로 '대공업적인 방식'으로 선전 및 보급되었다.[15]

북한에서 〈애국가〉 급의 중요성을 지닌 것으로 평가된 적이 있을 정도였던 〈우리의 국기〉는 북중수교 70주년을 기념하여 2019년 1월 북경 국가대극원에서 개최된 공연에서 가장 중요한 순서로 공연된 데 이어 동년 2월 71주년 건군절 기념행사에서는 김정은이 직접 앙코르를 청하며 일어서 엄지를 치켜세우는 장면이 조선중앙TV를 통해 보도된 바 있다. 또한 동년 4월 12일 최고인민회의에 참석한 대의원 전원을 대상으로 한 〈우리의 국기〉 공연에 대해 북한은 "당의 영도따라 우리 국가제일주의를 높이 들고 이 땅우에 기어이 부강번영하는 천하제일강국을 일떠세우고야말 우리 인민의 드팀없는 신념과 의지를 보여준 공연"이라 규정했으며 국가우표발행국은 관련한 새 우표도 발행하였다(로동신문 2019.4.13; 조선중앙통신 2019.5.28).

우리 '국가' 제일주의라는 명칭에 맞게 각종 국가 상징을 강조하는 움직임 역시 포착되었다. 5월 13일 조선중앙TV는 '국호'

15 예술공연과 결합된 이와 같은 대공업적인 선전방식은 김정일 시대 우리 민족제일주의의 선전 과정과 매우 유사했다. 김정일이 1991년 〈내 나라 제일로 좋아〉라는 곡의 발표를 시작으로 〈다부작 예술영화 '민족과 운명'〉의 제작을 지시한 것이나 2001년 전통민요 아리랑을 〈대집단 체조와 예술공연 아리랑〉으로 제작할 것을 지시한 것은 그 예이다(강혜석 2017, 138-179).

를 배우는 북한 학생들의 모습을, 닷새 후에는 소학교의 '국기 그리기' 활동을 소개했다. 해당 영상에서 출연자들은 〈우리의 국기〉를 합창하고 있었다. 국호, 국기, 국수, 국화 등의 다양한 상징화 작업을 통해 북한 주민의 일상에서 '국가' 중심의 통치 담론이 전면적인 방식으로 확산 유포되어온 것이다.[16]

물론 국가의 부상과 관련한 변화는 김정은 정권 초기부터 주목받아온 김정일애국주의를 비롯하여 우리 국가제일주의 이전부터 사회 각 분야에서 매우 분명한 흐름으로 감지되고 있었다. 김정일 시대에 그 중요성이 제기되어 오다가 2012년 김정은 정권 출범과 함께 본격화된 국가체육 부문의 강화, 2015년 이후의 건군절 변경 시도, 2016년 김정은 시대 최고의 영화예술 업적으로 꼽힌 〈우리 집 이야기〉의 제작과 유포 등이 그 대표적인 예이다.

먼저 국가체육 부문의 강화이다. 히틀러 치하 1936년 베를린 올림픽의 극단적인 사례까지는 아니더라도 스포츠 정치학 혹은 스포츠 민족주의라는 개념은 현대 정치학에서 중요한 개념 중 하나라 할 수 있다. 특히 '국가 대항전'을 기본으로 한 국가체육 부문은 국가주의, 민족주의가 가장 극단적인 형태로 드러나고 고양되는 영역이다. 이러한 차원에서 북한에서 체육 부문 특히 국가체육 부문이 강화발전되어온 것은 국가 담론의 부상과 관련하여 매우 중요한 정치적 의의가 있다. 그 시작은 2011년부터였던 것으로 보인다.

북한은 신년공동사설을 통해 "온 나라에 체육열풍을 세차게

16 국가 상징 관련 북한의 입장은 『로동신문』(2018.11.18; 2019.3.1)을 참고.

일으켜 선군조선을 명성 높은 축구강국, 체육강국으로 만들어야 한다"며 단순히 "체육경기성과"나 "도덕, 체육, 예술"의 사상성을 강조하는 수준을 넘어 강력한 국가성의 상징으로 체육 분야를 부각시키기 시작했다. 2011년 3월 30일 체육관계자들을 총집결시킨 〈선군 체육 열성자 회의〉를 개최한 것은 그 정책적 실현이었다(로동신문 2011.1.1; 2011.3.30).

이러한 흐름은 김정은 정권의 출범과 함께 더욱 강화되었다. 김정일 사망 직후였던 2012년 북한은 신년공동사설을 통해 "체육에 대한 사회적 관심을 높이고 체육을 생활화, 습성화함으로써 부풀어오른 체육열기를 고조"시킬 것을 주장한 데 이어 동년 11월 '국가체육지도위원회'를 신설했다. 이는 당정치국 확대회의라는 부활된 최고 권위의 의사결정 기구에서 결정되었다는 점과 더불어 당시 북한정치에서 유래를 찾기 힘든 2인자의 위상을 가지고 있었던 장성택을 수위로 하여 당·정·군의 핵심인사가 총망라되어 있었다는 점, 그리고 업무상 관련이 높은 내각이 아닌 권력 핵심기구인 국방위원회 직속으로 설치되었다는 점 등에서 매우 이례적인 조치로 평가되었다(로동신문 2012.1.1; 2012.11.5). 2013년 국가의 핵심 비전으로 등장한 "사회주의문명국" 담론은 이러한 흐름의 정점이었다. 교육, 보건, 문학예술, 도덕과 함께 선진적 문명강국의 핵심 요소로 체육이 꼽히며 체육 분야는 말 그대로 국가전략의 핵심 부문으로 자리 잡았던 것이다(김정은 2017).

특히 이와 같은 흐름이 '국가의 부상'과 밀접히 연관된 것이었다는 중요한 근거는 대중체육 부문보다 국가체육 부문이 상대적으로 더욱 강조되면서 그 함의 역시 매우 구체적으로 규정되었다는 점에 있었다. 예컨대 세계 최고의 체육무대라 할 수 있는 올림픽에서의 우승은 '조국의 힘과 기상-올림픽-람홍색공화국기-애국가-민족적 긍지와 자부심'으로의 직관적인 논리적 흐름으로 서술되었다(리종무 2013, 47-48).[17] 김정은 역시 체육에서의 성과를 "조국의 영예"로 규정했음은 물론이다(김정은 2015). 2014년 아시안게임과 세계선수권대회가 개최된 10월 『로동신문』은 1면 기사를 통해 메달을 딴 선수들에 대해 "로력영웅칭호, 인민체육인칭호와 국기훈장 제1급"을 수여했다는 소식을 전했다. 선수들의 성과는 "위대한 김일성민족, 김정일조선"의 존엄과 기상을 떨친 승리이고 "당의 체육강국건설구상과 체육중시사상"의 결실로서 "열렬한 애국심"을 통해 "장중한 애국가의 주악"을 울리고 "공화국기를 높이 휘날려" 선군조선의 위용을 드높인 데 대한 당연한 보상이 필요하다는 논리였다.[18]

다음으로는 '조선인민군 창건일', 즉 '건군절' 변경과 관련한 부분이다. 건군절 변경과 관련해서는 2018년 평창올림픽으로 모처럼 조성된 유화국면에서 북한이 기존에 4월 25일로 설정되어 있던 건군절을 2월 8일로 변경하여 기념 열병식을 진행하며 이슈가 된 바 있다. 그러나 해당 조치를 남북관계를 타깃으로 한 갑작스런 정책적 선택으로 보는 것은 무리이다. 그것은 해당 조치가 갖는 정치적 상징성과 중요성 때문이다.

17 이와 같은 논리는 이후에도 거의 유사하게 반복되었다. 예를 들어 2015년 여자 월드컵 축구대회와 관련한 『로동신문』(2015.8.14) 기사를 참고할 것.

18 이는 최고인민회의 상임위원회에서 결정되었으며 2명의 김정일상, 3명의 로력영웅칭호, 1명의 인민체육인칭호, 1명의 국기훈장제1급 수상자가 배출되었다(로동신문 2014.10.25).

주지하듯 최초 북한의 건군절은 현재와 같이 정규군으로서의 조선인민군 창건일인 1948년 2월 8일을 기념한 것이었다. 그러나 이후 김정일의 후계체제 구축 과정에서 국가의 군대라는 성격에 우선하여 김일성과 만주항일빨치산 그룹에 기반한 정통성, 즉 당의 군대로서의 성격을 보다 강조하고자 1978년 후계자 김정일의 주도로 김일성의 만주빨치산 그룹이 최초의 무장투쟁을 시작했다는 1932년 4월 25일로 변경되었다(정영철 2005, 331-332). 해당 문제는 단순히 날짜를 변경하는 의미를 넘어 북한의 정통성을 국가 건설에서 찾을 것이냐 아니면 당의 건설에서 찾을 것이냐의 문제와 연동되어 있었던 것이다.

실제 해당 이슈는 그 상징성과 중요성으로 인해 변경이 공식화된 2018년보다 훨씬 이전인 최소 2015년부터 장기간에 걸쳐 논의되어 온 것으로 보인다. 예컨대 2015년 2월 『근로자』는 「조선인민군을 항일의 혁명전통을 계승한 정규무력으로 건설하신 불멸의 업적」이라는 기사를 통해 정규군 창설의 업적을 강조하고(조수재 2015, 49)[19] 동년 2월 7일 매우 이례적으로 황병서 총정치국장, 현영철 인민무력부장, 리영길 총참모장을 포함한 군부 요인을 모두 참석시킨 가운데 〈인민무력보고회〉를 개최한 데 이어 2월 8일 당일에는 『로동신문』을 통해 해당 행사에 대한 기사를 포함하여 정규군 창설과 관련한 총 10개의 기사를 대대적으로 게재하며 해당 일을 기념하기 시작했다.[20] 이는 2012년부터 2014년까지 『로동신

19 이전 시기까지 북한의 『근로자』는 매년 2호의 핵심주제를 김정일 생일을 기념하는 것에 맞추어 왔으며 정규군 혹은 정규무력과 관련한 특별한 글이 수록되는 경우는 거의 없었다.

문』 2월 8일자에 '인민군'이나 '정규군'과 관련한 기사가 전무했던 것을 고려할 때 그 의미가 결코 작지 않았다. 또한 2016년 2월 8일에는 '정규군' 관련 기사가 3개로 주춤했다가 2017년에 다시 10개로 확대된 점은 내부에 일정한 논쟁이 있었을 가능성도 암시하고 있었다.

요컨대 국가의 군대로서의 성격을 보다 명확히 한 2월 8일로의 건군절 변경은 갑작스런 이벤트라기보다는 국가 담론의 부상이라는 보다 큰 맥락에서 장기적으로 진행된 결과로서의 성격을 지니고 있었다. 2018년, 40년 만에 진행된 2월 8일 행사에 대해 "70년 전 평양역에서 거행되었던 정규무력의 첫 열병식이 신생조선의 장엄한 모습을 시위하였다면 오늘의 열병식은 세계적인 군사강국으로 발전된 강대한 조선민주주의인민공화국의 위상을 과시하게 될 것"이라는 김정은의 언급은 전형적인 국가주의 담론으로서 해당 조치의 의미를 잘 보여주고 있었다(김정은 2018).

마지막으로 2016년도에 제작되어 김정은 체제를 대표하는 작품으로 평가되어온 예술영화 〈우리 집 이야기〉와 관련된 부분이다(전영선 2019). 주지하듯 북한에서 영화는 김정일의 각별한 관심 하에 가장 강력한 선전매체로 활용되어왔으나 1980년대를 정점으

20 2015년 2월 8일 『로동신문』에 실린 정규군과 관련한 기사 10개의 목록은 아래와 같다. "불멸의 정규무력건설업적 백승의 건군사와 더불어 길이 빛나리", "위대한 수령 김일성대원수님께서 조선인민혁명군을 정규적혁명무력으로 강화발전시키신 67돐기념 인민무력보고회 진행", "백두산혁명강군과 2월 8일", "건군사에 메아리치는 력사적인 연설", "그날의 환호성 년대와 세기를 이어", "포화속의 2월 8일 경축공연", "영생의 언덕에 함께 있다", "영웅들은 오늘도 당부한다", "로병의 첫 군공메달", "위대한 김일성동지의 정규적혁명무력건설업적은 조국청사에 영원히 빛날 것이다."

로 내리막길을 걸으며 최근 침체를 겪어왔다. 〈우리 집 이야기〉는 2016년 36년 만에 치루어진 제7차 당대회에서 이러한 "침체에서 벗어"나야 하며 "천만심장에 불을 다는 훌륭한 문학예술 작품들"을 내놓아야 한다는 김정은의 직접 지시 속에 만들어진 작품이라는 점에서 그 의미가 각별했다(김정은 2016b). 또한 김정은 정권은 제15차 평양국제영화축전을 통해 해당 영화에 최우수작품상을 수여하고 제작과정을 담은 영상물을 별도로 제작하여 배포한 데 이어 2018년 9월 9일 공화국창건 70주년 기념일에는 조선중앙텔레비전을 통해 전국적으로 방영하는 등 해당 영화의 위상을 관리하고 대대적으로 배포하는 데 특별한 노력을 기울여 왔다. 그렇다면 이를 통해 북한이 선전하고자 했던 것은 무엇일까?

〈우리 집 이야기〉는 18세의 젊은 나이에 고아 7명을 키워 '처녀 어머니'로 불린 모범 사례로 제7차 당대회에서 '미풍선구자'로 칭송된 장정화의 실화를 극중 인물인 리정아로 극화시킨 영화이다. 개인적 미담에 머물 수 있는 이와 같은 스토리는 해당 영화의 '종자'를 '애국'으로 상정하면서 정치적 선전물로 전환되었다. 주인공 리정아가 개인적 동정심으로 아이들을 사랑하려 했던 과거를 각성하며 이를 사회주의 조국과 수령에 대한 사랑으로 대체하고 아이들은 이에 대한 응답으로 수령과 국가를 대변하는 존재인 리정아를 '엄마'로 부르게 된다는 것이 해당 영화의 핵심줄기이기 때문이다.

그리고 영화는 이 모든 '종자'를 관통하는 메타포로 시종일관 '국기'를 내세우고 있었다. 영화의 클라이막스는 국기를 게양하며 등장인물들이 눈물을 흘리는 장면으로 구성되었고, 흑백으로 묘사된 회고 장면에서도 국기는 홀로 컬러로 강조되었으며, 마지막 장면 역시 함께 국기를 그리는 것으로 끝났다. 요컨대 김정은 시대의 키워드라 할 수 있는 국가 메타포는 우리 국가제일주의의 등장 이전부터 실존하는 인물과 영화를 통해 보다 쉽고 친근하며 일상적인 소재로서 인민대중에 전해지고 있었다.

2) 우리 국가제일주의와 부국강병론

그렇다면 상기한 흐름의 정점으로서 2019년 우리 국가제일주의가 공식화, 전면화된 것은 어떤 의미를 갖는가? 이를 보다 명확히 이해하기 위해서는 우리 국가제일주의의 최초 등장 과정을 살펴볼 필요가 있다. 앞서 언급한 바와 같이 우리 국가제일주의가 처음 등장한 것은 2017년 11월 29일 대륙간탄도미사일 〈화성-15호〉의 발사 성공 이후 핵무력 완성 선언과 함께였다. 해당 실험을 "국가핵무력완성"으로 경축하는 『로동신문』 1면 사설 「조국청사에 길이 빛날 민족의 대경사, 위대한 조선인민의 대승리」가 그것이다. 사설은 다음과 같이 우리 국가제일주의를 우리 민족제일주의와 함께 핵무력완성 '이후'의 핵심 지침으로 자리매김하고 있었다.

> 대륙간탄도로케트 《화성-15》형시험발사에서 완전성공한 크나큰 긍지와 자부심을 안고 위대한 당의 령도따라 사회주의강국건설의 모든 전선에서 대비약, 대혁신을 끊임없이 일으켜나가야 한다. (…) 세상을 놀래우는 민족사적인 대승리, 대변혁들을 련이어 안아와야 한다. 모든 일군들과 당원들과 근로자들은 우리 국가제일주의, 우리 민족제일주의를 심장깊이 간직하고 사회주의 내 조국을 끝없이 빛내이기

> 위하여 삶의 순간순간을 영웅적투쟁과 위훈의 서사시로 력력히 아로새겨야 한다.

이어서 2면에 전면게재된 정론 「만세 만세 만만세!: 위대한 김일성민족, 김정일조선의 무진막강한 국력의 일대 과시」는 보다 직접적으로 핵무력 완성이 그들에게 갖는 함의, 다시 말해 우리 국가제일주의의 의미를 서술하고 있었다.

> 오늘의 대승리는 조선의 전략적지위를 완전무결하게 담보하는 가장 위대한 힘이 화산처럼 분출한 특대사변이다. (…) 길고긴 5천년의 갈망은 누구도 숫볼수 없고 건드릴수 없는 강력한 힘을 지닌 강국의 모습이였다. 조선의 이름을 만방에 떨치고 싶었던 우리의 선조들이여, 2017년 11월의 장쾌한 승전포성을 가슴후련히 들어보시라. (…) 5천년의 념원을 실현해주신 위대한 애국자, 절세의 영웅 김정은 (…) 력사는 세계의 주축을 쥐고 시대의 흐름을 주도해나가는 가장 억세고 정의로운 나라를 보게 되었다. (…) 내 조국의 힘은 강대하다.

사실 이처럼 핵무력을 애국, 강성국가 등의 가치들과 연결시키기 시작한 것은 이미 2009년부터였다(조영임·안경모 2019, 157-158). 2009년은 어떤 의미에서 현재의 김정은 체제를 규정짓는 두 가지 축이라 할 수 있는 핵과 후계체제 모두와 깊은 관련이 있는 해였다. 김정은으로의 후계체제가 막을 올린 해이자 연초 취임한 오바마 행정부의 정책들이 윤곽을 드러내기도 전에 강행된 제2차 핵실험의 여파 속에 이른바 3차 북핵위기가 시작된 해이기 때문이다.

바로 이 실험을 전후하여 북한의 핵 담론에 중요한 변화가 감지되기 시작했다. 근본적인 '반핵(反核)'론을 기반으로 한 '불가피한 자위적 조치'로서의 핵보유에 초점을 둔 부정의 담론에서 핵을 강국의 지위와 민족의 존엄과 연결짓는 긍정의 담론으로의 전환이 그것이었다(조영임·안경모 2019, 157-161).[21] 다시 말해 국가핵무력 완성을 통해 김정은이 반만년 이래 최초로 위대한 조선을 완성했다는 위의 『로동신문』 정론의 서사는 이미 2009년부터 그 원형이 나타나기 시작했다. 물론 이는 김정은 시대에 들어 국가 중심 담론이 부상하며 훨씬 더 강화되었다. 핵억제력을 통해 "나라와 민족의 존엄과 지위"가 근본적으로 변혁되었으며 "후손만대 번영이 확고히 담보"되었다는 것이었다(조영임·안경모 2019, 162). 특히 이는 핵 담론을 넘어서 북한의 오랜 국가 서사의 근본적 변화를 의미한다는 점에서 중요했다. 그것은 바로 북한의 역사를 관통해온 주체와 자주의 함의와 관련한 것이었다.

주지하듯 북한이 주장해온 자주성은 그 공격적인 어조에도 불구하고 기본적으로는 불리한 대외적 환경에 대한 방어적이고 자위적인 의미가 강했다. 그러한 자주성의 배경은 오늘날 흔히 언급되는 사회주의 붕괴 이후 미국 중심의 세계화 및 고립 상황보다 훨씬 이전으로 거슬러 올라간다. 그 핵심은 1950년대 이래 교조주의 및 수정주의로 대표되는 형제국의 대국주의적 태도에 대한 정권 차원의 고민이었다.

그러나 이제 그와 같은 방어적 논리는 '핵 보검'을 통해 '건국

21 이전의 부정의 담론들에 대해서는 구갑우(2014; 2017)를 참조할 것.

이래 가장 높이 세계정치에 우뚝 선 전략국가'를 건설했다는 주장으로 전환되었다. 이제 자주라는 가치는 생존을 넘어 '세계 제일의 존엄한 민족과 강성한 국가'의 상징과 연결되고 있었다. 다시 말해 '위기의 담론'에서 '생산의 담론'으로, '회한의 담론'에서 '자긍심의 담론'으로, '수세적 담론'에서 '공세적 담론'으로의 변화를 통해 북한의 자주는 '무엇으로부터의 자주'를 넘어선 '무엇을 향한 자주'로 진화해온 것이다.

그렇다면 우리 국가제일주의가 바로 그 '제일'의 핵심 근거인 '핵무력'의 포기를 전제로 '경제건설에 총력을 집중할데 대한 당의 새로운 전략적노선'으로의 역사적 전환을 선언한 다음 해인 2019년 신년사를 통해 공식화된 것은 어떻게 설명될 수 있을까? 이는 우리 국가제일주의에 대한 북한의 다음과 같은 설명을 통해 이해될 수 있다(로동신문 2019.1.8).

북한에 따르면 우리 국가제일주의는 첫째, 사회주의 조국의 위대성에 대한 긍지와 자부심을 그 핵심으로 한다. 그리고 그것은 "철저한 인민성, 사상의 유일성, 확고한 자립성과 일관한 계승성"으로 요약된다. 둘째, 나라의 전반적 국력을 최고의 높이 올려세우려는 강렬한 의지이다. 이는 "국가 부흥시대"에 맞게 "천하제일강국"을 일떠세우기 위한 "총돌격전"에의 동원전략이었다. 자연히 부강조국건설과 과학교육사업, 자력갱생에 대한 강조가 부연되었다. "우리 국가제일주의를 들고 경제건설을 다그쳐나가자"는 『조선신보』의 사설은 그 제목 그대로 우리 국가제일주의와 경제강국 건설이 직결되어 있음을 나타내고 있었다. 군사력뿐만이 아니라 "나라의 전반적 국력"이 강조되고 있는 것이다(조선신보 2019.1. 24).

요컨대 우리 국가제일주의의 본질은 바로 '강병'과 함께 '부국'으로 완성되는 것으로 정리되고 있었다. 실제 핵무력 완성의 과정에서 카리스마적 권위의 일상화에 대응할 업적 정당성의 또 다른 비전으로 제시된 '더 이상 허리띠를 졸라'맬 필요 없는 경제강국의 목표는 '적들의 핵위협에 맞서 역사상 유례없는 제재에도 불구하고 핵 무력 완성을 위해 다시 한번 큰 걸음을 내딛어야 한다'는 상황논리, 그리고 지역적으로는 평양을, 계층적으로는 엘리트의 복지를 선택적으로 강화하는 분리전략을 통해 유예되고 있을 뿐이었다. 아래에서 보듯 김정은이 우리 국가제일주의를 언급한 대목에서 정세와 환경의 변화 가능성에도 불구하고 경제건설을 강조한 것은 바로 이와 같은 논리를 잘 보여주고 있었다.

> 전체 당원들과 근로자들은 정세와 환경이 어떻게 변하든 우리 국가제일주의를 신념으로 간직하고 우리 식으로 사회주의경제건설을 힘있게 다그쳐나가며 세대를 이어 지켜온 소중한 사회주의 우리 집을 우리 손으로 세상에 보란듯이 훌륭하게 꾸려나갈 애국의 열망을 안고 성실한 피와 땀으로 조국의 위대한 력사를 써나가야 합니다(김정은 2019).

또한 '국가'의 부상은 2019년 4월 북한의 헌법 개정에서도 나타나고 있었다. 국무위원회 위원장 규정에서는 "국가를 대표하는" 이라는 수식어가 추가되었으며, "주체사상"과 "선군사상"이 "자기활동의 지도적지침"이라는 구문은 "김일성-김정일주의"가 "국가건설과 활동"의 "유일한 지도적지침"이라는 규정으로 수정되었고,

후대들을 "사회와 인민을 위하여 투쟁하는 견결한 혁명가로" 키운다는 구문은 "사회와집단, 조국과 인민을 위하여 투쟁하는 참다운 애국자"로 키운다는 문구로 수정되었다. 다시 말해 새로운 헌법은 특히 '국가'를 강조하는 문구들이 추가됨으로써 우리 국가제일주의로 대표되는 북한의 국가중심적 통치담론의 강화 경향을 잘 보여주고 있었다.

2. 인민대중제일주의

1) 김정은 정권의 출범과 인민대중제일주의

인민대중제일주의는 2013년 1월 29일 김정은의 제4차 조선로동당 세포비서대회 연설을 통해 김일성-김정일주의의 핵심으로 제시되었다. 당대회, 당대표자회 급으로 중요한 대회로 규정된 해당 대회에서 김정은은 "김일성-김정일주의는 본질에 있어서 인민대중제일주의"라며 "인민을 하늘처럼 숭배하고 인민을 위하여 헌신적으로 복무하는 사람이 바로 참다운 김일성-김정일주의자"라 규정하고 "모든 것을 인민을 위하여, 모든 것을 인민대중에게 의거하여"를 당의 구호로 제안했다(김정은 2013b).[22]

위 연설은 이례적으로 발표 직후 『근로자』 3호에 전문게재되었으며 북한 선전선동을 총괄해온 김기남은 김정은의 상기 연설에

22 해당 대회는 1991년 5월 전국당세포비서강습회를 개최한 이래 1994년 3월과 2007년 10월에 비정기적으로 진행되어온 행사를 정규화한 첫 번째 대회로 2012년 4차 당대표자회를 통해 정권을 출범시킨 김정은이 개최한 첫 번째 대규모 당 행사였다는 점에서 그 의미가 남달랐다. 해당 회의에 대한 보다 구체적인 설명은 조선중앙통신(2013.1.26)을 참조할 것.

대한 중앙연구토론회를 직접 주재하는 한편 『근로자』 바로 다음 호에 기명 논문을 실어 인민대중제일주의가 김일성-김정일주의의 본질이자 "조선혁명의 불변의 진로를 밝히는 나침판"임을 강조했다(조선중앙통신 2013.3.21; 김기남 2013, 14).

이후 김정은은 2015년 10월 10일 조선로동당 창건 70주년 기념 열병식 연설을 통해 이른바 '멸사복무론'을 제시하며 인민대중제일주의를 재강조했다. 해당 연설은 8개월여 후인 2016년 당대회 개최와 동시에 발간된 『근로자』 5호에 전문게재되며 주목을 받았다. 신년사를 제외하고 2016년에 발간된 『근로자』에 실린 유일한 김정은의 노작이라는 점에서 특별함은 더했다(김정은 2016a). 해당 연설에서 김정은은 조선로동당이 "역사상 처음으로 인민중시, 인민존중, 인민사랑의 정치를" 펼친 김일성, 김정일의 뜻을 이어 "오늘도 내일도 영원히 인민대중제일주의의 성스러운 력사를 수놓아갈 것"이라며 "당 사업 전반에 인민대중제일주의를 철저히 구현하여 전당이 인민에게 멸사복무"할 것을 촉구했다. 동시기 진행된 7차 당대회 보고에서도 이와 같은 논지는 그대로 반복되었다. 김정은은 총화보고를 통해 〈전당이 위대한 인민을 위하여 멸사복무하자!〉를 새로운 구호를 제시하며 인민대중제일주의를 재차 강조했다(김정은 2016a).

다시 1년이 지나 당창건 71주년이 되던 2016년 10월 10일, 김정은은 당중앙위원회 책임일꾼들을 대상으로 한 담화에서 절반 이상의 분량을 할애해 다시 한 번 인민대중제일주의를 부각시켰다. 특히 해당 담화에서는 인민에 대한 멸사복무정신을 근본핵으로 하는 "주체의 인민관, 인민철학"이라는 새로운 개념들을 추가하며 인민대중제일주의의 내용을 풍부화하려 시도했다(김정은 2016a). 물론 해당 개념들은 그 내용에 있어서 기존의 인민대중제일주의의 내용을 거의 그대로 답습하고 있었다. 그러나 연관 개념들을 개발함으로써 정치적 담론의 외연을 확장시켜 나갔던 북한의 기존 관례를 볼 때 인민대중제일주의의 "최고정화"로서 하나의 "사상"으로까지 규정된 해당 개념들이 출현한 점은 정권의 의도와 기획이라는 차원에서 충분히 주목할 만했다(김정은 2016a; 명미란 2017; 허동수 2017; 박주식 2018).

일련의 정식화 과정은 2020년 10월 10일 조선로동당 창건 75주년 기념식으로 이어졌다. 관련한 『로동신문』 논설은 "오늘 우리당이 인민을 복무하는 어머니당, 인민과 일심일체를 이룬 불패의 당으로 존엄떨치고 있는 것은 경애하는 최고령도자 김정은동지의 인민대중제일주의사상이 당사업전반에 철저히 구현"되고 있기 때문이라며 "숭고한 인민관"이 당의 노선, 정책, 활동과 직결되어 있음을 강조했다(로동신문 2020.10.9). 또한 "인민대중제일주의는 조선로동당의 영원한 정치리념, 정치방식"이고 "우리당의 지도사상인 위대한 김일성-김정일주의는 본질에 있어서 인민대중제일주의이며 인민에 대한 멸사복무는 우리 당의 존재방식"이라는 『로동신문』 사설은 인민대중제일주의의 확산과 보급에 북한 당국이 얼마나 몰두해왔는지를 짐작케 했다(로동신문 2020.10.10). 28분간 62번이나 '인민'을 언급하며 눈물로써 고마움과 미안함을 표현하는 파격을 연출한 초유의 야간 열병식 연설이 결코 우연으로 보이지 않는 이유였다(김정은 2020).

결국 2021년 1월 제8차 당대회에서 인민대중제일주의는 말 그대로 전면화, 공식화되었다. 총비서로 추대된 김정은은 총화 보고를 통해 2016년 조선로동당 제7차 대회 이후 당중앙위원회가 '모든 것을 인민을 위하여, 모든 것을 인민대중에 의거하여!'라는 구호 아래 인민대중제일주의를 "당과 국가활동에 철저히 일관시키기 위한 사업"을 강행하는 한편 "그 실현에 장애가 되는 온갖 반인민적 요소들을 제거하기 위한 투쟁"을 중단 없이 진행했다고 밝혔다(로동신문 2021.1.9). 특히 "당중앙위원회가 인민대중제일주의를 국가의 공고한 정치풍토, 당풍, 국풍"으로 고착시키기 위해 철저한 정치공세를 전개했다고 부연한 것은 인민대중제일주의의 사상적 위상을 고스란히 보여주고 있었다. 뒤이어 북한은 8차 당대회 기본사상, 기본정신이 '이민위천', '일심단결', '자력갱생'으로 이민위천, 일심단결로 상징되는 인민대중제일주의가 기본 중에 기본임을 분명히 했다(로동신문 2021.1.13). 동태관을 잇는 『로동신문』의 대표 필진 중 한 명으로 부상 중인 방성화는 제8차 당대회가 "인민대중제일주의정치"가 "빛나게 실현"된 대회로 자평했다(로동신문 2021.1.12). 당규약 개정을 통해 '선군정치'를 대신하여 '인민대중제일주의정치'가 사회주의기본정치방식으로 규정된 것은 이러한 흐름의 백미였다(로동신문 2021.1.10).

이처럼 인민대중제일주의는 김정은 시대를 점철해온 시대어라 해도 과언이 아니었다. 그러나 이러한 위상에 비해 지난 기간 학계와 정책 연구기관들의 관심은 그리 충분치 못했다.[23] 아마 그 가장 큰 원인은 '인민대중'이라는 화두가 북한 연구자들에게 너무

23 김원식 · 이기동(2020) 정도가 인민대중제일주의에 주목한 드문 사례라 판단된다.

나 익숙한 것이었기 때문이었을 것이다. 주체사상의 독창성의 핵심이 현 시대가 "인민대중이 역사상 처음으로 자기 운명의 주인으로, 세계를 지배하는 주인으로 등장한 역사의 새 시대", 즉 "주체시대"라는 점을 밝히고 이러한 시대 규정에 맞추어 "인민대중이 혁명의 자주적인 주체"로 지위와 역할을 다 하기 위한 "새 시대의 세계관"을 도출해 냈다는 데 있다는 북한의 일관된 주장은 그 대표적인 예였다(김정일 2010b; 2011b; 2011c).

이른바 '인민대중 중심의 우리 식 사회주의'론을 주장해온 북한의 사회주의론은 사실 주체시대와 선군시대 전체를 관통하는 '상수'에 가까웠다는 것이다. 그렇다면 김정은 시대의 인민대중제일주의는 그 내용이 무엇이고 어떤 차별점이 있을까?

2) 인민대중제일주의의 내용과 함의

주지하듯 자본주의 민족국가 내에서 노동계급과 그들이 주도하는 계급투쟁으로서의 혁명이 아닌 봉건적 식민지 하에서 반제민족해방운동을 통해 혁명의 주체를 형성해 나간 북한의 역사적 경험 속에 마르크스 레닌주의의 계급적 틀을 넘어선 '인민대중'의 개념은 늘 특별한 지위를 차지해 왔다. 인민대중이란 '자주성을 지향하며 자기의 자주적이며 창조적인 활동으로 자연과 사회를 개조변혁해 나가는 사회적집단'으로 착취와 압박이 없는 사회주의 사회인 북한에서는 특정한 계급이 아니라 노동자와 농민, 근로인텔리들이 혁명과 건설의 주체인 '인민대중'을 이룬다는 주장이었다(김일성 1986, 481).

그렇다면 김정은 시대의 인민대중제일주의는 어떤 지점들이 새로울까? 이하에서는 김정은 시대 인민대중제일주의의 세 개의 기둥이라 할 수 있는 '인민을 위한 정치', '인덕정치와 군중노선', '세도, 관료주의, 부패와의 전쟁'을 중심으로 차별점과 함의를 살펴보도록 하겠다(조선로동당출판사 2018, 378-379).

첫째, '이민위천(以民爲天)', '모든 것을 인민을 위하여'라는 구호에서 상징되는 '인민을 위한 정치'이다. 물론 여타 체제의 정치 지도자들의 어록에서도 흔히 볼 수 있듯이 북한 체제에서도 국민을 위한다는 미사여구는 지난 기간 수없이 반복되어 왔다. 그러나 철학과 사상으로 체계화되어 있는 이데올로기의 차원에 이르면 이는 조금은 다른 이야기가 된다. 김정은 정권의 인민대중제일주의가 단순한 미사여구가 아닌 통치 이데올로기의 위상을 갖는다면 그 비교 대상 역시 이전의 통치 이데올로기인 김일성주의의 '인민대중론'일 필요가 있다는 것이다.

이러한 차원에서 볼 때 "인민을 하늘처럼 숭배하고" "인민들의 이익과 편의를 최우선, 절대시"하며 "인민이 바라는 일이라면 돌위에도 꽃을 피우고 뼈를 깎아서라도 인민생활문제를 풀겠다는 각오 밑에" "헌신적으로 인민을 위하여 멸사복무"하는 "어머니당"의 모습을 갖추는 것이 인민대중제일주의의 핵심이라는 주장은 인민대중을 혁명의 주체로 내세우면서도 이를 위한 기능과 역할에 초점을 맞출 뿐 그들의 권리와 복지에 대해서는 별다른 언급이 없던 이전의 인민대중론과 차별적이다(조선로동당출판사 2018, 379; 김정은 2013b; 2016).

실제 '사회역사원리'로 체계화된 김일성주의의 인민대중론은 크게 세 가지의 요소로 구성되어 있었다(사회과학출판사 1985). 그

것은 첫째, 인민대중이 사회적운동과 사회역사발전의 주체이고, 둘째, 주체로서의 역할은 반드시 수령의 지도에 의해 실현될 수 있으며, 셋째, 이 모든 것을 위한 인민대중의 사상의식 개조가 필수적이라는 것이었다. 다시 말해 이전의 인민대중론은 '인민의', '인민에 의한'에 집중되어 있을 뿐 '인민을 위한' 내용은 거의 부재했다.[24] 이는 김정일의 인민대중론의 백미라 할 수 있는 1991년 발표작 「인민대중중심의 우리식 사회주의는 필승불패이다」 역시 마찬가지였다(김정일 2012a). 이후 김정일의 인민대중론을 상징하는 저작으로 인용되어 왔으며 말 그대로 인민대중이라는 단어로 도배하다시피 한 해당 논문 역시 총서의 내용과 마찬가지로 경제생활과 관련한 내용조차 사회주의 경제제도와 관련한 '참다운 주인'론이 핵심으로 인민대중의 지위와 역할, 그리고 이를 위한 수령의 영도의 중요성이 강조되고 있을 뿐이었다. 또한 간략히 언급된 인민의 복지에 대한 이야기 역시 '이미' 행복하게 살고 있다는 '현실'에 대한 자찬뿐 국가와 정권의 의무이자 인민대중의 권리로서의 관점은 찾아보기 어려웠다. '담론'의 차원에서나마 변화의 시도를 보이고 있는 김정은 시대의 인민대중제일주의와 달리 김일성주의 인민대중론의 원형에는 정작 인민을 '위한' 부분이 부재했다는 것이다.[25]

둘째, '일심단결', '인덕정치, 광폭정치', '인민사랑'론으로 상

24 물론 이와 같은 해석이 그들이 말하는 인민대중론이 진정한 의미의 '인민의', '인민에 의한'의 내용을 담고 있다는 의미는 전혀 아니다. 수령의 지도와 사상교양에 대한 강조는 그 근본적 한계라 할 수 있을 것이다.

25 〈인민을 위하여 복무함!〉이라는 구호는 1990년 1월 최초로 제시된 것으로 알려져 있으나 실제 정치적으로 호명된 것은 〈인민대중중심의 우리 식 사회주의는 필승불패이다〉를 통해서였다. 해당 구호의 기원에 대해서는 https://ournation-school.com/term/7020(검색일 2021.2.19.)를 참조할 것.

징되는 인민에 대한 포용, 즉 군중노선의 강화이다. 북한은 인민대중제일주의의 기치 하에 "병든 자식, 상처입은 자식을 탓하지 않고 더 마음을 쓰며 사랑과 정으로 품어주고 아픈 상처를 감싸주며 또다시 일으켜 내세워주는 품" "어머니 우리 당의 품"으로 "인덕정치, 광폭정치를 받들어" "광범한 군중을 당의 두리에 굳게 묶어세"움으로써 "일심단결"을 이룩할 것을 강조해 왔다(김정은 2013). "엄중한 과오나 죄를 지은 사람이라고 하여도 그에게 99%의 나쁜 점이 있고 단 1%의 좋은 점, 양심이 있다면" "재생의 길로 이끌어"줌으로써 인민대중의 "정치적생명을 끝까지 책임지고 빛내여주어야 한다"는 것이다(조선로동당출판사 2018, 379). 이는 앞서 언급한 바와 같이 인민대중의 사상적 각성을 강조하던 이전의 인민대중론과 차별적인 지점이라 할 수 있다.

실제 이러한 기조는 단순한 구호에 그치지 않고 정책에도 반영되어 태양절, 광명성절 등 기념일에 사면을 실시한다든가, 소년단 운영에 있어 죄를 지은 사람의 자녀라고 해도 모범적인 학생들은 차별하지 말고 대표로 추천하도록 한다든가, 우리로 말하면 파출소장에 해당하는 분주소장회의를 전국적으로 소집하여 엄벌보다 포섭, 교양을 우선하도록 하는 조치 등으로 이어졌다(조선로동당출판사 2018, 380).

물론 일종의 극단적인 경찰국가로서 국민에 대한 철저한 감시와 처벌이 일상화되어 있는 북한의 현실에 비추어 볼 때 이러한 변화가 갖는 한계는 명확하다. 또한 『근로자』나 『로동신문』의 언급 횟수로 볼 때 2017년을 기점으로 인민대중제일주의에서 인덕정치가 차지하는 비중은 상대적으로 축소된 것으로 보인다. 그러나 인민대중제일주의가 초기에 북한 인민들에게 각인되는 과정에서는 이러한 제한적 변화나마 일정한 의미가 있었을 것으로 판단된다.

셋째, 인민을 '위한' 정치를 실현하는 장애물인 "세도, 관료주의, 부정부패"와의 투쟁이다. 김정은은 "인민대중제일주의를 구현하는데서 세도와 관료주의, 부정부패는 추호도 용납할 수 없는 '주적'"이라 규정하고 이를 반복적으로 강조해 왔다(백명일 2018, 50). 물론 해당 부분은 기존의 인민대중론에서도 제기되어 왔다. 예를 들어 김정일 역시 "직권을 악용하여 권세를 부리며 인민대중의 의사와 이익에 배치되게 행동하는 낡은 사업 방법과 작풍"인 세도와 관료주의를 철저히 극복하는 것이 인민대중중심의 사회주의를 실현하기 위한 핵심과제라 강조한 바 있다(김정일 2012a).

그러나 현재 추진되고 있는 세도, 관료주의, 부정부패에 대한 사정은 이전의 그것과 강도와 성격이 다르다고 판단된다. 이전에 볼 수 없는 강도로 장기간에 걸쳐 일관되게, 그리고 리더십의 변화와 맞물리며 이전보다 공개적으로 이루어지고 있다는 것이다. 특히 간헐적이고 내부적인 사정작업에도 불구하고 기본적으로는 당 혹은 정권과 인민이라는 이분법적 구도 하에 엘리트 간부들에 대한 공개적인 비판을 삼갔던 기존의 모습과는 사뭇 다른 방식으로 이루어지고 있다는 점이 주목된다.

실제 정권 출범 직후 현지지도에서 놀이공원의 풀을 뽑으며 간부들을 질타한 상징적 이벤트는 정권과 인민의 이분법이 아닌 수령, 간부, 인민의 삼분법을 통해 인민의 편에서 간부들의 관료주의와 부패를 척결하는 영웅의 이미지를 구축하려는 시도를 잘 보여주고 있었다(조선일보, 검색일 2020.12.20). 1982년 2차 대회 이후

30년 만에 처음으로 2012년 11월 전국 규모의 '사법검찰기관 열성자 대회'를 열어 '사회주의법치국가' 건설의 기치 하에 사법기관들을 강화하고 "국가재산을 탐오랑비하는 현상", "공민의 권리와 인민의 생명재산을 침해하는 현상"에 대한 강력한 투쟁을 지시한 것 역시 마찬가지였다(김정은 2012b). '섭정' 논란까지 불러일으킨 고모부 장성택, 공안을 책임진 최고 실세였던 국가안전보위부장 김원홍, 조선로동당의 최고 요직으로 손꼽히는 조직지도부장 리만건, 정치국 위원 박태덕 등 거물급들에 대한 철직의 과정에서는 어김없이 '부정부패'라는 죄목이 등장했다.

또한 김정은은 김일성이 1990년 5월 최고인민회의 제9기 1차 회의에서 실시한 이후 29년 만에 재현된 2019년 최고인민회의 제14기 1차 회의 '시정연설'에서 "인민의 이익을 침해하는 세도와 관료주의, 부정부패를 반대하는 투쟁"이 "국가 존망과 관련되는 운명적인 문제"이자 "전쟁"이라는 전례 없는 표현으로 의지를 과시했다. 김정은 시대 10년 동안 총 5번밖에 활용되지 않았을 만큼 『로동신문』에서 최고의 권위를 지닌 기사 형태 중 하나인 『근로자』와의 공동논설로 제시된 「우리 당의 정치는 인민대중제일주의 정치이다」는 김정은이 "제일로 가슴아파하"고 "분격해 하"는 것이 "인민의 존엄과 권리, 요구와 이익이 침해당하는 것"이라며 앞서 언급한 리만건, 박태덕 철직을 예로 "인민 우에 군림하고 인민의 이익을 침해하는 행위에 대하여서는 그가 누구이든, 직위와 공로가 어떠하든 무자비하게 징벌"할 것임을 다시 한번 강조했다(로동신문 2020.6.2).

한편 이번 8차 당대회의 준비 과정에서 '비상설검열위원회'를 통해 전국적으로 '요해검열소조'를 파견하여 4개월여 동안 진행된 전면적 사정을 통해 당 대열을 정비하고, 세도와 관료주의, 부정부패행위를 "현시기 가장 경계하고 첫째가는 투쟁대상"으로 규정한 데 이어 당간부 선발 기준을 더욱 엄격하게 하고 당중앙검사위원회의 권능을 높이며 당규율 감독조사 집행부서인 규율조사부와 법무부를 도, 시, 군당위원회까지 신설하는 등의 조치를 취한 것은 인민대중제일주의 이름 하에 진행되어온 일련의 사정 작업들이 일시적인 것이 아님을 분명히 한 조치들이라 하겠다(로동신문 2021.1.6; 2021.1.9; 2021.1.11).

요컨대 김정은 정권은 체제의 이완 속에 기관과 개인의 '이권'을 비공식적으로 용인하고 부패 문제를 일정 부분 눈감아주던 김정일 시대와는 달리 인민대중제일주의를 연결고리로 애민의 리더십, 법치와 정치제도화, 반부패 등을 종합하여 정치적 권위를 세우려 시도하고 있다는 것이다.

IV 나가며

지금까지 살펴본 바와 같이 김정은 시대의 통치 이데올로기는 순수 이데올로기로서 주체사상을 지속유지하고 실천 이데올로기로서의 선군사상을 역사화함으로써 '국가'와 '인민'을 종자로 한 새로운 실천 이데올로기의 내용을 채워가는 방향으로 변해가고 있다. 그렇다면 국가와 인민의 부상은 북한의 장기적 미래에 어떤 함의를 가지고 있을까?

독해의 시작은 사회주의 정치체제의 가장 근본적인 특성을 이해하는 것이다. 그것은 바로 모든 레닌주의 정권은 내외부의 적들, 즉 적과 아의 구분을 전제로 하는 항시적 '전투기조(combat ethos)'를 통해 조직적 통합을 유지한다는 점이다(Jowitt 1992, 122). 기존의 질서와 세력에 대한 부정(negation)을 수반하는 이와 같은 전투기조는 현상유지세력으로서 발전과 복지를 추구하기보다 수정주의세력으로서 혁명과 안보를 추구하는 경향의 기반이 되어왔다.

따라서 사회주의 체제의 변화 혹은 개혁은 필연적으로 전투기조의 완화를 전제로 하며 해당 과정은 '경계와 배제의 언어'들이 '단일성과 통합의 언어'들로 대체되는 과정을 수반한다. 전위당과 계급의 언어를 대신하는 국가와 인민의 화두가 변화의 신호탄일 수 있는 이유이다. '전 인민의 국가', '전 인민의 당' 선언과 병행된 흐루쇼프의 탈스탈린화 과정이나 애국주의의 강화를 통해 가속화된 등소평의 개혁·개방 과정은 이러한 매커니즘을 잘 보여준다(강혜석 2019, 317).[26]

이와 같은 이해를 전제로 우리는 북한에서 2017년을 기점으로 그야말로 항시적 전투기조의 극대화 사례였다고 할 수 있는 선군사상이 역사화되고 그 자리가 '국가'와 '인민'의 언어들로 대체되는 과정이 왜 2018년 4월 제7기 3차 전원회의를 통해 제시된 전략적 전환, 즉 병진노선을 결속하고 경제건설에 모든 힘을 집중하는 '새로운 전략노선'의 등장으로 이어졌는지에 대한 답을 찾

26 흐루쇼프의 개혁 과정은 박수헌(1997)을 참조할 것.

을 수 있다. 큰 틀에서 2018년 이후 북한의 선택은 로웬탈(Richard Lowenthal)의 유명한 비유처럼 '유토피아에서 발전'으로의 변화를 암시해 왔다는 것이다(Lowenthal 1970). 그렇다면 이제 북한의 미래는 낙관할 수 있는 것일까?

1990년대 선군노선의 등장 과정에 대한 이해는 해당 질문에 대한 중요한 힌트를 제공한다. 그 핵심은 선군노선이 '지속'이 아닌 '전환'의 결과였음을 이해하는 것이다. 사실 우리는 북한에서 '국가'와 '인민'의 담론이 부상하는 과정을 '이미' 목도한 바 있다. 그것은 바로 김정일 정권의 출범과 함께였다. 일종의 취임사와 같았던 「사회주의는 과학이다」는 이를 잘 보여준다(김정일 2012b). 해당 논문에서 김정일은 "사회주의사회에서 인민대중은 국가와 사회의 주인인 것만큼 마땅히 유족하고 문명한 물질생활을 누려야" 한다며 인민의 복지를 강조하고 '사랑과 믿음의 인덕정치'와 '어머니당 건설'을 통한 일심단결을 촉구하는 등 김정은 시대의 인민대중제일주의와 매우 유사한 주장들을 보여준 바 있다. 또한 〈위대한 수령님의 뜻을 받들어 내 나라, 내 조국을 더욱 부강하게 하자〉는 제목으로 발표된 신년 담화를 통해 '국가'의 화두를 부각시키며 새로운 인민대중론과 결합을 시도했다는 점 역시 현재의 흐름과 너무나 닮아 있었다(김정일 2012b).

김정은 시대의 '새로운 전략노선'의 등장과 유사하게 '국가'와 '인민'을 중심으로한 정치적 담론의 부상이 실제 정책적 선택과 연동된 점 역시 마찬가지였다. 반세기가량을 유지해오던 중공업 중심의 자립적 민족경제론에서 벗어나 농업, 경공업, 무역을 중시하는 3대 제일주의를 핵심으로 하는 '혁명적 경제전략'을 내세우고 이를 제네바 합의를 통한 비핵화 프레임과 연동시킴으로써 일종의 경제건설총력집중 노선을 선택한 것 역시 김정은 정권의 선택과 매우 닮아 있었다는 것이다(안경모 2013, 81-109).

그러나 이제 모두 알고 있듯이 1990년대의 탈급진화 시도는 고난의 행군이라는 내부적 위기와 붕괴론을 근간으로 한 외부적 압박 속에 선군이라는 극단적 재급진화로 이어졌다. 의지와 현실의 간극이 북한의 미래를 좌우하는 중대한 구조적 압력이 될 수 있음을 경험한 사례였다. 이러한 차원에서 2018년 새로운 전략노선의 채택 이후 한반도 평화프로세스가 교착되는 과정에서 북한의 경제적 어려움이 가중되고 있는 현 상황은 상당한 우려를 낳는다.

특히 '국가'와 '인민'의 부상이라는 기존의 흐름이 전반적으로 지속되는 중에서도 비(非)사회주의, 반(反)사회주의에 대한 견결한 투쟁과 경제의 국가중심성 등이 급격히 강조되며 보수화의 흐름 역시 동시에 보여준 이번 8차 당대회는 상기한 구조적 압력이 이미 정책의 변화로 가시화되기 시작했음을 암시한다는 점에서 그 우려가 더욱 크다. 탈급진의 언어였던 '혁명적 경제전략'이 급진의 언어인 '혁명적 군인정신'으로 대체되며 선군으로 귀결되었던 1990년대의 실패를 더욱 면밀히 검토해봐야 하는 이유라 하겠다.

참고문헌

강혜석. 2017a. "북한 민족주의론의 원형과 정치적 동학(1945-1085): 사회주의의 역사적 경험과의 비교." 『북한연구학회보』 21(2).

______. 2017b. "동원의 기획으로서의 북한 민족주의." 『현대북한연구』 20(3).

______. 2019. "김정은 시대 통치담론 변화와 '국가'의 부상: 〈김정일애국주의〉와 〈우리국가제일주의〉를 중심으로." 『국제정치논총』 59(3).

백명일. 2018. 『인민대중제일주의의 성스러운 력사를 펼쳐가시는 위대한 령도』. 평양: 과학백과사전출판사.

구갑우. 2014. "북한 핵 담론의 마음체계, 1947~1964년." 『현대북한연구』 17(1).

______. 2017. "북한 핵 담론의 국제정치: 북한적 핵 개발의 이유와 김정은 정권의 핵담론." 『동향과 전망』 99.

김근식. 2014. "김정은 시대의 '김일성-김정일주의': 주체사상과 선군사상의 추상화." 『한국과 국제정치』 84.

김기남. 2013. "위대한 김일성-김정일주의는 우리혁명의 백전백승의 기치." 『근로자』 4.

김봉욱. 2017. "주체사상을 백승의 지도사상으로 심화발전시키신 불멸의 업적." 『근로자』 2.

김정남. 2017. "우리 당의 선군혁명령도는 필승불패의 보검." 『근로자』 2.

김진환. 2013. "김정은 시대 지배이데올로기의 특징과 전망: '김일성주의'에서 '김일성-김정일주의로." 『북한연구학회보』 17(2).

김원식 · 이기동. 2020. "김정은 정권의 통치이념 변화 동향 분석." 『INSS 전략보고』 국가안보전략연구원.

김일성. 1980. "사상사업에서 교조주의와 형식주의를 퇴치하고 주체를 확립할데 대하여." 당선전선동일군들앞에서 한 연설, 『김일성 저작집』 9. 평양: 조선로동당출판사, 1955년 12월 28일.

______. 1982a. "조선민주주의인민공화국에서의 사회주의건설과 남조선혁명에 대하여." 인도네시아 《알리 아르함》 사회과학원에서 한 강의, 『김일성 저작집』 19. 평양: 조선로동당출판사, 1965년 4월 14일.

______. 1982b. "현정세와 우리당의 과업." 조선로동당대표자회에서 한 보고, 『김일성 저작집』 19. 평양: 조선로동당출판사, 1966년 10월 5일.

______. 1983. "자본주의로부터 사회주의에로의 과도기와 프롤레타리아독재문제에 대하여." 당사상사업부문일군들앞에서 한 연설, 『김일성 저작집』 21. 평양: 조선로동당출판사, 1967년 5월 25일.

______. 1986. "인민정권을 더욱 강화하자." 조선민주주의인민공화국 최고인민회의 제6기 제1차회의에서 한 연설, 『김일성 저작집』 32. 평양: 조선로동당출판사, 1977년 12월 15일.

______. 1996. "사회주의위업의 계승완성을 위하여." 항일혁명투사들, 혁명유자녀들과

한 담화. 『김일성 저작집』 44. 평양: 조선로동당출판사, 1992년 3월 13일, 1993년 1월 20일, 3월 3일.
김정은. 2012a. "위대한 김정일동지를 우리 당의 영원한 총비서로 높이 모시고 주체혁명위업을 빛나게 완성해나가자." 조선로동당 중앙위원회 책임일군들과 한 담화, 『로동신문』(2012.4.19), 2012년 4월 6일.
______. 2012b. "혁명발전의 요구에 맞게 사법검찰사업에서 새로운 전환을 일으킬데대하여." 전국사법검찰일군열성자대회 참가자들에게 서한 『조선중앙통신』(2012.11.26).
______. 2013a. "위대한 김정일장군님을 영원히 높이 우러러모시고 장군님의 유훈을 철저히 관철하자." 조선로동당 중앙위원회 책임일군들과 한 담화, 평양: 조선로동당출판사, 2011년 12월 31일.
______. 2013b. "당세포사업을 개선강화하여 당의 전투적위력을 백방으로 높이고 강성국가건설을 힘있게 다그치자." 조선로동당 제4차 세포비서대회에서 한 연설, 2013년 1월 29일.
______. 2015. "신년사." 『로동신문』(2015.1.1), 2015년 1월 1일.
______. 2016a. "인민대중에 대한 멸사복무는 조선로동당의 존재방식이며 불패의 힘의 원천이다." 『근로자』 5.
______. 2016b. "조선로동당 제7차대회에서 한 당중앙위원회 사업총화보고." 『로동신문』(2016.5.8).
______. 2017. "신년사." 『로동신문』(2017.1.1), 2017년 1월 1일.
______. 2018. "조선인민군 창건 70돐경축 열병식에서 하신 우리 당과 국가, 군대의 최고령도자 김정은동지의 축하연설." 『로동신문』(2018.2.9), 2018년 2월 9일.
______. 2019. "신년사." 『로동신문』(2019.1.1), 2019년 1월 1일.
______. 2020. "조선로동당창건 75돐경축 열병식에서 하신 우리 당과 국가, 무력의 최고령도자 김정은동지의 연설." 『조선중앙통신』(2020.10.10), 2020년 10월 10일.
김정일. 2009. "선행한 로동계급의 혁명사상사를 정확히 분석총화할데 대하여." 사회과학자들과 한 담화, 『김정일선집』 2. 평양: 조선로동당출판사, 1965년 5월 20일. 6월 17일. 9월 30일.
______. 2010a. "선행한 로동계급의 혁명사상사에 대한 분석총화사업을 결속하면서 사회과학자들과 한 담화." 『김정일선집』 3. 평양: 조선로동당출판사, 1969년 7월 1일.
______. 2010b. "온 사회를 김일성주의화하기 위한 당사상사업의 당면한 몇가지 과업에 대하여." 전국당선전일군강습회에서 한 결론, 『김정일선집』 6. 평양: 조선로동당출판사, 1974년 2월 19일.
______. 2011a. "김일성주의의 독창성을 옳게 인식할데 대하여." 당리론선전일군들과 한 담화, 『김정일선집』 7. 평양: 조선로동당출판사, 1976년 10월 2일.
______. 2011b. "주체사상에 대하여." 당리론선전일군들과 한 담화, 『김정일선집』 9. 평양: 조선로동당출판사, 1982년 3월 31일.

______. 2011c. "주체사상교양에서 제기되는 몇가지 문제에 대하여."『김정일선집』11. 평양: 조선로동당출판사, 1986년 7월 15일.
______. 2012a. "인민대중중심의 우리 식 사회주의는 필승불패이다."『김정일선집』14. 평양: 조선로동당출판사, 1991년 5월 5일.
______. 2012b. "사회주의는 과학이다."『김정일선집』18. 평양: 조선로동당출판사, 1994년 11월 1일.
______. 2013a. "올해를 강성대국건설의 위대한 전환의 해로 빛내이자." 조선로동당 중앙위원회 책임일군들과 한 담화,『김정일선집』19. 평양: 조선로동당출판사, 1999년 1월 1일.
______. 2013b. "올해를 새 세기의 진격로를 열어나가는데서 전환의 해로 되게 하자." 조선로동당 중앙위원회 책임일군들과 한 담화,『김정일선집』20. 평양: 조선로동당출판사, 2001년 1월 3일.
______. 2013c. "선군혁명로선은 우리 시대의 위대한 혁명로선이며 우리 혁명의 백전백승의 기치이다." 조선로동당 중앙위원회 책임일군들과 한 담화,『김정일선집』21. 평양: 조선로동당출판사, 2003년 1월 29일.
김진환. 2013. "김정은 시대 지배이데올로기의 특징과 전망: '김일성주의'에서 '김일성-김정일주의'로."『북한연구학회보』17(2).
김철우. 2000.『김정일장군의 선군정치』. 평양: 평양출판사.
김현환. 2016.『김일성-김정일주의 연구입문』. 평양: 평양출판사.
리용철. 2000. "선군정치는 위대한 장군님의 독특한 정치방식."『근로자』9호.
리종무. 2013. "우리 나라를 체육강국의 지위에 올려세우는 것은 우리 당의 확고한 결심."『근로자』2.
리춘관. 2018. "우리공화국은 위대한 주체사상을 구현하고 있는 사회주의 강국이다."『근로자』9.
명미란. 2017. "우리 식 사회주의는 주체의 인민관, 인민철학이 구현된 불패의 사회주의."『근로자』3.
박주식. 2018. "주체의 인민관, 인민철학을 구현하기 위한 우리 당의 투쟁."『근로자』4.
사회과학출판사. 1985.『주체사상의 사회역사원리』4.
안경모. 2013. "북한의 선군노선과 권위구축동학: 정치적 계승의 위기를 중심으로." 서울대학교 박사학위논문.
______. 2015. "북한 이데올로기 변화와 그 정치적 함의(1966-2012): '적응'(adaptation)의 과정을 중심으로."『한국정치학회보』49(4).
엄일현. 2018. "수령의 군대, 당의 군대로서의 혁명적 성격을 변함없이 고수해나가도록 이끄신 탁월한 영도."『근로자』12.
이종석. 2000.『새로 쓴 현대북한의 이해』. 서울: 역사비평사.
전동길. 2018. "조선로동당을 인민대중제일주의를 구현한 어머니당으로 건설하신 불멸의 업적."『근로자』6.
전영선. 2019.『어서와 북한 영화는 처음이지: 예술영화 〈우리 집 이야기〉를 통해 본 북한』서울: 늘품플러스.

정영철. 2005.『김정일 리더십 연구』. 서울: 선인.
______. 2015. "주체사상의 순수 이데올로기화와 새로운 실천 이데올로기의 등장."『한국과 국제정치』 90.
정창현. 2015. "1967년 로동당 제4기 15차 전원회의 김정일 연설: 김정일 후계체제의 서막."『역사비평』 112.
조수재. 2015. "조선인민군을 항일의 혁명전통을 계승한 정규무력으로 건설하신 불멸의 업적."『근로자』 2.
조영임·안경모. 2019. "김정은 시대 북한 핵 개발의 국내정치동학: '정당성의 정치'와 '핵 민족주의.'"『한국과 국제정치』 35(2).
조선로동당출판사. 2006a.『우리당의 선군정치』. 평양: 조선로동당출판사.
______. 2006b.『조선로동당역사』. 평양: 조선로동당출판사.
______. 2018.『조선로동당력사』 2. 평양: 조선로동당출판사.
진희관. 2014. "북한의 사상과 김일성-김정일주의 연구."『북한연구학회보』 18(2).
편집국. 2006. "온 사회에 혁명적학습기풍을 철저히 세우자."『근로자』 5.
______. 2017. "경애하는 최고령도자동지를 높이 모신 우리 조국은 불패의 사회주의 강국으로 위용떨칠 것이다."『근로자』 1.
______. 2018a. "위대한 령도자 김정일동자의 사회주의 강국건설업적을 끝없이 빛내여나가자."『근로자』 2.
______. 2018b. "경애하는 최고령도자 김정은동지께서 위대한 령도자 김정일동지의 불멸의 업적에 대하여 하신 말씀."『근로자』 2.
______. 2018c. "경애하는 최고령도자 김정은동지께서 위대란 령도자 김정일 동지의 불멸의 혁명업적에 대하여 하신 말씀."『근로자』 8.
허동수. 2017. "인민에 대한 멸사복무정신은 주체의 인민관, 인민철학의 근본핵."『근로자』 12.

『로동신문』. "대비약의 불길높이 체육강국을 향하여." 2011년 3월 30일.
______. "위대한 김정일동지의 유훈을 받들어 2012년을 강성부흥의 전성기가 펼쳐지는 자랑찬 승리의 해로 빛내이자." 2012년 1월 1일.
______. "조선로동당 중앙위원회 정치국 확대회의에 관한 보도." 2012년 11월 5일.
______. "제17차 아시아경기대회와 세계선수권대회들에서 금메달을 쟁취한 선수들과 감독들에게 김정일상과 조선민주주의인민공화국 로력영웅칭호, 인민체육인칭호와 국기훈장 제1급을 수여함에 대하여." 2014년 10월 25일.
______. "주체의 사상론을 백승의 무기로 틀어쥐고." 2015년 5월 25일.
______. "위대한 조국을 노래하노라." 2015년 8월 14일.
______. "조국청사에 길이 빛날 민족의 대경사, 위대한 조선인민의 대승리." 2017년 11월 29일.
______. "국가상징을 통한 교양사업의 중요성." 2018년 11월 18일.
______. "신년사." 2019년 1월 1일.
______. "우리의 국기." 2019년 1월 1일.

______. "우리 국가제일주의의 본질." 2019년 1월 8일.
______. "조선의 상징 우리의 국수 소나무." 2019년 3월 1일.
______. "최고인민회의 대의원들을 위한 예술공연《우리의 국기》진행." 2019년 4월 13일.
______. "우리 당의 정치는 인민대중제일주의 정치이다." 2020년 6월 2일.
______. "김정은 조선로동당 제8차대회에서 한 개회사." 2021년 1월 6일.
______. "조선로동당 제8차대회에서 하신 경애하는 김정은동지의 보고에 대하여." 2021년 1월 9일.
______. "조선로동당 제8차대회에서 조선로동당규약개정에 대한 결정서 채택" 2021년 1월 10일.
______. "조선로동당 중앙위원회 제8기 제1차전원회의 진행." 2021년 1월 11일.
『조선신보』. "우리 국가제일주의를 들고 경제건설을 다그쳐나가자." 2019년 1월 24일.
『조선일보』. "김정은, 만경대유희장 관리부실 공개질타" https://www.chosun.com/site/data/html_dir/2012/05/09/2012050901064.html(검색일 2020.12.20.).
『조선중앙통신』. "〈우리의 국기〉 형상한 새우표 발행." 2019년 5월 28일.
______. "조선로동당 중앙위원회 정치국 보도: 조선로동당세포비서대회를 제도화할데 대하여" 2013년 1월 26일
______. "김정은원수님의 로작 중앙연구토론회." 2013년 3월 21일.

Jowitt, Ken. 1992. *New World Disorder: The Leninist Extinction*. Berkeley: University of California Press.
Kornai, Janos. 1992. *The Socialist System*. New Jersey: Princeton Univ. Press.
Lowenthal, Richard. 1970. "Development vs. Utopia in Communist policy." in Chalmers Johnson ed. *Change in Communist Systems*. Stanford: Stanford University Press.
Saxonberg. Steven. 2013. *Transition and No-Transitions from Communism*. Cambridge: Cambridge University.
Schurmann, Franz. 1968. *Ideology and Organization in Communist China*. Berkeley: University of California Press.
Stalin, Joseph. 1988. 『스탈린 선집 I』. 서중건 역. 서울: 전진.

필자 소개

강혜석 Kang, Hyesuk

숭실대학교 정치외교학과 연구중점교수
이화여자대학교 정치외교학과(북한학 연계) 졸업, 서울대학교 정치학 박사

논저 “북한의 민족건설과 두 개의 ‘민족론’: 통일론과의 긴장을 중심으로”, “김정은 시대 통치담론 변화와 ‘국가’의 부상: ‘김정일애국주의’와 ‘우리 국가제일주의’를 중심으로”, “사회협약의 정치와 한반도 평화: 구성주의를 통한 전제조건 재검토 및 평화와의 접목”, “북한 민족주의와 젠더: 민족 재생산의 주체로서의 여성”

이메일 hyesuk0925@gmail.com

안경모 Ahn, Kyungmo

국방대학교 안보정책학과 부교수
서울대학교 정치학과 졸업, 동 대학원 정치학 박사

논저 “김정은 시대 북한 정치체제 변화에 대한 분석: 당-국가체제적 속성을 중심으로”, “김정은 시대의 대남전략(2018-2020): ‘세 가지 기둥’과 ‘정면돌파전’을 중심으로”, “김정은 시대 북한의 대외전략 분석(2008-2016): ‘편승’에서 ‘균형’으로의 변화를 중심으로”

이메일 ahnkm77@gmail.com

제3장

사회주의 문명국으로의 길, 전망과 과제

The Path to a Socialist Civilization: Prospect and Tasks Ahead

전영선 | 건국대학교 통일인문학연구단 HK연구교수

* 이 글은 “사회주의 문명국으로의 길, 전망과 과제,” 『북한학보』 45집 2호(2020)에 실린 글을 수정, 보완한 것이다.

'사회주의 문명국 건설'은 김정은 체제가 시작된 2012년 제시한 국가 발전 목표이다. 김정은은 등장과 함께 새로운 세기의 국가 발전 목표로 사회주의 문명국을 제시하였다. 사회주의 문명국은 모든 분야에서 세계적 수준의 문명을 누리는 국가이다. 사회주의 문명국을 건설하여 인민들에게 세계적 수준의 문명을 향유할 수 있도록 하겠다는 것이다. 사회주의 문명국 건설은 새로운 시대로의 변화에 적극적으로 대응하면서, 나름대로의 세계화를 통해 선진화된 국가로 나서겠다는 비전이다.

사회주의 문명국 건설은 대내적으로는 경제발전 전략과 연결된다. 즉 인민대중제일주의를 앞세우면서, 사회주의 문명국의 인민으로서 마땅히 누려야 할 권리로서 문화시설과 물질문화 생활의 '향유'를 강조하는 것은 인민들의 여가 활동을 진작시켜 관련 사업의 내수를 진작시키려는 정책이다. 북한은 경제발전을 최우선 과제로 제시하면서 과학과 교육을 통한 경제발전의 토대를 다지고, 서비스 산업을 통한 내수 진작과 국제관광 사업을 통한 발전 전략을 추진하였다. 경제발전을 통해 사회주의 문명국을 건설하겠다는 것이다.

김정은 시대의 발전 전략은 이전과는 다른 방식으로 작동하고 있다. 이전에는 당에서 제시한 목표를 따라 자신을 희생하는 방식으로 작동하였다면 김정은 시대에는 새로운 시대를 향한 '욕망의 창출'이라는 방식으로 작동되고 있다. 김정은 체제의 미래는 활기를 보이기 시작한 인민생활을 어떻게 통제하고, 관리할 것인가에 달려 있다. 자체의 성장 동력은 한계가 있으며, 대외적인 여건이 호전되지 않으면 사회주의 문명국 건설은 구호에 불과할 수도 있다.

The creation of a socialist civilization in North Korea has been the foremost and overarching objective of national development since the dawn of the Kim Jong-un regime in 2012. Kim has been emphasizing that the vision entailed the people's enjoyment of everything in society on a par with the global standard. As the new objective of national development, the creation of a socialist civilization reflects the Kim regime's eagerness to rise to the challenges of the new era and modernize the country, in its own way, through globalization.

Prioritizing economic development as the first and foremost goal, the Kim regime set out to consolidate the basis for it through science and education, while boosting the demand for domestic service industries and international demand for tourism. While emphasizing the creation of a socialist civilization as required by the principle of putting "the people first," new facilities and buildings were erected and "enjoyment" emphasized to increase the people's demand for retail and tourism, thereby strengthening domestic demand for economic development.

Prioritizing economic development as the first and foremost goal, the Kim regime set out to consolidate the basis for it through science and education, while boosting the demand for domestic service industries and international demand for tourism. While emphasizing the creation of a socialist civilization as required by the principle of putting "the people first," new facilities and buildings were erected and "enjoyment" emphasized to increase the people's demand for retail and tourism, thereby strengthening domestic demand for economic development.

KEYWORDS 북한 North Korea, 김정은 Kim Jong-un, 사회주의문명국 The creation of a socialist civilization in North Korea, 강성국가 Powerful and great nation

I 머리말

'사회주의 문명국'은 김정은이 최고지도자로 등장한 2012년 1월 1일 신년사를 통해 발표한 김정은 시대의 어젠다이다.

김정일 사망 이후 김정은을 후계자로 세우기 위한 과정이 신속하게 진행되었다. 김정일 사망 5일인 2011년 12월 22일 정론 「눈보라 한 생」에서 '숭고한 흰눈철학의 순결한 계승'을 언급하면서, "위대한 장군님께 기쁨드릴 가장 성대한 경축공연무대를 품들여 마련해가시던 존경하는 김정은 동지께서 우리 장군님의 휴식을 얼마나 간절히 바라시였던가"(로동신문 정론a 2011.12.22)라고 하면서, '존경하는 김정은동지'로 호명하였다.

같은 날 『로동신문』의 다른 정론인 「장군님, 새날이 밝았습니다」에서는 "진정 존경하는 김정은동지의 두리에 철통같이 뭉쳐 위대한 장군님의 한 생의 념원이었던 강성대국을 기어이 일떠세울 천만의 맹세 속에 이 나라 강산이 밝아온다. 이제 더는 복속에서 복을 찾는 철없는 자식이 되어서는 안 될 천만군민이 아뢰이는 심장의 목소리가 밝아오는 조국 땅에 메아리쳐간다"(로동신문 2011.12.22)면서, '진정 존경하는 김정은동지'로서 충성을 다짐하였다. 다시 이틀 뒤인 12월 24일에는 김정은을 '대장 각하'로 부르기 시작하였다. 2011년 12월 22일부터 김정은을 새로운 지도자로 모시는 이야기를 본격적으로 내보내기 시작하였다.

2주가 지나지 않은 기간 동안 김정은에게는 '각하' 칭호와 함께 '조선 인민의 정신적 기둥'으로서 위상이 지어졌다. 2011년 12월 28일 평양 금수산 기념궁전 앞에서 열린 영결식을 끝으로 김정일 시대는 막을 내렸다. 김정일의 영결식이 끝난 직후인 2011년 12월 30일 김정은은 조선인민군 최고사령관에 추대되었다. 후계자 김정은에서 새로운 지도자 김정은으로의 등극에 필요한 형식적 절차를 마무리하였다(로동신문 2011.12.24).

최고지도자로서 김정은의 첫 공식 행사는 2012년 1월 1일 신년사였다. 2012년 신년사는 매우 특별한 의미를 갖는다. 신년사에는 보통 지난 해에 대한 평가와 해당 연도의 전략을 싣는다. 그러나 2012년의 신년사는 2012년 한 해의 의미를 넘어선다. 두 가지 측면이 있었다.

하나는 김정은 시대의 첫해 신년사였다. 김정은 시대가 얼마가 될지 예측할 수는 없다. 그러나 김정은의 나이를 생각할 때, 20년 혹은 30년을 전망하는 신년사였다.

2012년 1월 1일 신년사의 또 다른 의미는 '주체의 한 세기'를 전망하는 신년사이다. 2012년은 김정은이 최고지도자로서 등장한 첫해이자 동시에 주체를 서기와 병기하는 북한력(曆)으로는 주체 101년이다. 1912년부터 시작한 주체의 한 세기가 끝나고 새로운 주체의 한 세기가 시작하는 첫 해이다. 따라서 2012년의 신년사는 100년 이후 북한이 꿈꾸는 미래 사회에 대한 비전을 엿볼 수 있는 내용이어야 했다.

새로운 한 세기의 지도자로 등장한 젊은 지도자 김정은에게 기대하는 인민의 요구를 반영한 목표로 제시한 것이 바로 '사회주의 문명국'이었다. 김정은은 '사회주의 문명국'의 의미를 선대 수령의 유훈으로 규정하고, 이를 지켜나갈 것을 다짐했다. 구체적으로는 "우리 조국을 발전된 사회주의 문명국으로 빛내여 나가야 한다"고 하였다. 모든 분야에서 '사회주의 세계문명을 따라가는 것'이라는 방향을 제시하였다. 2013년에는 사회주의 문명국을 '높은 문화지식과 건강한 체력, 고상한 도덕품성'을 지니고 '건전한 생활기풍이 차 넘치는 사회' 등의 구체적인 목표를 제시하였다. 이후 사회주의 문명국 건설은 북한 사회 전반에 걸쳐 국가 운영의 방향이 되었다.

새로운 주체 100년의 시작에 맞추어 등장한 김정은 시대의 키워드로 '사회주의 문명국'은 지금까지 북한의 발전 목표로 작동하고 있다. 이 글은 김정은 시대의 비전으로 북한이 제시한 '사회주의 문명국'이 어떤 내용을 담고 있는지, 등장 배경과 의미는 무엇이며, 김정은 시대의 비전으로서 사회주의 문명국의 전망과 과제가 무엇인지를 분석하고자 한다.

II '사회주의 문명국 건설'의 의미와 전략

1. '사회주의 문명국'의 정치적 의미

북한에서 '사회주의 문명국'은 어떤 위상을 갖고 있는가? '사회주의 문명국 건설'은 김정은 시대의 새로운 사상이자 국가 발전 목표로 의미를 갖는다. 2012년 신년사에서 '사회주의 문명국건설'이 나온 이후 '원수님의 력사적인 신년사에 제시된 중요한 과업'이자 '비약적으로 발전하는 21세기의 현실적 요구'를 반영한 '원수님의 력사적인 신년사에 제시된 중요한 과업', '비약적으로 발전하는

21세기의 현실적 요구'를 반영한 사상으로 규정되었다(로동신문, 2013.7.14).

'사회주의 문명국 건설'을 강조하는 일차적인 목표는 권력 계승과 관련된다. 김정은 체제가 본격적으로 시작된 2012년은 새로운 주체 100년이 시작되는 시점이었다. '주체 100년'이라는 물리적인 시간은 김정은 후계 구도에서 상당히 중요한 의미를 갖는다. 북한은 5년이나 10년을 '꺾어지는 해', '정주년'이라고 하여 특별한 의미를 부여한다. 주체 연호를 사용하는 북한에서 2011년은 주체 100년이다. 2012년은 한 세기가 끝나고 새로운 주체 100년이 시작되는 첫해이다.

김정은 등장 초기에 김일성주석(이하 김일성)의 외모와 스타일을 그대로 재현하는 전략을 통해 '100년 전에 오셨던 수령님 모습 그대로'를 의도적으로 연출하였다. 즉 김정은 시대의 개막은 '김정은'의 능력이나 업적을 기반으로 후계자로서 이미지를 만들어 나간 것이 아니라 '김일성의 재림'을 정치적 자산으로 활용하였다. '다시 오신' 젊은 김일성과 함께 시작한다는 이미지 연출을 위한 최고의 시점이었다.

새로운 주체의 한 세기가 시작된 상황에서 미래의 이상적인 국가상을 제시해야 했다. 김일성 시대의 '이밥에 고깃국, 기와집에 비단옷'에 해당하는 국가 발전 목표를 제시해야 하는 상황이었다. 김정일 시대 국가 발전의 목표로 제시한 것은 '사회주의 강성대국'이었다. 강성대국이 김정은 시대 '사회주의 문명국 건설'로 구체화 된 것이다. 김정은은 2012년 4월 15일 연설 「최후의 승리를 향하여 앞으로」에서 "일심단결과 불패의 군력에 새 세기 산업혁명을 더하면 그것은 곧 사회주의 강성국가"라고 하면서, 김정일의 '사회주의 강성대국'을 '사회주의 강성국가'로 목표를 현실화한 바 있다. 김정은의 실리적 리더십 스타일이 반영된 전략적 선택으로 '강성대국'이라는 추상적 목표를 보다 현실적으로 제시한 것이다.

'강성국가'와 비슷한 용어로서 사용되는 것으로 '백두산 대국'이 제시되기도 하였다. '백두산 대국'은 김정은 시대에 등장한 용어로, 『로동신문』은 2012년 6월 27일 기사 「백두산 대국」을 통해서, 백두산 대국을 일떠 세우는 것이 김일성-김정일의 유훈이며, 김정은의 뜻이라고 공개하였다. '백두산 대국'은 2012년에 공개한 가요 〈최후의 승리를 향하여 앞으로〉(윤두근 작사, 김문혁 작곡)의 후렴 가사 "나가자 백두산 대국아"를 통해서 확인되었다.

'백두산 대국'은 구체적인 국가의 위상을 제시한 것이라기보다는 '백두산'이라는 혈통과 혁명성을 강조하는 정치적이며, 상징적인 레토릭이었다. 반면 사회주의 문명국은 보다 구체화된 국가 발전 목표라고 할 수 있다. '사회주의 문명국 건설'은 "주체혁명의 새로운 100년대를 승리와 영광의 년대로 빛내"(김정은 2012a)기 위한 장기적인 국가 발전 목표로 분명히 하였다는 것을 의미한다.

> "우리는 사회의 모든 성원들을 견결한 김일성-김정일주의자로 키우며 사회생활의 모든 분야를 김일성-김정일주의의 요구에 맞게 발전시켜 우리 조국을 인민들의 리상과 념원이 완전히 실현되는 세계적인 강국, 사회주의선진문명국으로 일떠세워야 합니다. 이것은 현시기 위대한 수령님과 장군님의 위업을 계승해나가는 우리 당과 인민 앞에 맡겨진 가장 성스럽고 중대한 혁명과업입니다"(김정은 2012c).

2012년 김정은이 제시한 사회주의 문명국 건설을 선대 수령의 사업으로 규정하였다. 김정은 시대의 어젠다를 선대 수령과 연결한 사업으로 규정하였다. 이로써 사회주의 문명국 건설은 절대적 과제이자 신성한 역사적 과업의 위치를 부여받았다.

사회주의 문명국 건설이 로동당의 목표로서 지속되고 있음은 여러 경로를 통해서 확인할 수 있다. 2016년, 36년 만에 개최된 제7차 조선로동당대회에서 제시된 사회문화 분야의 목표 역시 '문명강국건설'로 나타났고, 2019년 12월 28일 로동당 중앙위원회 제7기 제5차 전원회의 결정서에서도 확인된다.[1]

2. 사회주의 문명국의 내용

김정은은 2012년 공동사설을 통해 "우리 조국을 발전된 사회주의 문명국으로 빛내여 나가야 한다"면서 '사회주의 문명국' 건설을 목표로 제시하였다. '사회주의 문명국'은 "사회주의 문화가 전면적으로 개화발전하는 나라, 인민들이 높은 창조력과 문화수준을 지니고 최상의 문명을 최고의 수준에서 창조하며 향유하는 나라"로 '전체 인민이 높은 문화지식과 건강한 체력, 고상한 도덕품성을 지닌

1 2020년 1월 1일 『로동신문』을 통해 발표한 로동당 중앙위원회 제7기 제5차 전원회의 결정서 두 번째는 "과학기술을 중시하며 사회주의제도의 영상인 교육, 보건사업을 개선"이었다. "과학이 경제발전을 견인하는 기관차라면 과학의 어머니는 교육"이라고 하면서, 교육 분야의 혁신, 첨단 과학을 중심으로 한 교육을 통해, "재능있는 인재들과 가치있는 과학기술성과들을 더 많이 내놓는 문제"를 해결하여 경제 발전의 돌파구를 마련하겠다고 선언하였다. 이는 2012년에 제시한 사회주의 문명국 건설의 내용과 일치하는 것으로 2012년 이후 지속되고 있음을 보여준다.

선진적인 나라'를 건설하겠다는 비전이다. 특히 사회문화 분야에서 '문화예술 분야를 포함하여 교육, 보건, 체육 분야를 포함하여 일정 수준 이상으로 높여 인민생활을 풍요롭게 하겠다'는 것이 핵심이었다.

이후 북한의 주요 언론을 통해 '사회주의 문명국'이 무엇이며, 어떤 내용을 담고 있는지, 그리고 어떻게 해야 하는지에 대한 내용이 제시되었다. 김정은이 2012년 4월 6일 조선로동당 중앙책임일군들과 한 담화 「위대한 김정일동지를 우리 당의 영원한 총비서로 높이 모시고 주체혁명위업을 빛나게 완성해나가자」에서 보다 분명하게 제시하였다. 경제 건설의 중요성을 강조한 다음에 나온 '사회주의 문명국'의 내용은 다음과 같다.

> "교육, 보건, 문학예술, 체육을 비롯한 문화건설에서 모든 부문에서 끊임없는 혁명적 전환을 일으켜 우리나라를 발전된 사회주의 문명국으로 빛내여 나가야 합니다.
>
> 교육사업에 대한 국가적 투자를 늘이고 교육의 현대화를 실현하여 중등일반교육 수준을 결정적으로 높이고 대학교육을 강화하여 사회주의 강성국가 건설을 떠메고 나갈 세계적 수준의 재능 있는 과학기술인재들을 더 많이 키워내야 합니다. 우리나라 사회주의 보건제도의 우월성을 높이 발양시키고 시대적 명작들을 더 많이 창작보급하며 체육을 대중화하고 온 나라에 체육열풍을 일으켜야 합니다. 그리하여 우리 인민들이 고상하고 문명한 사회주의 문화의 창조자, 향유자가 되게 하며 온 사회에 희열과 랑만이 차 넘치게 하여야 합니다" (김정은 2012c).

2012년 4월 6일 조선로동당 중앙책임일군들과 한 담화는 2012년 태양절과 조선로동당 제4차 대표자회를 앞두고 진행한 담화였다. "위대한 수령님과 함께 장군님을 우리 당의 영원한 수령으로 높이 모시고 수령님과 장군님의 사상과 위업을 빛나게 실현해 나가는데서 중요한 리정표를 마련하는 전환적 계기"를 만들고, 관련 내용을 "토의 결정하고 그에 맞게 당규약을 수정 보충"하기 위한 자리였다. 로동당의 핵심간부들에게 사회주의 문명국 건설의 과제를 확인하고, 당의 핵심 사업으로 추진하기 위해 '사회주의 문명국'을 건설해 나가자는 담화였다. 사회주의 문명국 건설을 김정은 시대 로동당의 핵심사업으로 자리매김하기 위한 담화였다.

'사회주의 문명국' 건설의 목표는 문화 분야를 넘어 '모든 분야에서 사회주의 세계문명을 따라 가야'하는 과제로 제시되었다. 2012년 4월 27일에는 당, 국가경제기관, 근로단체 책임일군들과 한 담화를 통해 도로 정비 사업을 문명국 수준에 맞게 개선해 나갈 것을 지시하였다. "도로는 나라의 얼굴이며 경제발전수준과 문명수준을 보여주는 중요한 척도의 하나"이고, "도로건설과 관리를 잘하여야 나라의 경제를 발전시키고 인민들의 생활상 편의를 보장할수 있으며 국토의 면모도 일신할 수 있"다는 것이다(김정은 2012b).

'사회주의 문명국'을 건설하기 위한 구체적인 방도로 제시한 것은 사상이었다. "문화건설의 모든 부문에서 장군님께서와 원수님께서 제시하신 사상과 로선, 방침을 철저히 관철"하는 것으로 제시하였다. 김정은의 사회주의 문명국 건설이 선대 수령의 사상과 이념을 계승한 것으로 규정하면서 절대적인 위상을 부여하였다. 당에서 제시한 만큼 절대적인 신뢰를 갖고 실천해 나가자는 것이다.

사회주의 문명국 건설은 문화, 특히 "과학, 교육, 보건, 문학예술, 체육 도덕을 비롯한 모든 문화분야를 선진적인 문명강국의 높이에 올려 세우는 것"으로 구체화하였다(로동신문 2013.7.14). 과학과 교육, 보건과 문학예술, 체육에서 인력과 제도를 정비하고, 높은 수준으로 끌어올림으로써, 인민들을 사회주의 문화의 창조자, 향유자가 되도록 하겠다는 것이다. 북한 주민을 '풍부한 지식과 높은 문화적 소양'을 지닌 인민으로 키우며, "유족하고 문명한 생활을 마음껏 누릴 수 있는 조건과 환경을 마련"하는 것이다.

김정은 체제 이후 집중하고 있는 분야는 교육과 과학 분야이다. 낙후한 사회 전반을 과학기술의 혁신을 통해 모든 분야에서 비약적으로 발전을 이루겠다는 것을 목표로 과학기술 인재 양성에 초점이 모아졌다.

사회주의 문명국 건설을 위한 핵심 과제로 설정하고 2012년 김정은 체제의 첫 사회개혁으로 교육제도 개편을 단행하였다. 현재의 교육으로는 사회주의 문명국 건설을 이룰 수 없다고 판단하고, 지식경제시대를 선도할 수 있도록 교육 기간을 연장하고, 교육내용을 바꾼 것이다. 이와 함께 '전민과학인재화', '과학기술보급실' 건설 등의 과학 인재 양성을 위한 인프라 건설을 추진하였다. 문화에서는 인민대중제일주의를 명분으로 각종 유희장과 편의시설을 건설하면서 문화사업을 추진하였다.

III 사회주의 문명국 추진 전략과 방향

1. 새로운 시대를 향한 마인드 혁신

사회주의 문명국 건설을 기치로 내세운 김정은 체제의 키워드는 '변화', '세계화', '국가주의'로 규정할 수 있다.

새로운 시대, 김정은 시대의 비전을 제시하고, 이끌어가기 위해서는 무엇보다 지금까지와는 차원이 다른 혁신적인 변화가 필요하였다. 김정은 체제에서 가장 먼저 추진한 것은 인식의 변화였다. 침체된 사회 분위기를 쇄신하고 새로운 시대 비전으로 제시한 사회주의 문명국 건설을 위해서는 새로운 시대 비전에 인민들의 인식 변화가 필요하였다.

북한 체제에서 '변화'는 그렇게 긍정적인 의미를 갖지 않는다. 북한 정권 수립부터 사회적인 혁신을 의미하는 '혁명'을 강조하였다. 하지만 북한에서 '혁명'은 사회 발전을 위한 혁신이나 변화라는 의미보다는 '혁명성'에 대한 '불변'을 의미하였다. '나에게 그 어떤 변화를 바라지 말라'라는 말처럼 변화는 곧 변절이나 사상적인 전향의 의미와 맞닿아 있었다.

새로운 시대 비전에서는 변화가 필요하였다. 무엇보다 목표와 현실의 차이가 컸다. 김정은 체제에서 제시한 사회주의 문명국 건설은 '고난의 행군'을 체험했던 사회 구성원들로서는 신뢰를 보내기 어려운 목표이다. 김정은 체제가 시작된 2012년은 1990년대 고난의 행군을 체험했던 세대가 본격적으로 사회 중심으로 인입하는 시기이다. '고난의 행군' 시기에 청소년기를 보냈던 세대들로서는 '미제의 고립압살' 정책이 계속되고 있는 상황에서 '세계적 수준의 문명국가' 건설은 현실성 없는 목표로 보여질 수밖에 없었다.

지난 시기의 패배주의적인 생각을 완전히 벗어버리고 '과감하고 새로운 인식'이 필요하였다. 21세기 '지식경제시대'를 강조하면서 '세계적인 추세'를 명분으로 적극적인 '변화'가 필요하였다. 김정은은 시대의 변화를 구체적으로 체험할 수 있는 수단이 필요하였다.

김정은이 변화의 메신저로 선택한 것은 예술이었다. 변화를 전달하는 메신저로 모란봉악단을 새로 만들었다. '모란봉악단은 김정은 국방위원장의 각별한 관심과 지도에 따라' 만들어진 예술단이다. "김정은 동지께서는 주체조선의 새로운 100년대가 시작되는 올해에 문학예술부문에서 혁명을 일으키기 위한 원대한 구상을 안으시고 새 세기의 요구에 맞는 모란봉악단을 친히 조직"하였고, "시연회와 공연을 수십 차례 직접 지도"한 예술단이었다(로동신문 2012.7.9).

2012년 7월 등장한 모란봉악단은 창단공연부터 북한이 적대시하였던 미국 가요와 디즈니 애니메이션 주제곡을 연주했고, 디즈니 인형캐릭터가 무대를 누비는 퍼포먼스를 선보였다. 2시간여의 시범공연은 녹화실황으로 전체 인민들에게 방영하였다.

2011년 12월 김정일의 사망 이후 반년이 지난 시점에서 연출된 공연이라는 시점을 고려한다면, 북한 주민의 입장에서는 엄청난 퍼포먼스이나 혁신적이고 파격적인 공연으로 보여졌을 것이 분명하다. 북한 언론은 모란봉악단의 시범공연에 대해 "내용에서 혁명적이고 전투적이며 형식에서 새롭고 독특하며 현대적이면서도 인민적인 것으로 일관된 개성있는 공연을 무대에서 펼치였다.…화려한 무대조명의 효과로 하여 청각과 시각적으로 변화무쌍한 공연은 음악형상창조의 모든 요소들을 예술적으로 완전히 조화시켰다. 공연의 주제와 구성으로부터 편곡, 악기편성, 연주기법과 형상에 이르는 모든 음악요소들을 기성관례에서 벗어나 대담하게 혁신"하였다고 평가하였다.

모란봉악단은 이후 왕성한 활동을 통해 "문학예술 부분의 모든 일군들과 창작가, 예술인들이 모란봉악단의 창조기풍을 적극 따라 배워 문학예술 창작 창조 활동에서 근본적인 혁신을 일으켜 나갈 것을 바라시는 경애하는 원수님의 숭고한 뜻과 기대가 어려있다"(로동신문 2014.6.3)는 평가를 받으면서 김정은 체제의 혁신과 변화를 상징하는 아이콘으로 자리 잡았다.

모란봉악단의 혁신적인 창작에 대해서 '모란봉악단의 창조기풍', '모란봉악단의 일본새'라는 신조어를 만들었다. 그리고 사회 각 분야에서 모범적인 사례로 받아들일 것을 요구하였다. '모란봉악단의 창조기풍'은 곧 '혁명적이며 진취적인 창조기풍'이었다. 구체적으로 모란봉악단의 창조기풍에 대해서는 '당이 준 과업을 열백 밤을 패서라도 최상의 수준에서 완전무결하게 실천하고야 마는 결사관철의 정신, 기성의 형식과 틀에서 벗어나는 혁신적 안목에서 끊임없이 새것을 만들어 내는 참신하고 진취적인 창조열풍, 서로 돕고 이끌면서 실력전을 벌려나가는 집단주의적 경쟁열풍'으로 설명한다.

모란봉악단을 통해 보여주고자 하는 변화의 방향은 실리이다. 실질적인 효과가 있어야 한다는 것이다. 이는 영화계의 현실을 보면 확실히 알 수 있다. 김정은 체제에서 영화 분야는 극심한 침체를 겪고 있다. 김정은 체제가 본격적으로 시작된 2012년 이후로 북한 영화 제작 편수가 급감하였다. 2017년, 2018년, 2019년, 2020년 4년 동안에는 예술영화를 제작하지 않았다. 북한에서 예술영화를 몇 년 동안 단 한 편도 창작하지 않았던 경우는 한 번도 없었다.

무관심 때문이 아니다. 김정은은 영화 분야의 부진을 비판하면서 영화제작을 촉구하였다. 2014년 제9차 전국예술인대회 참가자들에게 보낸 서한 「시대와 혁명발전의 요구에 맞게 주체적문학예술의 새로운 전성기를 열어나가자」에서 '문학예술부문 사업이 당과 혁명의 요구·시대의 부름에 따라서지 못하고 있다'면서 크게 비판하였다.

김정은의 비판은 문학예술 부문이 '굳어진 틀과 낡은 도식에 매여' 있어 '창작가·예술인들의 수준과 창작적 기량도 발전하는 현실과 당의 요구에 비해 뒤떨어져있다'는 것이었다. '사회주의 문학예술의 주인은 인민대중이며 그 창조자·향유자도 인민대중'이라며 '우리의 문학예술은 전문가들이나 이해하고 향유하는 문학예술이 아니라 인민들이 요구하고 좋아하는 문학예술로 되어야'한다고 강조하였다(로동신문 2014.5.17).

2016년 조선로동당 제7차 대회 '사업총화보고'에서도 문화예술계가 현실을 따라가지 못한다고 비판하였다. "모든 부문이 만리마의 속도로 내달리고있지만 문학예술부문은 아직 온 사회를 혁명열, 투쟁열로 들끓게 하고 천만심장에 불을 다는 훌륭한 문학예술작품들을 많이 내놓지 못하고있"다면서 특히 영화예술은 꼭 집어서 "침체에서 벗어"나야 한다면서, 영화계의 부진에 대한 각성을 촉구하였다.

2019년 4월 11일부터 12일까지 최고인민회의 제14기 제1차 회의에서 김정은위원장은 시정연설에서 "문화예술부문에서 시대의 요구와 인민들의 지향을 반영한 명작들을 더 많이 창작 창조하며 특히 영화부문에서 새 세기 영화혁명의 불길을 일으켜 사회주의 문화발전의 새로운 전성기를 열어나가는 데서 선구자적 역할"을 할 것을 촉구하였다(로동신문 2019.4.13). 김정은이 요구하는 시대에 맞는 변화가 반영되기 전에는 형식으로 영화를 만들어서 보급하지 않겠다는 것을 직접적으로 보여준 것이다.

2. 사회주의 정상국가로서 국가제일주의

김정은 체제에서 강조하는 정책 방향의 하나는 세계화이다. '고난의 행군' 이후 외부 세계와의 접촉을 끊고, 주체의 독자성을 강조하였던 것에서 벗어나 국제사회의 일원으로 정상국가를 지향하고 있다. 당을 중심으로 국가를 운영하면서, 국제적인 예술행사를 적극 개최하고, 외부와의 적극적인 교류를 통해 정상국가로의 변화를 보이고 있다.

김정은은 2013년 6월 19일 기존의 '당의 유일사상체계확립의 10대 원칙'을 '당의 유일적 령도체계 확립의 10대 원칙'으로 수정하였다. 그리고 2016년 제7차 당대회를 통해 국방위원회를 폐지하고, 국무위원회를 신설하고 국무위원장으로 추대되었다. 이어 2019년 치러진 최고인민회의 제14기 대의원 선거에 출마하지 않았다. "김정은 국무위원장은 2019년 3월 대의원 선거에 출마하지 않음으로써 정부와 의회의 분리라는 상징성을 강조하는 한편, 4월에는 최고인민회의에서 시정연설에 나서기도 했다. 북한 최고지도자가 최고인민회의에서 시정연설을 한 것은 1990년 이후 29년 만이다"(표윤신·허재영 2019, 118). 형식적이지만 입법과 행정을 분리하였다. 사회주의 정상국가로서 위상을 갖추고자 하였다.

북한은 1990년대 후반 동구 사회주의 국가의 체제전환 시기부터 민족주의를 강조하면서, 여타 사회주의와의 차별을 강조하였다. '조선(우리) 민족제일주의'를 전면에 내 세우면서, 선택받은 민족으로서 민족적 특수성을 강조하였다. '김일성민족', '태양민족', '단군민족', '아리랑민족' 등의 민족담론을 확산하였다.

반면 2000년대 중반 이후 등장한 '강성대국', '강성국가', '백두산 대국', '사회주의 문명국'은 모두 국가를 전면에 내세운 국가담론이다. 북한에서 말하는 조국은 단순한 고향을 의미하지 않는다. 조국은 '인민의 참된 삶이 있고, 후손만대의 번영이 담보되어 있는 곳'이다. 나아가 '수령의 품'이다.[2]

일반적으로 수령의 품은 곧 사회주의 대가정으로서 가족관계로 환유하였으나 김정은 체제에서는 국가로 수렴된다. 즉 수령을 민족의 지도자가 아닌 국가 지도자로 규정하면서, 사회주의 가정의 품으로 국가의 위상을 재정립하였다. 김정일 사망 이후 김정일애국

2 리현숙(2018, 15). "조국은 단순히 나서자란 고향산천이나 선조들의 유골이 묻혀있는 령토적개념이 아니라 인민의 참된 삶이 있고 후손만대의 번영이 담보되여있는곳, 그곳은 다름아닌 수령의 품이라는 숭고한 조국관에 기초한 김정일애국주의는 수령에 대한 충실성을 최고의 애국으로 간주하고 수령의 위대성에 대한 긍지와 자부심을 가장 큰 행운으로 간직하도록 하는 정신적원동력이다."

주의를 강조하는 것도 애국이 조국관, 인민관, 후대관이 연결되어 있다고 보기 때문이다. 1980년대 우리 민족제일주의가 수령과 민족이 연결되었다면 김정일애국주의는 수령과 조국이 연결되어 있다.[3] 김정일애국주의는 2019년 신년사를 통해 공식적으로 사용한 '우리 국가제일주의'의 토대가 되었다.

3. 과학과 교육을 통한 지식경제 강국

김정은 체제에서 변화가 가장 큰 분야는 과학과 교육이었다. 김정은은 '21세기는 과학과 기술의 시대', '지식경제의 시대'로 규정하고, 과학기술을 핵심 산업으로 발전시켜 나갈 것을 강조하였다. 과학기술은 '문화의 중심적인 형태의 하나로 인류 문명 정도를 규제하고 높은 단계로 발전하도록 추동하는 중요한 요인'이기 때문에 '과학기술의 비약적인 발전을 통해서 인류 문명의 새로운 개화기를 열어갈 수 있다'는 논리였다.

과학은 경제난으로 인해 실추되었던 자신감을 회복하고, 이를 통해 당에 대한 인민의 충성심을 높이는 핵심 키워드였다. 현재 북한 사회가 인식하고 있는 공통의 경험은 고난의 행군이다. 현재 북한 사회의 주요 구성원들이 직접적으로 경험한 '고난의 행군'은 북한으로서는 반드시 극복해야 할 사회적 트라우마였다. 정치적인 위기는 물론 경제 위기를 넘어 체제의 위기를 경험하였다. 이후의 모

3 장동국(2018, 19). "우리 국가제일주의는 본질에 있어서 위대한 수령을 당과 국가, 군대의 최고수위에 높이 모신 긍지와 자부심이며 우리 수령제일주의는 우리 국가제일주의의 근본핵이다."

든 정책은 '고립 압살'을 극복하기 위한 정신적 승리가 필요하였다.

북한이 선택한 것은 '과학'이었다. 우주개발을 상징하는 '광명성'은 미제의 '고립압살 책동'을 방어하는 상징이자 미래의 경제발전을 담보하는 상징이었다. 핵무력 완성을 선언한 '화성14호' 미사일 발사, 에너지 자력을 상징하는 '희천발전소' 건설, '주체철', 경제에서의 혁신과 과학화를 상징하는 'CNC' 등을 통해 자신감을 불어 넣고자 하였다.

교육은 새로운 사회 건설을 위한 최소한의 담보였다. 교육 개혁의 목표를 '지식경제시대 교육발전의 현실적 요구와 세계적 추이에 맞게 교육의 질을 높여 새 세대들의 중등일반 지식과 현대적인 기초기술지식, 창조적 능력을 소유한 혁명인재를 양성하는 것'으로 제시하였다. 본격적인 지식경제 시대를 대응하겠다는 것을 분명히 하였다.

전면적 교육개혁과 인력 양성을 통한 사회발전을 제시하였다. 그리고 기존의 주입식 교육으로는 새로운 세기에 필요한 인재를 양성할 수 없다고 판단하고, 첫 개혁과제로 교육 개편을 단행하였다. 2012년 9월 25일 최고인민회의 제12기 제6차 회의에서는 기존 11년제 의무교육 기간을 12년제로 확대하였다.

교육제도 개혁의 명분은 '혁명발전과 시대의 요구에 맞게 중등일반교육을 개선, 강화'하고, '사회주의 교육제도를 더욱 발전시킨다'는 것이었다. 교육제도 개편으로 소학교 교육이 1년 늘어난 5년 과정으로 확대되었고, 통합되어 운영되던 중등교육과정인 중학교 과정이 3년제 초급중학교와 3년제 고급중학교로 분리하였다. 변화된 교육과정에 맞추어 교과서와 교육 방식도 전면적으로 개편하였다.

지식경제시대의 요구에 맞게 교과서와 참고서를 새로 개편하고, 변화하는 세계적인 추세에 맞추어 새로운 과목을 개설하고 있다. 지식인들에게도 국제학술지의 논문투고, 국제학술대회 적극 참가, 해외과학자들과의 공동연구도 강화하였다. 세계 과학기술 발전을 따라가고 있다.

4. 도시개발과 '사회주의 선경'

사회주의 문명국 건설에서 강조하는 분야의 하나는 '인민생활'이다. '가장 문명한 조건과 환경에서 사회주의 문화생활을 마음껏' 누리게 하겠다는 방침에 따라 '현대적인 문화후생시설과 공원, 유원지'들이 새롭게 건설되었다.

변화된 도시의 생활상을 상징하는 용어는 '사회주의 선경'이다. 사회주의 선경은 2002년부터 사용하는 용어로 사회주의 체제에서의 이상적인 도시와 농촌 풍경이다. 김정일 60회 생일인 2002년을 맞이하여 사회주의 선경을 가꾸자고 등장한 이후 김정은의 사회주의 문명국 건설과 관련하여 주목받는 용어가 되었다.

김정은 체제에서 가장 중점을 둔 정책의 하나는 도시재개발 사업이다. 도시개발 사업은 김정은의 정치적 입지를 구축하는 핵심 사업으로 추진되고 있다. 김정일로부터 김정은으로 이어지는 후계기간이 길지 않았고, 정치적인 업적으로 내세울 것도 많지 않았다. 이런 상황에서 새로운 도시개발은 인민들에게 김정은 시대의 변화를 확실하게 보여주고, 새로운 지도자로서 이미지를 구축

하는 기회로 활용하고 있다.[4]

김정은의 정치적 역량도 아파트 건설을 통해 과시되었다. 김정은이 도시개발에 본격적으로 참여한 것은 2010년 건설된 창전거리 아파트 건설이었다. 창전거리 건설은 새로운 지도자 김정은의 업적 칭송과 함께 제국주의와의 결전에 초점을 맞추어 추진되었다. 노동계급을 이끌고 제국주의와 투쟁하는 지도자로서 김정은의 이미지를 만들어 나갔다. 당시 김정은이 현장을 지휘하면서, 후계자의 위상을 과시하였다. 창전거리 공사가 지지부진하자 김정은이 직접 나서서 현장을 방문하여 건설 사업을 독려하였으며, 부실공사에 대해서도 질책하면서 건설전투를 승리로 이끌어냈다는 신화를 만들었다.

2012년 이후 아파트 건설은 매년 새로운 지구에 새로운 형식으로 추진되었다. 김정일의 유훈을 명분으로 2012년 6월 만수대지구 창전거리에 45층짜리 초고층 아파트 단지가 건설되었다. 이어 2013년에는 은하과학자거리, 김일성종합대학과학자아파트를 건설하였고, 2014년에는 위성과학자거리와 김책공업종합대학 교육자살림집을 건설하였다. 이어 2015년에는 미래과학자거리, 2016년부터 2017년까지는 려명거리아파트 사업을 추진하였다.

2010년 이후의 아파트 건설이 도시 재건축 차원에서 진행되면서, '새로운 세기', '새로운 평양속도'와 함께 등장하였다. 김정

4 「(정론) 참으로 멋있는 시대」, 『로동신문』 2014.11.18. "이 땅에 백년, 천년이 흐른 뒤 우리 후손들은 오늘의 건축물을 보며 위대한 김정은시대에 대해 알게 될것이고 또 그에 대해 이렇게 칭송할 것이다. 위대한 김정은시대 인간들은 건축으로 사회주의문명국의 새 모습을 그리였다고, 제국주의자들과 싸워 이겨 마침내 부귀영화를 누리였다고, 건축으로 마침내 세계를 딛고 올라섰다고."

은 시대 건축은 새로운 지도자의 비전을 도시건설과 아파트를 통해 보여주려는 듯 웅장하고 화려한 외관으로 지어졌다. 새롭게 건설된 아파트들은 평양 도심의 스카이라인을 바꾸어 놓을 만큼 과시적이면서도 다양한 형태로 세워졌다. 외관에서부터 이전과는 판이하게 다르게 추진되었다.

2015년 완성한 미래과학자거리아파트는 대동강변을 끼고 화려한 외관을 갖춘 고층아파트로 건축되었다. 각 대학에서 과학기술 분야의 전문가, 퇴직 원로들을 대상으로 한 아파트이다. 미래과학자아파트는 거리 자체도 매우 화려하여, 아파트 외벽을 네온사인으로 장식하였다. 김정은이 주도하는 것으로 선전하는 북한에서는 이러한 건축을 '21세기 건축'으로 규정하면서, 21세기 건축이 "철두철미 인민의 지향과 요구, 생활풍습과 생활양식에 맞게 세계적인 수준에서 창조"되었다고 하였다(로동신문 2014.3.25).

김정은이 우선적으로 공급한 아파트 입주 대상자는 교육과 과학 분야의 종사자들이었다. 김일성종합대학교 교원아파트, 김책공업종합대학교 교원아파트, 과학자들을 대상으로 한 아파트가 우선 지어졌다. 첫 본보기가 된 것은 김일성종합대학교 교원, 연구사들을 대상으로 한 김일성종합대학 과학자살림집이었다. 김정은 체제에서 강조하는 교육과 과학 중시 정책을 아파트를 통해 과시한 것이다. 더불어 새로운 도시 건설과 아파트 건축은 문학 창작의 소재로 적극 활용하면서, 새로운 시대 지도자로서 김정은의 정치적 입지를 굳혀나갔다.

김정은 시대의 도시개발을 상징하는 것은 려명거리 건설이다. 려명거리 건설 사업은 룡흥동 네거리에서 금수산태양궁전에 이르는 구간으로 70층짜리를 비롯하여 44동, 4804세대의 초고층 아파트를 건설하는 대규모 프로젝트로 북한의 연이은 핵실험과 미사일 발사 등으로 인해 국제사회의 대북제재가 강화된 가운데 사상전으로 성격을 규정하고 추진하였다. 특히 초고층아파트 건설 사업은 21세기 당의 위용을 보여주는 본보기 사업으로 '미제의 고립압살 책동'과 대결하는 전투로 규정되었다.

5. 인민대중제일주의와 문화생활

새롭게 건설된 도심 지역에서 유희오락 시설과 체육시설이 들어왔다. 평양시에 인민극장, 릉라인민유원지, 개선청년공원유희장, 릉라곱등어관, 류경원, 인민야외빙상장, 미림승마구락부, 마식령스키, 해당화관 등의 편의시설들이 개건되었거나 새로 만들어졌다.

평양에 이어서 개성시에 물놀이장을 건설하고, 함흥에서도 성천강 주변에 물놀이장을 건설하는 등 전국적으로 문화시설 건설하면서 지방에서 유희장 건설에 박차를 가하고 있다. '사회주의 선경'의 모범으로서 평양의 도시미화 사업을 진행하고, 이를 선전의 공간이자 사회주의 문명국의 체험공간으로 활용하였다.

평양을 사회주의 선경으로 가꾸기 위한 사업에 이어 사회주의 문명국 건설은 농촌 문제로 이어졌다. 김정은 시대에는 농촌에서 문화정서생활을 누리기 위한 조건을 마련하고, 농촌을 문화적으로 꾸릴 것을 강조하였다.

"우리 인민이 바라는 사회주의문명국을 성과적으로 건설하고 농촌문제를 종국적으로 해결하기 위하여서는 농촌에서 문화혁명을 다그쳐야 합니다. 농촌에서 전민과학 기술인재화의 구호를 높이 들고 과학기술지식보급사업을 활발히 벌려 농업근로자들 모두가 선진영농기술을 배우고 현대적인 기술수단들을 능숙하게 다루도록 하며 더 많은 농업근로자들이 일하면서 배우는 교육체계에 망라되여 공부하도록 하여야 합니다. 농업근로자들이 문화정서생활을 마음껏 누릴수 있도록 필요한 조건들을 마련하며 농촌마을들을 보다 문화적으로 꾸려 문명하고 아름다운 사회주의선경으로 전변시켜야 합니다"(김정은 2014).

'살기 좋은 농촌'은 교육과 문화정서 생활을 누릴 수 있는 조건을 갖춘 마을, 곧 '사회주의 선경'으로 '전변'시켜 나갈 것을 선언하였다.

IV 맺음말: 사회주의 문명국 건설의 전망

'사회주의 문명국 건설'은 김정은 체제가 시작된 2012년 제시한 국가 발전 목표이다. 김정은은 등장과 함께 새로운 세기의 목표로 제시하였다.

사회주의 문명국은 모든 분야에서 세계적 수준의 문명을 누리는 국가이다. 사회주의 문명국을 건설하여 인민들에게 세계적 수준의 문명을 향유할 수 있도록 하겠다는 것이다. 새로운 국가 목표로서 사회주의 문명국 건설은 의식개혁, 즉 새로운 시대로의 변화에 적극적인 인식 전환과 구체적인 실천 전략으로서 과학과 교육을 통해 사회 발전을 추진하고, 세계의 당당한 국가로서 나가겠다는 새로운 한 세기의 비전이다.

'사회주의 문명국'은 사회주의 제도 안에서 인민들의 문명 수준을 세계적인 수준으로 높이겠다는 것이다. 보다 적극적으로 시대의 변화에 대응하고, 과학기술을 통해 선진 국가로서 위상을 찾겠다는 것을 의미한다. 김정은은 적극적인 '변화'를 통해 세계적인 흐름에 대응하고, 이를 통해 '국가'에 대한 긍지를 심어주는 전략을 선택하였다.

김정은의 정책은 과학, 교육으로 모아졌다. 이전과는 다른 새로운 시대의 비전을 '사회주의 문명국'에 담아 선언하였다. 김정은 시대의 변화는 모란봉악단을 중심으로 한 예술과 고층 빌딩으로 대표하는 도시개발을 통해서 구체적으로 전개되었다. 모란봉악단을 전면에 내세우면서, '과감한 혁신'을 요구하였고, 새로운 도시 풍경을 통해 '사회주의 선경'의 구체적인 모습을 보여주었다.

김정은은 사회주의 문명국 건설을 선대 수령의 혁명을 계승하는 문제로 규정하였다. 하지만 핵심은 정치보다 경제에 있었다. 북한은 고난의 행군 이후 체제 존속을 위한 경제발전의 필요성을 절감하였다. 국제사회의 제재에 대응하면서 경제문제 해결의 돌파구를 마련해야 했다.

북한은 경제발전을 최우선 과제로 제시하면서 과학과 교육을 통한 경제발전의 토대를 다지면서, 내부적으로는 서비스 산업을 통한 내수 진작과 국제관광 사업을 통한 관광 사업을 추진하였다. 사회주의 문명국 건설은 대내적으로는 경제발전 전략과 연결된다.

즉 인민대중제일주의를 앞세우면서, 사회주의 문명국의 인민으로서 마땅히 누려야 할 권리로서 문화시설과 물질문화 생활의 '향유'를 강조하는 것은 인민들의 여가 활동을 진작시켜 관련 사업의 내수를 진작시키는 정책과 연결된다.

김정은 체제에서 진행되고 있는 도시개발 사업 역시 경제발전의 전략이 작동한다. 종합적인 산업으로서 건축을 통해 북한 내부의 발전 동력을 이끌어 내어서 건설을 비롯하여 연관 산업이 활기를 도모하려는 전략이 포함되어 있다. 새롭게 건설된 편의시설들을 누릴 수 있는 것은 경제적 계층에 따라서 차이가 있다. "각종 건설사업과 문화시설 확충을 통한 주민 생활수준 향상이라는 당국의 정책이 실질적인 삶의 질 향상으로 체감되거나 여가생활의 즐거움으로 연결되는 정도는 경제적 계층에 따라 크게 다르"다(조정아·최은영 2017, 87).

'사회주의 문명국 건설'의 관건은 경제이다. 경제 문제의 회복 없이는 달성될 수 없는 목표이다. 2012년 김정은 등장 이후 경제 분야에서 '김정은 식의 변화'가 가시적 성과로 나타나면서 어느 때보다 활기 있게 돌아갔다. 관건이었던 경제 분야가 살아나면서 사회 전반적으로 소비를 중심으로 한 경제에 활력이 생겼다. 경제적인 활력은 소비품 생산을 비롯한 내수 진작과 서비스 산업의 활성화에 힘입은 바 있다. 여기에 더하여 자연재해 없이 지나간 지난 몇 년의 기후 영향도 도움이 되었다.

하지만 2019년 하노이 회담 이후 북한은 새로운 국면을 맞이하였다. 2019년을 기점으로 북한의 상황은 위기로 치닫고 있다. 북미대화가 결렬된 이후로 국제사회의 대북제재는 여전한 상황이다. 어려울 것으로 예상하였던 2020년에는 코로나 팬데믹으로 대중경제가 전례없이 줄었고, 가뭄과 홍수, 태풍의 자연재해도 이어졌다. 2020년 10월 열병식 연설에서 김정은은 "우리 인민이 더는 고생을 모르고 유족하고 문명한 생활을 마음껏 누리게 하는 것"이 과제라고 하였다. 토대가 탄탄하지 않은 상황에서 추진한 사회주의 문명국 건설이 어렵다는 것을 시인한 발언이었다.

김정은 체제가 제시한 '사회주의 문명국 건설'의 향배는 두 가지 차원의 문제가 해결되어야 한다. 대내적으로는 활기를 보이기 시작한 인민생활을 어떻게 통제하고, 관리할 것인가의 문제이다. 국제사회의 대북 제재가 여전한 상황에서 북한은 내적 동력을 창출하려고 하고 있다.

그러나 북한 자체의 성장 동력은 한계가 분명하다. 대외적인 여건이 개선되어야 한다. 대외적인 여건이 호전되지 않으면 사회주의 문명국 건설은 구호에 불과할 것이다. 북한의 대내외적 환경 개선을 국제사회가 북한 개발협력을 위해 공여한 경험과 지속가능한 발전목표 SDGs(Sustainable Development Goals)의 이행을 유기적으로 연계하는 것이 필요하다(박지연 2019, 29-43).

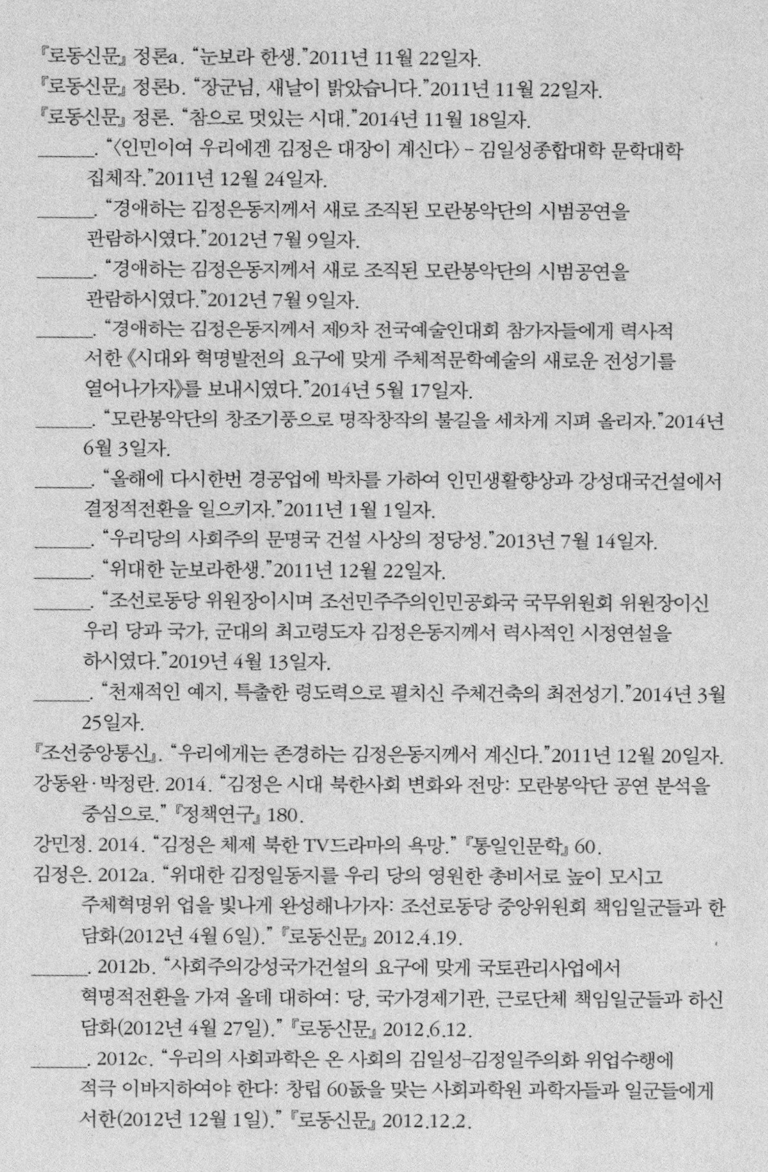

참고문헌

『로동신문』 정론a. "눈보라 한생." 2011년 11월 22일자.

『로동신문』 정론b. "장군님, 새날이 밝았습니다." 2011년 11월 22일자.

『로동신문』 정론. "참으로 멋있는 시대." 2014년 11월 18일자.

______. "〈인민이여 우리에겐 김정은 대장이 계신다〉 – 김일성종합대학 문학대학 집체작." 2011년 12월 24일자.

______. "경애하는 김정은동지께서 새로 조직된 모란봉악단의 시범공연을 관람하시였다." 2012년 7월 9일자.

______. "경애하는 김정은동지께서 새로 조직된 모란봉악단의 시범공연을 관람하시였다." 2012년 7월 9일자.

______. "경애하는 김정은동지께서 제9차 전국예술인대회 참가자들에게 력사적 서한《시대와 혁명발전의 요구에 맞게 주체적문학예술의 새로운 전성기를 열어나가자》를 보내시였다." 2014년 5월 17일자.

______. "모란봉악단의 창조기풍으로 명작창작의 불길을 세차게 지펴 올리자." 2014년 6월 3일자.

______. "올해에 다시한번 경공업에 박차를 가하여 인민생활향상과 강성대국건설에서 결정적전환을 일으키자." 2011년 1월 1일자.

______. "우리당의 사회주의 문명국 건설 사상의 정당성." 2013년 7월 14일자.

______. "위대한 눈보라한생." 2011년 12월 22일자.

______. "조선로동당 위원장이시며 조선민주주의인민공화국 국무위원회 위원장이신 우리 당과 국가, 군대의 최고령도자 김정은동지께서 력사적인 시정연설을 하시였다." 2019년 4월 13일자.

______. "천재적인 예지, 특출한 령도력으로 펼치신 주체건축의 최전성기." 2014년 3월 25일자.

『조선중앙통신』. "우리에게는 존경하는 김정은동지께서 계신다." 2011년 12월 20일자.

강동완·박정란. 2014. "김정은 시대 북한사회 변화와 전망: 모란봉악단 공연 분석을 중심으로." 『정책연구』 180.

강민정. 2014. "김정은 체제 북한 TV드라마의 욕망." 『통일인문학』 60.

김정은. 2012a. "위대한 김정일동지를 우리 당의 영원한 총비서로 높이 모시고 주체혁명위 업을 빛나게 완성해나가자: 조선로동당 중앙위원회 책임일군들과 한 담화(2012년 4월 6일)." 『로동신문』 2012.4.19.

______. 2012b. "사회주의강성국가건설의 요구에 맞게 국토관리사업에서 혁명적전환을 가져 올데 대하여: 당, 국가경제기관, 근로단체 책임일군들과 하신 담화(2012년 4월 27일)." 『로동신문』 2012.6.12.

______. 2012c. "우리의 사회과학은 온 사회의 김일성-김정일주의화 위업수행에 적극 이바지하여야 한다: 창립 60돐을 맞는 사회과학원 과학자들과 일군들에게 서한(2012년 12월 1일)." 『로동신문』 2012.12.2.

______. 2014. "사회주의농촌테제의 기치를 높이 들고 농업생산에서 혁신을 일으키자: 전국 농업부문분조장대회 참가자들에게 보낸 서한(2014년 2월 6일)." 『로동신문』 2014.2.7.
______. 2014. "사회주의농촌테제의 기치를 높이 들고 농업생산에서 혁신을 일으키자: 전국 농업부문분조장대회 참가자들에게 보낸 서한(2014년 2월 6일)." 『로동신문』 2014.2.7.
리현숙. 2018. "김정일애국주의는 우리 국가제일주의의 사상정신적원천." 『철학, 사회정치학 연구』 3.
박지연. 2019. "유엔의 지속가능발전목표(SDGs)의 이행과 국제개발협력: 북한사례를 대상으로." 『KDI 북한경제리뷰』 21(12).
서보혁 외. 2014. 『김정은에게 북한의 미래를 묻다』. 서울: 도서출판 선인.
이지순. 2015. "로동신문 수록 가사의 김정은 체제 이미지 연구." 『세계북한학학술대회 2015발표문』. 북한연구학회.
장동국. 2018. "우리 국가제일주의를 높이 들고나가는데서 나서는 중요요구." 『철학, 사회정치학 연구』 3.
전영선. 2012. "김정은 시대 북한 문화예술의 변화." 『나라경제』 14(10).
정영철. 2012. "김정은 체제의 출범과 과제: 인격적 리더십의 구축과 인민생활향상." 『북한연구학회보』 16(1).
조정아·최은영. 2017. 『평양과 혜산, 두 도시 이야기: 북한 주민의 삶의 공간』. 서울: 통일연구원.
표윤신·허재영. 2019. "김정은 시대 북한의 국가성격은 변화하고 있는가?: 당·정·군 현지지도 네트워크 분석." 『한국과 국제정치』 35(3).

필자 소개

전영선 Jeon Young-sun

건국대학교 통일인문학연구단(Institute of Humanities for Unification) HK연구교수
한양대학교 국어국문학과 졸업, 동 대학원 문학박사

논저 "사회주의 미풍양속과 준법기풍으로 본 북한의 문화검열", "Looking Back upon Inter-Korean Exchange and Cooperation Projects on Cultural Heritage, and Future Prospects", 『한(조선)반도 개념의 분단사: 문학예술편 8』

이메일 multifriend@naver.com

제4장

김정은 시대 북한군의 변화

— 군사력과 군의 역할에 관한 논의를 중심으로

A Study on the KPA's changes in the Kim Jong-un Era: Focusing on the Military Power and Role of the KPA

장철운 | 통일연구원 통일정책연구실 부연구위원

* 이 글의 내용은 필자의 개인 견해이며, 필자의 소속기관과 무관함을 밝힙니다.

북한의 군사력과 군대의 역할을 중심으로 김정은 시대 이뤄진 북한군의 변화를 논의하는 것이 이 글의 목적이다. 김정은 체제는 핵·미사일 능력 고도화를 추진해 상당한 성과를 거뒀다. 이로 인해 북한의 비재래식 군사력에 많은 관심이 집중됐던 것이 사실이다. 그러나 2020년 10월 10일 평양에서 치러진 북한의 당 창건 75주년 열병식은 북한의 재래식 군사력에 대한 주의를 환기하기에 충분했다. 어쩌면 김정은 위원장이 북한의 권력을 승계하기 이전인 김정일 시대부터 북한의 재래식 군사력 증강이 시작됐을지도 모른다. 한편 김정은 시대 들어 북한군의 역할에 적지 않은 변화가 발생한 것으로 알려졌다.

김정은 시대 들어 나타나는 북한군 변화의 특징은 몇 가지로 정리할 수 있다. 첫째, 이전과 달리 김정은 체제는 북한군과 관련된 내용을 많이 공개하고 있다. 둘째, 북한은 독자적으로 군사력 현대화를 추진하고 있다. 셋째, 북한에서 군대의 영향력이 점차 감소되는 추세라고 단정하기는 시기상조처럼 보인다. 여기에 영향을 미친 요인 역시 세 가지로 추론할 수 있다. 첫째, 남한의 첨단 무기 도입 등 군사력 증강이다. 둘째, 북한과 미국 사이의 관계가 개선되지 않는 점이다. 셋째, 김정은 체제가 경제발전에 초점을 맞춘 국가전략을 추구하면서 군대를 적극적으로 활용한다는 점이다. 이러한 김정은 시대 북한군의 변화는 남북한 간 군비경쟁을 지금까지와는 다른 양상으로 변화시킬 가능성이 크다.

In the Kim Jong-un era, it is known that many changes have occurred in the military power and role of the KPA. The Kim Jong-un regime has made significant achievements by improving its nuclear and missile capabilities. As a result, much attention has been focused on enhancing North Korea's non-conventional military power. However, North Korea's military parade held in Pyongyang on October 10, 2020 was enough to draw attention to North Korea's conventional military power. Perhaps the strengthening of the North Korea's conventional military power began in the Kim Jong-il era. Meanwhile, it is known that during the Kim Jong-un era, there was a major change in the economic role of the KPA.

The characteristics of the KPA's changing in the Kim Jong-un era can be summarized in three points. First, the Kim Jong-un regime disclosed a lot of content related to KPA, unlike before. Second, North Korea is promoting its own military modernization. Third, it is premature to conclude that the economic influence of KPA is gradually decreasing. There are also three factors that influence this. First, it is strengthening military power by introducing advanced weapons in South Korea. Second, the relationship between North Korea and the US is not improving. Third, the Kim Jong-un regime is actively using the KPA while pursuing a national strategy focused on economic development. These changes are likely to change the arms race between the two Koreas in a different way than before.

KEYWORDS 김정은 Kim, Jong-Un, 북한군 KPA(Korean People's Army), 재래식 군사력 Conventional Military Power, 비재래식 군사력 Non-conventional Military Power, 북한군의 경제적 역할 Economic Role of the KPA

I 머리말

북한의 김정일 시대를 '선군정치'라는 표현으로 집약할 수 있다면 2021년으로 공식 개막한 지 10년차에 접어든 김정은 시대를 '당-국가체제 복원'이라는 표현으로 집약하는 것이 결코 무리가 아닐 것이다. 김정은 시대 들어 북한의 공식·비공식 매체에서 '선군'이라는 표현을 찾기 어려운 대신 김정은 위원장이 로동당 관련 회의에 직접 참석해 회의를 주재하며 주요 정책을 결정하는 모습은 매우 쉽게 찾을 수 있기 때문이다. 특히, 김정일 시대에는 한 차례도 열리지 않았지만 김정은 시대 들어 벌써 두 차례나 로동당 대회가 개최됐다는 점은 북한에서 당-국가체제가 복원됐음을 어렵지 않게 확인할 수 있는 대표적 징표라고 할 수 있다. 또한 2020년 10월 10일 북한이 '로동당 창건 75주년'을 맞아 진행한 열병식의 식전행사에서 로동당기가 아닌 인공기가 게양되는 것에 맞춰 북한의 '애국가'가 울려퍼지는 모습은 '당이 곧 국가이고 국가가 곧 당'인 '당-국가체제'가 완전하게 복원됐음을 상징하는 장면이다.

이처럼 북한은 지난 10년 동안 '모든 것에 군대를 앞세우는' 김정일 시대에서 완전하게 탈피해 '당이 모든 것을 지도하는' 김정은 시대로 바뀌었다. 이는 국정운영의 중심기관이 군대에서 로동당으로 변화했음을 의미한다. 즉, 지난 10년은 김정일 시대 선군정치로 비대해졌던 군대가 김정은 시대 '당-국가체제' 복원으로 본연의 자리를 찾아가는 과정이었다고 할 수 있는 것이다. 이 과정에서 많은 부문에서 적지 않은 변화가 발생하는 것으로 알려졌으며, 이른바 '권력의 중심'에서 밀려난 북한군은 여타 부문에 비해 특히 많은 변화를 겪고 있고 현재에도 변화를 겪는 중일 것으로 판단된다.

김정일 시대와 비교했을 때, 김정은 시대에 이뤄진 북한의 군사적 변화와 관련해 가장 두드러지는 사안이 핵·미사일 능력 고도화라는 사실에 이의를 제기하기는 어려울 것이다. 김정은 정권은 2013~2017년 이른바 '경제건설 및 핵무력 건설 병진노선'을 새롭고 항구적인 국가전략노선이라고 선언했지만 핵무력 건설 부문에서만 실질적이고 가시적인 성과를 거뒀기 때문이다. 이러한 북한의 핵·미사일 능력 증강에 대내외의 관심이 집중되는 동안 북한의 막대한 재래식 군사력이 어떻게 변화했는지에 관한 관심은 상대적으로 저하됐던 것이 사실이다. 그러나 북한이 2020년 당 창건 75주년 열병식에서 선보인 각종 신무기는 그동안 잊고 있던 북한의 재래식 군사력 변화에 관한 관심을 제고시키기에 충분했다.

한편 김정은 시대 들어 북한에서 나타난 군의 변화와 관련해 가장 많이 논의되는 사안 가운데 하나는 군의 역할 변화라고 할 수 있다. 김정은 정권이 선군정치에서 벗어나 당-국가체제를 통치의 근간으로 삼으면서 이른바 '선군시대'에 거의 모든 부문에 관여했던 군대의 역할이 축소된 것으로 알려졌기 때문이다. 특히, 일반적으로 군대는 경제 부문에 거의 관여하지 않지만 김정일 정권 하에서는 북한군이 경제 부문에 상당한 정도로 관여했다가 김정은 시대 들어 군의 경제적 관여 정도가 매우 작아지는 것으로 알려졌다. 경제적 관여 정도가 곧 정치적 영향력과 직결되는 사안이라는 점을 감안했을 때, 김정은 시대 들어 이뤄지는 이러한 북한군의 대내적 역할 변화는 단연 주목되는 사안이라고 할 수 있다.

이러한 맥락을 감안해 이 글은 김정은 시대 들어 북한군에서 발생한 변화를 군사력과 군의 역할로 대별해 살펴보고 그 특징을 정리한 뒤 여기에 영향을 미친 요인이 무엇인지를 합리적으로 추론하는 것을 목적으로 한다. 이를 위해 먼저, 김정은 시대 북한의 군사력 변화를 재래식 군사력과 비재래식 군사력[1]으로 구분해 정리하고, 군의 경제적 관여 측면에서의 변화를 중심으로 군의 역할 변화를 알아본다. 이어서 김정은 시대 북한군 변화에서 찾을 수 있는 특징을 공개수준 증대, 독자적 질 제고 및 현대화 추진, 군의 경제적 관여 및 역할 변화로 집약해 논의한다. 다음으로 이와 같은 김정은 시대 북한군 변화에 영향을 미친 요인을 남한의 군비증강, 대미 적대관계 지속, 김정은 체제의 국가전략으로 압축해 살펴본다.

II 김정은 시대 북한군의 변화 양상

1. 재래식 군사력 측면

북한은 2020년 10월 10일이 시작되는 시점에 맞춰 김정은 위원장 등이 참석한 가운데 대규모 열병식을 개최했다. 아래의 〈표 4-1〉에서 확인할 수 있는 것처럼, 2020년 10월 당 창건 75주년 열병식에

1 일반적으로 '비재래식 군사력'은 미사일과 '화생방[화학(chemical)·생물학(biological)·핵(atomic, nuclear), ABC 또는 NBC]' 무기를 포괄적으로 지칭하지만, 이 글에서는 파악하기 어려운 화학무기 및 생물학무기를 제외하고 핵무기와 미사일을 중심으로 논의한다.

등장했던 무기 종류 및 규모, 『로동신문』에 게재된 열병식 및 무기 사진 수를 봤을 때 김정은 시대 진행된 열병식 가운데 '역대급'이라고 해도 과언이 아니다(홍민 2020, 5). 그러나 2020년 10월 열병식에 대한 외부의 관심은 대체로 열병식의 대미를 장식했던 새로운 장거리 지대지 탄도 미사일의 등장 여부에 쏠렸던 것이 사실이다. 왜냐하면 기존에 공개했던 화성-15 장거리 미사일보다 기체가 더욱 굵고 길어져 더 긴 사거리를 가질 것으로 판단되기 때문이다.

표 4-1. 김정은 시대 열병식 식별 무기 규모 및 『로동신문』 게재 사진 수

구분	2020. 10.10.	2018. 9.9.	2018. 2.8.	2017. 4.15.	2015. 10.10.	2013. 9.9.	2013. 7.27.	2012. 4.15.
『로동신문』 게재 열병식 사진 수	127	94	100	78	38	12	18	42
『로동신문』 게재 무기 사진 수	62	14	41	25	8	2	4	11
열병식 식별 무기 규모	26종 220여대	17종 140여대	17종 130여대	22종 160여대	31종 290여대	2종 20여대	38종 280여대	37종 560여대

출처: 홍민(2020) 참고.

그러나 북한의 당 창건 75주년 열병식에 새로운 장거리 지대지 탄도 미사일만 등장했던 것이 아니다. 병력 종대 행진에 이어진 열병식 후반부의 '기계화종대 열병 진군'에는 이전에 진행됐던 북한 열병식에 거의 등장한 적이 없었던 새로운 재래식 지상군 무기체계가 다수 등장했다. 대전차(anti-tank) 무기를 탑재[2]한 것으로

2 북한이 조선중앙TV 등을 통해 방영한 2020년 10월 10일 열병식 영상에서 북한 아나운서가 "적의 장갑기재를 사냥"하는 무기라고 소개했던 것으로 미뤄 '장갑기

추정되는 장갑차, 차륜형 자주포, 미국의 최신형 전차를 연상시키는 '주력 탱크', 다양한 방사포, 대공 미사일과 레이더 탑재 차량 등이 그것이다. 일부에서는 북한이 당 창건 75주년 열병식에서 총 11종에 달하는 신형 무기를 선보였다고 주장하기도 했다(연합뉴스 2020.10.20). 북한이 당 창건 75주년 열병식에 등장했던 재래식 지상군 무기체계 및 미사일 사진 등을 중심으로 엮어서 2020년 11월 발행한 사진집 『국가방위력 강화를 위하여』에서는 김정은 시대 이뤄진 재래식 무기체계의 질적 발전을 한눈에 확인할 수 있다.

일각의 주장처럼, 북한의 당 창건 75주년 열병식에 등장했던 새로운 무기 가운데 일부가 '모형(Mock-up)'일 가능성도 완전히 배제하기는 어려울 것이다. 북한이 2021년 1월 14일 제8차 로동당 대회를 기념하기 위해 진행한 열병식에는 3개월여 전의 당 창건 75주년 열병식에서는 선보이지 않았던 '북극성-5ㅅ' 잠수함 발사 탄도 미사일(SLBM: Submarine Launched Ballistic Missile)이 등장했는데, 화염이 뿜어져 나오는 부분이 막혀 있는 것으로 미뤄 모형일 가능성이 있기 때문이다. 그렇다고 하더라도 당 창건 75주년 열병식에 등장했던 모든 무기가 모형이라고 주장하는 것은 합리적이지도 바람직하지도 않다. 마찬가지로 북한이 당 창건 75주년 열병식에서 보여줬던 모든 무기가 전력화, 즉 실전에 배치된 것이라고 단정하는 것도 적절치 않다.

북한의 당 창건 75주년 열병식은 핵·미사일 능력 고도화에 가려져 거의 아무런 관심을 받지 못했던 북한의 재래식 군사력, 특

재'를 주로 사용하는 전차를 파괴하기 위한 무기를 탑재한 것으로 판단된다.

히 재래식 지상군 군사력을 논의의 장으로 다시 소환하는 계기가 됐다. 왜냐하면 당 창건 75주년 열병식은 북한이 그동안 어떠한 방향에서 재래식 군사력을 증강시켜 왔는지, 그리고 앞으로 어떠한 방향에서 증강시켜 나가려고 하는지를 명확하게 보여줬기 때문이다. 이러한 측면에서 북한의 2020년 10월 열병식은 이전까지의 열병식과 분명하게 다른 의미를 갖는다. 또한 북한의 당 창건 75주년 열병식은 1990년대 이후 남북한 간 재래식 군사력 비교와 관련해 일종의 불문율로 여겨졌던 '남한의 질적 우위 대 북한의 양적 우위가 경합하는 비대칭적 균형'(함택영 1998)이라는 인식을 앞으로도 유지할 수 있는지, 그렇게 하는 것이 타당한지에 큰 도전을 제기하는 사건이기도 하다. 최소한 재래식 지상군 군사력에 있어서만큼은 남한의 질적 우위가 앞으로도 지속될 것이라고 예단하기 어려워 보인다.

한편 북한의 2020년 10월 당 창건 75주년 열병식에서는 북한 해군 및 공군 관련 재래식 군사력 변화를 직접적으로 확인하기 어렵다. 따라서 여기에서는 국방부가 2년 주기로 발간하는 『국방백서』를 근거로 2010년 대비 2020년 북한의 해·공군 주요 전력 변화를 간략하게 살펴보기로 한다. 김정은 집권 이전에 비해 김정은 시대 이뤄진 북한 해군의 주요 전력 변화와 관련한 대표적 사안은 "신형 중대형 함정과 다양한 종류의 고속특수선박 배치"(국방부 2014, 26), SLBM 탑재 및 발사가 가능한 '고래급 잠수함' 건조(국방부 2016, 25), "일부 함정에 함대함 미사일 장착, 지대함 미사일 배치·개량"(국방부 2020, 26) 등이라고 할 수 있다. 이를 비롯해 2010년 대비 2020년 현재 수상 전투함정과 지원함정이 각각 10여척 증가했지만 상륙함정과 기뢰전함정은 각각 10여 척 감소했고, 잠수함정의 수에는 변화가 없는 것으로 나타났다(표 4-2 참조).

김정은 시대 북한의 공군 전력 변화와 관련해서는 신형 기종의 도입이 이뤄지지 않아 노후 기종이 대부분을 차지하는 가운데서도 정찰·공격용 무인기 및 경항공기의 생산·배치가 2017~2018년 식별됐다는 점을 언급할 수 있다(국방부 2018, 24). 또한 북한은 신형 지대공 미사일 개발 및 배치 조정 등을 통해 방공력을 보강하고 있으나(국방부 2020, 27), 2010년에 비해 2020년 현재 전투임무기가 10여 대, 훈련기가 90여 대 각각 감소하고 AN-2를 포함한 공중기동기가 20여 대 증가하는 변화가 발생했다(표 4-2 참조). 즉, 북한의 지상군에 비해 해·공군의 전력 변화, 특히 증강은 상대적으로 미미한 수준인 것으로 판단된다.

표 4-2. 2010~2020년 『국방백서』에 나타난 북한 해·공군의 주요 전력 변화

구분			2010년	2012년	2014년	2016년	2018년	2020년	10년 대비 20년 증감
해군	수상함정	전투함정	420여척	420여척	430여척	430여척	430여척	430여척	+ 10
		상륙함정	260여척	260여척	260여척	250여척	250여척	250여척	- 10
		기뢰전함정	30여척	30여척	20여척	20여척	20여척	20여척	- 10
		지원함정	30여척	30여척	40여척	40여척	40여척	40여척	+ 10
	잠수함정		70여척	70여척	70여척	70여척	70여척	70여척	0
공군	전투임무기		820여대	820여대	820여대	810여대	810여대	810여대	- 10
	감시통제기		30여대	30여대	30여대	30여대	30여대	30여대	0
	공중기동기		330여대	330여대	330여대	330여대	340여대	350여대	+ 20
	훈련기		170여대	170여대	170여대	170여대	170여대	80여대	- 90

출처: 국방부, 해당 연도 참조.

김정은 체제가 2020년 10월 당 창건 75주년 열병식에서 과시한 북한 지상군 재래식 무기체계의 질적 향상이 단기간 내에 이뤄졌다고 단정하는 것은 적절치 않다. 북한이 지상군 재래식 무기체계의 질적 향상에서 성과를 거두는 데 구체적으로 어느 정도의 기간과 비용이 소요됐는지를 특정하기는 어렵지만 상당한 시간과 비용이 투입됐을 것으로 보인다. 남한의 경우, 미국 등의 기술지원을 받아 K1 전차 개발에 7년, K2 전차 개발에는 10년 이상의 시간이 걸렸다(국방과학연구소 2010, 259-262). 외부로부터의 기술 지원 등이 쉽지 않는 북한의 여건을 고려했을 때, 북한이 당 창건 75주년 열병식에서 선보인 신형 무기 개발에는 최소한 수년, 최대한 10년 이상의 시간이 소요됐을 것으로 추정된다. 즉, 김정은 시대가 공식 출범하기 이전인 김정일 시대에 개발이 시작된 무기가 2020년 10월 당 창건 75주년 열병식에 등장했을 가능성도 배제할 수 없는 것이다.

김정은 정권은 제8차 로동당대회에서 앞으로 북한의 재래식 군사력 강화가 지향해야 하는 방향을 제시하기도 했다. 북한 매체의 보도에 따르면, 김정은 위원장은 2016년 열린 제7차 로동당대회 이후 북한의 재래식 군사력 증강 성과와 관련해 "각종 전자무기들, 무인타격장비들과 정찰탐지수단들, 군사정찰위성 설계를 완성"했다고 밝혔다. 또한 "가까운 기간 내에 군사정찰위성을 운용하여 정찰정보 수집능력을 확보하며 500km 전방 종심까지 정밀정찰할 수 있는 무인정찰기들을 비롯한 정찰수단들을 개발하기 위한 최중대 연구사업을 본격적으로 추진"하는 것과 관련해 언급했다. 그러면서 김 위원장은 북한군을 재래식 구조에서 "첨단화, 정예화된 군대"로 발전시키는 것을 "현 시기 국방과학 부문 앞에 나서는 기본과업으로 규정"했다. 이어서 "무장장비의 지능화, 정밀화, 무인화, 고성능화, 경량화 실현을 군수산업의 중핵적인 목표로 정하고 연구개발 사업을 여기에 지향시켜야 한다"고 강조했다(조선중앙통신 2021.1.9). 이는 북한이 2020년 10월 10일 당 창건 75주년 열병식을 통해 과시한 재래식 군사력 증강 방향을 앞으로 더욱 강력하게 추진하겠다는 의지를 밝힌 것으로 해석할 수 있다.

2. 비재래식 군사력 측면

김정은 집권 이후 북한군에 있어서 단연 두드러지는 변화는 핵·미사일 능력 고도화 및 전력화라고 할 수 있다. 북한은 김정일 시대에 3년 간격으로 단 두 차례에 그쳤던 핵실험을 김정은 시대 들어 시간적 간격을 좁히며 네 차례나 추가로 실시했다. 2017년 9월 3일 단행한 6차 핵실험은, 북한이 주장한 것처럼, 이른바 '원자탄'으로 불리는 핵분열 방식이 아니라 더욱 큰 폭발력과 파괴력을 갖는 핵융합 방식의 '수소탄'을 시험하는 자리였을 개연성이 크다. 또한 북한은 영변 5MWe 흑연감속로의 사용후 핵연료에서 추출한 무기급 플루토늄뿐 아니라 영변에 있는 우라늄 농축 공장에서 무기급 고농축 우라늄을 제조해 핵실험에 사용했을 가능성이 있다(장철운 2018, 84-90).

북한은 김정은 시대인 2013~2017년 '경제건설 및 핵무력 건설 병진노선'을 '항구적 국가전략노선'으로 추진하며 핵 능력 고도화와 함께 미사일 능력 고도화, 특히 미사일 사거리 연장을 직접적이면서도 적극적으로 추진했다. 김정일 정권이 이른바 '우주개발'을 명분으로 장거리 로켓을 발사하는 간접적인 방법으로 미사일 사거리 연장을 추진했던 것과 달리 김정은 정권은 '미사일 시험발사'라고 밝히며 미사일 사거리 연장을 추진했다. 급기야 2017년 11월 29일에는 미국 본토를 타격할 수 있는 것으로 평가되는 '화성-15' 장거리 지대지 탄도 미사일 시험 발사에서 성과를 거뒀다. 2020년 10월 당 창건 75주년 열병식을 통해서는 화성-15보다 동체가 더욱 길고 굵어져 더 긴 사거리를 보여줄 수 있는 것으로 추정되는 새로운 장거리 지대지 탄도 미사일을 선보이기도 했다.

이와 같은 액체 연료 미사일 외에도 김정은 정권은 고체 연료를 사용하는 '북극성' 시리즈 등의 중거리 지대지 탄도 미사일과 단거리 지대지 탄도 미사일 개발을 본격화했다. 북한이 고체 연료 미사일 개발을 추진한 이유는 액체 연료 미사일에 비해 저장 및 사용이 용이해 신속한 발사가 가능하고, 부대장비가 적어 사전 노출 가능성이 적기 때문으로 보인다(정규수 2015, 150). 북한의 고체 연료 미사일 개발은 김정일 집권기인 2000년대 중반 또는 그 이전에 시작된 것으로 보이는데, 2005년 4월 이른바 'KN-02(한·미명)' 시험 발사가 처음 탐지됐기 때문에 이러한 판단이 가능하다. 김정일 시대 고체 연료 미사일 개발에서 큰 진전을 이루지 못한 북한은 김정은 시대 들어 상당한 성과를 거뒀다. 북한은 2015년 5월 첫 시험 발사가 이뤄진 북극성 잠수함 발사 탄도 미사일(SLBM)을 기본 모델로 삼아 개량한 북극성-2형 중거리 지대지 탄도 미사일을 2017년 2월에, 북극성-3형 SLBM을 2019년 10월에 각각 시험 발사했다. 2020년 10월 당 창건 75주년 열병식에는 SLBM으로 추정되는

'북극성-4ㅅ' 미사일을, 앞서 언급한 것처럼, 2021년 1월 제8차 로동당대회 개최 기념 열병식에서 모형일 가능성을 배제할 수 없는 '북극성-5ㅅ' 미사일을 각각 선보이기도 했다.

김정은 정권은 이와 같이 고도화된 핵·미사일 능력을 군사적인 측면에서 보다 직접적으로 활용하기 위한 조직을 공개하고 확충해 나갔다. 국방부의 판단에 따르면, 북한은 1980년대 말까지 1개의 포병군단을 운용했지만, 1990년부터 2000년대 초반까지 2개의 포병군단을 운용했으며, 2004년부터 1개의 포병군단과 1개의 미사일지도국을 운용했다. 중국이 얼마 전까지 그랬던 것처럼, 북한 역시 미사일을 포병전력의 일환으로 간주했다면 1990년부터 북한이 미사일 전력을 전담하는 별도의 군단급 부대를 신설해 운용했을 것으로 판단할 수 있다. 북한은 김정은 시대 공식 개막 직후인 2012년 3월 '전략로케트군사령부'라는 핵·미사일 전력 전담 운용 부대의 존재를 공개했고, 2014년 3월 이전에 '전략로케트군'을 '전략군'으로 개칭했는데, 2016년 '전략군절'을 제정하며 '전략로케트군'을 "1999년 7월 3일 '독자적인 군종'으로 창설"했다고 설명하기도 했다(장철운 2017, 131-137).

북한의 핵·미사일 전담 운용 부대인 전략군은 2017년까지 북한 매체의 보도에서 쉽게 찾을 수 있었지만 2018년 들어 한반도 정세가 급변하면서 거의 노출되지 않았던 것이 사실이다. 그러나 한반도 정세 전환이 일정하게 조정 국면에 진입한 지 약 1년 8개월 지난 뒤인 2020년 10월 당 창건 75주년 열병식과 2021년 1월 제8차 로동당대회 개최 기념 열병식에서는 전략군이 다시 모습을 드러냈다. 2020년 10월 및 2021년 1월 열병식 모두에서 전략군은 해군, 항공군 다음으로 입장해 이른바 '제4군'으로서의 위상을 과시했다. 당 창건 75주년 열병식을 통해서는 전략군사령관이 기존의 김락겸 대장에서 김정길 상장으로 바뀐 사실도 확인할 수 있다.[3] 당 창건 75주년 열병식에서 가장 마지막에 등장한 미사일 부대는 '붉은기중대 로켓병단'으로 불려졌으며, 북한의 핵·미사일 개발에 기여한 인사들이 '상장' 계급장을 달고 화성-15 미사일 종대와 새로운 장거리 지대지 탄도 미사일 종대를 각각 이끌었다. 국방부는 2018년에는 북한의 전략군 예하에 미사일 여단이 9개 있었던 것으로 판단했지만(국방부 2018, 25), 2020년에는 미사일 여단을 13개 편성한 것으로 추정했다(국방부 2020, 27).

김정은 정권은 제8차 로동당대회에서 앞으로 북한의 비재래식 군사력, 특히 핵·미사일 강화가 지향해야 하는 방향을 제시했다. 북한 매체의 보도에 따르면, 김정은 위원장은 "다탄두 개별 유도 기술을 더욱 완성하기 위한 연구 사업을 마감단계에서 진행하고 있으며 신형 탄도 로케트들에 적용할 극초음속 활공비행 전투부를 비롯한 각종 … 탄두 개발 연구를 끝내고 시험제작에 들어가기 위한 준비를 하고 있"고, "새로운 핵잠수함 설계 연구가 끝나 최종심사 단계에 있"다고 언급했다. 또한 "핵기술을 더욱 고도화하는 한편 핵무기의 소형경량화, 전술무기화를 보다 발전시

3 전략군사령관이 김락겸 '대장(별 넷)'에서 김정길 '상장(별 셋)'으로 바뀐 점을 근거로 북한군 내에서 전략군사령부의 위상이 약화됐을 가능성이 제기될 수 있을 것이다. 그러나 김락겸도 '중장(별 둘)'에서 상장으로 진급한 지 4개월 정도 지난 2014년 6월 말 북한 매체에서 전략군사령관으로 처음 거명됐고, 김락겸이 상장 진급 1년 10개월 만인 2015년 12월에 대장으로 진급했다는 점을 감안했을 때, 김정길이 조만간 대장으로 '초고속' 진급할 것인지도 지켜볼 대목이다.

켜 … 타격대상에 따라 각이한 수단으로 적용할 수 있는 전술핵무기들을 개발하고 초대형 핵탄두 생산도 지속적으로 밀고나"가며 "15,000km 사정권안의 임의의 전략적 대상들을 정확히 타격 소멸하는 명중률을 더욱 제고하여 핵 선제 및 보복타격 능력을 고도화"하는 동시에 "가까운 기간 내에 극초음속 활공비행 전투부를 개발 도입"하고 "수중 및 지상 고체발동기 대륙간 탄도 로케트 개발 사업을 계획대로 추진"하며 "핵장거리 타격 능력을 제고하는데서 중요한 의의를 가지는 핵잠수함과 수중발사 핵전략무기를 보유할 데 대한 과업"을 지시했다(조선중앙통신 2021.1.9). 이는 단·중·장기적 관점에서 앞으로 북한이 핵·미사일 전력을 어떠한 방향으로 강화해나갈 것인지를 가리키는 지침이라고 할 수 있다.

3. 군의 경제적 관여 측면

북한 정권 수립 이후 북한군은 경제적 측면에 적지 않게 관여해 온 것이 사실이다. 이는 민주주의 국가에서는 쉽게 찾기 어려운 현상이지만 군부 중심의 독재국가나 사회주의 국가에서는 어렵지 않게 찾을 수 있는 특징이기도 하다. 북한에서 군대는 국가건설 및 '혁명'의 '주력군'[4]으로서 정권 수립 이래 나름의 정치적·경제적·사

4 2016년 5월 제7차 로동당대회에서 개정된 북한의 「조선로동당 규약」에 따르면, "조선인민군은 당의 위업, 주체혁명위업을 무장으로 옹호보위하는 수령의 군대, 당의 군대, 인민의 군대이며 당의 선군혁명령도를 맨 앞장에서 받들어나가는 혁명의 핵심부대, 주력군"으로 정의돼 있다. 2021년 1월 초 개최된 제8차 로동당대회에서도 「조선로동당 규약」이 개정됐지만 북한은 구체적 내용을 공개하지 않고 있다. 다만, 북한의 『조선중앙통신』은 '조선로동당 제8차 대회에서 조선로동당 규약 개정에 대한 결정서 채택'이라는 제목의 2021년 1월 10일자 보도를 통해 개

회적 역할을 해 왔다(정성임 2011). 특히, '선군정치'를 표방했던 김정일 시대 북한에서는 군대의 정치적·경제적·대외관계적 역할이 매우 확대됐던 것이 사실이다(서훈 2008; 이성권 2012). 김정일 정권은 '군수산업을 통해 경제발전을 이루겠다'는 이른바 '선군경제노선'을 표방했다. 김정은 시대 들어서는 "기계공업에 앞서 병기공업을 창설하고 그에 기초하여 기계공업을 발전시킬데 대한 방침은 … 우리(북한) 혁명발전의 특성으로부터 출발한 매우 정당한 방침"이었다며 '군수산업을 통한 경제발전 노선'을 합리화하기도 했다(김혜련·유승일·김성호 2016, 102).

이러한 맥락을 감안했을 때, 김정일 시대와 유사하게 김정은 시대 들어서도 북한에서 북한군이 적지 않은 경제적 역할을 수행하고 있다고 추론하는 것이 합리적이다. 이러한 추론이 가능한 대표적인 이유는 다음과 같다. 첫째, 수해 복구와 대규모 건설 등 막대한 인력 동원이 필요한 토목·건설 현장에는 여전히 군부대가 투입돼 핵심적 역할을 하고 있다. 2019~2020년에만 북한군은 김정은 정권이 치적으로 내세우기 위해 건설하는 양덕온천문화휴양지 건설 현장, 중평남새온실농장과 양묘장 건설 현장, 삼지연시꾸리기 3단계 공사 현장, 원산갈마해안관광지구 건설 현장, 순천린비료공장 건설 현장, 평양종합병원 건설 현장뿐 아니라 황해북도와

정된 「조선로동당 규약」의 "제6장 《조선인민군 안의 당조직》에서는 조선로동당의 혁명적 무장력으로서의 인민군대의 성격을 명백히 규제하고 인민군대 안의 각급 당조직들의 임무를 구체화하였다"며 "인민군대의 본질적 특성과 사명에 맞게 조선인민군은 국가방위의 기본 력량, 혁명의 주력군으로서 사회주의 조국과 당과 혁명을 무장으로 옹호보위하고 당의 령도를 앞장에서 받들어나가는 조선로동당의 혁명적 무장력이라고 규제하였다"고 전했다.

함경남·북도, 강원도 수해 복구 현장 등에서 활약했다. 국방부는 북한의 인민무력성이 명칭을 바꾼 국방성 산하에 도로건설군단, 북한군 내 당 사업을 관장하는 총정치국 예하에 공병군단 등 전문 건설부대가 편성돼 있다고 판단했다(국방부 2020, 24).

둘째, 특정 부문, 특히 수산업 부문에서는 북한군의 역할이 일정하게 지속되는 것처럼 보인다. 북한 매체는 김정은 위원장이 2013년 5월 27일 북한군 제313군부대 관하 8월25일수산사업소를 현지지도한 것을 수산업 강조의 시작점으로 내세우고 있다(진희권·윤인주 2019, 59). 또한 김정은 위원장은 2014년[5]과 2015년,[6] 2017년[7] 신년사에서 수산업과 관련된 북한군의 성과를 모범으로 내세우며 지속적으로 강조했다. 이처럼 김정은 체제가 북한군을 수산업 발전을 위한 모델로 내세울 수 있었던 이유는 민간에 비해 북한군이 유류 등을 우선적으로 보급받아 상대적으로 많은 활동을 할 수 있었던 동시에 '군사경계수역'으로 설정된 동·서해 연·근해에서의 조업이 자유로웠기 때문으로 보인다.[8] 또한 '수평승강기'와

5 "수산부문에서는 최고사령관 명령을 결사관철하여 물고기대풍을 마련한 북한군대 수산부문의 모범을 따라 고기배와 어구를 현대화하고 과학적방법으로 물고기잡이전투를 힘있게 벌려 포구마다에 만선의 배고동소리가 높이 울리게 하며 바다가양식도 대대적으로 하여야 합니다"(조선중앙통신 2014.1.1).

6 "수산부문에서 황금해의 새 력사를 창조한 북한군대의 투쟁기풍을 따라배워 수산업을 결정적으로 추켜세우며 물고기대풍을 마련하여 인민들의 식탁우에 바다향기가 풍기게 하여야 합니다"(조선중앙통신 2015.1.1).

7 "군대가 앞장에 서서 황금해의 역사를 빛내였으며"(조선중앙통신 2017.1.1).

8 북한은 1977년 8월 1일 "경제수역을 믿음직하게 보호하며 민족의 이익과 나라의 자주권을 군사적으로 철저히 지키기 위하여 동해에서는 영해의 기준선으로부터 50해리, 서해에서는 경제수역경계선을 군사경계선으로 한다"는 군사경계수역(MWZ: Military Warning Zone)을 선포·적용하기 시작했다. 군사경계수역에서는 "외국인, 외국 군함, 외국 군용비행기의 행동이 금지되며, 민간선박 및 민항기

'끌림식 삭도'를 비롯해 '스키장에 설치할 설비' 제작 등과 관련해서도 주요 군수공장에서 거둔 성과를 김정은 위원장이 치하하기도 했다(조선중앙통신 2019.8.31). 이는 민간에서의 제작이 쉽지 않은 설비 등을 군수공장에서 담당하고 있을 것이라는 추정을 가능하게 한다.

그렇지만 김정일 시대 선군정치를 거치며 매우 확대·심화됐던 북한군의 경제적 관여가 김정은 시대 들어 상당히 축소됐다고 평가되는 것이 사실이다(정성장 2012, 69-71). 이러한 평가가 가능한 대표적인 이유는 다음과 같다. 첫째, 김정은 시대 들어 북한 매체는 일부 군용 시설을 민간용 시설로 전환한다는 소식을 전한 바 있다. 김정은 위원장이 함경북도 경성군 중평리에 있는 연대급 공군부대를 옮기고 그 자리에 대규모 채소(남새)온실농장 건설을 지시한 것이 대표적 사례라고 할 수 있다(로동신문 2018.7.17). 6·25 전쟁 이래 군용 공항으로 운용되던 강원도 원산 갈마비행장의 국제공항 전환과 빈번하게 포사격 훈련을 진행하던 갈마반도의 관광지 개발 등도 같은 맥락에서 이해할 수 있다(김태구 2019, 170; 최은주 2020, 27-28).

둘째, 김정일 시대 북한 매체가 종종 보도하던 북한군 건설·운영 농장 및 공장·기업소, 발전소 등에 대한 최고지도자의 현지지도 소식은 김정은 시대, 특히 비교적 최근 들어 거의 사라졌다는 점이다. 북한군이 건설·운영하던 농장 및 공장·기업소, 발전소 등과 관련해 김정일 위원장이 처음 단독으로 현지지도를 실시한 것

는 사전합의 또는 승인 하에서만 항행 또는 비행할 수 있다"고 한다(구민교 2019, 4).

은 1998년 1월 26일(『로동신문』 보도일자) '조선인민군 제380군부대의 중소형 발전소 건설'인 것으로 보인다. 이후 김정일 위원장은 사망하던 2011년까지 14년 동안 군부대 건설 발전소와 관련한 현지지도를 32회, 군부대 건설·운영 임업 및 축산업, 수산업 관련 공장 현지지도를 47회, 기타 생산공장 관련 현지지도를 11회 등 총 90회(6.43회/년) 이상의 공개활동을 실시한 것으로 보인다(이성권 2012, 321-343). 그렇지만 김정은 위원장은 2012년부터 2020년까지 9년 동안 북한군이 건설·운영하는 농장 및 공장·기업소, 발전소 등에 대한 공개활동을 총 33회(3.67회/년)했다(그림 4-1 및 부록 참조). 기간 대비 횟수 측면뿐 아니라 최고지도자가 직접 방문했던 군부대 건설·운영 현장의 종류를 비교했을 때, 김정은 시대 들어 북한군의 경제적 관여가 매우 크게 감소했다는 주장은 상당히 타당한 것으로 보인다.

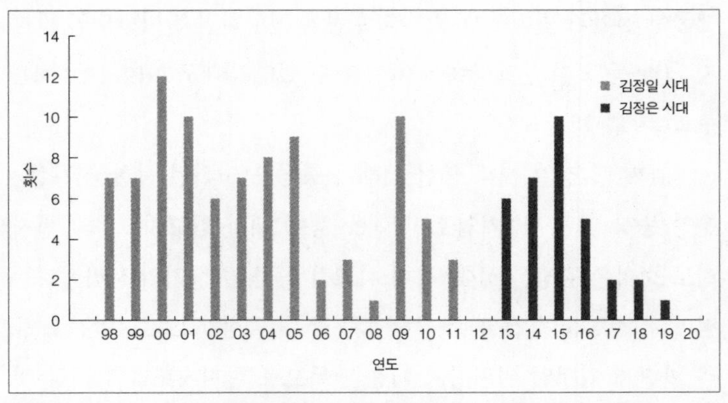

그림 4-1. 김정일·김정은의 북한군 건설·운영 농장 및 공장·기업소 등 방문 횟수

출처: 이성권, 2012의 〔부록 II〕 및 이 글의 〈부록〉을 토대로 필자가 작성.

III 김정은 시대 북한군 변화의 특징

1. 공개 수준 증대

김정은 시대 들어 나타나는 북한군 변화와 관련해 두드러지는 첫 번째 특징은 단연 '공개 수준 증대'라고 할 수 있다. 김정은 집권 이전까지 북한은 군사력과 관련한 내용을 가급적 공개하지 않으려 노력했던 것이 사실이다. 이러한 측면에서 김정은 정권이 북한군과 관련한 사항을 김정일 정권에 비해 보다 많이 공개하는 현상은 매우 특징적이라고 할 수 있다. 심지어 일정한 부문에서는 남한보다 더 많은 군 관련 내용을 북한이 공개하는 것처럼 보일 정도이다. 이와 같은 북한군 관련 공개 수준 증대는 재래식 군사력과 비재래식 군사력에서 공통적으로 확인할 수 있는 특징이다.

먼저, 김정은 시대 들어 나타나는 북한의 재래식 군사력과 관련한 공개 수준 증대에 관해 살펴보자. 2020년 10월 당 창건 75주년 열병식은 지금까지 '확인'하기 어려웠던 북한의 재래식 군사력 관련 정보를 북한이 직접 상당한 수준에서 공개했다는 점에서 특별한 의미를 갖는다고 할 수 있다. 우선 김정은 위원장 등 이른바 '김씨 일가'를 비롯한 북한 최고지도부의 신변안전과 경호를 담당하는 여러 조직을 당 창건 75주년 열병식에 대거 공개했다. 당중앙위원회 호위처, 국무위원회 경호국, 호위부, 호위사령부가 바로 그것인데, 호위사령부를 제외한 나머지 3개 조직은 처음 공개·확인된 것이다(통일부 2020).

이어서 북한에 총 10개의 지상군 정규군단이 존재한다는 사실이 2020년 10월 열병식에서 확인됐다. 이는 국방부의 판단과 다르지 않다(국방부 2018, 22). 다만 북한이 이번 열병식에서 지상군 정규군단 10개 군단장의 성명과 계급을 모두 공개했다는 점이 특징적이다. 전방지역에 주둔하고 있는 1군단, 2군단, 4군단(서남 전선), 5군단(중부 전선)의 군단장은 모두 상장(별 셋)이었으며, 후방지역의 3군단, 7군단, 8군단(국경), 9군단(북부), 10군단(동쪽 관문), 12군단(백두산 일대) 군단장 가운데 3군단장만 상장이었고 나머지는 모두 중장(별 둘)이었다.

북한 주요 군부대 지휘관의 계급과 성명 등을 북한 매체가 공개한 것은 김정은 시대 들어 이전에도 있었던 일이다. 2017년 4월 15일 평양 김일성광장에서 진행된 '김일성 105회 생일' 기념 열병식에서도 북한 주요 군부대 지휘관의 계급과 성명 등이 공개된 바 있다. 그렇지만 2020년 10월 열병식에서처럼 각 군단이 대략적으로 어디에 위치하는지와 함께 군단장의 얼굴과 계급 등을 대거 공개한 것은 분명 이례적인 사안이다. 이는, 앞서 언급한 것처럼, 김정일 시대뿐 아니라 김일성 시대에도 거의 공개되지 않았던 사안이라는 점에서 김정은 시대 들어 북한군과 관련해 나타나는 공개 수준 증대의 대표적 사례라고 할 수 있다.

당 창건 75주년 열병식에서는 북한이 일반적인 군종 분류와는 다른 방식으로 군종을 분류하고 있을 수 있다는 가능성이 포착되기도 했다. 일반적인 군종 분류는 지상군, 해군, 공군 등 이른바 '3군' 체제라고 할 수 있다. 그런데, 북한이 핵·미사일 전력을 전담해 운용하는 '전략군'을 별도의 군종으로 분류해 '4군' 체제를 유지하고 있을 가능성은 이미 알려진 사실이다. 이에 더해 북한이 기존의 지상·해상·공중 저격병 부대와 경보병 부대를 지휘·통제하는 상급부대로 '특수작전군'을 신설해 새로운 군종으로 분류했을 가능성이 제기된다.[9] 국방부도 북한이 별도의 사령부를 편성하지는 않았지만 이른바 '폭풍군단'으로 불리는 전략적 특수부대인 11군단, 전방군단의 경보병 사·여단 및 저격여단, 해·공군 저격여단 등 20만여 명에 달하는 특수작전군을 별도의 군종으로 분류하며 '5군'을 통합군제로 운용하고 있다고 판단했다(국방부 2020, 24-25)

북한군 편제와 관련해 북한의 당 창건 75주년 열병식에서 나타난 내용과 국방부의 판단이 가장 큰 차이를 보이는 사항은 북한 지상군의 기계화부대와 관련해서라고 할 수 있다. 국방부의 『1988 국방백서』를 보면, 북한은 4개의 기계화'군단'을 두고 있는 것으로 나타났는데(국방부 1988, 78),[10] 이러한 판단은 2006년까지 유지됐다(국방부 2006, 19). 그렇지만 국방부는 2008년 북한의 지상군 기계화부대에 대한 판단을 일정하게 변경한다. 즉, 기존의 기계화'군단' 4개 가운데 2개가 2개의 기계화'사단'으로 변경돼, 결론적으로 북한 지상군의 기계화부대가 2개 기계화군단 및 4개 기계화보병사

9 조선중앙TV가 전한 북한의 당 창건 75주년 열병식 녹화 중계에 따르면, 병력 종대 행진과 관련해 '전략군' 다음으로 '특수작전군'을 호명한 뒤 지상저격병부대(인솔자: 사령관 상장 김영복), 해상저격병부대(대좌 김광철), 공중저격병부대(대좌 윤혁철), 경보병부대(대좌 김현철)가 각각 순차적으로 등장했다. 이와 관련해 조선중앙통신(2020.10.10.)은 "지상과 해상, 공중 임의의 작전공간에서도 맡겨진 전투임무를 훌륭히 수행할 수 있는 특수작전무력으로 장성 강화된 저격병, 경보병종대들"이라고 보도했다. 이로 미루어 북한이 각 저격병부대와 경보병부대를 통합해 지휘·통제하는 '특수작전군'을 신설했을 가능성이 있다.

10 국방부가 1988년 판단한 북한의 4개 기계화군단의 단대호는 9, 10, 425, 815이다(국방부 1988, 80). 국방부가 발간한 『1997-1998 국방백서』에는 4개 기계화군단의 단대호가 108, 425, 806, 815로 달라졌다(국방부 1997, 50).

단으로 변화했다는 것이었다. 이와 관련해 국방부는 "전력면에서는 군단급 규모를 유지하고 있어 큰 변화는 없다"고 부연했다(국방부 2008, 24). 여기에서 생기는 궁금증은 기계화'군단'에서 기계화'사단'으로 명칭이 변경된 2개 부대 외에 나머지 기계화보병사단 2개에 대한 판단 근거가 무엇인지이다. 기계화군단급 규모를 유지하지만 기계화보병사단 명칭을 사용하는 2개 부대의 존재가 2006년 『국방백서』까지는 등장하지 않았으나(국방부 2006, 19), 갑작스럽게 2008년 『국방백서』에 등장했기 때문이다(국방부 2008, 24).

이와 관련해서는 한 가지 추측이 가능하다. 2006년 『국방백서』까지는 '군단급' 부대만 북한의 군사지휘 기구도에 표시했기 때문에 명시적으로 '사단'이라는 명칭을 사용하는 2개 기계화보병사단을 『국방백서』에 포함시키기에는 부적절하다고 판단했을 가능성이 있다. 2008년 『국방백서』부터는 주요한 사단급 부대까지 표시했기 때문에 이 부대들을 포함할 수 있었다는 설명이 가능한 것이다. 그러나 2008년 『국방백서』에서 설명한 바에 따르면, 2006년 『국방백서』에 표시되지 않았던 기계화보병사단 2개 부대도 '전력면에서 군단급 규모'이기 때문에, 당시 경보교도지도국이나 미사일지도국이 북한의 군사지휘 기구도에 포함됐던 것처럼, 군단이라는 명칭을 굳이 사용하지 않더라도 2006년 『국방백서』에 표시되는 것이 타당해 보인다. 북한이 2개 기계화군단 및 4개 기계화보병사단을 운용하고 있다는 국방부의 이러한 판단은 2018년까지 유지되었다(국방부 2018, 22).

이러한 국방부의 판단은 2020년에 다시 바뀌었다. 국방부는 2020년 북한의 2개 기계화'군단'이 '사단'으로 명칭을 변경해 북한이 총 6개의 기계화보병사단을 편성하고 있다고 밝혔다(국방부 2020, 24). 그런데 북한의 2020년 10월 열병식에는 425기계화보병사단, 108기계화보병사단, 815기계화보병사단, 806기계화보병사단 등 4개 기계화보병사단 종대만 등장했다. 국방부의 2020년 판단처럼, 6개의 기계화보병사단 가운데 4개 기계화보병사단 종대만 등장하고 2개 기계화보병사단 종대가 등장하지 않았을 가능성도 완전히 배제하기는 어렵다. 그렇지만 각급 군사학교 종대까지 등장했던 '당 창건 75주년 열병식'의 상징성 및 의미 등을 감안했을 때 4개 기계화보병사단만 등장하고 2개 기계화보병사단이 등장하지 않았을 가능성은 커 보이지 않는다. 국방부가 1997년부터 판단하고 있던 북한의 4개 '기계화군단' 단대호(425, 108, 815, 806)가 2020년 10월 열병식에 등장해 북한 매체가 호명한 4개 '기계화보병사단' 단대호와 동일하다는 점 역시 이러한 의문을 제기할 수 있는 근거이다. 즉, 북한 기계화부대가 갖는 전략·전술적 중요성을 감안했을 때, 기존의 4개 기계화군단이 기계화보병사단으로 명칭을 변화한 경우에 해당하지 않으며, 2008년 『국방백서』에서부터 등장하기 시작한, 군단급 전력을 갖춘 북한의 2개 기계화보병사단에 대한 국방부의 추가적인 설명이 필요한 것이다.

표 4-3. 북한 지상군 기계화부대 편제 변화

구 분	1988-2006년	2008-2018년	2020년
『국방백서』	4개 기계화군단	2개 기계화군단 4개 기계화보병사단	6개 기계화보병사단
북한 매체 보도	-	-	4개 기계화보병사단 (10.10 열병식 등장)

다음으로 김정은 시대 들어 나타난 북한의 비재래식 군사력, 특히 핵·미사일 전력의 공개 수준 증대에 관해 논의해보자. 북한이 핵·미사일 개발을 본격화한 1980년대 이후부터 김정일 위원장이 사망하기 전까지 북한은 십여 차례의 미사일·로켓 발사와 두 차례의 핵실험을 단행했다. 이 가운데 북한이 인공위성 발사용이라고 주장한 몇 차례의 장거리 로켓 발사를 제외하고 미사일 시험 발사 관련 내용을 공개하거나 미사일 시험 발사 사실 자체를 시인한 적은 거의 없다. 김정일 시대 북한이 중·장거리 미사일 시험 발사 사실을 시인한 적은 단 한 차례에 불과했다. 북한은 2006년 7월 5일 이른바 '대포동-2호' 미사일 1발을 다른 단·중거리 미사일과 함께 시험 발사했고, 다음 날 외무성 대변인이 조선중앙통신 기자의 질문에 답하는 형식으로 "성공적인 미사일 발사는 자위적 국방력 강화를 위해 우리 군대가 정상적으로 진행한 군사훈련의 일환"이라고 밝힌 것이 전부이다(조선중앙통신 2006.7.6). 2006년 10월 9일의 제1차 핵실험과 2009년 5월 25일의 제2차 핵실험 이후에는 핵실험 단행 및 성공을 주장하는 동시에 주변이나 환경에 피해가 없다는 정도의 내용을 밝혔을 따름이다.

그러나 김정은 시대 들어 북한은 핵실험 및 미사일·로켓 발사 등 핵·미사일 개발과 관련해 이전까지의 소극적 태도에서 벗어나 상당히 적극적으로 공개하고 있다. 2016년 1월 6일 제4차 핵실험을 단행하고, 1개월여 뒤에 광명성 로켓을 쏘아올린 김정은 체제는 2016년 3월 9일 '내폭형' 핵폭발장치로 보이는 물체를 전격적으로 공개했고,[11] 이른바 '수소탄' 시험을 주장하며 제6차 핵실험을 단행(2017.9.3.)하기 직전에는 대륙간탄도미사일(ICBM: Inter-

Continental Ballistic Missile)급으로 평가되는 '화성-14' 미사일에 장착되는 '수소탄'처럼 보이는 물체를 공개하기도 했다. 김정은 체제는 남한 등 5개국 기자단을 초청한 가운데 2018년 5월 24일 함경북도 길주군 풍계리 핵실험장을 전격 폭파하는 방식으로 공개적으로 폐기하기도 했다.

또한 북한은 김정은 시대 들어 여러 차례의 열병식을 통해 단·중·장거리 탄도 미사일과 이를 탑재한 이동식 발사대(TEL: Transporter Erector Launcher)를 공개했다. 이렇게 공개된 미사일의 대부분은 시험 발사를 통해 다시 공개됐다. 2020년 10월 열병식에 등장했던 '북극성-4ㅅ' SLBM과 11축 22륜 이동식 발사대에 탑재된 상태로 등장하며 당 창건 75주년 열병식의 대미를 장식했던 새로운 장거리 탄도 미사일 등 소수만 아직 시험 발사되지 않았다. 북한은 김정은 시대 들어 장거리 로켓 발사를 사전에 예고하고 이를 외신 기자들에게 공개하기도 했다. 이러한 공개 수준 증대로 인해 2012년 4월 13일에 '광명성-3호' 인공위성을 탑재하고 발사된 '은하-3호' 장거리 로켓이 발사된 지 3분도 채 지나지 않아 폭발한 사건이 거의 실시간으로 외부에 알려지기도 했다.

11 내폭형은 폭발압력으로 밀도를 높여 임계에 도달하게 하는 것이다. 즉 동일 질량의 핵물질이 압축전 미임계 상태에서 압축 후에는 초임계 상태로 변환되어 핵폭발을 일으킨다. 내폭형은 주로 플루토늄탄에 사용되며 나가사키에 투하된 형태이다(장준익 1995, 170-175.).

2. 독자적 질 제고 및 현대화 추진

김정은 시대 북한군 변화와 관련해 나타나는 두 번째 특징은 북한의 독자적인 능력을 기반으로 군사력의 질 제고 및 현대화를 추진하고 있다는 것이다. 북한은 6·25전쟁 직후부터 미국과 유엔을 비롯한 국제사회로부터 경제제재를 받아왔지만, 김정은 체제가 이른바 '핵·미사일 능력 고도화 노선'을 국가전략으로 추진하기 시작한 이후에는 이전까지와 비교할 수 없을 정도로 강력한 경제제재를 받고 있다. 특히, 북한의 전통적 우방국이면서 유엔 안보리 상임이사국인 중국과 러시아도 유엔 안보리에서의 대북제재 결의안 통과 과정에서 '거부권'을 행사하기가 어려웠다. 왜냐하면 북한의 핵실험 및 중·장거리 미사일 시험 발사 등은 미국과 서유럽 국가들뿐 아니라 중국과 러시아를 비롯해 국제사회가 대체로 공감대를 형성하고 있는 '대량살상무기(WMD) 비확산' 원칙에 반하는 것으로서, 유엔 헌장이 규정한 "국제평화와 안전"을 위협하는 행위로 인식됐기 때문이다(임갑수·문덕호 2013, 19).

이러한 상황에서 남한과 관계 정상화를 이룬 중국 및 러시아 등 북한의 전통적 우방국이 직·간접적인 방법으로 과거처럼 북한의 군사력 강화를 지원·협력하기는 사실상 불가능했을 것으로 보인다. 스톡홀름국제평화연구소(SIPRI)가 운영하는 '국가 간 무기거래 데이터 베이스'에 따르면, 2000년대 이후부터 현재까지 중국은 북한에 무기를 이전하지 않았고, 러시아는 대전차 미사일(9M111 Fagot/AT-4), 휴대용 대공 미사일(Igla-1/SA-16), 장갑차(BTR-80A), 대함 미사일(Kh-35 Uran/SS-N-25) 등을 북한에 인도했으나

2010년이 마지막 해였던 것으로 나타난다. 2000년대 이후 북한에 무기를 이전한 국가는 러시아 외에 없는 것으로 보인다.[12] 유엔 안보리에서 대북제재 결의안 통과와 관련해 거부권을 행사하지 않았던 중국과 러시아가 미국 등의 감시망을 피해 비공식적으로 비밀리에 재래식 및 비재래식 무기체계 관련 부품, 소재 등을 북한에 인도했을 가능성을 완전히 배제하기는 어렵지만 이렇게 가정하는 것은 그다지 합리적이지 않다.

따라서 김정은 집권 이후 나타나는 북한군의 변화, 특히 재래식 및 비재래식 무기체계의 질적 제고와 현대화는 외부로부터의 지원·협력보다는 대체로 북한의 독자적인 능력에 기반한 결과로 이해하는 것이 타당하다. 비재래식 무기체계 가운데 미사일과 관련한 북한의 능력은 이미 상당한 수준에 도달한 것으로 평가된다. 이는 북한이 2012년 12월 12일 쏘아올린 '은하-3호 2호기'의 잔해물을 남한이 수거해 분석한 결과에서도 어느 정도 확인할 수 있다. 당시 은하-3호 2호기 잔해물 분석 결과에 따르면, 일부 전자장치와 부수적인 물품이 외국제 상용 수입품이었지만 대부분의 핵심적인 부품을 북한이 독자적으로 제작해 사용한 것으로 확인됐다(연합뉴스 2013.1.21). 핵 개발 역시 북한의 독자적인 능력에 기반한 것으로 평가할 수 있다. 여섯 차례에 걸쳐 단행한 핵실험에서도 확인할 수 있는 것처럼, 북한은 무기급 핵물질을 자체적으로 생산해 핵폭발장치를 제작할 수 있는 충분한 시설과 능력을 갖추고 있다.

12 국제평화연구소(SIPRI)가 운영하는 '국가 간 무기거래 데이터 베이스'의 웹사이트 주소는 다음과 같다. https://armstrade.sipri.org/armstrade/page/trade_register.php 참고(검색일: 2020년 12월 22일).

북한 재래식 무기체계의 질적 제고 및 현대화와 관련해서도 동일한 맥락의 추론이 가능하다. 북한은 6·25전쟁에 따른 전후 복구를 일정하게 마무리하고 구소련 등의 지원에 힘입어 경제성장에서 일정하게 성과를 거둔 뒤인 1960년대 이른바 '4대 군사노선'을 군사력 건설 전략으로 확립했다. 1970년대 들어서는 4대 군사노선 가운데 가장 늦게 확립된 '전군 현대화'를 실현하기 위해 군수산업을 전담하는 제2경제위원회를 신설하고 이른바 '군 경제'를 별도로 운영하기 시작한 것으로 알려졌다. 구소련과 중국 등 외부로부터의 지원과 협력을 바탕으로 북한은 독자적인 재래식 무기 개발 체계를 갖춰나갔다. 북한은 1970년대 장갑차, 자주포, 전차 등 주요한 지상군 무기체계와 고속정, 잠수정 등 주요 해군 무기체계를 건조할 정도로 독자적인 무기 개발·생산 능력을 확충해나갔다. 1980년대 중·후반에는 핵무기 및 탄도 미사일 개발에 본격 착수했지만(통일부 통일교육원 2018, 95), 1990년대 들어 탈냉전 및 총체적 경제난이 발생하는 등으로 인해 재래식 무기체계의 질적 제고 및 현대화가 다소 주춤하는 모습을 보이기도 했다.

김정은 위원장 집권 이후 북한의 재래식 군사력에 그다지 많은 변화가 발생하지 않았다는 것이 그동안의 대체적인 평가였다고 할 수 있다. 여기에서는 앞서 살펴본 2010~2020년 북한 해·공군의 주요 전력 변화를 제외하고 같은 시기 북한 지상군의 주요 전력 변화를 중심으로 이와 같은 기존 평가의 구체적인 내용에 관해 살펴보고자 한다. 국방부의 판단에 따르면, 김정은 시대 들어 북한 지상군의 주요 무기체계와 관련해 발생한 변화는 신형 전차인 선군호의 등장(국방부 2014, 10) 및 실전 배치(국방부 2016, 24), 다른 신형 전차인 준마호의 등장(국방부 2018, 23), 기동성과 생존성이 향상된 신형 전차 개발 및 300mm 방사포와 대구경 방사포 개발(국방부 2020, 24-25) 등을 비롯해,[13] 2010년 대비 2020년 현재 전차 200여 대, 장갑차 500여 대, 야포 300여 문, 다련장/방사포 400여 문이 각각 증가했다. 김정은 시대 들어 이뤄진 이와 같은 북한 지상군 주요 무기체계의 증강은, 동 기간 이뤄진 남한의 지상군 주요 무기체계 증감 현황과 비교했을 때, 다소 두드러지는 장갑차 증가를 제외하고는 괄목한 수준이라고 평가하기가 어려운 것이 사실이다(표 4-4 참고).

그렇지만, 앞서 언급한 것처럼, 북한이 2020년 10월 열병식

표 4-4. 2010~2020년 『국방백서』에 나타난 북한 지상군의 주요 전력 변화

구 분	2010년	2012년	2014년	2016년	2018년	2020년	북한군 10년 대비 20년 증감	한국군 10년 대비 20년 증감
전 차	4,100여대	4,200여대	4,300여대	4,300여대	4,300여대	4,300여대	+ 200여대 (+ 4.9%)	- 270여대 (- 11.3%)
장갑차	2,100여대	2,200여대	2,500여대	2,500여대	2,500여대	2,600여대	+ 500여대 (+ 23.8%)	+ 400여 (+ 15.4%)
야 포	8,500여문	8,600여문	8,600여문	8,600여문	8,600여문	8,800여문	+ 300여문 (+ 3.5%)	+ 800여문 (+ 15.4%)
다련장/방사포	5,100여문	4,800여문	5,500여문	5,500여문	5,500여문	5,500여문	+ 400여문 (+ 7.8%)	+ 70여문 (+ 35.0%)
지대지 유도무기 (발사대)	100여기	100여기	100여기	100여기	100여기	100여기	0	+ 30여기 (+ 100%)

출처: 국방부, 해당 연도 참조.

13 국방부가 김정은 시대 이전인 『2010 국방백서』(24)에서 북한이 개발해 작전배치했다고 기술한 'T-72 전차 모방 신형 전차(폭풍호)'에 관한 언급은 이후 『국방백서』에서 찾을 수 없다.

에서 보여준 재래식 지상군 무기체계의 질적 발전은 '김정은 시대 들어 북한의 재래식 군사력에 그다지 많은 변화가 발생하지 않았다'는 기존 평가에 일정하게 의문을 제기하는 것이 사실이다. 특히, 열병식의 병력 종대 행진에 참가했던 북한 군인들이 착용했던 복장과 장비, 매우 현대화된 것처럼 보이는 전차 등 일부 무기체계의 현대화 수준은 2020년 10월 이전까지의 열병식에서는 발견하기 어려웠던 사안이다. 질적으로 개선되고 상당히 현대화된 것처럼 보이는 북한 지상군의 일부 무기체계 성능을 과대평가하는 것도 적절치 않지만 '모형' 등으로 치부하며 과소평가하는 행태는 더욱 적절치 않아 보인다.

요컨대 1970년대부터 본격적으로 구축하기 시작한 북한의 독자적인 무기 개발 체계는 1990년대 이후 외부로부터의 지원과 협력이 거의 없어진 가운데서도 나름대로 발전하고 있었다고 추론하는 것이 합리적이다. 외부의 지원·협력이 없는 상태에서 이뤄진 북한의 독자적인 무기 개발 능력 발전은 비교적 고도의 기술이 필요한 최첨단 전투기와 중·장거리 순항 미사일 등의 개발에 있어서는 일정하게 한계를 가질 수밖에 없었을 것이다. 그러나 이러한 한계에도 불구하고 북한은 선별적으로 재래식 무기의 질적 제고 및 현대화를 위한 노력을 김정은 시대가 개막하기 이전에 시작했을 가능성이 있으며(김동엽 2019, 92-98), 그 결과가 2020년 10월 당 창건 75주년 열병식에서 대거 표출된 것으로 이해할 수 있다.

3. 군의 경제적 관여 및 역할 변화

김정은 시대 들어 나타나는 북한군의 변화와 관련한 마지막 특징은 북한군이 경제적 측면에서 관여하는 범위와 그 역할이 변화했다는 것이라고 할 수 있다. 선군정치가 이뤄지던 김정일 시대 북한군은 기존의 경제적 조력자 역할에서 벗어나 북한 경제 전반에 대한 관여를 확대·심화해 간 것으로 평가된다. 탈냉전에 따른 대외환경의 변화, 김일성 주석의 사망, 여기에 연속해서 이어진 홍수 등 극심한 자연재해, 사회주의 계획경제체제의 구조적인 모순 누적은 김정일 시대 초기 북한의 전반적인 국정운용 시스템을 사실상 마비시켰다. 이에 대응해 김정일 위원장은 그나마 위계가 잡혀있고 비교적 정상적으로 작동하는 군대를 통치의 전면에 내세우며 '선군정치'를 실시했던 것으로 이해된다.[14] 이로 인해, 앞서 언급한 것처럼, 김정일 시대 북한군은 기존의 정치적·경제적·사회적 역할을 더욱 확대·심화하는 동시에 대외관계 부문에서까지 일정하게 관여의 범위를 확대했던 것이 사실이다.

이와 같은 북한군의 경제적 관여 및 역할은 김정은 시대 들어 북한에서 가장 크게 변화한 사안 가운데 하나로 평가된다. 김정은 시대 들어 북한은 김정일 시대의 통치방식이었던 선군정치가 아닌 '당-국가체제', 즉 로동당이 중심이 돼 국정 전반을 운용하는 시스템을 정착시켜 나가고 있다. 김정일 시대 군부가 차지했던 경제적 이권은 김정은 시대 들어 당-국가체제가 복원·재확립되는 과정에

14 유사한 시기에 발생한 경제위기에 대응하기 위해 군을 적극적으로 활용한 현상은 북한과 쿠바에서 동일하게 나타났다(신석호 2008; 이경화 2015).

서 상당한 정도로 내각 등에 이관된 것으로 알려졌다. 심지어 김정은 위원장의 지시에 따라 군부대를 이전하고 그 자리에 경제적인 시설을 설치하는 모습이 나타나기도 했으며, 이를 군부의 위상 하락 및 역할 축소로 이해했던 것이 사실이다. 그러나, 앞서 살펴본 것처럼, 김정은 시대에도 여전히 북한군의 경제적 역할은 무시할 수 있는 수준이 아니다. 특히, 대규모 인력 동원과 조속한 성과 도출이 필요한 수해 복구 등에는 여전히 군대가 동원돼 매우 큰 역할을 하고 있으며, 특정 부문에서는 군대와 군수공장의 영향력이 여전히 두드러지는 것으로 평가된다.

일각에서는 김정은 시대 들어 북한이 군수산업을 민수산업으로 전환하고 있다는 주장까지 제기하고 있다. 주요한 근거로는 첫째, 앞서 살펴본 것처럼, 김정은 정권이 군사시설을 민간용으로 용도를 전환하고 있다는 점이 거론된다. 둘째, 김정은 위원장이 2019년 신년사에서 공개적으로 언급한 것처럼,[15] 군수공장에서 민간경제 건설에 필요한 물품을 생산하는 등 군수산업과 민수산업 사이의 경계가 약화되고 있다는 점이다. 셋째, 군수산업 관련 기술자들이 파견되는 방식으로 컴퓨터 수치 제어, 즉 'CNC(Computer Numerical Control)' 등을 비롯해 그동안 군수부문에서 성과를 거둔 기술이 민수산업 현장에 전파되고 있다는 점이다(최은주 2020, 24-32).

이와 같이 김정은 시대 들어 북한에서 나타나는 북한군의 경

15 "군수공업 부문에서는 경제건설에 모든 힘을 집중할 데 대한 우리 당의 전투적 호소를 심장으로 받아안고 여러 가지 농기계와 건설기계, 협동품들과 인민소비품들을 생산하여 경제발전과 인민생활 향상을 추동하였습니다."

제적 관여 및 역할 변화와 관련해서는 두 가지 해석이 가능하다. 하나는 김정은 시대 들어서도 북한군이 대규모 수해 복구 등에서 일정한 역할을 하는 것이 사실이지만 김정일 시대 과도하게 확대·심화됐던 경제적 주체로서의 역할이 급격하게 작아지고 있다는 것이다. 즉, 김정은 시대 들어 북한군의 경제적 관여 범위 및 역할이 '주요한 주체'에서 '조력자'로 변화했다는 해석이 가능한 것이다. 김정은 정권이 북한의 군수산업을 민수산업으로 전환하고 있다는 주장도 이러한 연장에서 이해할 수 있다. 다른 하나는 김정은 시대 들어 북한군이 김정일 시대 향유했던 경제적 이권을 상당한 정도로 상실한 것이 사실이지만 선군정치 시대와는 다른 방식을 통해 주요한 경제적 주체로서 경제 부문에 지속적으로 관여하고 있다는 것이다. 이는 김정은 정권이 당-국가체제를 확립해나가는 동시에 내각을 '경제사령부'로 강조하고 있지만 실질적으로는 여전히 군대와 군수산업이 경제에 강력한 영향력을 행사한다는 논리로 이어질 수 있다.

두 가지 해석 가운데 무엇이 김정은 정권의 정책 추진 방향에 부합하는지를 판단하기 위해서는 시간이 더 필요한 것으로 보인다. 그럼에도 불구하고 한 가지 확실하게 단언할 수 있는 사실은, 두 가지 해석이 공통적으로 전제하는 것처럼, 김정일 시대와 비교했을 때 김정은 시대 들어 북한군의 경제적 관여 범위 및 역할이 유지되는 부분도 있지만 변화한 측면이 더욱 두드러진다는 점이다. 그리고 김정일 시대 북한군이 직접 참여하는 방식으로 경제에 관여했다면 김정은 시대 들어서는 북한군의 경제적 관여 방법이 보다 간접적인 성격으로 달라진 것 역시 사실이다. 이러한 변화들이 조금 더 축적돼야 김정은 시대 북한군이 경제적 측면에서 주요한 주체로서 역할을 하고 있는지 아니면 김일성 시대에 그러했던 것처럼 경제적 조력자로 다시 자리매김 했는지에 대한 판단이 가능할 것이다.

IV 김정은 시대 북한군 변화에 영향을 미친 요인

1. 남한의 군비증강

김정은 시대 들어 나타난 북한 재래식 군사력의 질적 제고 및 현대화에 가장 큰 영향을 미친 요인은 북한군과 대치하고 있는 남한의 군비증강이라고 할 수 있다. 역사적인 측면에서 6·25전쟁 이전 북한의 군사력이 남한에 비해 압도적인 우세를 보였기 때문에 북한이 6·25전쟁을 감행할 수 있었다는 주장도 있지만(고재홍 2007), 대체로 남북한 각각에 정권이 수립된 이후부터 1980년대를 전후한 시기까지는 북한의 재래식 군사력이 남한보다 우세한 수준이었다고 평가되는 것이 사실이다. 그렇지만 가까이는 1990년대, 멀게는 1980년대부터 남한의 재래식 군사력이 북한을 넘어서기 시작했으며, 이후에는 남북한 군사력 격차가 현저하게 벌어졌다는 것이 중론이다(함택영 1998, 370).

남한 정부는 2000년대 초·중반까지도 이러한 인식에 거의 동의하지 않았다. 노무현 정부조차도 "우리 군은 1970년대부터 꾸준히 전력증강사업을 추진해 온 결과 상당 부분 대북 열세를 극복했"

지만 "아직도 대북 억제를 주도적으로 달성할 만한 군사력을 보유하고 있지 못"하다고 자평할 정도였다(국가안전보장회의 상임위원회 2004, 42). 이러한 남한 정부의 인식은 박근혜 정부 시절 변화의 일단이 드러나기 시작했다. 박근혜 정부가 "북한군의 대규모 재래식 전력에 대해서는 우리 군의 첨단전력을 선택과 집중을 통해 확보함으로써 대북 우위를 유지(강조점은 필자가 표시)해 나갈 것"이라고 밝힌 것이다(국가안보실 2014 48). 즉, 언제부터인지 시기를 명확하게 적시하지는 않았지만 박근혜 정부 이후에는 남한의 재래식 군사력이 북한보다 열세라고 주장하기가 어려워진 것이다.

남한의 군사력 증강은 '자주국방'이 처음 제시된 1970년대 본격적으로 시작됐다. 1974~1981년까지 진행된 제1차 율곡사업의 결과, 남한은 국제적으로 인정받을 수 있는 수준의 자주적인 군사력을 갖게 된 것으로 평가된다. 제2차 율곡사업(1982~1986)과 제3차 율곡사업(1987~1991)을 통해서는 기존 방위산업 보완·발전 및 첨단무기 수입 등이 이뤄졌다(한용섭 2019, 477-478). 이후 남한의 군사력 증강은 전력정비사업, 방위력개선사업, 획득사업, 전력투자사업 등으로 명칭을 바꾸는 가운데서도 최첨단 전력 도입 및 첨단 무기 독자 개발·전력화가 병행되는 방향에서 적극적으로 추진됐다.

특히, 북학의 핵·미사일 개발 문제가 가장 큰 안보 위협으로 대두한 지 10여 년이 지난 2000년대부터 남한은 이른바 '한반도 비핵화' 원칙을 견지하는 가운데서도 북한의 핵심 표적을 적시에 정확하게 공격하기 위한 장거리 정밀 타격능력을 급격하게 확충해 나갔다. 남한이 개발해 성과를 거둔 대표적인 장거리 타격능력은 현무-II 계열 지대지 탄도 미사일과 현무-III 계열 지대지 순항 미사일이라고 할 수 있다. 뿐만 아니라 남한은 이지스함·요격 미사일 도입 등을 통해 정보수집·방공 능력을 강화하는 동시에 함대지·잠대지 미사일 개발·배치, 스텔스 기능이 포함된 첨단 전폭기 및 최첨단 스텔스 전폭기 도입, 장거리 공대지 미사일 도입에서도 성과를 거뒀다(장철운 2015, 124-139).

지대지 미사일뿐 아니라 공대지·함대지 미사일 등 남한의 장거리 정밀 타격 능력과 요격 능력 증강은 북한의 취약점을 파고드는 이른바 '비대칭 전력'이라고 할 수 있다. 모두가 잘 아는 것처럼, 북한의 지대지 탄도 미사일 전력은 남한에 중대한 위협이다. 특히, 북한은 기존에 보유하고 있던 액체 연료 지대지 탄도 미사일의 단점을 보완·극복하기 위해 단거리 지대지 탄도 미사일에 준하는 사거리를 갖는 '장사정 (초)대구경 방사포'와 함께 고체 연료 지대지 탄도 미사일 개발 부문에서 상당한 성과를 거두고 있다. 그렇지만 탄도 미사일과 순항 미사일을 모두 포함해 남북한이 서로를 타격할 수 있는 지대지 미사일 전력을 포괄적으로 비교하면 어느 일방의 우세를 단언하기가 어려운 상황이다(장철운 2015, 198-203). 즉, 남북한의 지대지 미사일 전력 비교는 '대칭적'인 성격을 갖는다고 할 수 있는 것이다. 이와 달리 상대방의 미사일 전력에 대응하고 이를 방어하는 측면에서의 전력은 남한이 압도적으로 우세해 '비대칭적'이라는 평가가 가능하다. 지대지 미사일에 대한 대응 전력이라고 할 수 있는 공대지·함대지 공격 능력, 특히 폭격 등 공군력 측면에서는 남한이 북한에 압도적인 우세를 보이며, 지대지 미사일 공격을 방어하기 위한 방공 능력 역시 남한이 북한에 비해 확실히 우세한 것이 사실이다(장철운 2015, 210-224).

남북관계가 획기적으로 개선·발전돼 양측 간 군사적 대치가 현실적으로 종료되기 전까지 남북한은 모두 상대방의 군비증강에 대응하지 않을 수 없을 것이다. 통시적으로 지난 남북한 군 군비경쟁의 역사를 반추했을 때에도 남북한 사이에는 일방의 군비증강 등이 상대방의 군비증강을 자극하고 이러한 현상이 일정한 시차를 두고 반복되는 '안보 딜레마'가 지속돼 온 것이 사실이다(함택영 1998). 이러한 맥락에서 봤을 때, 북한이 김정은 시대를 전후해 재래식 군사력의 질적 제고 및 현대화를 본격적으로 도모하기 시작한 것은 총체적 경제난이 어느 정도 일단락돼 남한의 군비증강에 대응할 수 있는 여력이 생겼기 때문에 가능했던 것이라고 할 수 있다.

다시 말하면, 남한의 군비증강은 북한 재래식 군사력의 질적 제고 및 현대화뿐 아니라 비재래식 군사력, 특히 미사일 능력 고도화에도 일정하게 영향을 미친 것으로 보인다. 앞서 언급한 남한의 지대지 미사일 및 공군력 증강은 2000년대 이후 본격적으로 이뤄졌는데, 이러한 남한의 군사력 증강이 북한의 지대지 미사일 능력 향상에 일정하게 영향을 미쳤을 가능성이 있다. 남한이 개발·보유하고 있는 현무-II 계열 지대지 탄도 미사일은 모두 고체 연료를 사용하는 반면 북한이 기존에 개발·보유하고 있던 스커드 계열 지대지 탄도 미사일은 모두 액체 연료를 사용한다. 이에 더해 남한은 사거리가 비교적 길고 정확성이 매우 뛰어난 순항 미사일까지 개발·보유했다. 즉, 남한의 단·중거리 지대지 미사일 개발에 대응하기 위한 차원에서 북한이 김정은 시대가 개막되기 이전에 고체 연료를 사용하는 지대지 탄도 미사일 개발을 추진하기 시작했고,

김정은 시대 들어 이를 본격화했을 가능성이 있는 것이다(장철운 2018, 97-99).

2. 대미 적대관계 지속

북한이 비재래식 군사력, 특히 핵·미사일 개발을 추진하기 시작하고 김정은 시대 이를 본격화하며 이른바 '핵·미사일 능력 고도화'를 추진한 것에 가장 큰 영향을 미친 요인은 미국과 북한 사이의 적대관계가 지속되는 점이라고 할 수 있다. 일부에서는 남북한 사이의 재래식 군비경쟁에서 북한이 열세를 극복하기가 어렵기 때문에 비재래식 전력인 핵·미사일 개발에 나섰을 수 있다는 주장도 제기한다(함택영 2013, 209). 그렇지만 이러한 주장은 북한이 재래식 군사력의 질적 제고 및 현대화를 추진하지 않았을 때에만 설득력을 가질 수 있다. 북한이 핵·미사일 능력 고도화에서 일정하게 성과를 거둔 이후인 2020년 10월 당 창건 75주년 열병식에서 과시한 재래식 군사력의 질적 제고 및 현대화 수준을 감안한다면 이러한 주장의 설득력은 시간이 지날수록 약해질 수밖에 없다고 할 수 있다. 왜냐하면 앞으로 남북한 간 재래식 군비경쟁의 양상이 1980~1990년대 이후와 유사할 것으로 예단하기가 어려워졌기 때문이다.

따라서 북한이 핵·미사일 개발을 추진하기 시작했을 때부터 핵·미사일 능력을 고도화하는 과정에서 지속적으로 반복해 주장했던 이유에 다시 관심을 기울일 필요가 있다. 즉, 북한의 주장처럼, 미국의 이른바 '대북 적대시 정책이 철회'되지 않았기 때문에 핵·미사일을 개발하고 그 능력을 고도화했다는 것이다. 사실상 세 차례 열린 북·미정상회담에서도 북한은 핵·미사일 문제를 해결하기 위해서는 한반도 평화체제 구축과 북·미관계 정상화가 필요하다고 요구했으며, 트럼프 대통령도 김정은 위원장의 이러한 주장에 일정하게 동의했다. 2021년 제8차 로동당대회에서 김 위원장은 제7차 로동당대회 이후 북·미관계와 관련해 성과도 있었지만 "미국의 대북 적대시 정책은 약화된 것이 아니라 오히려 더 극심해"졌다고 평가했다(조선중앙통신 2021.1.9).

북한의 이러한 주장은 김정은 정권이 핵·미사일 능력을 고도화하는 과정에서도 일정하게 확인할 수 있다. 북한은 미국이 핵·미사일 능력을 포함해 세계 최강의 군사력을 보유한 국가라는 점을 부인하지 않으며, 이러한 미국과의 대결이 상대적 약소국인 북한에 "힘에 부친다"는 인식을 갖고 있다. 그렇지만 북한은 미국을 직접 타격할 수 있는 이른바 '핵보유국'이 되면 미국이 대북 적대시 정책을 변경해 북한과의 평화공존을 모색하지 않을 수 없을 것이라고 주장한다(김혜련·유승일·김성호 2016).

이러한 논리에 따라 북한은 미국의 대북 적대시 정책 변경을 나름대로 '강압'하기 위해 김정은 시대 들어 미국을 타격할 수 있을 정도로 지대지 탄도 미사일의 사거리를 연장하는 데 진력했다. 김정일 시대 북한은 미국이 군사적 측면에서 동아시아 지역 내 중요 거점으로 간주하는 남한과 일본을 타격할 수 있는 지대지 탄도 미사일을 개발·보유하는 수준이었다. 그러나 김정은 시대 들어 북한은 남한과 일본을 넘어 미국이 태평양에서 군사적 우위를 유지하는 데 중요한 괌이나 하와이뿐 아니라 미국 본토 서부 지역과 동부 지역까지 타격할 수 있는 단·중·장거리 지대지 탄도 미사일 개발·보유 능력을 보여줬다.

이와 함께 김정은 정권은 장거리 탄도 미사일에 탑재할 수 있을 정도로 소형화·경량화된 핵폭발장치 제조 능력을 과시했다. 김정일 시대 이뤄진 제1차 핵실험에서 북한은 중국 등에 사전 예고한 폭발력(2kt)에 비할 수 없는 능력을 보여줬고, 제2차 핵실험에서 초기 수준의 핵폭발장치 제조 능력을 보여주는 데 그쳤던 것이 사실이다. 그렇지만 김정은 시대 들어 북한은 폭발력을 배가해나가는 핵실험을 매우 빠른 속도로 네 차례나 실시했다. 심지어 지금까지 가장 마지막이었던 6차 핵실험과 관련해 북한은 이른바 '수소탄' 실험을 주장했으며, 이러한 주장에 걸맞는 폭발력(50~250kt)을 과시했다(장철운 2018, 87). 여기에서 일정하게 거둔 성과를 바탕으로 북한은 이른바 '국가 핵무력 완성'을 선언한 뒤 빠르게 한반도 정세를 협상 국면으로 전환시켜 나갔다.

김정은 시대 들어 추진된 북한의 핵·미사일 능력 고도화가 미국과의 협상을 위한 것이었는지 아니면 '사실상의 핵보유국' 지위에 올라서고 이를 유지하기 위한 것이었는지와 관련된 논란이 있는 것도 사실이다. 그렇지만, 모두가 아는 것처럼, 북한의 2018년 평창 동계올림픽 참가를 시작으로 급격하게 이뤄지던 남북관계 및 북·미관계 개선 등 한반도 정세 전환 국면에서 남북한과 북·미는 북한 비핵화 및 북·미관계 정상화, 한반도 평화체제 구축을 위해 노력하기로 합의했다.

2019년 2월 베트남 하노이에서 열린 제2차 북미정상회담이 합의 없이 종료된 이후 한반도 정세 전환이 '조정' 국면을 이어가는 과정에서 북한의 비핵화 진정성 등에 관한 논란이 다시 제기되고 있다. 그러나 제1차 북·미정상회담을 앞두고 김정은 정권은 풍계리 핵실험장을 전격 폭파하는 방식으로 사실상 폐기한 바 있다. 이에 더해서 김정은 위원장은 2018년 9월 평양에서 이뤄진 문재인 대통령과의 세 번째 남북정상회담에서 영변 핵시설의 영구적 폐기 등을 약속하기도 했다. 이를 감안한다면 북한의 비핵화 진정성을 의심하는 등의 논란에 큰 의미를 부여하는 것은 적절치 않아 보인다.

3. 김정은 체제의 국가전략

끝으로 김정은 시대 들어 이뤄진 북한군의 전반적 변화에 영향을 미친 중요한 요인으로는 대내적인 변화, 즉 김정은 체제의 국가전략을 언급할 수 있다. 김정은 위원장은 공식 집권 2년차에 접어든 2013년 3월 말 '경제건설 및 핵무력 건설 병진노선'을 '항구적 국가전략노선'으로 제시했다. 그러나 명칭과 달리 병진노선이 추진되던 기간 경제건설 부문에서는 김정은 정권이 내세울 만한 성과를 도출하지 못했으며, 핵·미사일 능력 고도화 등 핵무력 건설 부문에서만 상당한 성과를 거둔 것이 사실이다. 이를 반영하듯 2018년 4월 병진노선의 '승리'를 선언한 결정서에는 핵무력 건설 부문의 성과가 비교적 상세하게 기술된 반면 경제건설 부문의 성과는 거의 적시되지 않고 있다(로동신문 2018.4.21). 김정은 위원장이 병진노선에 이어서 새로운 '전략적 노선'으로 제시한 '사회주의 경제건설 총력 집중 노선'이, 그 명칭에서 알 수 있는 것처럼, 경제건설

부문에 초점이 찍혀 있다는 점을 봤을 때에도 병진노선은 사실상 핵·미사일 능력 고도화 노선이었다고 할 수 있다.

여기에서 제기되는 문제는, 앞서 살펴본 것처럼, 김정은 정권이 '경제건설 및 핵무력 건설 병진노선'을 추진하는 기간 동안 핵·미사일 능력 고도화뿐 아니라 재래식 군사력의 질적 제고 및 현대화도 상당하게 추진했다는 사실이다. 재래식 군사력의 질적 제고 및 현대화가 김정은 시대 개막 이전인 김정일 시대부터 추진됐을 수 있고, 남한과의 군사적 대치라는 현실이 변화하지 않았기 때문에 여건이 허락하는 한 북한이 지속적으로 추진할 수밖에 없는 과업일 수도 있을 것이다. 그렇다고 하더라도 김정은 위원장이 '경제건설 및 핵무력 건설 병진노선' 추진을 선언하며 제시한 논리와 재래식 군사력의 질적 제고 및 현대화는 부합하지 않는다.

김정은 위원장은 '경제건설 및 핵무력 건설 병진노선'을 제시한 2013년 3월 당 중앙위 전원회의에서 "새로운 병진로선은 국방비를 늘이지 않고도 적은 비용으로 나라의 방위력을 더욱 강화하면서 경제건설과 인민생활향상에 큰 힘을 돌릴 수 있게" 한다고 설명했다(로동신문 2013.4.2). 이는 기존에 북한이 지출하던 군사비 내에서 핵무력 건설을 추진하겠다는 것으로 이해됐다. 새로운 병진노선이 제시된 당 중앙위 전원회의 다음날 열린 최고인민회의 제12기 7차 회의에서는 2012년 국가예산에서 군사비가 차지하는 비중이 15.9%, 2013년 국가예산에서 군사비의 비중이 16%라고 밝히기도 했다(로동신문 2013.4.2).

이러한 논리를 따르자면 2020년 10월 열병식에서 과시된 북한 재래식 군사력의 질적 제고 및 현대화를 이해하기가 어렵다. 앞서 언급한 것처럼, 당 창건 75주년 열병식에서 확인된 북한 재래식 군사력의 질적 제고 및 현대화 수준은 김정은 시대 초기 또는 그 이전부터 추진된 성과가 대거 표출됐다고 판단하는 것이 타당하다. 즉, 재래식 군사력의 질적 제고 및 현대화는 경제건설 및 핵무력 건설 병진노선 추진 기간에도 지속적으로 추진됐을 가능성이 큰 것이다.

북한이 전반적 국력에 비해 다소 과도한 재래식 군사력을 보유·운용하고 있다는 점을 감안한다면 재래식 군사력의 질적 제고 및 현대화에는 적지 않은 비용이 필요하다(김성주 2016, 22). 그렇지만 병진노선 추진기 북한이 공표한 군사비는 대체로 전체 국가예산의 15.8~16% 수준을 유지했다. 김정은 시대 들어 북한의 전반적 경제상황이 점차 호전됐다는 일부의 주장을 수용해 병진노선 추진기 북한 군사비의 절대금액이 조금씩 증가했다고 가정하더라도 이를 토대로 재래식 군사력과 핵·미사일 능력을 모두 증강할 수 있었을 것이라고 판단하기는 어렵다. 구소련과 중국 등 다른 사회주의 국가들처럼, 북한도 상당한 규모의 비공식 군사비를 편성·지출하고 있을 가능성이 있고, 이것이 군사력 전반의 증강에 기여했을 가능성을 배제하기는 어렵다. 그렇지만 이 역시 김정은 시대 들어 이뤄진 북한군의 경제적 관여 범위 및 역할 변화와는 모순되는 대목이다.

이러한 문제와 모순을 어느 정도 이해하는 방법은 두 가지 정도로 보인다. 하나는 김정은 위원장이 경제건설 및 핵무력 건설 병진노선을 제시하며 설명했던 내용을 병진노선 추진 기간이 아닌 병진노선 종료 이후에 적용되는 것으로 해석하는 방법이다. 즉, 사실상의 핵·미사일 능력 고도화 노선에서 거둔 성과를 바탕으로 2018년 이후에도 "국방비를 늘이지 않고 적은 비용으로 나라의 방위력을 더욱 강화하면서 경제건설과 인민생활향상에 큰 힘을 돌"렸다는 식으로 풀이하는 것이다. 그렇지만 이는 김정은 정권이 사실상의 핵·미사일 능력 고도화 노선을 추진하는 가운데서도 가시적인 성과를 거두지는 못했지만 경제건설을 위해 나름의 노력을 기울였던 점과 배치된다. 또한 병진노선을 종료하고 새로운 전략적 노선인 '사회주의 경제건설 총력집중노선'을 채택해 추진하는 기간에도 국가예산의 약 16%를 군사비로 지출·책정했다는 점과도 부합하지 않는다.

다른 하나는 북한이 공식 발표하지 않았고 외부에서 아직 제대로 파악하고 있지 못하지만 북한이 재래식 군사력의 일부를 감축했을 가능성이다(함택영 1998, 213). 만약 김정은 정권이 병진노선을 추진하던 기간 군사비에 적지 않게 부담을 주던 운영유지비 절감을 위해 일부 병력 등을 감축했다면 재래식 군사력의 질적 제고 및 현대화와 핵·미사일 능력 고도화 병행 추진이 가능했을 수 있다. 그러나 핵·미사일 능력 고도화가 어느 정도의 성과를 거둘지가 명확하지 않은 가운데 남북관계 및 북미관계 등 외부 여건이 여의치 않은 당시 상황에서 김정은 정권이 일방적으로 병력 감축 등을 추진했을 가능성은 커 보이지 않는다. 국방부도 『국방백서』를 통해 2010년 11월 기준 119만여 명이었던 북한군 상비병력이 2020년 12월 현재 128만여 명으로 증가(+7.6%)했다고 판단하고 있다.

V 맺음말

김정은 정권이 들어선 이후 북한에서 이뤄진 북한군 변화와 관련해 대부분은 핵·미사일 능력 고도화를 가장 먼저 거론할 것이다. 특히, 김정은 정권에서만 북한이 네 차례에 걸쳐 핵실험을 단행하고, 미국 본토를 타격할 수 있을 정도의 능력을 가진 것으로 추정되는 장거리 지대지 탄도 미사일 시험 발사를 단행하며 능력 향상을 과시했던 모습을 뇌리에서 쉽게 지울 수 없기 때문이다. 2018년 이른바 '한반도 평화의 봄' 분위기가 급격하게 고조됐지만 2019년 2월 이후 한반도 정세 전환 국면이 정체되고, 2020년 들어서는 남북관계가 경색 국면에 진입하는 것처럼 보이면서 다시 한반도에서 위기가 고조되지는 않을지를 우려하는 목소리도 제기된다. 북한이 2020년 10월 진행한 열병식의 대미를 새로운 장거리 지대지 탄도 미사일 등장으로 장식하면서 이와 같은 우려의 목소리가 조금씩 힘을 얻는 것이 사실이다.

그렇지만 북한의 당 창건 75주년 열병식은 외부 세계가 그동안 놓치고 있었거나 애써 무시하고 있던 북한의 재래식 군사력에 관한 관심을 제고시키기에 충분했다. 북한은 새로운 초대형 장거리 지대지 탄도 미사일과 '북극성-4ㅅ' SLBM뿐 아니라 그동안의 열병식이나 매체를 통해 거의 공개한 적이 없었던 신형 지상군 무기체계를 대거 선보였다. 이러한 재래식 군사력의 질적 제고 및 현대화는 단기간 내에 이루기 어려운 것이다. 즉, 2020년 10월 열병식은 북한이 김정은 정권 출범 이전부터 재래식 군사력 증강을 위해 지속적으로 노력해왔음을 확인할 수 있는 계기였다.

한편 김정은 집권 이후 당-국가체제가 복원되면서 선군정치 시대를 거치는 동안 북한군 비대화의 원인 중 하나로 지목됐던 경제적 관여에 상당한 변화가 발생한 것으로 알려졌다. 김정은 시대 이전까지는 북한 매체에 나타나지 않았던 군용시설의 민수용 시설 전환, 북한군 건설·운영 농장 및 공장·기업소에 대한 최고지도자의 공개활동 변화 등은 북한군의 경제적 관여 범위 축소를 확인할 수 있는 대목이다. 그렇지만 대규모 인력 동원이 필요하거나 민간에서 성과를 거두기가 쉽지 않은 경제 현장 및 특정 부문에 대한 북한군의 관여는 아직도 지속되는 것처럼 보인다.

김정은 시대 들어 북한군에 나타난 이와 같은 변화의 특징 중 단연 두드러지는 사안은 공개 수준 증대라고 할 수 있다. 북한 매체가 보도한 사진만으로는 실물인지 모형인지 확인하기 어렵지만, 김정은 위원장이 핵폭발장치와 시험 발사를 준비하는 지대지 탄도미사일을 둘러보는 모습은 김일성 주석과 김정일 위원장의 공개활동에서는 발견하기 어려운 장면이다. 2020년 10월 열병식에서 공개된 북한군 주요 부대의 개략적 위치와 지휘관의 얼굴, 계급도 마찬가지이다. 특히, 당 창건 75주년 열병식은 북한 기계화부대 편제에 대해 그동안 국방부가 견지해오던 판단에 의문을 제기하기도 했다.

김정은 시대 북한군 변화에서 나타나는 다른 특징은 핵·미사일 능력 고도화뿐 아니라 재래식 군사력의 질적 제고 및 현대화를 북한이 독자적인 능력으로 추진했을 가능성이 크다는 것이다. 김정은 정권이 추진한 핵·미사일 능력 고도화로 북한은 어느 때보다 강력한 국제사회의 경제제재를 받고 있으며, 여기에는 북한의 우방국이자 유엔 안보리 상임이사국인 중국과 러시아도 상당한 정도로 동참하고 있다. 이를 감안했을 때, 북한의 재래식 및 비재래식 군사력 증강에 외부로부터의 지원·협력이 영향을 미쳤을 것이라고 추론하기는 쉽지 않다.

마지막으로 찾을 수 있는 김정은 시대 북한군 변화의 특징은 군대의 경제적 관여 범위와 역할이 김정일 시대에 비해 매우 크게 달라졌다는 점이다. 일각에서는 김정은 체제가 북한의 군수산업을 민수산업으로 전환하고 있을 것이라는 관측을 내놓기도 한다. 그렇지만 북한군이 경제적 측면에서 주요한 주체가 아닌 조력자로 변화했는지 아니면 김정은 시대 들어서도 김정일 시대에 그랬던 것처럼 군대가 상당한 경제적 영향력을 유지하고 있는지를 단정적으로 판단하기는 아직 시기상조인 것으로 보인다.

이처럼 김정은 시대 들어 나타난 북한군의 변화, 특히 재래식 군사력의 질적 제고 및 현대화에 영향을 미친 요인 중 하나는 군사적으로 대치하고 있는 남한의 군비증강이라고 할 수 있다. 총체적 경제난에서 일정하게 벗어난 북한이 역사적인 측면에서 반복되는 남북한 사이의 안보 딜레마에 다시 제대로 뛰어들었다고 할 수 있다. 즉, 김정은 집권을 전후해 본격화된 것으로 보이는 북한 재래식 군사력의 질적 제고 및 현대화 이유는 남북한 간의 재래식 군비경쟁, 특히 1990년대 이후 이뤄진 남한의 첨단 전력 증강에서 찾는 것이 타당하다. 2000년대 이후 본격화된 남한의 장거리 정밀타격 능력 증강은 북한의 고체 연료 지대지 탄도 미사일 개발을 일정하게 자극한 것으로 보인다.

두 번째 요인은 북한이 미국과의 적대관계를 지속하는 점이다. 남북한 간 재래식 군사력 균형 측면에서 북한이 열세를 만회하기 어렵기 때문에 핵·미사일 개발을 본격화했다는 논리는 2020년 10월 열병식으로 더 이상 유효하지 않아 보인다. 김정은 정권이 핵·미사일 능력을 고도화한 이유가 대미 협상 카드로 사용하기 위해서인지 '사실상의 핵보유국' 지위를 획득하기 위해서인지의 논쟁도 무의미해 보인다. 북한이 주장하는 것처럼, 핵·미사일을 개발하고 그 능력을 고도화한 이유는 미국의 대북 적대 정책 변화를 강제하기 위한 것일 수 있다. 그러나 2018년 이후 한반도 정세가 보여주는 것처럼 미국의 대북정책 변화를 북한이 독자적으로 이끌기는 어려워 보인다.

최근 10년을 전후한 기간 북한군의 전반적 변화에 영향을 미친 대내적 요인은 김정은 정권의 국가전략이라고 할 수 있다. 특히, 상당한 성과를 거둔 것으로 평가되는 핵·미사일 능력 고도화는 여기에 합당한 국가전략노선을 수립·추진했기 때문에 가능한 것이었다. 그런데 병진노선을 추진하는 기간 김정은 정권은 상당한 수준의 재래식 군사력 증강 정책을 보이지 않게 추진하기도 했다. 북한의 대내외적 상황과 여건을 감안했을 때, 재래식 군사력과 비재래식 군사력을 동시에 증강시키기는 쉽지 않았을 것으로 판단된다. 이것이 가능했던 이유를 몇 가지 추론해봤지만 설득력을 갖는 이유를 찾기는 어려웠다.

이와 같은 김정은 시대 북한군의 변화를 단순한 전술적 변화로 치부할 수도 있을 것이다. 그러나 김정은 시대 북한군의 변화는 김정은 시대가 개막하기 이전인 김정일 시대, 어쩌면 그 이전부터 준비·추진되고 있었을 가능성이 크다. 특히, 2020년 10월 당 창건

75주년 열병식은 김정은 정권이 집권 초기 추진한 핵·미사일 능력 고도화의 그림자에 가려져 있던 재래식 군사력의 질적 제고 및 현대화를 함께 고려해야 할 필요성을 일깨워줬다. 즉, 김정은 시대 들어 그동안 이뤄진 북한군의 변화는 보다 근본적이고 전략적인 차원에서 장기적으로 진행됐으며, 앞으로도 그러한 방향에서 지속적으로 변화할 것이라는 전제 위에서 분석·평가하는 것이 바람직하다.

부록 인민군 운영 농장 및 공장·기업소 등에 대한 김정은 위원장의 현지지도 목록

연	월 일	주요 내용
2013년 (6)	5월 6일	인민군대에서 건설 중인 여러 대상들
	5월 16일	인민군 2월20일공장
	5월 27일	인민군 제313군부대 관하 8월25일수산사업소
	10월 8일	인민군 제621호 육종장
	11월 12일	인민군 11월2일 공장
	11월 16일	인민군 제354호 식료공장
2014년 (7)	2월 20일	인민군 11월2일공장
	8월 20일	인민군 제621호 육종장
	8월 24일	인민군 11월2일공장
	11월 15일	인민군 2월20일공장
	11월 17일	인민군 제534군부대 산하 종합식료 가공공장
	11월 19일	인민군 제567군부대 산하 18호 수산사업소
	12월 26일	인민군 6월8일농장에 새로 건설한 남새(채소) 온실
2015년 (10)	3월 18일	인민군 어구종합공장
	5월 11일	인민군 제580군부대 산하 7월18일소목장 및 안변양어장
	5월 15일	인민군 제810군부대 산하 신창양어장
	5월 23일	인민군 제810군부대 산하 석막대서양연어종어장과 낙산바다연어양어사업소
	6월 1일	인민군 제810군부대 산하 1116호 농장
	6월 6일	인민군 제810군부대산하 평양생물기술연구원
	8월 13일	인민군 제810군부대 산하 1116호농장
	11월 23일	인민군 제313군부대 관하 8월25일수산사업소
	11월 25일	인민군 제549군부대 관하 15호수산사업소
	12월 3일	인민군 제122호 양묘장
2016년 (5)	3월 22일	인민군 해군 제597군부대 관하 10월3일 공장
	5월 15일	인민군 제122호 양묘장
	7월 24일	인민군 제810군부대 산하 어분사료공장
	9월 13일	인민군 제810군부대 산하 1116호 농장
	12월 15일	인민군 15호 수산사업소
2017년 (2)	4월 23일	인민군 항공 및 반항공군 4월 22일 태천 돼지공장
	9월 30일	인민군 제810군부대 산하 1116호 농장
2018년 (2)	7월 17일	인민군 제810군부대 산하 낙산바다연어양어사업소 및 석막대서양연어종어장
	7월 25일	인민군 제525호공장
2019년 (1)	10월 9일	인민군 제810부대 산하 1116호 농장

출처: 통일부 북한정보포털 웹사이트(https://nkinfo.unikorea.go.kr/nkp/trend/publicEvent.do)에서 기간을 2012.1.1부터 2020.12.20까지로 설정해 검색한 내용 및 조선중앙통신 등 북한 매체 보도 내용을 필자가 분류(검색일: 2020.12.21).

참고문헌

고재홍. 2007. 『한국전쟁의 원인: 남북한 군사력 불균형』. 파주: 한국학술정보.

구민교. 2019. "한반도 평화체제 이후 남북한 해양협력 방안: 수산업, 해운업, 해상유전 공동개발을 중심으로." 『국제개발협력연구』 11(3).

국가안보실. 2014. 『희망의 새시대 국가안보전략』.

국가안전보장회의 상임위원회. 2004. 『평화번영과 국가안보: 참여정부의 안보정책 구상』. 서울: 세기문화사.

국방과학연구소. 2010. 『국방의 초석 40년: 1970~2010』.

국방부. 각 년. 『국방백서』.

김동엽. 2019. "김정은 시대 북한의 군사 분야 변화와 전망." 『경제와 사회』 122.

김성주. 2016. "북한 병진노선의 내용 및 논리구조 변화 분석: 군사비 지출과 경제성장의 상관관계를 중심으로." 『국방정책연구』 32(2).

김태구. 2019. "김정은 위원장 집권 이후 군부 위상 변화 연구." 『통일과 평화』 11(2).

김혜련·유승일·김성호. 2016. 『절세위인과 핵강국』. 평양: 평양출판사.

서훈. 2008. 『북한의 선군외교: 약소국 북한의 강대국 미국 상대하기』. 서울: 명인문화사.

신석호. 2008. 『김정일과 카스트로가 경제위기를 만났을 때』. 서울: 전략과문화.

이경화. 2015. "북한과 쿠바의 혁명군부에 대한 비교 연구: 체제유지에 있어서 군의 역할을 중심으로." 고려대학교 대학원 문학 박사학위논문.

이남주·이정철. 2020. 『신한반도체제 추진 종합연구(2): 신한반도체제의 평화협력공동체 형성』. 세종: 경제·인문사회연구회.

이성권. 2012. "김정일의 선군리더십과 '조선인민군'." 숭실대학교 대학원 정치학 박사학위논문.

임갑수·문덕호. 2013. 『유엔 안보리 제재의 국제정치학』. 파주: 한울.

장준익. 1995. 『북한 핵·미사일 전쟁』. 서울: 서문당.

장철운. 2015. 『남북한 미사일 경쟁史: 현무 vs. 화성』. 서울: 선인.

______. 2017. "북한 전략군의 위상과 역할에 관한 연구." 『한국과 국제정치』 33(4).

______. 2018. "북한의 핵·미사일 과학기술 발전과 비핵화 프로세스 전망." 『통일문제연구』 30(2).

정규수. 2015. 『로켓 과학 I: 로켓 추진체와 관성유도』. 서울: 지성사.

정성임. 2011. "조선인민군: 위상·편제·역할." 세종연구소 북한연구센터. 『북한의 당·국가기구·군대』. 파주: 한울.

정성장. 2012. "김정은 체제의 경제 개혁·개방 전망과 과제." 『국가전략』 18(4).

정영철. 2005. 『김정일 리더십 연구』. 서울: 선인.

진희권·윤인주. 2019. "김정은 시대 북한의 수산정책 연구: 노동신문 분석을 중심으로." 『해양정책연구』 34(2).

최은주. 2020. 『김정은 시대 경제 발전 전략과 군수산업의 역할』. 성남: 세종연구소.

통일부. 2020.『북한 기관별 인명록 2020』.
통일부 통일교육원. 2018.『2019 북한이해』.
통일연구원. 2011.『김정일 현지지도 동향: 1994-2011』.
한용섭. 2019.『우리 국방의 논리』. 서울: 박영사.
함택영. 1998.『국가안보의 정치경제학: 남북한의 경제력·국가역량·군사력』. 서울: 법문사.
______. 2013. "핵무력과 경제건설의 딜레마." 장달중 편.『현대 북한학 강의』. 서울: 사회평론.
홍민. 2020.10.12. "북한 노동당 창건 75주년 열병식 분석." 통일연구원, Online Series, CO 20-26.

외국문출판사. 2020.『국가방위력강화를 위하여』.

필자 소개

장철운 Jang, Cheol-wun

통일연구원(Korea Institute for National Unification) 통일정책연구실 부연구위원
한양대학교 원자력공학과 졸업, 북한대학원대학교 북한학 박사

논저 『한반도 비핵·평화 프로세스 추진전략과 정책과제』, "북한군 상비병력 추정치에 관한 재평가 제안", "북한의 핵·미사일 과학기술 발전과 비핵화 프로세스 전망"

이메일 ironcloud@hanmail.net

제5장

김정은 시대 북한 경제, "사회주의기업책임관리제" 실시 이후 '재생산과정'과 '화폐회전' 분석

North Korean economy in the Kim Jong-un era, analysing the reproduction process and monetary circuit after the introduction of the *Socialist Corporate Responsible Management System*

김기헌 | 남북경제문화협력재단 기획실장

* 이 글은 2018년 통일부 신진연구자 정책연구 과제로 제출한 ""사회주의기업책임관리제" 실시 이후 북한의 화폐 플로우와 '스톡-플로우 일관 모형'"을 대폭 수정·보완, 발전시킨 것이다.

김정은 집권 이후, 북한 당국은 이른바 '우리식 경제관리방법'의 확립을 핵심 정책 과제로 제시한다. 이는 이후 "사회주의기업책임관리제"의 실시로 구체화된다. 이 글은 "사회주의기업책임관리제" 실시 이후 북한 경제의 '재생산과정'과 '화폐회전'을 분석한다. 우선 북한 경제의 재생산과정인 '계획의 수립 → 선대자금 조성 → 생산수단 구입과 "생활비" 지급 → 생산 → 생산물 유통 → 소득분배'의 각 단계를 구체적으로 살펴본다. 다음으로 북한 경제에 관한 '국민대차대조표행렬'과 '스톡-플로우 일관 행렬'을 작성하고 '스톡-플로우 일관 모형'을 구축한다. 그리고 이를 통해 재생산과정을 따라 이루어지는 북한에서의 화폐회전을 고찰한다. 분석 결과에 따르면, 북한의 화폐는 경제 밖에서 '외생적으로' 공급되는 것이 아니라 경제 내 생산의 요구에 따라 '내생적으로' 창조된다. 또한 생산 및 소득 등 소위 '실물경제'에 직접적인 영향을 미치는 '비중립화폐'이다. 이 글은 결론 대신 "사회주의기업책임관리제" 실시 이후 북한 경제 작동방식의 주요 특징 세 가지를 제시한다. 우선, '계획'이 축소되고 '시장'이 확대되었다. 둘째, 재생산과정의 안정성이 증대했다. 셋째, 화폐의 역할이 강화되었다.

After Kim Jong-un came to power, the North Korean authorities presented the establishment of a so-called Korean Economy Management Method as a key policy task. This was materialized by the introduction of the *Socialist Corporate Responsible Management System* (SCRM System). This paper analyzes the reproduction process and monetary circuit of the North Korean economy after the implementation of the SCRM System. First of all, we will look at each stage of the North Korean economy's reproduction process in detail: Establishing a plan → financing for advance payment → purchasing production means and paying *living expenses* (wages) → Production → Product Distribution → Income Distribution. Next, the National or Overall Balance Sheet Matrix and Stock-Flow Consistent Matrix for the North Korean economy are prepared, and the Stock-Flow Consitent Model is constructed. And through this, we consider the money circuit in North Korea that follows the reproduction process. According to the results of the analysis, North Korea's money is not *exogenously* supplied outside the economy, but is created *endogenously* according to the demands of production within the economy. It is also a *non-neutral money* that directly affects the so-called *real economy* such as production and income. Instead of a conclusion, this paper presents three main characteristics of the way North Korea's economy works after the implementation of the SCRM system. First of all, the *planning mechamism* has been reduced and the *market mechanism* expanded. Second, the stability of the reproduction process has increased. Third, the role of money has been strengthened.

KEYWORDS 북한 경제 North Korean economy, 사회주의기업책임관리제 *Socialist Corporate Responsible Management System*, 재생산과정 reproduction process, 스톡-플로우 일관 모형, Stock-Flow Consitent Model, 화폐의 순환 및 회전 circulation and circuit of money, 화폐경제 monetary economy

I 서론

이 글의 목적은 "사회주의기업책임관리제"(이하 "기업책임관리제") 실시 이후 북한 경제의 '재생산과정(reproduction process)'과 '화폐회전(monetary circuit)'을 분석하는 것이다. 재생산과정, 즉 생산과정은 경제활동의 핵심적인 요소일 뿐만 아니라, 여타 모든 경제활동에 우선한다. 경제구조도 생산과정에서 비롯된다. 북한에서 화폐는 재생산과정을 따라 회전하면서 이른바 '실물경제(real economy)'와 서로 상호작용한다.[1] 재생산과정과 화폐회전을 분석하면, 북한의 경제구조는 어떤 모습이고 어떻게 작동하는지, 이전과 비교할 때 무슨 차이가 있는지, 그것의 경제적 의미가 무엇인지 등에 관한 시사점을 발견할 수 있다.

김정은 집권 이후 북한은 '경제관리 방법'에 대한 대대적인 수술에 나선다. 2011년 12월 김정은은 '우리식 경제관리방법의 확립'을 지시한다. 이에 따라 북한 당국은 경제관리방법의 개선을 위한 '내각 상무조'를 구성, 2012년 9월 개편시안을 마련한다. 김정

1 전통적인 주류경제학은 경제를 '실물'과 '화폐'로 양분한다. 이에 따르면, 화폐는 '실물경제'의 베일(veil), 또는 그 작동을 돕는 윤활유(lubricant)에 지나지 않는다. 따라서 화폐가 없어도 '실물경제'는 작동한다. 그러나 우리가 살고 있는 현실의 경제는 그렇지 않다. 자급자족 경제가 아닌 한, 화폐는 생산의 전제조건이다. 화폐가 없으면, 생산 자체를 시작할 수 없다. 화폐의 회전이 원활하지 못하면, 재생산과정이 지체되거나 '가다 서다를 반복'하는 등 제대로 진행되지 않는다. "이런 의미에서 화폐는 경제활동의 가장 본질적인 요소 중의 하나이다"(박만섭 2020, 6). 때문에 경제는 '실물'과 '화폐'로 분리될 수 없다. '실물'과 '화폐'의 분리는 현실과 괴리된 '관념'에 불과하다. 이로부터, 이하 논의에서는 '실물', 또는 '실물경제' 용어를 가급적 배제한다. 부득불 사용할 경우에는 홑따옴표를 붙이기로 한다.

은은 '내각 상무조'의 연구와 활동에 기초, 2014년 5월 30일 "현실 발전의 요구에 맞게 우리식 경제관리방법을 확립할데 대하여" 제하의 담화를 발표한다. 이른바 '5.30 담화'이다. 한기범은 '5.30 담화'를 "경제개혁 문제에 대한 [김정은의] 결론"(한기범 2019, 271)으로 규정한다. '5.30 담화'에서 '우리식 경제관리방법의 확립'은 기업책임관리제 실시로 구체화된다. 2015년 12월 김정은은 전국재정은행일군대회 참가자들에게 보낸 서한에서 기업책임관리제 시행과 중앙은행과 상업은행(이하 "은행")의 분리, 즉 은행의 신설을 공식화한다. 이어 2016년 5월 6-7일 김정은은 조선로동당 제7차대회 중앙위원회사업 총화보고를 통해 기업책임관리제를 다음과 같이 대내외에 공표한다. "사회주의기업책임관리제를 바로 실시하여야 합니다. 공장, 기업소, 협동단체들은 사회주의기업책임관리제의 요구에 맞게 경영전략을 잘 세우고 기업활동을 주동적으로, 창발적으로 하여 생산을 정상화하고 확대발전시켜나가야 합니다. 국가적으로 기업체들이 부여된 경영권을 원활하게 활용할수 있도록 조건을 충분히 보장해주어야 합니다"(김정은 2016, 28).

2014년 말부터 북한 당국은 기업책임관리제를 법적으로 뒷받침하기 위해 「농장법」과 「기업소법」, 「무역법」, 「인민경제계획법」, 「자재관리법」, 「재정법」, 「중앙은행법」, 「상업은행법」 등 경제 관련 법률의 제개정 작업에 착수한다. 2019년 4월에는 「헌법」도 개정했다. 「헌법」 제33조에서 "대안의 사업체계"와 "농촌경리를 기업적 방법으로 지도하는 농업지도체계"를 삭제하고 대신 기업책임관리제를 명문화했다. "국가는 생산자대중의 집체적지혜와 힘에 의거하여 경제를 과학적으로, 합리적으로 관리운영하며 내각의 역할을 결정적으로 높인다. 국가는 경제관리에서 사회주의기업책임관리제를 실시하며 원가, 가격, 수익성같은 경제적공간을 옳게 리용하도록 한다."

이 글은 다음과 같이 구성된다. 제2장은 논문의 이론적 배경이다. 왜 재생산과정과 화폐회전을 분석하는지, 그 이유를 밝히고 화폐회전의 분석틀인 '스톡-플로우 일관 모형(Stock-Flow Consistency Model, 이하 "SFC 모형")'을 소개한다. 제3장에서는 북한 경제의 재생산과정인 '계획의 수립 → 선대자금 조성 → 생산수단 구입과 "생활비" 지급 → 생산 → 생산물 유통 → 소득분배'의 각 단계를 구체적으로 살펴본다. 제4장은 SFC 모형을 이용, 북한에서의 화폐회전을 분석하고 그 성격을 규명한다. 제5장은 이 글의 결론 부분이다. 재생산과정과 화폐회전 분석에 기초, 김정은 시대 북한 경제 작동방식의 특징 가운데 몇 가지를 제시하는 것으로 결론을 대신한다.

이 글에서는 북한 용어를 가급적 원래 표기 그대로 쓰기로 한다. 북한에서만 사용하는 용어인 경우, 북한 용어라는 것을 나타내기 위해 이중 따옴표를 사용한다.

II 이론적 배경

1. 왜 재생산과정 분석인가?

사전은 경제활동을 이렇게 정의한다. "사람이 살아가는 데 필요한 재화나 용역을 생산·교환·분배·소비하는 모든 활동"(국립국어원 표준국어대사전, 2020.12.15 검색). 생산 없이는 교환이나 분배, 소비 등 여타 경제활동이 존재할 수 없다. 생산과정은 모든 경제활동에 우선하는, 경제활동의 핵심적인 부분이다. 흡사 자동차의 엔진에 비유할 수 있다. 또한 마르크스(K. Marx)가 『정치경제학 비판을 위하여』 서문에서 지적했듯이, 생산관계, 즉 생산과정에서 필연적으로 맺어지는 사람들 사이의 관계의 총체가 사회의 경제구조인 생산양식(mode of production)을 형성한다. 생산양식은 사회의 진정한 토대로서 그 위에 정치적, 법적, 이데올로기적인 상부구조가 수립된다. 따라서 경제를 구조적으로 고찰하면서 작동 방식의 본질과 역사적 변천과정을 파악하기 위해서는, 그리고 사회구조의 변화와 관련, 그 시사점을 발견하기 위해서는 무엇보다 생산과정에 대한 분석이 선행되어야 한다.

연속성과 주기적 반복성은 생산과정의 특징이다. 마르크스에 따르면, "생산과정은 그 사회적 형태와 상관없이 연속적이어야 [하며] 주기적으로 똑같은 과정을 계속해서 통과해야만 한다" (Marx 2009[1890], 777). 그런 의미에서, "[즉] 모든 사회적 생산과정을 하나의 연속적인 관련 속에서 그리고 끊임없이 갱신되어가는 흐름 속에서 바라본다면, 생산과정은 곧 재생산과정이기도 하다" (Marx 2009[1890], 777). 이 경우 재생산과정은 생산과정의 다른 일련의 경제적 과정, 다시 말해 '경제적 조건'을 포괄한다. 자본주의 재생산과정은 생산과정과 자금조성과정(financing), 유통과정, 분배과정의 통일이다.

북한의 정치경제학은 사회주의를 자본주의와 공산주의 사이에 놓인 '과도기'로 규정한다. 사회주의 사회에는 양 체제의 특성이 공존한다. 사회주의 경제의 재생산과정은 자본주의 경제의 재생산 과정과 '형태적으로' 동일하다. 하지만 자원의 배분 방식, 즉 경제의 조정 기제는 서로 다르다. 자본주의 경제는 '시장(the market or market mechanism)'이 조정한다. 사회주의 경제의 조정 기제는 '계획(planning or planning mechanism)'이다.[2] 재생산과정 역시 '계획'이 규제한다. 북한의 정치경제학은 이를 "인민경제의 계획적균형적발전법칙"으로 정의한다. 후술하겠지만, 기업책임관리제 실시 이후 '계획'의 영역은 축소되었다. 그렇지만 북한에서 '계획'은 여전히 기본적인 경제 조정 수단으로 기능한다. 이에 따라, 이 글은 '계획의 수립'을 포함시켜 북한 경제의 재생산과정을 논의한다.

2. '화폐회전'의 이해: SFC 모형

북한은 사회주의 사회이다. 그렇지만 제한적일지라도 상품화폐관계가 존재하고 경제 전반에 걸쳐 가치법칙이 작용한다. 화폐는 재생산과정을 따라 '회전(circuit)', 즉 반복해서 '순환(circulation)' 한다. 기업은 생산을 시작하기 전에 '화폐자금'[3]을 선대(advance

2 이하 논의에서 홑따옴표를 붙인 '계획'과 '시장'은 모두 경제 조정기제를 의미한다.

3 북한의 정치경제학은 '생산수단의 사회화'와 '노동력의 비상품화'를 사회주의와 자본주의를 가르는 가장 본질적인 요소로 간주한다. 마르크스에 따르면 자본(capital), 즉 자본관계(capital relation)는 노동력의 상품화를 전제한다. 자본의 본원적 축적은 생산수단으로부터 직접적 생산자의 이탈에서 시작된다. "자본관계를 만들어내는 과정은 노동자를 자기 노동조건의 소유에서 분리시키는 과정 (…) 바로 그것이다. 따라서 이른바 본원적 축적이란 바로 생산자와 생산수단의 역사

payment), 그것으로 생산수단을 구입하고 "생활비"를 지급한다. 생산된 산출물은 "상업적형태" 또는 "상업적방법"으로 유통된다. 그 과정에서 화폐가 유통 및 지불수단으로 사용된다. 소득의 분배 역시 화폐로 이루어진다.

북한 경제의 재생산과정을 온전히 이해하기 위해서는 그 자체에 대한 분석만으로는 부족하다. 재생산과정에서 화폐가 어떻게 회전하는지, 그 경로에 대한 상세한 논의가 필요하다. 이 글은 우선 기업책임관리제 실시 이후의 북한 경제에 관한 '국민대차대조표행렬(National or Overall Balance Sheet Matrix)'과 '스톡-플로우 일관 행렬(Stock-Flow Consistent Matrix, 이하 "SFC 행렬")'을 작성하고 이에 기반, SFC 모형을 구축한다. 그리고 이를 통해 재생산과정을 따라 진행되는 화폐의 회전을 분석한다.

국민대차대조표행렬은 경제부문들의 '자산스톡(asset stock)'과 '부채스톡(liability stock)'으로 이루어져 있다. 경제부문으로는 노동자와 기업, 은행, 국가, 중앙은행, 해외를 상정한다. 유엔(United Nations, UN)의 '국민계정체계와 부표(System of National Accounts and Supporting Tables, SNA)'[4]와 다르게 국민대차대조표행렬에는 은행과 중앙은행이 포함된다. 이 같은 국민대차대조표행렬은 국민경제의 자금구조를 이해하는 데 도움을 준다. 뿐만 아니라 SFC 행렬의 '성분(entry)'들을 확정하는 데도 실마리를 제공한

적 분리과정이다"(Marx 2009[1890], 963). 이로부터 북한의 사회주의 정치경제학은 자본 대신 '재산'이나 '자금', '폰드' 등의 용어를 사용한다.

4 UN은 1953년 SNA를 제시한 후, 지금까지 세 차례(1968년과 1993년, 2008년) 개정했다. 2008년 SNA에 따르면, 국민계정은 국민소득통계와 산업연관표, 자금순환표, 국제수지표, 국민대차대조표 등 5개 국민경제 통계로 구성된다.

다(Godley & Lavoie 2007, 25). 금융자산의 경우, 어느 한 경제부문의 자산은 다른 경제부문의 부채이다. 따라서 국민대차대조표행렬에서 금융자산의 경우, 열벡터(row vector)의 합은 '영'(零)이다.

SFC 행렬은 경제부문들간의 '거래(transaction)'와 그로 인한 소득의 형성과 지출, 금융자산 '플로우(flow)'를 전체적으로 보여준다. 이 행렬에서 '본원통화(hypowered money)'를 포함, 모든 금융자산의 플로우는 소득의 형성 및 지출 과정에 완전히 통합된다. SFC 모형의 특징은 다음 네 가지로 요약된다(Nikiforos & Zezza 2017, 6-8). 첫째, 플로우의 일관성(flow consistency). SFC 행렬에서 '모든 화폐적 흐름은 어딘가에서 시작되어 어디론가 흘러간다(*Every monetary flow comes from somewhere and goes somewhere*).' 이른바 '블랙홀(black hole)'이 존재하지 않는다. 따라서 SFC 행렬에서 행벡터(column vector)와 열벡터의 합은 모두 '영'이다. 둘째, 스톡의 일관성(stock consistency). 특정 경제부문의 금융자산이 다른 경제부문에게는 부채이다. 그 결과 경제 내 순금융자산(net financial)의 크기는 '영'이 된다. 셋째, 스톡-플로우의 일관성(stock-flow consistency). 식(2.1)을 보면 알 수 있듯이, 플로우의 변화는 하나 또는 그 이상 스톡의 증감으로 귀결된다. 기말의 스톡은 그 기간 발생한 플로우의 축적과 자본이득(capital gain)으로 구성된다.

$$\Omega_t = \Omega_{t-1} + F_t + CG_t \qquad \text{식(2.1)}$$

Ω_t 는 t기의 스톡의 가치, F_t는 플로우, CG_t는 순자본이득

을 의미한다. 넷째, 4중 기입(quadruple entry). SFC 행렬의 모든 행벡터와 열벡터의 합은 '영'이다. 따라서 임의의 한 거래는 최소한 SFC 행렬의 성분 네 개의 값을 변화시킨다(Nikiforos & Zezza 2017, 6-8).

경제모형은 현실경제를 단순화한 것으로 경제의 움직임을 이해하고 예측하기 위해 사용된다. 경제 정책이나 경제 외적인 충격을 사전에 모의실험(simulation)하는 데 이용할 수도 있다. 경제모형은 보통 변수들 간의 함수관계로 표현되며, 적게는 수 개에서 많게는 수백 개의 연립방정식 형태를 띤다. SFC 행렬의 성분이 이 모형의 변수를 형성한다. SFC 모형의 식은 경제 각 부문들이 행하는 '경제적 행위(economic behavior)'를 나타낸다. 그런 의미에서 SFC 모형은 일종의 '행위 식 체계'라고 할 수 있다. 위에서 지적했듯이, SFC 행렬에서는 '실물'과 '금융'이 통합되어 있다. 이 같은 통합이 SFC 모형에서는 '실물'과 '금융'의 상호작용으로 나타난다. SFC 모형의 $(n-1)$개 식은 논리적으로 n번째 식을 시사한다. SFC의 행렬의 특징인 '일관성' 때문이다(Godley & Lavoie 2007, 9). 한편 SFC 모형은 '역사적 시간(historic time)' 속에서 '비에르고딕(non-ergodic)'하게 나아가는 경제[5]를 상정한다. 따라서 '모수와 모든 함수들이 주어져 있다(*All parameters and functions of the model are*

5 박만섭은 '비에르고딕'에 관해 다음과 같이 설명한다. "경제활동은 역사적 시간을 통해 이루어진다. (…) 특히 생산에서 투입물의 투입과 산출물의 산출 사이에는 역사적인 시간이 흐른다. 따라서 생산자들은 결과가 나오기 이전에 생산을 어떤 방식으로 조직해야 하는지 결정을 내려야 한다. 그런데 현실에서는 언제나 전혀 예상하지 못하는 사건들이 발생한다. 현재와 미래의 경제 현상은 과거에 일어났던 일들의 확률 분포로 예측할 수 없다. 경제 현실은 '비에르고딕'하다"(박만섭 2020, 72).

taken as given)'고 가정하지 않는 한, 이 경제에서 '균제균형(steady state)'은 불가능하다(Godley & Lavoie 2007, 9-10).

III 북한 경제의 재생산과정

〈그림 5-1〉은 북한 경제의 재생산과정을 보여준다. 앞서 지적했듯이, 기업책임관리제 실시 이후에도 이전과 마찬가지로 '계획'이 재생산과정을 전반을 규제한다. 이를 감안, '계획의 수립'을 재생산과정의 첫 공정으로 제시한다. 이하 논의에서는 기업책임관리제 실시 이후 북한 경제의 재생산과정을 각 단계별로 상세하게 분석한다.

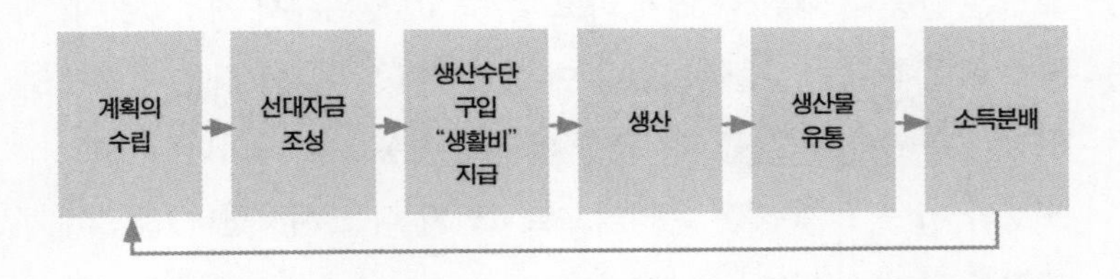

그림 5-1. 북한 경제의 재생산과정

1. 계획의 수립[6]

기업책임관리제 실시에 따라 북한 당국은 '계획권', 즉 계획의 수

6 이하 논의는 북한의 강성남(2016)과 김경옥(2017); 김성철(2015); 김철민(2018); 도성철(2018); 렴병호(2017; 2019); 리기성(1992); 리영남(2016); 리창하(2018); 리철(2017); 박혜경(2015); 송정남(2015); 윤영순(2018); 윤진아(2018); 장명식(2015); 조웅주(2017); 최성봉(2016); 한규수(2016); 한득보(1992); 한정민(2018) 등에 기초한다.

립 권한 중 일부를 "지방인민위원회"와 기업에 부여했다. 계획 지표를 "국가지표"(또는 "중앙지표")와 "지방지표", "기업소지표"로 나눈 다음, "지방지표"와 "기업소지표"의 계획권을 각각 "지방인민위원회"와 기업에 이양한 것이다. "지방지표"의 대상은 "지방공업"이다. "지방지표"의 계획은 도와 시, 군 인민위원회가 직접 수립한다. "국가계획위원회에서 도별로 공업총생산액, 기본건설투자액과 같은 종합지표와 필요에 따라 몇가지 주요지표나 찍어주고 국가적으로 보장할수 있는 설비, 자재를 계획화해주며 계획의 시, 군, 기업소별분할과 세부지표들의 계획화는 도와 시, 군들에서 자체실정에 맞게"(강성남 2016, 59) 진행한다. 물론 "지방지표"는 "국가지표"와 함께 1년 단위 현물 중심의 국가 "유일계획"인 "현행인민경제발전계획"(이하 "현행계획")에 포함된다.

"기업소지표"는 기업이 독자적으로 작성한다. 기업은 경영전략을 수립하고 이에 의거, "기업소지표"에 대한 계획화 사업을 진행한다. "국가지표"의 수행에 지장을 주지 않는 이상 "기업소지표"의 대상 선정에 특별한 제한은 없다. "기업소지표"는 "현행계획"에 포함되지 않는다. "기업소지표"의 생산과 관련된 선대자금의 조성과 자재 등 생산수단의 구입, 그리고 생산물의 판매와 가격 제정 등도 기업이 자체로 수행한다. 북한의 정치경제학은 이를 기업에 대한 '실질적' 경영권의 부여로 설명한다. 그러나 법적으로, 모든 생산수단과 생산물의 소유자는 국가이다. 노동력도 국가가 배치한다. 때문에 기업의 독자성은 여전히 "경영상 상대적독자성"일 수밖에 없다. "국가지표"와 "지방지표"를 완수하고 해당 생산물의 추가 생산을 계획하는 경우, 이와 관련된 지표 역시 "기업소지표"로 규정된다. 이를 "추가지표"라고 한다. "기업소지표"처럼 생산에 소요되는 원료와 연료, 자재 등은 "내부예비"를 동원하거나 자체로 자금을 마련, 구매해야 한다. 계획의 이행은 어디까지나 "국가지표"와 ("지방공업"의 경우) "지방지표"가 우선이다. "국가지표" 또는 "지방지표"를 100% 이행하지 못한 조건에서 "기업소지표"를 먼저 완수할 수는 없다. 원료와 연료, 자재 등도 "국가지표"와 "지방지표"의 생산에 우선적으로 투입해야 한다. 또한 기업의 계획 수행 정도를 평가할 때도, 이들 지표의 실적을 우선 고려한다.

"국가지표"의 계획은 국가계획위원회가 수립한다. "국가지표"에는 "국방공업발전과 관련한 지표들, 인민경제 선행부문, 기초공업부문의 지표들, 첨단기술산업부문의 지표들, 인민생활향상에서 중요한 의의를 가지는 [소비재] 지표들"(윤진아 2018, 3) 가운데 "현물지표별 생산계획과 자재보장 및 공급계획을 현실성있게 정확히 맞물려줄수 있는 지표"(강성남 2016, 59)가 속한다. "국가지표"의 계획화 방법은 기업책임관리제 실시 이전과 동일하다. "일원적체계"에 기반한 '고전적(classical)' 방식을 따른다. 기업은 "예비수자"를 작성, 국가계획위원회에 제출한다. 국가계획위원회는 "예비수자"를 바탕으로 "통제수자"를 작성, 당과 내각의 승인을 받은 후 기업에 시달한다. 기업은 "통제수자"를 보장하는 원칙하에 계획 초안을 만든다. 국가계획위원회는 기업이 제출한 계획 초안을 취합·정리, 최고인민회의에 비준을 요청한다. 최고인민회의에서 비준된 계획은 법률과 동일한 지위를 갖는다. 단 한 자도 고칠 수 없으며 무조건 집행되어야 한다. 또한 국가계획위원회는 거시경제적 총계지표, 즉 "사회총생산액과 국민소득, 축적과 소비, 국가예산수입총액과 지출총액, 외화수지, 류통화폐총량, 순소득총액, 경제장성속도, 사회적로동생산능률, 물가지수, 환자시세 등"(도성철 2018, 14)도 계획한다.

기업책임관리제를 실시 이후, 국가는 이전과 달리 경제전략을 수립한다. 그리고 그에 기초, "전망계획"을 세운다.[7] 경제전략은 "생산의 량적장성에 기초한 일반적인 경제발전이 아니라 나라의 경제가 어떤 방향으로 발전하고 어떤 구조적면모를 갖추며 어떤 목표를 달성하겠는가 하는 전략"(윤진아 2018, 12)이다. 단기 경제전략의 기간은 3년, 중기 전략은 5-10년, 장기 전략은 10년 이상이다. 경제전략 수립은 경제관리의 첫 공정이다. 과거 북한에서 국가는 "전망계획"과 "현행계획"만을 수립했다. 경제전략은 세우지 않았다. 계획 중에서도 "현행계획"을 중시했다. 그러나 이제는 경제전략이 중요하다. 경제에 대한 "계획적지도"에서 "전략적관리"로 바뀐 것이다.[8] 이와 관련, 송정남은 다음과 같이 지적한다. "지

7 김정은은 2016년 조선로동당 제7차 대회에서는 경제전략, 2021년 제8차 당대회에서는 "전망계획"을 제시했다. 2021년 1월 9일 『로동신문』은 김정은이 한 중앙위원회사업 총화보고를 전하는 기사에서 다음과 같이 기술하고 있다. "경애하는 김정은동지께서는 먼저 국가경제발전 5개년전략수행정형과 새 전망계획에 대한 엄정하고도 상세한 분석을 하시였다."

8 북한 당국은 경제에 대한 국가의 '전략적 관리'와 더불어 '통일적 지도'를 강조한다. '통일적 지도' 확립을 위한 정책은 두 가지로 집약된다. 첫째, "내각책임제". 그 중심에는 '당경제'와 '군경제' 등 이른바 '특수단위'의 '특수성' 해체가 자리한다. 김정은은 제8차 당대회 결론에서도 이를 강하게 요구했다. "당대회이후에도 특수성을 운운하며 국가의 통일적지도에 저해를 주는 현상에 대해서는 그 어느 단위를 불문하고 강한 제재조치를 취하여야 합니다. 내각과 국가계획위원회에서는 인민경제의 자립성을 강화하고 생산을 장성시키는 견지에서 부문들과 공장, 기업소들이 생산적련계와 협동을 원만히 실현할수 있게 경제조직과 지휘를 강화

난 시기 국가의 경제관리방법은 경제계획[현행계획]을 세우는 사업으로부터 경제관리를 실현하였다. 지난 시기에는 나라의 경제를 전망적으로 발전시키는 문제도 전략을 세우는 방법으로서가 아니라 전망계획을 세우는 방법으로 해결하였다. 국가의 전략적경제관리방법은 당정책과 과학적타산에 기초하여 경제전략을 세우고 그 전략을 실현하기 위한 [단계별로] 전망계획을 세우고 집행해나가는 방법으로 경제를 관리운영한다"(송정남 2015, 15).

2. 선대자금의 조성[9]

생산은 생산수단과 노동력의 결합과정이다. 생산과정을 진행하기 위해서는 그에 앞서 생산수단과 노동력을 마련해야 한다. 북한의 정치경제학에 따르면, 생산수단은 "상품적형태", 즉 '형태적으로' 상품이다. 가치법칙도 '형태적으로' 작용한다. "상품적형태"는 가치가 아니라 "가치형태"이다. 그렇지만 생산수단은 상품인 소비재

해야 하겠습니다." 둘째는 통계의 강화이다. 김정은 집권 이후 북한은 일원적 통계체계의 수립에 국가적 역량을 집중하고 있다. 국가의 "유일계획", 즉 "현행계획"에 의한 '직접적' 경제 지도에서 통계를 통한 '간접' 지도로 옮겨가고 있는 것이다. 이는 김정은의 제8차 당대회 총화보고에서도 확인할 수 있다. 김정은은 경제사업에 대한 국가의 통일적 지도를 실현하기 위한 방도로 "국가적인 일원화통계체계[의] 강화"를 주문했다(『로동신문』, 2021.1.9).

9 이하 논의는 북한의 강철수(2016); 고금혁(2016); 김성일(2017); 김정은(2015); 김정일(1990); 김옥하(2016); 김정은(2015); 김정일(1990); 김진옥(2016); 김철남(2018); 리기성(1992); 리영남(2016); 리원경(1986); 림태성(2015; 2016); 박OO(1976); 박태한(1995); 서상철(2015); 장경환(2015); 정광영(2014); 정련(2016); 최영실(2016); 최용남(2018); 한득보(1992); 허철환(2015); 홍증범(2018) 등에 기초한다.

와 마찬가지로 사회적으로 필요한 노동시간에 따라 "가치형태"가 결정되며 "가치형태"는 가격으로 발현된다. 본래 가격은 가치의 화폐적 형태이다. 생산수단은 "등가보상"의 원칙 아래 화폐를 매개로 한 "상업적형태"', 즉 유통과정을 통해 공급된다. 대금결제는 은행 간 계좌이체 방식의 일종이라 할 수 있는 "무현금결제"[10] 방식으로 진행된다. 기업책임관리제 실시 이전에 "무현금결제"는 법적인 요구였다. 1998년 제정된 「화페류통법」 제28조는 다음과 같이 규정했다. "무현금류통은 기관, 기업소, 단체사이의 생산수단 거래 같은데 적용하는 화페류통형태이다." 그러나 지금은 현금결제도 일부 허용된다. 이 경우 은행에 개설된 현금계좌를 이용해야 한다.

북한에서 노동력은 상품이 아니다. 즉 판매와 구매의 대상이 아니다. 앞의 각주에서 지적했듯이, 북한의 정치경제학은 노동력의 상품화를 자본주의와 사회주의를 구분하는 근본으로 인식한다. 이에 따라 북한에서 노동력은 국가가 배치한다. '노동시장'이 존재하지 않는다. 「사회주의로동법」에 따르면, "공민은 로동에 참가할 의무를 지[니]"(제4조)며 "모든 근로자들은 희망과 재능에 따라 직업을 선택하며 국가로부터 안정된 일자리와 로동조건을 보장받는다"(제5조). 노동보수 지급을 규율하는 원칙은 '노동에 의한 분배'이고, 그 기본 형태는 "생활비"이다. "생활비"는 현금으로 지급된다. 노동자는 "생활비"로 국영 또는 협동단체 상점이나 시장에서 생활수단(소비재)을 구입, 생활을 영위한다.

10 평양외국어대학 영어학부 사전편찬집단(2002)이 발간한 『조영대사전』은 "무현금"을 'accommodation bill'로 번역한다.

결국 북한에서도 생산을 시작하기에 전에 화폐형태의 선대자금을 조성해야 한다. 기업은 선대자금으로 생산수단을 구입하고 "생활비"를 지급한다. "생활비"는 노동력 지출에 대한 보상이다. 생산물을 판매, 소득을 형성하기 전에도 노동자들이 생활해야 하는 만큼, 논리적으로 "생활비" 지급은 생산과정에 대한 노동력 투입과 동시에 이루어진다. 일종의 '선 지급'인 것이다.

북한에서 기업의 선대자금 조성은 네 가지 방법으로 이루어진다. 첫째, 국가의 "자금공급". 국가는 재정에서 기업에 선대자금을 공급한다. 이 '돈'은 반환할 필요가 없다. 북한 당국은 기업책임관리제 실시와 더불어 "자금공급" 방식을 변경했다. 이전까지는 해당 분기에 징수한 "국가납부금" 등의 "예산수입금"으로 그 분기의 "자금공급"을 보장하는 '선 징수, 후 공급' 방식을 고수했다. "예산수입과 지출의 총괄적인 균형보장에서 나서는 중요한 방법론적 원칙은 (…) 수입의 규모에 지출을 따라세우는 것이다. (…) 예산자금의 균형은 지출이 아니라 수입을 먼저 규정하고 수입에 지출을 맞추어나가는 방법으로 보장되여야 한다"(김정혁 2014, 40). 이 방식하에서는 예산수입이 목표에 미달하면 "자금공급"도 줄어들 수밖에 없다. 그러나 새로운 "자금공급" 방식은 "재정기관이 예산자금공급한도를 세우고 그에 기초하여 중앙은행이 자금을 공급[한다]. (…) [국가는] 예산자금을 공급받는 단위들에 한도만을 세워주고 해당단위에서 실지 자금을 쓸 때에 자금이 지출된다"(림태성 2015, 50-51). 미리 중앙은행으로부터 대여 받아 "자금공급"을 진행하고, 나중에 조성된 "예산수입금"으로 갚는 방식이다. '선 공급, 후 징수'라고 할 수 있다. 북한 당국은 여전히 표면적으로는 균형재정을 고수한다. 하지만 이 방식 하에서는 적자재정이 발생할 수 있다. "예산수입금"이 계획보다 적게 걷히는 경우도 있을 수 있기 때문이다. 아무튼 새로운 방식이 정착되면, "자금공급"의 안정성은 크게 높아질 것이다.

둘째, 기업 내부에 적립한 "자체충당금". 북한 기업은 소득의 일부를 내부에 유보하고 그것을 선대자금으로 활용한다. 장경환의 지적이다. "일반적으로 공업기업소들에서 계획적재생산은 원가보상과 화폐축적의 분배에 의하여 보장되며 화폐축적의 일부가 기업소자체충당금으로 분배되여 직접 확대재생산을 위한 자금원천으로 된다"(장경환 2015, 46). 물론 기업책임관리제 실시 이전에도 그렇게 했다. 그런데 지금은 그때에 비해 권한이 크게 확대되었다. 림태성에 따르면, "[지금] 모든 재정자원의 조성과 리용은 (…) 기업체가 자체의 결심과 구체적인 실정에 맞게 조직하고 집행하는 능동적인 재정활동을 통하여 이루어진다"(림태성 2016, 41). 뿐만 아니다. 현재 이 권한은 법제화되었다. 북한 당국은 2014년 「기업소법」을 개정, 기업책임관리제를 명문화(제4조)하면서 "재정관리권"을 명문화했다(제38조). "재정관리권"은 "재정계획의 작성 및 집행권, 경영자금의 조성 및 리용권, 로동보수자금의 조성 및 지불권, 경영수입의 조성 및 분배권, 국가예산납부의무집행권 등"(림태성 2016, 41)으로 구성된다.

셋째, 노동대상의 보상금과 감가상각금. 생산과정에서 소모된 원료와 연료, 자재 등 노동대상은 생산물이 판매된 후, 판매수입에서 보상이 이루어진다. 이른바 '원가 보상'이다. 보상금은 선대자금으로 전화되어 재생산과정에 다시 투입된다. 기업책임관리제 실시 이전에 기업은 감가상각금을 국가에 납부했다. 그러나 이제는 "생산물의 원가에 포함시켜 기업소에 적립하고 기본건설과 대보수, 기술혁신에 리용[한]다"(정광영 2014, 57).

넷째, 은행으로부터의 대부. 북한 당국은 기업책임관리제 실시 이후 중앙은행 지점을 중앙은행에서 분리, 은행으로 변경했다. 도와 시, 군 중앙은행 지점을 은행으로 전환한 것이다. 은행은 중앙은행 지점의 기능을 그대로 이어받았다. 기업에 대한 대부는 이제 은행이 담당한다. "상업은행은 자기의 사명에 따라 확보된 자금을 기본원천으로 하여 기업체들에 대부를 준다"(고금혁 2016, 131). 은행은 중앙은행 지점과 마찬가지로 국가기관이다. 그러나 "예산제"였던 중앙은행 지점과 달리 경영상 상대적 독자성을 갖고 "독립채산제"로 운영된다. 북한 당국은 이를 "금융기관 채산제"로 명명한다(김정은 2015, 15-16). 은행이 도입됨에 따라 북한 중앙은행은 발권 은행과 은행의 은행, 정부의 은행 등 중앙은행 본연의 기능만을 수행한다. 본원통화도 이제는 현금과 은행이 보유한 지급준비금[11]으로 구성된다. 이전에는 지급준비금이 필요 없었고, 따라서 존재하지 않았다. 현금만이 본원통화였다. 중앙은행 지점도 중앙은행이었기 때문이다.

다섯째, 주민들로부터 직접 차입. 북한 당국은 기업책임관리제를 실시하면서 지금까지 음성적으로 존재하던 "주민유휴화폐자금의 동원", 즉 '사금융' 이용을 합법화했다. 「기업소법」 제38조 후단은 "기업소는 정해진데 따라 부족되는 경영활동자금을 은행으로

11 2006년 제정, 2015년 개정된 「상업은행법」 제20조는 지급준비금의 보유를 은행의 의무 사항으로 규정하고 있다.

부터 대부받거나 주민유휴화폐자금을 동원리용할수 있다"고 규정하고 있다. 기업에 대한 '사금융'은 일반적으로 자재 조달 과정에서 이루어지는 것으로 알려져 있다. 내용적으로 보면, 일종의 투자인 셈이다(박영자 2016, 202). 다음은 2014년 탈북한 남포 출신 40대 남성의 진술이다. 탈북하기 전에는 기업의 노동과에서 간부로 재직했다. "돈주들 있잖아요. 기업소에서 돈이 없어서 은행에 가서, 북한 은행은 돈이 비어 있으니까. 단위 책임자는 벌이를 해야 기업소 이득이 나니까 자재를 사려고 해도 돈이 없는데. 그러니까 돈이 있는 사람한테 빌리죠. 자기 종업원이나. 빌려 봤자 공장기업소는 빨리 회전되니까. 이자는 없습니다. 왜냐하면 그런 사람을 받는단 말입니다. 돈 많은 사람의 아들을 받아서 그 사람한테서 보호를 받고. 그러면 그 아들은 책임자나 된것처럼 그러는 거죠"(박영자 2016, 202). 결국 '사금융'의 합법화는 "돈주"의 이 같은 행위를 제도화한 것으로 이해할 수 있다.

북한의 정치경제학은 선대자금을 "고정자금"과 "류동자금", "생활비몫"(또는 "생활비폰드")으로 구분한다. "고정자금"은 생산수단 가운데 "고정재산", 즉 노동수단 구입에 사용된다. "고정재산"은 한 생산주기에 가치의 일부만 생산물에 이전한다. 신규 기업과 중요 기업의 "고정자금"은 국가가 재정을 통해 공급한다. 즉 "자금공급"을 통해 조성된다. 그 외 기업들의 "고정자금"은 "자체충당금"과 감가상각금, 은행 대여금, '사금융' 등을 통해 기업 자체로 조달해야 한다. 은행의 "고정자금"의 대여는 "장기대부" 형태로 이루어진다.

"류동자금"은 "류동재산"인 원료와 연료, 자재 등 노동대상을 구입하는 데 투입된다. "류동재산"은 "고정재산"과 달리 한 생산 주기에 가치의 전부를 생산물에 이전한다. "[류동자금은] 본래의 크기를 그대로 보존하면서 순환의 여러 단계에서 화폐형태-생산적 저장 및 미성품형태-완제품형태의 순서로 자기형태를 바꾸어가면서 처음의 화폐형태로 되돌아오는 운동을 끊임없이 진행한다"(박태한 1995, 19). "생활비몫"의 회전은 "류동자금"과 유사하다. "생활비몫"은 "고정자금"이 한 번 순환할 때 여러 번 순환하며, 한 생산주기에 순환의 모든 단계를 순차적으로 거치면서 한 번의 회전을 완성한다.[12] "국가지표" 생산에 필요한 "류동자금"과 신규 기업의 첫 "류동자금"은 국가가 공급한다. "기업소지표"의 "류동자금"을 비롯, 그 외 "류동자금"은 기업이 자체로 조성해야 한다. 그러나 전자의 경우도 국가로부터의 "자금공급"이 계획대로 이루어지지 못해 "류동자금"이 모자라면, 그 부족분 역시 기업이 마련해야 한다. 단순재생산에 소요되는 "류동자금", 즉 소모된 노동수단에 대한 보상금은 생산물 판매수입에서 분배된다. 그런데 충분한 보상이 이루어지지 않거나 확대재생산을 추진할 경우, 기업은 내부에 적립한 소득을 사용하거나 은행 또는 주민들로부터 차입, 필요한 "류동자금"을 확보한다. 아직 사용되지 않은 감가상각금을 돌려쓸 수도 있다. 은행의 "류동자금" 대여는 주로 "단기대부"로 진행된다. 다만 생산주기가 1년 이상인 경우에는 "장기대부"가 이루어지기도 한다.

12 이로부터 이하에서는 "류동자금"과 "생활비몫"을 따로 구분하지 않는다. "류동자금"에 "생활비몫"을 포함시켜 논의를 진행한다. 참고로 마르크스경제학은 노동대상과 노동력을 유동자본(current capital)으로 분류한다.

3. 생산수단의 구입과 "생활비" 지급[13]

1) 생산수단의 구입

생산과정을 시작하기 전에 북한의 기업은 선대자금으로 생산수단을 구입한다. 앞서 살펴보았듯이, 북한의 정치경제학은 생산수단을 "상품적형태"로 범주화한다. "상품적형태"에는 가치법칙이 '형태적으로' 작용한다. 생산수단 유통은 원칙적으로 "등가보상"에 기초, "상업적형태"로 진행된다. 하지만 생산수단 구입 방식은 '지표'별로 다르다. "국가지표"와 "지방지표"의 경우, "현행계획"에 그 수행에 필요한 생산수단의 품종과 재질, 수량, 공급처 등이 명시된다. 국가계획위원회로부터 "통제수자"가 시달되면, "수요자기업소"는 지정된 "공급자기업소"와 물자의 수·공급 계약을 체결한다. 북한의 정치경제학은 이를 "계획계약"으로 부른다.

북한의 정치경제학에 따르면, 가격은 가치 또는 "가치형태"의 화폐적 형태이다. 가격은 생산물에 응결된 추상적 노동의 양, 다시 말해 지출된 사회적 필요노동의 양이라고 할 수 있다. 자본주의 사회에서 사회적 필요노동은 교환행위를 통해 그 크기가 규정된다. 그러나 "사회주의하에서 제품생산에 필요한 사회적로동은 생산 그자체, 정확하게는 생산의 시작전에 사회적으로 규정되지 않으면 안되게 된다. (…) 매개 제품별생산에 필요한 로동량의 사전확

13 이하 논의는 북한의 강철수(2018); 김명국(2016); 김선화(2016); 김성국(2016); 김영련(2018); 김주일(2016); 김철민(2018); 리기성(1992); 리명일(2016); 리상국(2016); 리정택(2016); 리철훈(2016); 리희철(2015); 성은경(2018); 장명식(2015); 조길현(2018); 최용남(2016); 한득보(1992); 황철진(2016); 홍영의(2017) 등에 기초한다.

정이 없이는 나라의 모든 물적 및 인적 자원의 계획적분배와 리용이 불가능하며 현물지표별생산계획수행이 추동될수 없다"(한득보 1992, 359). 따라서 "사회적필요노동의 크기는 평균적인 생산조건에서 단위[제]품에 대한 로동지출과 소여[제]품에 대한 수요의 영향밑에서 계획적으로, 객관적으로 규정된다"(리기성 1992, 458). 이 같은 논의를 배경으로 기업책임관리제 실시 이전 북한에서는 생산물의 가격을 "계획가격"으로, 그 가운데 생산수단 가격은 "도매가격"으로 범주화하고 사회적 필요노동시간에 기초, 국가가격위원회가 유일적으로 제정했다. 그 구성은 "부문평균원가"와 "기업소리윤"으로 이루어져 있다. 지금도 "국가지표"와 "지방지표"의 "도매가격"은 이렇게 결정된다.

반면 "기업소지표"의 생산에 필요한 생산수단은 "주문계약" 방식으로 구입한다.[14] "수공급자기업소들이 공급자와 수요자를 직접 대상하여 합의하는 방법으로 계약을 체결한다"(최용남 2016, 104). 계약서에는 물자의 품종과 규격, 재질, 수량, 가격, 대금결제 방법, 수송 방식, 납입 기일 등이 명기된다. 손실보상도 규정되어 있다. "만일 공급자기업소가 계약조건을 리행하지 못하여 수요자기업소가 경영에서 손실을 보았을 때에는 그에 따르는 벌금 또는 위약금을 수요자기업소에 물어주어야 한다"(최용남 2016, 105). "주문계약"은 "계획계약"에 상대되는 개념이다. 김철민은 "주문계

14 "《기업소지표계획화사업 표준세칙》 제4조에는 기업소지표계획화사업을 주문과 계약의 방법으로 한다고 규정되여있으며 제5조에는 주문계약방법이 기업체들이 기업소지표수요(주문)에 대하여 유무상통의 원칙에서 호상합의하고 계약을 맺는 방법으로 계획을 작성하는 보충적인 계획작성방식이라고 규정되여있다"(강명호 2017, 55).

약" 방식의 도입 이유를 다음과 같이 설명한다. "생산물류통은 생산에 필요한 수십만종에 달하는 물자를 전국의 수많은 공장, 기업소들에 보장하는 사업으로서 대단히 방대하고 복잡하며 이것을 중앙이 혼자서 다 틀어쥐고 맞물리는것은 매우 어렵다. 이로부터 중앙은 사회주의건설에서 중요한 의의를 가지는 물자들만 직접 맞물려주고 다른 물자들은 총체적인 류통규모만 틀어쥐고 구체적인 맞물림은 아래단위들에 맡기여 창발적으로 하도록 하는것이 합리적이다"(김철민 2018, 24). 한마디로 "계획의 세부화"가 비현실적이고 합리성도 결여하고 있기 때문이라는 것이다.

그러나 어디까지나 "계획계약"이 우선이다. "공장, 기업소들의 계약체결에서 중앙계획지표[국가지표]의 생산 및 공급통제수에 따르는 대상에 대하여 우선적으로 계약을 맺은 다음 기업소계획지표에 대한 계약을 맺는것을 원칙으로 한다"(최용남 2016, 104). 물론 "국가지표"라 하더라도 "추가지표"의 경우에는 "주문계약"을 체결할 수 있다.

생산수단 "주문계약" 시 가격은 양 당사자의 합의에 따른다. 즉 이때의 가격은 "합의가격"이다. 일반적으로 완전경쟁시장이 아닌 한 가격 제정은 생산자가 주도한다. 북한의 "합의가격" 역시 마찬가지이다. 생산자가 가격 제정의 주도권을 갖는다. 그러나 "합의가격"도 국가가 만든 가격제정 원칙과 방법을 준수해야 한다. 그 내용은 다음과 같다. 첫째, 제품의 "가치형태"에 기초해야 한다. "가치형태"는 원가와 "사회순소득"[잉여가치]으로 구성된다. 따라서 무엇보다 원가를 정확히 타산해야 한다. 둘째, 해당 제품의 수요와 공급을 고려해야 한다. 초과수요일 때는 가격을 높일 수 있지만 초과공급이면 가격을 낮추어야 한다. 셋째, 대비적 방법을 이용할 수도 있다. 대비적 방법은 "같은 품종의 제품을 생산하는 기업체들에서 제품들을 서로 대비하여 원가와 질적차이를 고려하여 가격을 제정하는 방법"(김선화 2016, 129)이다. 넷째, 가격 조정을 제때에 능동적으로 해야 한다. "생산물생산에 대한 지출수준이 달라지고 수요와 공급관계가 변하며 제품들사이의 가격균형이 끊임없이 달라지는 조건에서 가격을 고정불변한것으로 유지할수[는] 없[다]"(두광일 2015, 83). 이와 달리 "계획가격"은 일정 기간 고정된다. "국가지표"의 경우 "일정한 전망계획기간을 단위로 하여 설정되는 각이한 생산부문들과 단위들사이의 생산소비적련계의 계획성을 전제로 하[기]"(한득보 1992, 367) 때문이다.

북한 기업은 시, 군별로 조직된 "사회주의물자교류시장"(이하 "물자교류시장")을 이용, 생산수단을 조달할 수도 있다. "사회주의물자교류시장은 국가계획과는 별도로 공장, 기업소들사이에 유무상통의 원칙에서 필요한 물자를 상업적형태로 직접 주고받는 생산물의 류통령역이다"(최용남 2016, 105). 이 시장에서 소비재는 거래되지 않는다. "물자교류시장"에서 거래되는 생산수단은 다음과 같다. 첫째, 더 이상 사용되지 않은 채 사장되어 있는 설비와 자재. 둘째, 국가가 시달한 계획을 초과해 생산한 생산물. 셋째, "생산정상화몫". "생산정상화몫은 생산계획을 수행하는데 필요한 모든 물자를 국가에서 보장해주지 못하는 조건에서 기업체들이 부족되는 물자를 해결하기 위하여 자기 생산물가운데서 생산정상화용교류물자로 돌려쓰는 생산물의 규모이다"(조길현 2018, 98). "물자교류시장"에서 가격은 "계획가격"을 따른다. 대금 결제는 은행을 통한

"현금결제" 또는 "무현금결제"로 해야 한다. 그러나 "물자교류시장"는 어디까지나 보조적인 수단이다. 또한 "국가지표"의 수행과 맞물린 생산수단은 "물자교류시장"에서 거래될 수 없다.

기업책임관리제는 북한 기업에 '무역권'을 부여했다. 「기업소법」 제37조에 따르면, "기업소는 무역과 합영, 합작권을 가지고 가능한 범위에서 대외경제활동을 능동적으로 벌려 생산에 필요한 원료, 자재, 설비를 자체로 해결하면서 설비와 생산기술공정의 현대화를 적극 실현하여야 한다." 이제 북한 기업은 무역을 통해 생산수단 부족 문제를 해결할 수 있다. 자체 생산물 중 일부를 수출, 그 대금으로 원료와 연료, 자재, 설비 등을 수입할 수 있게 된 것이다.

2) "생활비" 지급

앞서 여러 번 강조했듯이, 사회주의 사회에서 노동력은 상품이 아니다. 한득보는 "사회주의하에서 개별적사람들이 점유대상은 주로 소비재에 국한되고 생산요소에 대해서는 설정되지 않는만큼 로동력의 개인소유개념은 사회주의정치경제학에서 과학성과 현실성을 가질수 없다"며 "사회주의하에서 근로자들은 로동력의 소지자이지 그의 사적소유자는 아니"라고 강조한다(한득보 1992, 92-93). 이어 "사회주의 사회는 (…) 그것[노동력과 사람]을 하나로 통일시켰다. (…) 사람이 곧 노동력을 가진 사람이며 노동력은 생산과 노동의 주인으로서의 근로자들"(한득보 1992, 93)이라고 지적한다. 때문에 사회주의에서 노동력은 "사회와 집단의 관할하에 있는 사회적성격의 로동력"(한득보 1992, 147)이며 "사회적기능에 의한 로력자원의 계획적인 동원과 리용"(한득보 1992, 96)의 대상이 된다. 그리고 사회주의 사회는 사회적으로 생산수단과 노동력의 직접적인 결합을 추구한다. 이에 따라 북한에서는 국가가 노동력을 경제 각 부문에 계획적으로 배치한다. "완전취업"은 국가의 의무이다. 개인에게 노동력을 '판매할 수 있는 자유'는 허용되지 않는다. 마찬가지로 기업은 노동력을 '구매할 수 있는 자유'를 갖고 있지 않다. 개인과 기업은 단지 노동력을 '이용'만 할 수 있을 뿐이다. 이는 기업책임관리제 실시 이후에도 바뀌지 않았다. 기업은 미리 마련한 "류동자금", 정확히 말하자면 그 중 "생활비몫"으로 국가가 배치한 노동력에 "생활비"를 지급하고 생산수단과 함께 생산과정에 투입한다.

한편 기업책임관리제가 시행되면서 기업의 노동력 운용과 관련, 일정한 변화가 관찰된다. 우선 기업에 관리 부서와 인원을 조정할 수 있는 권한을 부여했다. 이제 "[기업들은] 국가가 정해준 표준관리기구와 정원수범위안에서 기업체의 결심으로 자체실정에 맞게 관리부서들을 능동적으로 조직하거나 통합정리하며 관리기구정원을 필요에 따라 늘이거나 줄일수 있게 되[었]다"(김명국 2016, 11). "계획부서, 생산지도부서, 기술관리부서, 로동행정부서, 자재관리부서, 후방공급부서, 재정회계부서" 등이 관리부서에 속한다(허광진 2015, 98). 둘째, 생산 부문의 노동력 비중도 스스로의 판단에 따라 증가시킬 수 있도록 했다. 셋째, 기업은 독자적으로 인재를 평가하고 선발하며, 필요한 곳에 배치할 수 있는 권한도 부여받았다. 넷째, 기업은 당국의 허가를 받아 노동자를 '내보내거나' '받아들이거나', '맞교환'(trade) 할 수 있는 권한도 행사한다. 이와 관련, 북한 당국은 2015년 「기업소법」을 개정하면서 제33조후단에 다음과 같은 문구를 추가했다. "로력을 내보내거나 받아들이거나 기업소사이에 주고받을 경우에는 정해진 등록질서를 지켜야 한다."

4. 생산[15]

북한의 정치경제학에 따르면, "생산요소들의 사회적형태와 그 결합관계의 견지에서 볼 때 자본주의적생산은 사적소유의 자본-자본에 의한 로동력상품의 적용-잉여가치법칙의 작용체계이며 사회주의적생산은 사회적소유의 생산수단-근로대중에 의한 생산수단의 직접적적용-생산발전의 사회적수요충족에의 종속체계이[다]"(한득보 1992, 150). 사회주의에서 생산은 집단적 수요 충족을 목적으로 한 사회화된 생산수단과 사회적 성격을 지닌 노동력의 직접적 결합 과정이라는 것이다. 북한 당국은 이 같은 견해를 기업책임관리제 실시 이후에도 변함없이 유지하고 있다.

북한에서도 생산의 기본 단위는 기업이다. "모든 생산수단은 국가적소유이지만 기업소들에 고착되여 관리, 리용되며 사회총체적인 로동력은 언제나 기업소범위에서 생산수단과 직접적으로 결합되여 기능[한다]"(한득보 1992, 152). 북한의 정치경제학은 사회주의를 '과도기'로 규정한다. 때문에 북한에서 기업은 경영상 상대

15 이하 논의는 북한의 계춘봉(2016a; 2016b); 김명렬(1986); 김진향(2016); 김창환(2017); 량은덕(2018a; 2018b); 리기성(1992); 리상국(2016); 리영남(2018); 안명훈(2018); 윤영순(2018); 장경희(2019); 조웅주(2016; 2018); 최성봉(2016); 최송렬(2018); 최순철(2016); 한득보(1992); 허광진(2015) 등에 기초한다.

적 독자성을 갖고 독립채산제로 운영된다. 기업책임관리제는 기업의 독자성을 더욱 강화시켰다. "기업소지표"의 경우에는 계획의 수립과 "류동자금"의 조성, 생산수단의 구입 등을 기업 자체로 진행한다. 생산물 판매도 마찬가지이다. 소득분배에 관한 기업의 자율권도 크게 확대되었다.

같은 맥락에서 북한 당국은 기업에 생산과 관련한 권한 일부를 이양했다. 우선 "로동정량" 제정권을 기업에 넘겼다. "로동정량은 일정한 제품생산 또는 작업수행에 필요한 로동의 기준량[으로] 단위시간당 제품(또는 작업)기준량 또는 단위제품(또는 작업)당 시간기준의 형태로 표시된다"(량은덕 2018, 18). 북한에서는 '노동에 의한 분배' 원칙 아래 노동의 질과 양에 따라 지출된 노동력을 보상한다. "로동의 량은 근로자들의 힘의 지출의 크기를 특징짓는다면 로동의 질은 로동의 효과성을 특징짓는다"(김명렬 1986, 64). 노동의 양은 노동시간과 "로동정량"으로 계산, 평가된다. "로동정량"의 경우, 기업책임관리제 실시 이전에는 사회적 필요노동의 양에 맞춰 국가가 제정했다. 그러나 이제는 기업이 정한다. "[기업은] 국가가 제정한 통일적인 기준과 척도에 기초하여 자기 단위의 구체적인 실정에 맞게 로동정량을 기동성있게 과학적으로 제정[하고] (…) 현실에 맞게 로동정량을 끊임없이 갱신[한다]"(량은덕 2018, 18).

둘째, 제품 개발권을 기업에 부여했다. 이뿐만이 아니다. 과거 북한에서는 제품의 개발은 물론, 생산하는 데도 국가의 승인이 필요했다. 그러나 지금은 바뀌었다. 국가의 생산 허가 대상 품목이 대폭 줄어들었다. 생산에 관한 국가의 허가권을 축소한 것이다. 제품 개발과 관련, 기업은 과학연구기관과 대학, 또는 특허권이나 발명권을 보유한 개별 과학자 및 기술자들과 독자적으로 "주문계약"을 체결, 기술 개발을 의뢰할 수도 있게 되었다.

셋째, 품질관리 역시 이제는 기업의 몫이다. 「기업소법」 제35조는 이렇게 규정한다. "기업소는 품질관리권을 바로 행사하여 제품에 대한 수요자의 요구, 과학기술발전추세, 해당 제품의 질을 높이는데서 대외적으로 이룩된 성과, 기업소의 기술적가능성에 대한 연구분석에 기초하여 자체의 실정에 맞는 품질제고전략을 세우고 집행해나가야 한다." 이에 따라 생산 공정에 대한 품질관리와 완성품 품질검사 등을 기업 자체로 수행한다. 품질인증 신청 여부도 기업 스스로 결정한다. 뿐만 아니라 기업은 사후관리(after service) 의무도 충실히 이행해야 한다.

한편 북한 당국은 "담당책임제"를 도입했다. "담당책임제"는 한마디로 '도급제 플러스 알파(α)'라고 할 수 있다. 도급제는 노동자들에게 "로동정량"에 입각, 작업량을 부과하고 그 수행 정도에 따라 "생활비" 등 노동보수를 지급하는 제도이다. "담당책임제"는 한 걸음 더 나아간다. "담당책임제"하에서는 기계와 토지, 시설물 등 공장의 "직장" 또는 "작업반" 내 모든 "재산"을 일정한 기준에 따라 구분, 담당자를 지정하고 그로 하여금 관리하도록 한다. "담당책임제"의 기본 원칙은 권한과 책임의 일치이다. 권한을 명확히 부여하고 그 결과에 대해서는 책임지도록 한다는 것이다. 여기에는 정치적·행정적·법적 책임뿐만 아니라 경제적 책임, 즉 분배도 포함된다.

북한의 '고전적' 기업관리제도인 "대안의 사업체계"에 따르면, 북한 기업에서 생산은 기사장이 총괄한다. 기사장은 '기업 당위원회'의 집체적 지도 아래 계획과 생산, 기술 부서를 통할, 계획화 사업과 생산과정의 추진, 기술적 지도 등 생산과 관련된 모든 업무를 통일적으로 지휘한다. 북한의 정치경제학은 이를 '통일적이며 집중적인 생산지도체계'로 규정한다. 기업책임관리제 실시 이후에도 이 같은 생산지도체계는 그대로 유지되고 있는 것으로 보인다. 공식문헌상으로는 아직까지 변화의 조짐이 보이지 않는다. 북한은 또한, 여전히 "공장당위원회"의 집체적 지도를 견지하고 있다. 김진향은 "경제사업에 대한 당적지도를 거부하는 것은 본질에 있어서 사회주의경제건설에 대한 당의 령도를 거부하는것이며 혁명적원칙을 줴버리는것"이라며 "절대로 허용될수 없다"고 단호히 주장하고 있다(김진향 2016, 6).

5. 생산물의 유통[16]

생산물은 생산수단과 소비재로 구분된다. 생산수단 유통에 대해서는 3절에서 살펴보았으므로 이 절에서는 소비재의 유통으로 논의를 한정한다. 북한의 정치경제학에 따르면, '과도기'인 사회주의 사회에서 소비재는 상품이다. 상품은 자기가 직접 소비하기 위해

16 이하 논의는 북한의 강철수(2018); 김금해(2017); 김명철(2017); 김선화(2016); 김성국(2016); 김순학(2018); 김주일(2016); 김지영(2018); 김철민(2018); 김하설(2016); 김현률(2017); 두광일(2015); 렴병호(2017); 리기성(1992); 리명일(2016); 리명진(2018); 리수정(2018); 리유정(2018); 리정택(2016); 리철훈(2016); 박원일(2018); 봉철남(2015); 윤광혁(2015); 윤영순(2017); 한득보(1992); 홍영의(2014; 2017) 등에 기초한다.

서가 아니라 다른 상품과 교환하기 위해 만든 노동 생산물이다. 무엇보다 상품은 유용한 물건, 즉 사용가치이다. 동시에 상품은 교환가치로도 존재한다. 사용가치를 배제하면 노동은 추상적 노동, 즉 사회적 필요노동으로, 상품은 사회적 필요노동의 응결물인 가치로 환원된다. 이로부터 마르크스는 교환가치를 가치의 필연적인 표현양식 또는 현상형태로 규정한다. 그러나 가치는 개별 상품에 내재한 속성이 아니다. 가치는 "교환행위 속에서 상품 모두에 공통적으로[상호적으로] 주어지는 것"(Heinrich 2016[2015], 78)이며 그 크기는 상대적으로, 즉 다른 상품의 양으로 표현된다. 가치는 교환과정에서 '상대적 가치형태(relative form of value)'로 존재한다. 한편 가치형태는 최종적으로 화폐형태로 이행한다. 오직 화폐만이 유일한 '일반적 등가물(universal equivalent)'이다. 상품은 오직 화폐를 통해서만이 다른 상품과 가치 관계를 형성한다.

이 같은 논의에 입각, 북한 당국은 기업책임관리제 실시 이전에도 소비재에 가치법칙을 '내용적으로' 적용하고 등가교환에 기초한 "상업적방법"으로 유통되도록 했다. 유통 및 지불수단으로는 화폐, 그 중에서도 현금이 사용되었다. 하지만 소비재 유통은 '계획'이 철저히 통제했다. 주민들의 소비, 즉 그 영역과 과정을 국가가 계획적으로 관리했다. "소비령역의 관리는 직접적인 계획적절차로 이루어지며 소비과정에 대한 관리는 간접적인 조절적작용[주민소득, 소매가격, 생산규모, 사회적소비폰드 등과 같이 소비과정에 간접적으로 작용하는 요인들의 계획화]으로 실현된다"(리기성 1992, 434). 결국 북한에는 소비재에 가치를 부여하고 그 크기도 결정하는 교환과정이 형성될 수 없었다. 때문에 북한에서는 국가가 가치, 즉 사회적 필요노동시간을 "표준공장"을 이용, 직접 계산하고 그것에 따라 국가가 모든 소비재의 "계획가격"을 유일적으로 제정했다.

기업책임관리제 실시 이후에도 북한에서 소비재는 여전히 상품으로 규정된다. 가치법칙이 내용적으로 작용하며 등가교환에 따른 "상업적방법"으로 유통된다. 여기까지는 이전과 동일하다. 그러나 소비재 유통에 대한 계획적 관리 방법이 보다 유연해지고 다양해졌다. 첫째, 소비재 중 "기업소지표"에 해당하는 제품의 유통은 기업이 자체로 진행한다. 더 이상 '계획'의 구애를 받지 않는다. 일반적으로 북한에서 소비재는 생산기업에서 상업기업[17]을 거쳐, 주민들에게 판매된다.[18] 소비재 중 "국가지표" 및 "지방지표"는 이전과 같이 '계획'이 유통과정을 통제한다. 생산기업은 지정된 상업기업과 "계획계약"을 맺고 생산물을 공급하며, 가격은 국가가격위원회가 제정한 "계획가격"을 따른다. 소비재 가격에는 생산수단 가격과는 달리 "거래수입금"이 포함되어 있다. 대금 결제는 "무현금"으로 진행한다. 상업기업은 이 가격에 "상업부가금"을 덧붙여 판매한다. "상업부가금" 규모도 국가의 규제 대상이다. 그러나 "기업소지표"의 경우에는 생산기업이 생산물을 판매할 상업기업을 독자적으로 선정할 수 있다. 계약은 "주문계약" 방식으로 진행한다. 계약 조건은 서로 합의해 정한다. 가격은 "합의가격"을 적용한다.

17 북한에서 상업기업은 "생산수단의 사회화정도에 따라 국영상업기업소와 협동단체상업기업소로, 상업의 내부분업과 상업류통의 특성에 따라 도매상업기업소, 소매상업기업소, 사회급양기업소 등으로 구분된다"(김지영 2018, 48).
18 물론 생산기업은 시장을 통해 소비자에게 소비재를 직접 판매할 수도 있다.

"상업부가금"과 "소매가격"은 상업기업이 자체로 정한다. 한편 국가는 물가관리 차원에서 직접적인 방법을 동원, 소비재 가격을 통제하기도 한다.

둘째, 이전에는 주민들은 소비재를 구매할 때, 현금만을 사용해야 했다. 그러나 이제는 카드 사용도 가능하다. 카드 사용은 2010년 조선무역은행이 '나래카드'를 발행하면서 시작되었다. '나래카드'는 외화카드이다. 2015년에는 조선중앙은행이 내화카드인 '전성카드'를 발행했다. '나래카드'와 '전성카드'는 모두 충전식 선불카드이다. 현재 북한 당국은 핸드폰 결제서비스 도입도 준비하고 있다.

표 5-1. 북한에서 운영 중인 온라인쇼핑몰

구 분	주요 특징
옥류 (2015)	•인민봉사총국의 직접 운영 •600여 종, 3만여 점의 상품 정보 제공 •북한 공장 및 기업에서 생산한 '국산품'만 취급 •주로 식료품, 화장품, 약품, 패션, 잡화류 등을 다루며 유명 상점과 식당의 제품과 음식까지 배달 •휴대전화로도 주문 가능 •자체적으로 운영하는 운수사업소를 통해 오토바이나 승합차로 배송
만물상 (2016)	•연품상업정보기술사에서 운영하는 오픈 마켓형 온라인쇼핑몰 •2019년 5월 현재, 보통문락원상점과 옥류전자상점을 비롯하여 400여 개 기업들이 참여하여 450종류 6만 개 상품판매 •2019년 5월 현재, 가입자 수는 4만여 명, 홈페이지 열람 수는 일일 평균 5만여 회 •운송업체들과 계약을 맺고 전국 배송 •영문 및 중문 홈페이지를 개설하여 해외판매도 추진 •2019년 10월 말 현재 한국에서도 접속 가능(http://www.manmulsang.com.kp)
은파산 (2017)	•조선 은파산정보기술교류소 운영(http://unphasan.com.kp) •상품검색, 바구니 담기, 구매예약봉사, 전자결제, 후불제도 등의 기능 제공 •가입자 간 직접 상거래, 정보기술교류 가능

출처: 이종석·최은주(2019, 54).

셋째, "전자상업거래"가 확대되고 있다. 2015년 '옥류'가 첫 개장한 이래 '만물상'(2016), '은파산'(2017), '앞날'(2018) 등 매년 새로운 온라인 쇼핑몰이 등장하고 있다. 윤광혁은 "전자상업거래"에 대해 다음과 같이 설명한다. "특별한 기술이 없이는 불가능하여 썬 공급자와 소비자, 기업체들이 새로운 밀접한 관계를 이룩할수 있게 하며 시간과 지리적위치, 의사교환, 류통, 기호 등과 같은 상업에서 제기되던 문제들을 해소하는것이다"(윤광혁 2015, 45).

6. 소득의 분배[19]

생산물의 가치를 '생산물의 비례배분적 부분(corresponding proportional parts)'으로 표시하면 다음과 같다. $c+v+m$. c는 불변자본의 가치, v는 가변자본의 가치, m은 잉여가치이다. 생산물의 가격과 가치가 동일하다고 가정하면, 판매수입 $p \cdot q = \sum(c+v+m)$이다. 그 가운데 $\sum(v+m)$이 소득을 형성한다. $\sum c$는 소모된 노동대상에 대한 보상금과 생산물에 이전된 노동수단의 가치인 감가상각금으로 분할된다. 북한에서 소득은 "국가납부몫"과 "기업소몫", "로동보수자금"으로 분배된다.[20] 각

19 이하 논의는 강일룡(2016); 강철민(2017); 강철수(2018); 김광혁(2016); 김금해(2017); 김영호(2015; 2016); 량은덕(2018); 리기성(1992); 리봉애(2015); 리명일(2016); 리상국(2016); 박혁(2016); 오선희(1994); 장경환(2015); 장룡철(2017); 정광명(2017); 조혁명(2017); 최애숙(2017); 최용남(2018); 최진아(2018); 한득보(1992); 한영철(2014) 등에 기초한다.

20 제2절에 따르면, 은행 대여금은 선대자금의 한 부분을 형성, 생산수단 구입과 "생활비" 지급, 즉 '선 지급'에 사용된다. 따라서 이 대여금을 상환할 경우, 논리적으로 자금의 원천은 소모된 생산수단에 대한 보상금과 "로동보수자금"이 된다.

각 국가와 기업, 노동자가 대상이다. 분배 순서를 보면, 먼저 국가에 "국가납부몫"이 납부된다. 그 다음 "기업소몫"이 분배된다. 기업은 "기업소몫"에서 이자와 벌금 등을 납부하고 나머지는 "자체충당금"으로 적립한다. 마지막 남은 소득은 노동자에게 노동보수를 지급하는데 사용된다.

"국가납부몫"은 "거래수입금"과 "국가기업리익금", "지방유지금"과 같은 "국가납부금", 그리고 "부동산 사용료"로 구성된다. "거래수입금"은 소비재를 판매할 때, 가격에 덧붙여지는 일정 비율의 금액이다(오선희 1994, 37). 일종의 소비세(cousumption tax)라고 할 수 있다. 일반적인 소비세와는 달리 북한의 "거래수입금"은 생산자, 즉 기업이 직접 납부한다. 일반적으로 소비세는 소비자가 간접적으로 납부한다. "거래수입금"의 원천도 기업의 "사회순소득"이다.

"국가기업리익금"은 소득을 대상으로 부과된다. 기업은 소득의 일정 비율에 해당하는 금액을 "국가기업리익금"으로 납부한다. 기업책임관리제 실시 이전에는 부과대상이 기업소리윤"이었다. "기업소리윤"은 "거래수입금"을 납부하고 남은 "사회순소득"이다. "기업소리윤은"은 "기업소순소득"이라고도 한다. 이 때의 "국가기업리익금"은 법인세(corporate tax)와 유사했다. 그러나 지금은 근로소득세(salary income tax) 성격도 함께 갖고 있다. "국가기업리익금" 납부는 "생활비" 지급 전에 이루어진다. 그리고 부과대상인 소득에는 "기업소리윤" 말고도 "생활비"(더 정확히는 '"생활비" 확정지급 예정액')가 포함되어 있다. 결과적으로 "생활비"의 일부가 사전에 공제되어 국가에 납부되고, 노동자에게는 그만큼 줄어든 금액이 지급되는 것이다. 그런 의미에서 공제액은 '사실상(*de facto*)' 근로소득세라고 할 수 있다. 한편 중공업 기업은 공장이 위치한 시, 군 인민위원회에 "지방유지금"도 납부해야 한다. 부과 대상은 "국가기업리익금"과 동일하게 소득이다.

"국가납부금" 외에도 기업은 국가에 "부동산사용료"를 납부한다. "부동산사용료"는 토지와 건물 등 국가 소유의 부동산을 이용한 대가로 국가에 납부하는 사용료이다.[21] 국가가 제정한 부동산 가격을 기준으로 그 금액이 산정된다. 그런 점에서 볼 때, "부동산사용료"는 재산세(property tax)와 형태적으로 비슷하다. 현재 북한 당국은 "부동산사용료"의 징수 확대를 주요 정책 과제로 삼고 있다. 아마도 재정 확충이 목적일 것이다. 김금해의 설명이다. "현시기 부동산사용료의 제정에서 중요한 문제로 나서는것은 나라의 부동산을 보호하고 확대하는 원칙에서 부동산사용료가 제정되지 않았거나 지나치게 낮게 제정되여있는것들을 검토하고 바로잡는 것이다"(김금해 2017, 52).

기업은 "국가납부몫"에 이어 "기업소몫"을 공제한다. 그것에서 은행 대여금에 대한 이자와 벌금 등을 지급한다. 나머지는 "자체충당금"으로 내부에 적립한다. "자체충당금"은 "지난 3년평균계획수준에서 확정하는 것을 기본으로 하면서 3년평균계획에 없던 내용들이 새롭게 제기되거나 이미 있던 항목에서 계획년도에 예

21 북한의 정치경제학은 "부동산사용료" 징수의 이론적 근거를 다음과 같이 제시한다. "사회주의사회에도 상품화폐관계가 있고 기업소들이 경영상 상대적독자성을 가지고 활동하는것으로 하여 토지나 건물과 같은 부동산들도 가격을 가지지 않을 수 없으며 국가가 기관, 기업소들에 부동산의 관리권과 리용권을 넘겨줄 때 가치형태를 엄격한 계산과 재정통제공간으로 리용하게 된다"(김금해 2017, 51).

견하지 않아도 되는것과 같은 내용들을 고려하여 타산"(박혁 2016, 36)된다. "자체충당금"은 "기업소기금"과 "자체과학기술발전자금" 등으로 분할된다. "기업소기금"은 확대재생산과 노동자들의 공동 소비에 이용된다. "자체과학기술발전자금[은] 생산확대와 관련한 과학기술적문제들을 해결하는것을 전문으로 하는 과학기술봉사단위들인 기업체안의 공업시험소, 기술준비실, 분석실, 기술설계실, 실험실들의 운영자금으로 능동적으로 쓰게 된다"(최진아 2018, 13).

기업은 "국가납부몫"과 "기업소몫"을 제하고 남은 소득으로 노동자에게 "생활비"를 지급한다. 앞서 지적했듯이, 북한에서 노동보수의 기본 형태는 "생활비"이다. 북한의 정치경제학은 임금(wage)과 "생활비"를 구분한다. 임금은 상품으로서의 노동력의 가치, 즉 노동력의 재생산에 소요되는 비용이다. 사회주의 사회에서 노동력은 상품이 아니다. 따라서 노동력 지출에 대한 보상은 임금이 아니라 '노동에 의한 분배'의 형태로 이루어진다. 그것을 개념화한 것이 "생활비"이다. "생활비"의 원천은 소득이다. 기업은 노동의 양과 질에 따라 일한 것만큼 번 것만큼 "생활비"를 분배한다.[22] 노동의 양과 질, 즉 '일한 것만큼'은 분배 척도이다. '번 것만큼'은 분배 원천이다. "일하여 번 정도(로동의 결과)에 따라 분배한

22 이 서술은 제2절과 제3절의 논의와 배치될 수 있다. 제3절에서는 "생활비"를 '선지급'하는 것으로, 이 절에서는 '후 지급'으로 서술하고 있다. 그러나 전자를 '예지급(豫支給)', 후자를 '확정지급(確定支給)'으로 이해하면 모순은 해소될 수 있다. 즉 생산과정 시작 전 노동자에게 "생활비"를 미리 지급하고 소득분배 시 "생활비" 지급액을 확정, '예지급'분을 공제하고 정산하는 것이다. 물론 이는 어디까지나 해당 논의에 논리적 일관성을 부여하기 위한 이론적 장치이다. 현실이 반드시 그러하다는 것은 아니다.

다는것이다"(량은덕 2018, 87). 이에 따라 노동자들이 "로동정량"을 완전히 수행했지만 경영상의 잘못으로 기업의 소득이 그에 상응하지 못한 경우, "생활비"는 계획된 것보다 적게 지급된다. "생활비"는 또한, "[성별, 년령, 민족별에 관계없이] 동일한 로동에 동일한 보수를 주고 차이나는 로동에 차이나는 보수를 준다는것"(리기성 1992, 274), 즉 평등과 차이를 전제한다.

이 같은 "생활비" 지급 원칙은 "생활비등급제"로 구체화된다. "생활비등급제"는 "산업부문별 기능등급표"와 "기능등급사정기준표", 그리고 "생활비표"로 구성된다. "산업부문별 기능등급표와 기능등급사정기준표는 인민경제 모든 부문에서 일하는 노동자, 사무원들의 로동력지출을 일정한 질에 따라 등급으로 나누어 규정한 것으로서 (…) 기능등급사정기준표에는 직종의 이름과 로동의 힘든 정도에 따라 구분한 로동부류, 그 직종의 작업내용 그리고 해당 직종의 매 등급에서 로동자들이 소유하고있어야 할 지식과 기술기능정도가 규제된다"(한득보 1992, 287). "생활비표"에는 산업부문별 노동 부류와 기능 등급에 따르는 "생활비" 기준 금액이 일 또는 월 단위로 명시되어 있다. 기업이 자체로 이 같은 '평가 기준표'를 작성할 수는 없다. 기준표 작성은 어디까지나 국가의 몫이다. 그러나 기준표에 따른 평가, 즉 노동자들의 기능 등급을 사정하고 "생활비" 기준 금액을 정하는 것 등은 이제 전적으로 기업이 담당, 진행한다. 기업은 "생활비" 제정과 관련해서도 어느 정도 독자성을 갖게 된 것이다.

"생활비" 이 외에도 노동자들은 "상금"과 "장려금"과 같은 "추가적로동보수"를 지급받는다. "상금"은 계획을 초과 수행했을 때, 그로 인해 형성된 초과소득에서 지급된다. "장려금"의 원천은 원가 저하에 따른 초과소득이다. 한편 국가는 국가 재정에서 "국가적 및 사회적혜택", 즉 복지서비스를 제공한다. 노동자들을 상대로 한 소득의 재분배라고 할 수 있다.

IV SFC 모형을 이용, 북한에서의 '화폐회전' 분석

1. 기본 가정

이 장에서는 기업책임관리제 실시 이후 북한에서의 화폐회전을 분석한다. 이를 위해 북한 경제에 관한 SFC 모형을 구축한다. SFC 모형을 이용, 북한에서 화폐가 어떻게 회전하는지, 그 과정을 살펴본다. 논의의 편의를 위해 다음과 같이 가정한다.

(1) 폐쇄경제(closed economy). 즉 경제부문에서 해외를 제외한다. 경제부문을 노동자와 기업, 은행, 중앙은행, 국가로 한정한다.

(2) 물가가 고정되어 있다. 때문에 실질변수(real variable)와 명목변수(nominal variable)가 동일하다. 자산 재평가도 발생하지 않는다.

(3) 화폐지표는 현금과 "무현금"이다. "무현금"은 요구불예금(demand deposit)과 유사하다. 그런 의미에서 이 절에서 사용하는 화폐지표는 M_2로 분류될 수 있다.

(4) 금융자산에서 국채와 유가증권, 보험 등은 제외한다. 이에

따라 자본이득은 존재하지 않는다.

(5) 생산수단과 소비재는 수요에 따라 공급된다. 여기서 수요는 유효수요(effective demand), 즉 지불능력 있는 수요이다.

(6) 감가상각금은 제외한다.

(7) "생활비"는 생산물 판매 이후 소득분배 시점에서 지급된다.

(8) 노동자는 금융자산을 현금으로 보유하거나 은행에 저축한다.

(9) 노동자의 소득 가운데 "상금"과 "장려금" 등 "추가적로동보수"와 국가의 이전지출에 해당하는 "국가적 및 사회적 혜택"은 제외한다.

(10) 기업은 현금을 보유하지 않으며, 은행에 저축도 하지 않는다.

(11) 기업은 노동자로부터 자금을 차입하지 않는다. 즉 '사금융'을 이용, 선대자금을 조성하지는 않는다.

(12) 국가는 은행에 "국가공급자금"을 제공하지 않으며 은행은 국가에 "국가납부금"을 납부하지 않는다. 국가와 은행은 재정 측면에서 서로 완전히 독립되어 있다.

(13) "국가납부몫" 가운데 "지방유지금"과 "부동산사용료"는 제외한다. "국가납부금"은 "거래수입금"과 "국가기업리익금"으로 한정한다.

(14) 중앙은행의 이윤은 전액 국고에 귀속된다.

(15) 모든 이자는 매기 초 지급되며 중앙은행 및 은행의 대여금과 "저금"(savings deposit)의 이자율은 동일하다. 즉 경제 내 하나의 이자율만 존재한다.

2. 국민대차대조행렬

〈표 5-2〉는 앞 절의 기본 가정 하에 작성한 기업책임관리제 실시 이후의 북한 경제에 관한 국민대차대조행렬이다. 가로축은 경제부문, 세로축은 자산을 표시한다. 경제부문은 노동자와 기업, 은행, 국가, 중앙은행으로 구성된다. 자산은 유형재산(tangible capital, K)과 본원통화(H), "저금"(SD), 은행 대여금(BL), 중앙은행 대여금(CL), 순자산(net wealth, V)으로 구분한다. 유형재산과 순자산을 제외하면, 한 경제부문의 자산은 다른 경제부문의 부채이다. 따라서 금융자산은 열벡터의 합이 '영'이 된다. 자산에는 양의 부호(+), 부채와 순자산에는 음의 부호(-)를 붙인다. 아래첨자는 자산과 부채의 소유자를 표시하기 위해 부가된다. 아래첨자 w는 노동자, f는 기업, b는 은행, n은 국가, cb는 중앙은행을 가리킨다.

금융자산별로 살펴보면, 본원통화, 즉 노동자가 보유한 현금과 은행의 지급준비금은 노동자와 은행의 자산이지만, 본원통화를 발행한 중앙은행에게는 부채이다. 노동자의 자산인 "저금"은 은행

표 5-2. 북한 경제에 관한 국민대차대조표행렬

	노동자	기업	은행	국가	중앙은행	합계
유형재산	$+K_w$	$+K_f$				$+K$
본원통화	$+H_w$		$+H_b$		$-H$	0
"저금"	$+SD$		$-SD$			0
은행 대여금		$-BL$	$+BL$			0
중앙은행 대여금			$-CL_b$	$-CL_n$	$+CL$	0
순자산	$-V_w$	$-V_f$	$-V_b$	$-V_n$	0	$-K$
합계	0	0	0	0	0	0

의 부채이다. 은행 대여금은 그것을 빌린 기업에게는 부채이다. 그렇지만 은행 계정에는 자산으로 기록된다. 채권도 자산이기 때문이다. 중앙은행은 '은행의 은행'이다. 은행의 자금이 부족할 경우, 중앙은행은 은행에 대여 방식으로 자금을 지원한다. 은행시스템의 안정을 위해서이다. 은행은 기한 내에 중앙은행에 대여금을 상환해야 한다. 이 같은 중앙은행 대여금은 은행 계정에 부채로 기록된다. 중앙은행에게는 채권, 따라서 자산이다. 기업책임관리제 실시 이후 북한 당국은 중앙은행으로 하여금 기업에 "국가공급자금"을 공급하도록 하고, 나중에 "예산수입금에서 그와 같은 크기의 자금을 중앙은행에 지급한다. 그런 의미에서 "국가공급자금"은 사실상 중앙은행이 국가에 대여한 대여금이라고 할 수 있다. 따라서 이 자금은 중앙은행 계정에는 자산, 국가 계정에는 부채로 기입된다. 중앙은행이 채권자, 국가가 채무자이다.

북한에서 생산수단은 협동농장을 제외하고는 거의 대부분 국가가 소유하고 있다. 그러나 기업은 경영상 상대적 독자성을 갖고 "상업적형태" 또는 "상업적방법"으로 생산수단을 구입한다. 기업책임관리제 실시 이후, 기업의 독자성은 더욱 강화되었다. 이에 따라 논의의 편의를 위해 기업이 생산수단을 갖고 있는 것으로, 즉 생산수단을 기업의 유형재산으로 간주한다. 노동자가 구입한 소비재는 그 소유권이 노동자에게 속한다. 따라서 소비재는 노동자의 유형재산이다. 중앙은행과 은행에 소속된 유형재산은 그다지 크지 않으므로 무시한다. 유형재산도 자산이지만, 다른 자산과 달리 그것은 다른 경제부문의 부채가 아니다. 때문에 유형재산 열벡터의 합은 '양(陽)'의 값을 갖는다.

순자산은 잔차(residual)이다. 다시 말해 경제부문별 행벡터의 합계를 '영'으로 만드는 일종의 '균형항(balancing item)'이다. 북한의 중앙은행은 "예산제" 기관이다. 더구나 이 장에서는 중앙은행에 이윤이 발생하면 전액 국가로 이전된다고 가정하고 있다. 따라서 국민대차대조표행렬에서 중앙은행 순자산의 값은 '영'으로 표시된다.

3. SFC 행렬

〈표 5-3〉은 기업책임관리제 실시 이후 북한 경제에 관한 SFC 행렬이다. 이 행렬의 윗부분은 노동자와 기업, 은행, 국가, 중앙은행 사이의 거래 관계를 나타낸다. 아래 회색 부분은 이 같은 거래에 따른 금융자산 플로우의 변화를 보여준다.

이 행렬에서 은행과 중앙은행 계정은 '경상계정(current account)'과 '자본계정(capital account)'으로 구분된다. '경상계정'은 은행과 중앙은행이 지급하거나 지급받는 사항을 기록한다. '자본계정'에는 자산 또는 부채의 부가 내지 공제 내역이 기입된다. 기업의 계정 역시 '경상계정'과 '자본계정'으로 나뉜다. 생산수단의 구입, 그리고 이를 위한 선대자금의 조성은 '자본계정'에 기입된다. 생산물의 판매와 소득의 배분 등은 '경상계정'이 담당한다.

사용된 기호를 보면, 소비지출은 C, 생산수단의 구입, 즉 투자지출은 I, "생활비"는 WB, "국가공급자금"은 NF, 중앙은행의 이윤은 CP, 이자율은 r, "무현금"은 DD로 나타낸다. 국민대차대조표행렬에서처럼 본원통화와 은행 대여금, 중앙은행 대여금, "저금", "국가납부금"은 각각 H, BL, CL, SD, T로 표기한다. 아래첨자 d와 s는 수요와 공급을 가리킨다. 양의 부호(+)는 화폐의 유입, 음의 부호(-)는 화폐의 유출을 의미한다. 플로우의 경우, 부호가 반직관적(counter-intuitive)이라서 선뜻 받아들이기 쉽지 않다. 그러나 금융자산의 보유는 화폐의 유출, '매각'은 화폐의 유입을 야기한다는 사실을 상기하면 이해가 될 것이다. '-1'은 전기(前期)를 뜻한다.

제2절에서 강조했듯이, SFC 행렬의 가장 큰 특징은 '일관성'이다. '모든 화폐적 흐름은 어딘가에서 시작되어 어딘가로 흘러간다.' SFC 행렬의 행벡터와 열벡터는 모두 그 합이 '영'이다. 몇 가지만 예를 들어 살펴보면, 첫째, 행벡터 가운데 소비지출의 경우는 화폐가 노동자의 주머니에서 나와 기업의 '경상계정'으로 들어간다.

둘째, 투자지출은 기업의 생산재 구입, 또는 판매로 나타난다. 투자지출은 기업의 '자본계정'에 축적된 화폐의 사용을 의미한다. 따라서 투자지출이 이루어질 때 화폐는 기업의 '자본계정'에서 '경상계정'으로 들어간다.

셋째, 열벡터는 각 경제부문의 예산제약(budget constraint)을 의미한다. 여기에서 플로우의 변화는 스톡의 증감으로 귀결된다. 노동자는 "생활비"와 "저금"에 대한 이자로 가처분소득을 조성, 이것으로 소비재를 구매한다. 만약 가처분소득보다 소비지출이 많으면, 그 차이만큼 본원통화(현금) 또는 "저금"이 유출, 결국 노동자의 스톡은 감소한다.

넷째, 기업은 "국가공급자금"과 "자체충당금", 은행 대여금으

표 5-3. 북한 경제에 관한 SFC 행렬

	노동자	기업		은행		국가	중앙은행		합계
		경상계정	자본계정	경상계정	자본계정		경상계정	자본계정	
소비지출	$-C$	$+C$							0
투자지출		$+I$	$-I$						0
"생활비"	$+WB$	$-WB$							0
"국가공급자금"			$+NF$			$-NF$			0
"자체충당금"		$-FF$	$+FF$						0
중앙은행의 이윤						$+CP$	$-CP$		0
은행 대여금의 이자		$-r \bullet BL$		$+r \bullet BL$					0
중앙은행 대여금의 이자				$-r \bullet CL_b$			$+r \bullet CL_b$		0
"저금"의 이자	$+r \bullet SD$			$-r \bullet SD$					0
"국가납부금"		$-T$				$+T$			0
본원통화의 변화	$-\Delta H_w$				$-\Delta H_b$			$+\Delta H$	0
중앙은행 대여금의 변화					$+\Delta CL_b$	$+\Delta CL_n$		$-\Delta CL$	0
은행 대여금의 변화			$+\Delta BL$		$-\Delta BL$				0
"저금"의 변화	$-\Delta SD$				$+\Delta SD$				0
합계	0	0	0	0	0	0	0	0	0

로 선대자금을 조성, 투자지출을 진행한다. 은행으로부터의 대여는 화폐의 유입을 의미한다. 은행 대여금 플로우에 양의 부호가 부가된다. 이 때 기업의 스톡은 증가한다.

다섯째, 은행 '자본계정'의 열벡터는 모두 플로우이다. 유입된 화폐는 전부 다시 유출된다. 화폐의 유입 요인은 중앙은행으로부터 대여와 노동자들의 저축이다. 유출 요인은 기업에 대한 대여금과 본원통화(지급준비금)이다.

여섯째, 국가 계정에서 스톡은 재정이고 플로우는 중앙은행 대여금이다. 중앙은행에서 자금을 차입하면, 재정 스톡이 증가한다. 반대로 상환하면, 재정 스톡은 감소한다.

일곱째, 중앙은행 '자본계정'은 '잔차벡터(redundant vector)'이다. 따라서 그 합은 '영'이 된다. 본원통화 플로우가 유입시킨 화폐는 국가 및 은행에 대한 대여를 통해 모두 유출된다.

4. SFC 모형

이 절에서는 기업책임관리제 실시 이후 북한 경제에 관한 SFC 모형을 작성한다. 이 모형의 변수는 SFC 행렬의 성분이며 총 24개의 식, 그리고 7개의 모수(parameter)로 이루어져 있다. 이들 식은 경제 각 부문들의 '경제적 행위'를 보여준다.

1) 노동자의 행위

$$YD = WB_s + r \cdot SD_{-1} \tag{4.1}$$

$$C_d = \alpha_0 + \alpha_1 \cdot YD + \alpha_2 \cdot (H_{w,-1} + SD_{-1})$$
$$= \alpha_0 + \alpha_1 \cdot YD + \alpha_2 \cdot V_{w,-1} \quad (4.2)$$
$$\Delta V_w = YD - C \quad (4.3)$$
$$\Delta SD = \Delta V_w + \Delta H_w \quad (4.4)$$

식(4.1)은 노동자의 가처분소득(YD)을 보여준다. "생활비"와 전기 "저금"에 대한 이자로 구성된다. 식(4.2)는 소비함수이다. 소비수요는 가처분소득과 노동자가 보유한 전기 금융자산, 즉 순자산의 함수이다. 독립적 소비 항목인 α_0는 '외생적으로(exogenously)' 결정된다. α_1과 α_2는 각각 가처분소득과 전기 순자산에서 소비지출에 사용되는 몫을 규정하는 모수이다. 식(4.3)에서 보듯이, 순자산은 가처분소득에서 소비지출을 차감한 금액만큼 증가한다. 노동자는 순자산을 현금과 "저금"의 형태로 보유한다. 식(4.4)는 이를 나타낸다.

2) 기업의 행위

$$C_s = C_d \quad (4.5)$$
$$I_s = I_d \quad (4.6)$$
$$Y = C + I \quad (4.7)$$
$$K_f = K_{f,-1} + I \quad (4.8)$$
$$K_f^T = \kappa \cdot Y_{-1} \quad (4.9)$$
$$I_d = \gamma \cdot (K_f^T - K_{f,-1}) \quad (4.10)$$
$$WB = Y - I - T - r \cdot BL - FF \quad (4.11)$$

$$\triangle BL_d = I - (NF + FF) \quad (4.12)$$

식(4.5)와 식(4.6)은 생산수단과 소비재 등 재화는 수요에 따라 공급된다는 가정에 따른 것이다. 식(4.7)은 국민소득(Y) 형성식이다. 유형재산의 가치는 투자지출만큼 증가한다. 식(4.8)은 이를 나타낸다. 유형재산의 목표량 K^T는 전기 총생산 Y_{-1}에 의존한다. 이에 따라 식(4.9)에서처럼, K^T는 Y_{-1}의 일정 비율(κ)로 표시된다. 유형재산의 목표량과 전기의 양 사이의 차이가 순투자(net investment)이다. 식(4.10)이 보여주듯이, 투자수요는 순투자의 일정 비율(γ)에 해당한다. 기업은 총생산, 즉 총판매수입에서 투자지출을 보상한다. 국가에는 "국가납부금"을 납부한다. 기업은 은행에 대출 이자를 지급하고 "자체충당금"도 적립한다. 남은 금액으로는 노동자에게 "생활비"를 지급한다. 식(4.11)은 이 과정을 보여준다. 기업은 투자수요를 충당할 선대자금을 우선 "국가공급자금"과 "자체충당금"으로 조성한다. 부족하면, 식(4.12)와 같이 은행으로부터 대여한다. 식(4.12)는 이 같은 기업의 선대자금 조성 과정을 정식화한 것이다.

3) 은행의 행위

$$\triangle SD_s = \triangle SD_d \quad (4.13)$$

$$\triangle BL_s = \triangle BL_d \quad (4.14)$$

$$\triangle H_b = \lambda \cdot (\triangle SD + \triangle BL) \quad (4.15)$$

$$\triangle CL_b = \triangle BL + \triangle H_b + r \cdot SD + r \cdot CL_b - \triangle SD - r \cdot BL$$

(4.16)

$$\triangle CL_{b,\,s} = \triangle CL_{b,\,d} \tag{4.17}$$

"저금"은 은행에 대한 노동자의 채권, 즉 노동자에 대한 은행의 채무이다. 따라서 "저금"의 수요자는 노동자이고 공급자는 은행이다. 노동자가 "저금"하겠다고 하는데, 은행이 거부할 리 없다. "저금"은 수요에 따라 공급이 이루어진다. 식(4.13)은 이 관계를 보여준다. 식(4.14)는 은행 대여금이 기업의 수요에 따라 결정된다는 것을 의미한다. 북한에서 은행은 대여 조건에 부합하면, 기업의 대여 요구에 '수동적으로(passively)' 대응한다. 그렇지 않으면, 선대자금의 부족으로 생산의 안정성이 위협받을 수 있기 때문이다. 은행은 노동자들이 맡긴 "저금"과 기업에 대한 대여금의 일정 비율(지급준비율, λ)을 지급준비금(H_b)으로 보유한다. 식(4.15)는 이를 나타낸다. 은행은 자금이 부족, 기업의 대여 요구를 충족시키지 못할 경우, 중앙은행으로부터 자금을 차입한다. 식(4.16)은 차입금의 증감분을 보여 준다. 은행 대여금과 지급준비금, "저금"에 대한 이자, 중앙은행 차입금 이자가 증가 요인이라면, "저금"과 기업 대여금 이자는 감소 요인이다. 식(4.16)은 은행 '자본계정'의 예산제약이기도 하다. 식(4.17)에서 보듯이, 은행에 대한 중앙은행 대여는 '수요결정적(demand-determined)'이다. 그렇지 않고 중앙은행이 대여를 거절하면, 이는 은행의 대여 거부로 이어져, 결국 생산의 안정성을 해치기 때문이다.

4) 국가의 행위

$$\triangle CL_n = NF - T - CP \tag{4.18}$$

$$CL_{n,s} = CL_{n,d} \tag{4.19}$$

$$T = T_c + T_i \tag{4.20}$$

북한 당국은 중앙은행을 통해 간접적으로 기업에 "국가공급자금"을 공급한다. 매기 초 중앙은행으로 하여금 기업에 "국가공급자금"을 공급하도록 하고, 기말에 "예산수입금"에서 지급한다. "예산수입금"이 부족할 수도, 남을 수도 있다. 전자는 적자재정, 후자는 흑자재정을 의미한다. 뒤에서 자세히 서술하겠지만, 중앙은행이 '선 공급'한 "국가공급자금"은 사실상 국가가 중앙은행으로부터 빌린, 일종의 '대여금'이다. 때문에 국가의 "자금공급"은 국가에 대한 중앙은행 대여금을 증가시키고 "국가납부금"과 국가에 이전된 중앙은행 이윤 등 "예산수입금"은 이를 감소시킨다. 식(4.18)은 이 사실을 보여준다. 한편 국가에 대한 중앙은행 대여는 수요결정적이다. "국가공급자금"은 선대자금으로 사용되기 때문이다. 이로부터 식(4.19)가 보여주듯이, 중앙은행의 국가 대여금에 대한 수요와 공급은 항상 일치한다. "국가납부금"은 "거래수입금" T_c와 "국가기업리익금" T_i로 구성되어 있다. 식(4.20)은 이를 정식화한 것이다.

5) 중앙은행의 행위

$$\triangle H = \triangle H_w + \triangle H_b \quad (4.21)$$

$$CL_s = CL_d [CL_{b,d} + CL_{n,d}] \quad (4.22)$$

$$CP = r \cdot CL_b \quad (4.23)$$

$$\triangle CL = \triangle H \quad (4.24)$$

은행이 신설되기 전까지 북한에서는 중앙은행 지점이 은행 역할을 수행했다. 이제 북한에서도 중앙은행은 중앙은행 본래 기능만 수행한다. 우선 식(4.21)에서 보듯이, 중앙은행은 가계와 은행의 수요에 맞게 본원통화를 공급한다. 또한 중앙은행은 '정부의 은행'으로서 정부에 "국가공급자금"을 제공한다. 은행에 대부하는 '은행의 은행'으로서의 역할도 담당한다. 이 같은 국가와 은행에 대한 중앙은행 대여는 수요에 따라 공급된다. 식(4.22)는 이를 나타낸다. 식(4.23)은 중앙은행의 이윤이 은행의 기업 대부금에 대한 이자로 형성된다는 사실을 보여준다. 식(4.24)는 중앙은행 '자본계정'의 예산제약을 나타낸다. 북한 경제의 SFC 행렬에서 이 계정 이외 다른 모든 행벡터와 열벡터의 합은 '영'이다. 따라서 이 계정은 명시적인 메커니즘의 부재에도 불구하고 '영'일 수밖에 없다. 그런 의미에서 식(4.24)은 '잔차식(redundant equation)'이다.

5. 북한에서의 '화폐회전'

화폐회전은 화폐순환, 다시 말해 화폐가 창조되어 소멸에 이르기까지의 연속적 과정, 그것의 주기적 반복을 뜻한다. 결국 화폐회전에 관한 분석은 화폐가 어떻게 창조되고 소멸하는지, 그 과정을 규명하고 의미를 밝히는 작업이다.

북한에서 화폐는 어떻게 창조되는 것일까? '무(無)'에서 '유(有)', 즉 새로운 탄생이 창조이다. 화폐 역시 그렇다. 화폐 창조는 그 전까지 없던 화폐가 경제활동에 발맞춰 새로 생겨나는 것을 의미한다. 북한에서 화폐는 두 가지 경로를 통해 창조된다. 식(4.13)을 보면 알 수 있듯이, 은행 대여금에 대한 수요는 "국가공급자금"과 "자체충당금"과 같은 이른바 '자체 자금'이 투자지출에 미달할 때, 발생한다. 기업은 투자지출과 '자체 자금'의 차이만큼 은행에 자금의 대여를 요구한다. 만약 은행이 기업의 이 요구를 받아주지 않거나, 그 중 일부만 받아주면, 선대자금 부족으로 생산이 차질을 빚게 된다. 국가 전체적으로 보면, 생산시스템이 불안정해 질 수 있다. 이에 따라 은행은 기업의 대여 요구가 조건을 충족하면, 이를 '수동적으로' 수용한다. 북한에서 은행 대여는 '수요결정적'이다. 식(4.15)는 이 사실을 보여준다. 은행 대여금은 기업의 "무현금" 계좌에 입금된다. 화폐의 '등장'이다. 그런데 이 화폐는 그 전까지는 존재하지 않던 것이다. 새로 탄생된, 즉 창조된 것이다. 정리하면, 화폐는 선대자금이 부족한 기업의 대여 요구를 은행이 수용, 대여를 시행할 때 창조된다. 〈표 5-4〉는 이 같은 은행 대여를 통한 화폐의 창조 과정을 보여준다.

북한에서 화폐는 국가의 기업에 대한 "자금공급" 과정에서도 창조된다. 국가는 기업에 "국가공급자금"을 제공한다. 기업은 이 자금을 선대자금으로 사용한다. "국가공급자금"은 빌려주는 것이

표 5-4. 은행 대여를 통한 화폐의 창조

	기업		은행	합계
	경상계정	자본계정	자본계정	
소비지출				
투자지출				
은행 대여금의 변화		$+\Delta BL$	$-\Delta BL$	0
"무현금"의 변화		$-\Delta DD$	$+\Delta DD$	0
합계		0	0	0

아니기 때문에 나중에 반환할 필요가 없다. "국가공급자금"은 일종의 '국가투자자금'이다. 예전에는 "국가공급자금"이 국가의 "예산수입금"에서 '직접' 공급되었다. 분기 "예산수입금"으로 그 분기 "자금공급"을 진행했다(국가→기업). 그러나 지금은 중앙은행을 통해 공급하는 '간접적인' 방식으로 바뀌었다. 우선 국가는 중앙은행으로 하여금 "자금공급"을 하도록 한다(중앙은행→기업, ①). 나중에 기업이 내는 "국가납부금"과 중앙은행에서 이전된 이윤 등을 통해 "예산수입금"이 조성되면, 거기서 그 금액만큼 중앙은행에 지급한다(국가→중앙은행, ②). ①의 과정에서 국가와 중앙은행 사이에는 채권·채무관계가 형성된다. 중앙은행이 채권자, 국가가 채무자이다. 그런 의미에서 중앙은행에 의해 '선 공급'된 "국가공급자금"은 사실상 국가에 대한 중앙은행 대여금이다. 따라서 ②는 대여금의 상환 과정이다. ②의 과정을 통해 국가와 중앙은행간 채권·채무관계는 해소된다. 결국 기업책임관리제 실시 이후에는 "자금공급"이 국가가 중앙은행으로부터 '돈'을 빌려, 그 '돈'으로 기업에 자금을 제공하고 나중에 국가 재정에서 갚는 방식으로 진행된다고 할 수 있다. 식(4.18)은 이같이 변경된 "자금공급" 방식을 정식화한 것

이다. 한편 국가에 대한 중앙은행 대여금은 '수요결정적'이 될 수 밖에 없다. "국가공급자금"은 "현행계획"의 "국가지표" 수행을 뒷받침한다. 따라서 "자금공급"은 생산의 안정성, 더 정확히 말하면 "현행계획"의 안정성과 직결되기 때문이다. 식(4.19)는 이 사실을 나타낸다.

중앙은행이 국가 대신 지급한, 달리 말하면 국가가 중앙은행으로부터 빌려 기업에 공급한 "국가공급자금"은 기업의 은행 "무현금" 계좌에 입금된다. 이 '돈'은 지금까지 존재하지 않았던, 이 과정에서 새롭게 창조된 화폐이다. 〈표 5-5〉와 〈표 5-6〉은 국가의 "자금공급" 과정에서 화폐가 어떻게 창조되는지, 그 내용을 잘 보여준다. 제1단계, 중앙은행은 국가에 자금을 대여한다. 중앙은행의 대여는 국가에게는 자금의 유입, 중앙은행에게는 자금의 유출을 의미한다. 때문에 대여금 플로우가 국가의 계정에는 양의 부호로, 중앙은행의 '자본계정'에는 음의 부호로 표시된다. 중앙은행 대여금은 국가의 중앙은행 계좌에 입금될 것이다. 국가의 '돈'이든, 은행의 '돈'이든 관계없이 중앙은행에 입금된 '돈'은 모두 본원통화이다. 결국 중앙은행 대여로 인해 국가는 대여금만큼의 본원통화 H_n을 보유하게 된다. 제2단계, 중앙은행은 국가의 계좌에 있던 본원통화를 기업의 은행 계좌에 이체한다. "국가공급자금"의 공급이다. 이로 인해 기업의 "무현금" 보유량이 증가한다. 그 결과 기업 '자본계정'의 "무현금" 플로우에는 자금유출이, 은행 "무현금" 플로우에는 자금유입이 발생한다. 그런데 이 "무현금"은 국가 또는 중앙은행이 그 전부터 갖고 있던 화폐가 아니다. 세상에 처음으로 등장한, 새로 창조된 화폐이다. 한편 은행의 본원통화, 즉 지급준

표 5-5. "자금공급"과 화폐창조 제1단계: 국가 보유의 본원통화 창조

	기업	은행	국가	중앙은행	합계
	자본계정	자본계정		자본계정	
"국가공급자금"					
본원통화의 변화			$-\Delta H_n$	$+\Delta H$	0
중앙은행 대여금의 변화			$+\Delta CL_n$	$-\Delta CL_n$	0
"무현금"의 변화					
합계			0	0	0

표 5-6. "자금공급"과 화폐창조 제2단계: "국가공급자금"의 지급

	기업	은행	국가	중앙은행	합계
	자본계정	자본계정		자본계정	
"국가공급자금"	$+NF$		$-NF$		
본원통화의 변화		$-\Delta H_b$		$+\Delta H$	0
중앙은행 대여금의 변화			$+\Delta CL_n$	$-\Delta CL_n$	0
"무현금"의 변화	$-\Delta DD$	$+\Delta DD$			0
합계	0	0	0	0	0

비금이 증가하면서 지급준비금 플로우(ΔH_b)에는 음의 부호가 부가된다. 정리하면, 북한에서 화폐는 중앙은행이 국가 보유의 본원통화를 기업이 소지한 은행 "무현금" 계좌의 "국가공급자금" 항목에 입금하는, 그 과정에서 창조된다.

화폐의 소멸은 화폐창조의 '역(逆)의 과정'을 통해 이루어진다. 기업이 생산물을 판매, 그 수입으로 은행 대여금을 갚을 때($\Delta BL=0$), 그리고 국가가 "예산수입금"에서 중앙은행이 선 지급한 "국가공급자금"을 정산할 때, 다시 말해 중앙은행 대여금을 상환할 때($\Delta CL_n=0$), 화폐는 소멸한다. 화폐는 다시 '무'로 돌아간다.

북한에서 화폐가 창조되고 소멸되는 과정은 다음과 같은 사실

을 시사한다. 첫째, 화폐는 경제의 내적 요구에 따라, 즉 '내생적으로(endogenously)' 창조된다. 북한에서 화폐창조는 생산 목표 달성에 강한 의지를 가진 경제주체들의 행위, 즉 그들 사이의 거래에 따른 결과이다. 북한 화폐는 경제 내에서 생산의 요구에 따라 '내생적으로' 창조되는 것이지, 경제 밖에서 누군가에 의해 '외생적으로' 공급되는 것이 아니다.

둘째, 북한에서도 '화폐순환'은 투자지출과 국민소득 등 '실물'과 무관하지 않다. 화폐플로우의 변화량 ΔM은 ΔBL과 ΔCL_n의 합이다. 따라서 식(4.12)와 식(4.18)로부터,

$$I = \Delta M + FF - T - CP \tag{4.25}$$

화폐가 원하는 만큼 순조롭게 잘 창조되면, 생산은 안정된다. 그렇지 못하면, 투자지출이 줄어들면서 생산이 차질을 빚게 된다. 북한에서 '법'적 규정성을 지닌 "현행계획"의 달성도 어려워진다.

또한 창조된 화폐의 일부가 유동성 선호(liquidity preference)로 인해 퇴장(hoarding)되면 화폐유통속도(velocity of money)가 감소, 화폐플로우가 줄어들고, 이는 곧 투자지출의 축소로 이어진다. 식(4.7)에 따라 국민소득도 감소한다($hoarding \rightarrow \Delta M \downarrow \rightarrow I \downarrow \rightarrow Y \downarrow$). 이른바 '저축의 역설(paradox of saving)'이 발생한다.

셋째, 국가의 "자금공급"에 사용되는 국가에 대한 중앙은행 대여금은 그 크기가 경제 성장에 직접적인 영향을 미친다. 화폐의 추가적 유입이나 유출이 없으면, 창조된 화폐량과 화폐의 소멸량

이 서로 동일하다. 이 경우, 경제는 균형, 즉 '성장없는 정체 상태(stationary state)'인 '균제균형(steady state)'에 도달한다. 균제균형에서 화폐의 퇴장은 발생하지 않는다. 노동자의 "저금"은 '영'이다. 이에 따라 노동자의 소비는 가처분소득과 동일하게 된다. 균제균형일 때, 노동자의 가처분소득 YD^*는 식(4.27)로 표현된다. 위첨자 *는 균제균형을 의미한다.

$$YD^* = \alpha_0 + \alpha_1 \cdot YD^* + \alpha_2 \cdot V_w^* \tag{4.27}$$

그런데,

$$V_w = K + CL_w - V_f - V_b \tag{4.28}$$

$$K^* = K^{T*} = \kappa \cdot Y^* \tag{4.29}$$

따라서,

$$YD^* = \alpha_0 + \alpha_1 \cdot YD^* + \alpha_2 \cdot (\kappa \cdot Y^* + CL_n^* - V_f^* - V_b^*) \tag{4.30}$$

식(4.7)과 식(4.10)으로부터,

$$Y^* = YD^* \tag{4.31}$$

식(4.31)을 식(4.30)에 대입하면,

$$Y^* = \frac{\alpha_0 + \alpha_2(CL_n^* - V_f^* - V_b^*)}{1 - \alpha_1 - \alpha_2 \cdot \kappa} \tag{4.32}$$

한편, 식(4.32)가 성립하려면 다음 조건이 충족되어야 한다.

$$\alpha_1 - \alpha_2 \cdot \kappa < 1 \tag{4.33}$$

식(4.32)는 독립적인 소비를 나타내는 모수 α_0와 중앙은행의 정부 대여금, 달리 말하면 "국가공급자금"과 그 크기가 같은 CL_n의 역할을 분명히 보여주고 있다. 이것들과 균제균형에서의 국민소득 Y^*는 서로 비례한다. 즉 α_0와 CL_n가 커지면, Y^*도 증가한다. 한편 α_0와 CL_n가 일정하면, Y^*는 소비성향 α_1및 α_2와 소득 대비 기업의 목표 유형재산의 비율인 κ에 비례하고 균제균형에서의 기업의 순자산 V^*_f와 은행의 순자산 V^*_b에 반비례한다.

이 절의 논의를 정리하면, 북한에서 화폐는 기업에 대한 은행의 대여와 국가에 대한 중앙은행의 대여를 통해 창조되고, 이 대여금을 상환할 때 소멸된다. 화폐는 경제 밖에서 '외생적으로' 공급되는 것이 아니라 경제 내 생산의 요구에 따라 '내생적으로' 창조된다. 화폐의 순환은 투자지출과 국민소득 등 이른바 '실물경제'에 직접적인 영향을 미친다. 특히 균제균형에서 경제성장은 국가가 중앙은행으로부터 차입, 기업에 공급하는 "국가공급자금"에 비례한다.

결론적으로 북한의 화폐 역시 자본주의 사회의 화폐처럼 '비중립적(non-neutral)'이다. 생산 및 소득과 무관한 '중립화폐(neutral money)'가 아니다. 다시 말해 '실물경제'를 덮은 '베일'이나 단지 교환을 부드럽게 하는 '윤활유'가 아니다. 북한에서 화폐는 재생산과정을 추동하고 이끌어 나가는, 재생산과정의 본질적 요소이다. 그런 의미에서 북한 경제는 '화폐경제(monetary economy)'이다. '실물교환경제(real exchange economy or barter economy)'가 아니다.[23] 케인즈(J. M. Keynes)는 화폐경제를 다음과 같이 규정한다.

> "나는 화폐가 주요 구성 부분이며 동기와 결정에 영향을 미치는 경제, 간단히 말해서 화폐가 상황의 조작적 요소이므로 처음부터 마지막에 이르기까지 화폐가 어떻게 행동하는지 알지 못하고서는 단기이건 장기이건 간에 사건의 전개과정을 예측할 없는 [실물교환경제와 대비되는] 그런 경제를 다루는 이론을 원한다. 화폐경제는 바로 이 같은 경제를 의미한다"(Keynes 1973, 409).

V 결론을 대신하여: 김정은 시대, 북한 경제 작동방식의 주요 특징

지금까지 기업책임관리제 실시 이후 북한 경제의 재생산과정과 화폐회전을 분석했다. 이 장에서는 이에 기초, 기업책임관리제 이전

23 화폐수량설(quantity theory of moey)은 화폐를 생산과 소득에는 영향을 미치지 못하고 오직 물가의 증감에만 관계하며, 그 양도 '외생적으로' 결정되는 '중립화폐'로 간주한다. 화폐유통속도도 일정하다고 본다. 따라서 화폐수량설은 북한의 화폐, 나아가 북한의 경제현상을 분석하는 데 한계를 가질 수밖에 없다.

경제 작동방식과의 '비교의 관점(comparative perspective)'에서 현재 북한 경제의 몇 가지 중요한 특징을 논의한다. 이것으로 결론을 대신한다.

1. '계획'의 축소와 '시장'의 확대

사회주의 체제에서 '계획'과 '시장'은 공존할 수 있다. 그러나 양자는 '제로섬(zero sum)' 관계이다. 그 중 하나의 비중이 높아지면 다른 하나의 비중은 낮아진다. 기업책임관리제 실시 이전 '공식적인(official)' 북한 경제의 재생산과정에서 '계획'은 '시장'에 비해 절대적 우위를 가지고 있었다. '시장'은 그야말로 '계획'의 보조적 역할만을 수행했다. 그러나 지금은 국가가 나서서 '계획'과 '시장'의 관계를 변화시키고 있다.[24] '계획'이 축소되고, 그 결과 '시장'이 확대되고 있다. '계획'의 축소, 즉 경제에 대한 국가의 계획적 통제의 약화는 다음 두 가지 사실에서 확인 가능하다.

북한 당국은 "계획적지도"에서 "전략적관리"로 경제에 대한 국가의 개입·통제 방식을 바꾸었다. 기업책임관리제 실시 이전에는 "전망계획"과 "현행계획"을 통해 경제를 '계획적으로' 지도했다. 현재는 '전략적으로' 관리한다. 북한 당국은 "전망계획" 작성에 앞서 경제전략을 수립한다. 그 전까지는 없었던 공정이다. "전망계획"은 경제전략 달성을 위한 로드맵, 즉 중장기 실천 계획으로 그 지위와 역할이 조정되었다. 이전 북한에서 '계획'의 중심

24 정영철은 이를 국가에 의한 시장의 '조직-재조직', 즉 1990년대 이래로 발생한 시장을 국가가 재조직화하고 있는 것으로 이해한다(정영철 2019, 149).

은 단연 "현행계획"이었다. 북한 당국은 "현행계획"을 가장 중시했다. "현행계획"은 "계획의 세부화" 방침에 따라 작성된 1년 단위 '현물' 위주의 국가 유일 계획이다. 하지만 이제는 경제전략 실현에 국가적 역량을 집중한다. "계획적지도"에서 "전략적관리"로의 변경, 그에 따른 경제전략 중시와 "현행계획"의 위상 격하의 경제적 의미는 명확하다. 경제에 대한 국가의 계획적 통제가 약화된 것이다.

또한 북한 당국은 "기업소지표"를 "현행계획"에서 제외했다. "현행계획"의 대상을 "국가지표"와 "지방지표"로 한정했다. "기업소지표"의 계획은 기업이 독자적으로 수립한다. "기업소지표"의 생산에 필요한 선대자금 조성과 생산수단 구입, 그리고 생산물의 가격("합의가격") 제정과 판매("주문계약")도 기업 자체로 진행한다. 심지어 기업은 무역권, 즉 수출입 권한까지 직접 행사한다. "기업소지표"가 '계획'에서 나와 '시장'으로 들어갔다고 하지 않을 수 없는 상황이다.

그렇지만 이 같은 '계획'의 축소와 '시장'의 확대가 "장마당", 즉 '장소로서의 시장(market place)'의 확대를 의미하는 것은 아니다. '장소로서의 시장'에 대한 북한 당국의 정책적 입장은 분명하다. 한마디로 '국영상업과의 경쟁을 통한 점진적 축소'라고 할 수 있다. 2011년 11월 15일 김정일은 일종의 대형마트라 할 수 있는 평양의 '광복거리상업중심'을 "현지지도" 하면서 다음과 같이 밝혔다. "시장은 점차 없애야 합니다. 광복지구상업중심과 같은 이런 상업망들에서 시장을 눌러놓아야 합니다. (…) 지구별로 상업중심을 내오게 되면 자연히 시장들이 조락될 것입니다. 상업중심들에서 상품들을 시장가격보다 좀 눅은 가격으로 팔아주면 우리 인민들이 시장을 리용하려고 하지 않을 것입니다"(김정일, 2015, 521). 이 같은 입장은 2021년 1월 5-7일 조선로동당 제8차대회의 중앙위원회사업 총화보고에서도 확인된다. 당시 김정은은 이렇게 강조했다. "국영상업을 발전시키고 급양편의봉사의 사회주의적성격을 살리는것을 현시기 매우 긴절한 문제 (…) 현시기 우리 상업이 반드시 해결하여야 할 중요한 과제는 상업봉사활동전반에서 국가의 주도적역할, 조절통제력을 회복하고 인민을 위하여 복무하는 사회주의상업의 본태를 살려나가는것이다"(『로동신문』 2021.1.9).

2. 재생산과정의 안정성 증대

북한은 사회주의 국가이다. 그렇지만 생산을 시작하려면 사전에 '돈'을 주고 생산수단을 구입해야 한다. 노동자에게는 "생활비"를 지급해야 한다. 북한에서도 선대자금은 생산의 선결조건(prerequisite)이다. 과거 북한에서는 선대자금 대부분을 국가가 책임졌다. 국가는 분기별로 그 기에 걷은 "예산수입금"에서 기업에 "국가공급자금"을 제공했다. 이른바 "유일적자금공급체계"이다. 그런데 이 방식은 결정적으로 경제위기에 아주 취약하다. 생산에 위기가 닥치면, 선대자금이 부족해지고 그에 따라 생산은 더욱 악화된다. 구체적으로 생산의 위기는 '재정수입 감소 → "국가공급자금" 축소 → 선대자금 부족'으로 이어져, 결국 생산을 더욱 악화시킨다. '부족의 악순환(vicious circle of shortage)'이 발생하는 것이다. 1990년대 중후반 북한이 겪은 생산 붕괴, 이른바 '고난의 행군'은 이에 대한 생생한 사례이다. 〈표 5-7〉에 보듯이, 1995년 이후 북한의 재정수입은 그 이전에 비해 거의 절반 수준으로 줄어들었다. 생산 붕괴와 '반토막'난 재정수입이 궤를 같이하고 있다.

기업책임관리제를 실시하면서 북한 당국은 "자금공급" 방식을 변경했다. 중앙은행으로 하여금 "국가공급자금"을 '선 지급'하도록 한 것이다. 이 '돈'은 사실상 국가가 중앙은행으로부터 빌린 대여금이다. 북한 당국은 또한, 은행 대여를 확대했다. 고금혁의 지적이다. "상업은행으로서의 업무체계를 완비하기 위하여서는 대부업무를 확대해나가야 한다. (…) 현시기 무현금대부와 함께 현금대부를 일정한 기간 장려하면서 기업체들에 대한 자금보장을 원

표 5-7. 1990-2002 북한의 "국가예산수지" (단위: 백만 '북한 원')

연도	수입	지출	수입-지출
1990	35,690.41	35,513.48	176.93
1991	37,194.84	36,909.24	285.60
1992	39,540.42	39,303.42	237.00
1993	40,571.20	40,242.97	328.23
1994	41,620.00	41,442.15	177.85
1995	24,000.00	24,200.00	-200.00
1996	20,300.00	20,600.00	-300.00
1997	19,712.00	발표하지 않음	
1998	19,790.80	20,015.21	-224.41
1999	19,801.00	20,018.21	-207.21
2000	20,903.43	20,955.03	-51.60
2001	21,639.94	21,678.65	-38.71
2002	22,284.66	22,129.44	152.22

자료: 『조선중앙년감』(1991-2002)와 『민주조선』(2002.3.28; 2003.3.27)을 바탕으로 작성했다. 북한 당국은 1996년과 1997년 "국가예산자금"의 수입과 지출, 1997년의 지출에 대해서는 공식적으로 발표하지 않았다. 이 표의 1996년과 1997년의 수입과 지출은 IMF Asia and Pacific Department(1997)에 근거했다. 국제통화기금(IMF: International Monetary Fund)은 이 수치를 북한 당국으로부터 전달받았다고 밝혔다.

만히 진행하여야 한다"(고금혁 2015, 131). 그 전에는 대여가 상당히 제한적으로 이루어졌다. 대여는 '예외적 현상'에 속했다(리원경 1986, 132). 게다가 "금융기관 채산제"는 은행이 대여에 강한 유인(incentive)을 갖게 할 것이다. 대여금이 많을수록 은행의 이자 수입이 늘어나기 때문이다. 조만간 북한에서도 '대출 영업'에 적극 나서는 은행을 보게 될지도 모른다. '부족의 악순환'의 고리들 중 하나라도 끊기거나 약해지면, 경제가 거기에 매이지 않을 수 있다. 또한 매이더라도 비교적 이른 시일 내에 벗어날 수 있다. 선대자금 조성과 관련, '재정에서 금융으로' 그 중심축의 이동을 의미하는 이 같은 조치들이 정착되면, 생산 활성화까지는 아니어도 적어도 생산위기가 선대자금이 부족을 초래, 생산이 더욱 악화되는 '부족의 악순환'만큼은 어느 정도 제어할 수 있을 것이다. 그 결과 재생산과정의 안정성은 보다 증대될 것이다.

3. 화폐의 역할 강화

제4절에서 논증했듯이, 북한 경제는 '화폐경제'이다. 북한에서 화폐는 '실물경제'에 실질적인 영향을 미치는 '비중립화폐'로서 재생산과정을 추동하고 이끌어나가는, 재생산과정의 본질적 요소이다. 한마디로 화폐가 없으면, 북한 경제의 재생산과정은 중단될 수밖에 없다. 기업책임관리제 실시 이후에만 그런 것이 아니다. 이전에도 그랬다. 하지만 예나 지금이나 북한에서 화폐의 순환은 자본주의 사회에서처럼 그렇게 자유롭지 못하다. '계획'이 화폐의 순환을 통제한다. 그 결과 '실물'에 대한 화폐의 역할은 제한적일 수밖에

없다. 그런 의미에서 북한 경제는 '제한적인(restricted)' 화폐경제로 정의할 수 있다.

마르크스는 화폐의 순환을 $M-C-M'$ $(M<M')$으로 정식화한다. 기업책임관리제 실시 이전 북한에서는 M, 즉 선대자금의 조성은 물론, 제1의 형태변화($M-C$)와 제2의 형태변화($C-M'$) 모두 '계획'에 의해 강하게 통제되었다. 생산물의 가격도 국가가 제정했다. "사회순소득"($M'-M$)의 처분권 역시 국가가 보유했다. 국가는 "사회순소득"의 압도적 부분을 국가 재정에 귀속시키고 "현행계획"에 의거, 축적과 소비에 분배했다. 기업이 가진 경영상 상대적 독자성은 어디까지나 '계획'안에서의 독자성에 불과했다(김기헌 2018, 18-19).

지금은 여러모로 많이 달라졌다. 기업책임관리제가 실시되면서 상대적으로 화폐순환에 대한 통제가 약화되었다. 첫째, 선대자금에서 "국가공급자금"의 비중이 낮아졌다. 대신 기업이 관리 및 이용권을 가진 "자체충당금"과 은행 대여금의 비중이 높아졌다. 둘째, "기업소지표"의 경우, 생산과정에 투입할 노동수단과 노동대상의 구입, 그리고 생산된 산출물의 판매를 기업 자체로 진행한다. 즉 제1, 제2의 형태변화가 '계획' 밖에서 일어난다. 셋째, '기업소지표' 생산물의 가격은 기업 자체로 결정한다. 넷째, 기업은 소득에서 "국가납부금"과 "부동산사용료"를 국가에 납부하고, 남은 소득은 "자체충당금" 적립과 "생활비" 지급에 사용한다. "국가납부금"과 "부동산사용료"는 일종의 '정률세(fixed rate tax)'이다. "자체충당금"의 크기는 "생활비" 지급에 앞서 기업이 자체로 먼저 결정한다. 감가상각금도 이전과 달리 기업에 적립된다. 결국 기업의 '잔여재산처분권(Right to dispose of residual property)'이 대폭 확대되었다고 할 수 있다. 결론적으로 북한 경제는 여전히 '제한적' 화폐경제이다. 하지만 그 '제한성'은 이전에 비해 많이 감소했다. 한마디로 화폐의 역할, 즉 화폐의 '비중립성'이 강화되고 있는 것이다.

참고문헌

1. 북한 문헌

강명호. 2017. "주문계약제도의 기본원칙." 『정치법률연구』 1.

강성남. 2016. "위대한 령도자 김정일동지께서 사회주의경제관리의 개선완성에 쌓아올리신 불멸의 업적." 『김일성종합대학학보 철학, 경제학』 62(2).

강일룡. 2016. "지방경제발전전략작성에서 지방예산수입규모 규정방법에 대한 연구." 『경제연구』 2.

강철민. 2017. "경공업기업소에서의 자금순환과 그 특징." 『경제연구』 4.

강철수. 2016. "사회주의기업체들에서 류동자금 보장조직의 중요요구." 『경제연구』 3.

______. 2018. "현시기 사회주의기업책임관리제가 실지 은을 내도록 하기 위한 재정적방도." 『경제연구』 4.

계춘봉. 2016a. "사회주의기업체의 임무." 『경제연구』 1.

______.2016b. "실제적경영권의 특징." 『경제연구』 2.

고금혁. 2016. "현시기 은행기관들을 상업은행화하는데서 나서는 중요한 문제." 『김일성종합대학학보(철학, 경제학)』 62(4).

김경옥. 2017. "사회주의기업체들의 확대된 계획권과 생산조직권행사의 중요요구." 『경제연구』 1.

김광혁. 2016. "가격변동에 영향을 주는 요인들의 작용." 『경제연구』 4.

김금해. 2017. "부동산관리에서 화폐적공간들의 합리적리용." 『경제연구』 4.

김명국. 2016. "기업체들에서 관리기구조절사업을 바로해나가는데서 나서는 몇가지 문제." 『경제연구』 4.

김명렬. 1986. 『사회주의하에서 물질적관심성과 가치법칙의 옳바른리용에 관한 주체의 경제리론』. 평양: 백과사전출판사.

김명철. 2017. "합리적인 가격제정의 주요요인." 『김일성종합대학학보(철학, 경제학)』 63(2).

김선화. 2016. "현시기 기업체들의 가격제정사업에서 나서는 중요한 문제." 『김일성종합대학학보(철학, 경제학)』 62(4).

김성국. 2016. "생산물가격조절은 경제관리의 필수적요구." 『경제연구』 3.

김성일. 2017. "경제발전의 속도와 균형조종에서 계획공간의 합리적리용." 『경제연구』 1.

김성철. 2015. "기업체들의 책임성과 창발성을 높일수 있게 인민경제계획사업을 개선하는데서 나서는 몇가지 문제." 『경제연구』 3.

김순학. 2018. "화폐의 안정성을 보장하는데서 나서는 중요한 문제." 『김일성종합대학학보(철학, 경제학)』 64(2).

김영련. 2018. "현시기 상업은행의 기능과 그 운영을 개선하는데서 나서는 중요한 문제." 『김일성종합대학학보(철학, 경제학)』 64(4).

김영호. 2015. "로동에 의한 분배와 국가적 및 사회적혜택의 옳은 결합은 인민생활향상의 필수적요구." 『경제연구』 3.
______. 2016. "인민생활향상에서 사회주의적분배형태들의 옳은 결합에서 나서는 원칙적방도." 『경제연구』 3.
김옥하. 2016. "광업기업소류동자금의 구성과 구조." 『경제연구』 1.
김정은. 2015. 『재정은행사업에서 전환을 일으켜 강성국가건설을 힘있게 다그치자, 제3차 전국재정은행일군대회 참가자들에게 보낸 서한, 주체104(2015)년 12월 13일』. 평양: 조선로동당출판사.
______. 2016. "조선로동당 제7차대회에서 한 중앙위원회사업 총화보고, 주체105(2016)년 5월 6-7일." 『근로자』 특간호.
______. 20121 "조선로동당 제8차대회에서 한 결론." 『로동신문』 2021.1.13.
김정일. 2012. "재정은행사업을 개선강화할데 대하여, 전국재정은행일군대회 참가자들에게 보낸 서한, 1990년 9월 13일." 『김정일선집 13』. 평양: 조선로동당출판사.
______. 2015. "광복지구상업중심은 인민생활향상에 이바지하는 현대적인 상업봉사기지이다: 광복지구상업중심을 현지지도하면서 일군들과 한 담화, 주체100(2011)년 12월15일." 『김정일선집 25』. 평양: 조선로동당출판사.
김주일. 2016. "가격조종을 바로 진행하는것은 가격사업을 개선하는데서 나서는 중요한 요구." 『김일성종합대학학보(철학, 경제학)』 62(1).
김지영. 2018. "상업기업소경영수입의 본질과 그 특징." 『경제연구』 2.
김진옥. 2016. "경제무역지대에서 은행대부담보의 경제적내용과 그 특징." 『경제연구』 1.
김진향. 2016. "당의 령도를 보장하며 정치사업을 확고히 앞세우는것은 사회주의기업체의 경영권을 바로 행사하는데서 나서는 기본요구." 『경제연구』 2.
김창환. 2017. "제품개발권과 품질관리권을 행사하여 기업체의 경쟁력을 더욱 높여나가기위한 몇가지 방도." 『경제연구』 1.
김철남. 2018. "기업소재산의 순환과 그 촉진." 『경제연구』 1.
김철민. 2018. "주문계약에 의한 생산물류통의 본질." 『경제연구』 2.
김하설. 2016. "경제구조의 개념과 그 일반적형태." 『경제연구』 2.
김현률. 2017. "상업기업소재정의 특성에 맞는 경영회계분석방법의 적용에 대하여." 『경제연구』 3.
도성철. 2018. "국가경제발전전략목표설정에서 나서는 중요문제." 『경제연구』 4.
두광일. 2015. "가격조종에 대한 일반적리해." 『김일성종합대학학보(철학, 경제학)』 61(2).
량은덕. 2018a. "로동에 의한 분배를 정확히 실시하는것은 경제강국건설에서 반드시 해결하여야 할 중요한 문제." 『김일성종합대학학보(철학, 경제학)』 64(2).
______. 2018b. "현시기 공장, 기업소들이 로동보수를 바로 제정하는데서 나서는 중요문제." 『경제연구』 3.
렴병호. 2017. "경제강국건설에서 국가의 경제조직자적기능."

『김일성종합대학학보(철학, 경제학)』 63(2).
______. 2019. "현시기 경제관리를 합리화하기 위한 경제적공간의 리용." 『경제연구』 2.
리기성. 1992. 『주체의 사회주의정치경제학의 법칙과 범주 1, 사회주의 경제의 전반적령역에서 작용하는 경제 법칙과 범주』. 평양: 사회과학출판사.
리명일. 2016. "기업체들에서의 원가저하를 위한 경제적공간들의 합리적리용." 『경제연구』 4.
리명진. 2018. "금융봉사정보체계구축에서 나서는 중요한 문제." 『김일성종합대학학보(철학, 경제학)』 64(3).
리봉애. 2015. "현시기 사회주의분배원칙을 철저히 지키는것은 사회주의경제관리의 중요한 요구." 『경제연구』 1.
리상국. 2016. "근로자들의 책임과 역할을 다하게 하는 사회주의기업책임관리제의 특성." 『경제연구』 3.
리수정. 2018. "사회주의사회에서 생산물류통의 본질과 역할." 『경제연구』 4.
리영남. 2016. "경제에 대한 국가의 통일적지도와 전략적관리를 바로 실현하는데서 나서는 중요요구." 『김일성종합대학학보(철학, 경제학)』 62(2).
리유정. 2018. "이동통신망을 리용한 주민금융봉사를 활성화하는데서 나서는 중요문제." 『경제연구』 2.
리원경. 1986. 『사회주의화페제도』. 평양: 사회과학출판사.
리정택. 2016. "상업부문에서 경제적공간을 리용하여 제품의 질을 높이도록 자극하고 추동하기 위한 몇가지 방도." 『경제연구』 1.
______. 2017. "경제강국건설과 주체사상을 구현한 우리 식 경제관리방법." 『경제연구』 1.
리창하. 2018. "사회주의기업책임관리제는 우리 식의 독특한 기업관리방법." 『김일성종합대학학보(철학, 경제학)』 64(2).
리철. 2017. "국가의 통일적지도를 강화하는것은 현시기 인민경제계획화사업을 개선하는데서 나서는 중요과업." 『경제연구』 4.
리철훈. 2016. "지적제품의 가치계산에서 나서는 몇가지 문제." 『경제연구』 1.
리희철. 2015. "공장, 기업소들에서 놀고있는 설비, 자재를 유무상통의 원칙에서 리용하도록 하는것은 현시기 경제적실리보장을 위한 중요방도." 『경제연구』 1.
림태성. 2015. "국가예산의 편성과 집행에서 수지균형의 보장." 『경제연구』 4.
______. 2016. "사회주의기업체의 재정관리권." 『경제연구』 1.
박ㅇㅇ. 1976. 『재정및은행학』. 평양: 고등교육도서출판사.
박원일. 2018. "생산물의 질제고에서 경제적공간의 합리적리용." 『김일성종합대학학보(철학, 경제학)』 63(3).
박태한. 1995. "류동자금 본질에 대한 주체적리해." 『경제연구』 4.
박혁. 2016. "축적과 소비의 균형의 법칙을 정확히 구현하는것은 사회주의재정의 중요한 임무." 『경제연구』 1.
박혜경. 2015. "기업체들의 주문과 계약에 의한 계획작성에서 나서는 중요요구." 『경제연구』 3.

봉철남. 2015. "경제발전속도와 균형조종에서 경제적공간의 역할." 『경제연구』 2.
서상철. 2015. "국가경제발전계획화의 기본요구." 『경제연구』 1.
성은경. 2018. "기업체들에서 인재관리를 개선하기 위한 몇가지 방도적문제." 『경제연구』 1.
송정남. 2015. "전략적경제관리방법의 본질적특징." 『경제연구』 4.
안명훈. 2018. "사회주의기업체의 경영권에 대한 리해." 『김일성종합대학학보(철학, 경제학)』 64(4).
윤광혁. 2015. "전자상업거래와 그 특징." 『경제연구』 4.
윤영순. 2018. "사회주의기업체들이 기업관리를 혁신적으로 해나가는데서 나서는 중요문제." 『김일성종합대학학보(철학, 경제학)』 64(2).
윤진아. 2018. "경제사업에 대한 국가의 전략적관리를 실현하는데서 나서는 중요문제." 『경제연구』 1.
장경환. 2015. "공업기업소의 화폐축적과 분배에서 나서는 몇가지 문제." 『경제연구』 1.
장경희. 2019. "기업체들에서 근로자담당책임제를 바로 실시하기 위한 몇가지 문제." 『경제연구』 3.
장룡철. 2017. "건설기업소에서의 경영자금순환과 그 특징." 『경제연구』 4.
장명식. 2015. "주문과 계약규률을 강화하기 위한 방도." 『경제연구』 4.
정광영. 2014. "자금리용에서 기업체들의 책임성과 창발성을 높이는데서 나서는 중요문제." 『김일성종합대학학보(철학, 경제학)』 60(4).
______. 2015. "사회주의사회에서 국가재정자금수요의 특징." 『김일성종합대학학보(철학, 경제학)』 61(1).
______. 2017. "사회주의국가예산의 사명과 기능." 『경제연구』 4.
정련. 2016. "현시기 상업기업소재정관리개선에서 나서는 요구." 『경제연구』 4.
조길현. 2018. "기업체들사이의 물자교류를 합리적으로 조직하는데서 나서는 중요한 문제." 『김일성종합대학학보(철학, 경제학)』 64(3).
조웅주. 2016. "현시기 내각과 국가경제기관들이 경제작전과 지휘를 결정적으로 개선하는데서 나서는 중요한 문제." 『경제연구』 1.
______. 2017. "경제사업에 대한 국가의 통일적지도와 전략적관리." 『김일성종합대학학보(철학, 경제학)』 63(1).
______. 2018. "기업체들이 사회주의기업책임관리제를 바로 실시하는데서 나서는 중요한 문제." 『김일성종합대학학보(철학, 경제학)』 64(2).
조혁명. 2017. "사회주의기업책임관리제하에서 경영지출보상의 경제적내용." 『경제연구』 4.
평양외국어대학 영어학부 사전편찬집단. 2002. 『조영대사전』. 평양: 과학백과사전출판사
최성봉. 2016. "전략적경제관리방법의 필요성." 『경제연구』 1.
최순철. 2016. "경영결심채택에서 나서는 기본요구." 『경제연구』 4.
최송렬. 2018. "경제관리에서 담당책임제의 본질과 특징." 『경제연구』 4.
최애숙. 2017. "건설기업소에서 경제적공간을 옳게 적용하여 원에 의한 통제를

강화하기 위한 몇가지 방도." 『경제연구』 2.
최영실. 2016. "재정활동에서 나서는 기본요구." 『경제연구』 2.
최용남. 2018. "재정은행사업에서 전환을 일으키는것은 사회주의강국건설의 중요요구." 『김일성종합대학학보(철학, 경제학)』 64(2).
최일심. 2016. "대외가격관리의 책략화는 대외진출기업체의 필수적요구." 『경제연구』 4.
최진아. 2018. "과학기술부문에 대한 투자원천과 그 구성." 『경제연구』 2.
한규수. 2016. "경제발전목표를 과학적으로 현실성있게, 전망성있게 세우는데서 나서는 중요한 문제." 『김일성종합대학학보(철학, 경제학)』 62(3).
한득보. 1992. 『주체의 사회주의정치경제학의 법칙과 범주 2, 사회주의 경제의 기본분야들에서 작용하는 경제 법칙과 범주』. 평양: 사회과학출판사.
한영철. 2014. "김일성-김정일주의에 의하여 밝혀진 재정관리의 기본방향과 자금문제 해결방도." 『김일성종합대학학보(철학, 경제학)』 60(1).
______. 2015. "사회주의사회에서 원의 구매력을 높이는데서 나서는 중요문제." 『김일성종합대학학보(철학, 경제학)』 61(2).
______. 2018. "금융기관 채산제와 그 운영에서 나서는 중요문제." 『김일성종합대학학보(철학, 경제학)』 64(1).
한정민. 2018. "경제사업에 대한 국가의 전략적관리에서 나서는 중요문제." 『김일성종합대학학보(철학, 경제학)』 64(3).
허광진. 2015. "경제관리조직들의 책임과 권한의 합리적설정에서 나서는 중요문제." 『김일성종합대학학보(철학, 경제학)』 61(3).
허철환. 2015. "고정재산에 대한 재정관리의 중요한 내용." 『김일성종합대학학보(철학, 경제학)』 61(1).
홍영의. 2014. "은행의 역할을 높이는것은 경제강국건설에서 나서는 중요한 요구." 『경제연구』 3.
______. 2017. "화폐류통의 공고화에 관한 독창적인 사상리론." 『김일성종합대학학보(철학, 경제학)』 63(2).
홍증범. 2018. "사회주의상업은행에 관한 독창적인 사상리론." 『김일성종합대학학보(철학, 경제학)』 64(1).
황철진. 2016. "생산과 수출의 일체화에 대하여." 『경제연구』 4.

2. 국내 문헌

김기헌. 2015. 『북한 '화폐경제'의 원형과 붕괴에 관한 연구-1990년대 중반을 중심으로』. 북한대학원대학교 박사학위 논문.
______. 2018. "북한 화폐의 '고전적' 순환 메커니즘 분석: '화폐생산경제로서의 북한 경제'에 대한 이해." 『사회과학연구』 26.
박만섭. 2020. 『포스트케인지언 내생화폐이론』. 파주: 아카넷.
박후건. 2018. "북한 사회주의경제체제의 진화과정에 대한 고찰, 중앙집권적 계획경제에서 사회주의기업책임관리제가지." 『현대북한연구』 21(2).
변학문. 2019. "북한 '병진노선'의 변화와 김정은 시대의 '경제 건설에 총력 집중' 노선." 정영철 편저. 『'혁신'과 '발전'의 길, 김정은 시대 북한의 변화』. 서울: 도서출판 선인.
양문수. 2014. "김정은 시대 경제관리 개선조치의 실태와 평가: 2012-2014년." 『북한연구학회보』 18(2).
______. 2016. "김정은 시대 북한의 경제개혁 조치." 『아세아연구』 59(3).
이석기·권태진·민병기·양문수·이동현·임강택·정승호. 2018. 『김정은 시대 북한 경제개혁 연구-'우리식 경제관리방법'을 중심으로』. 서울: 산업연구원.
이영훈. 2017. "최근 북한의 금융 현황 및 금융조치에 대한 평가: 인플레이션·달러라이제이션·사금융 문제를 중심으로." 『북한연구학회보』 19(2).
______. 2017. "김정은 시대 북한의 화폐 • 금융 정책과 기대효과: 카드 사용을 중심으로." 『수은북한경제』, 여름호.
이종석·최은주. 2019. 『제재속의 북한경제, 밀어서 잠금해제』. 성남: 세종연구소.
정영철. 2019. "북한 경제의 변화-시장, '돈주', 그리고 국가의 재등장." 『역사비평』 봄호.
한기범. 2019. 『북한의 경제개혁과 관료정치』. 서울: 도서출판 북한연구소.

3. 해외 문헌

Backus, D., W. C. Brainard, G. Smith, and J. Tobin. 1980. "A Model of U.S. Financial and Nonfinancial Economic Behavior." *Journal of Money, Credit, and Banking* 12(2).
Caverzasi, E., and A. Godin. 2013. "Stock-flow Consistent Modeling through the Ages." Working Paper No. 745. Annandale-on-Hudson, NY: Levy Economics Institute of Bard College.
Cripps, Francis T., and W. W. Godley. 1976. "A Formal Analysis of the Cambridge Economic Policy Group Model." *Economica* 43(172).
______. 1978. "Control of Imports as a Means to Full Employment and the Expansion of World Trade: The UK's Case." *Cambridge Journal of Economics* 2(3).
Dos Santos, C., and G. Zezza. "A Post-Keynesian Stock-Flow Consistent Macroeconomic Growth Model: Preliminary Results." Working Paper No. 402. Annandale-on-Hudson, NY: Levy Economics Institute of Bard College.
Godley, W. 1996. "Money, Finance, and National Income Determination." Working Paper No. 167. Annandale-on-Hudson, NY: Levy Economics Institute of Bard College.
______. 1997. "Macroeconomics without Equilibrium or Disequilibrium."

Working Paper No. 205. Annandale-on-Hudson, NY: Levy Economics Institute of Bard College.

______. 1999. "Open Economy Macroeconomics Using Models of Closed Systems." Working Paper No. 285. Annandale-on-Hudson, NY: Levy Economics Institute of Bard College.

______. 2012. "Weaving Cloth from Graziani's Thread: Endogenous Money in a Simple (but Complete) Keynesian Model." In M. Lavoie and G. Zezza (Eds.), *The Stock-Flow Consistent Approach: Selected Writings of Wynne Godley*. New York: Palgrave MacMillan.

Godley, W., and T. Cripps. 1974. "Demand, Inflation and Economic Policy." *London and Cambridge Economic Bulletin* 84(1).

______. 1983. *Macroeconomics*. Oxford: Oxford University Press.

Godley, W., and M. Lavoie. 2007. *Monetary Economics: An Integrated Approach to Credit, Money, Income, Production and Wealth*. New York: Palgrave MacMillan.

Graziani, A. 1990. "The Theory of the Monetary Circuit." *Economies et Societes, Monnaie et Production* 24(7).

______. 1996. "Money as Purchasing Power and Money as a Stock of Wealth in Keynsian Economic Thought." In D. Deleplace and E. Nell (Eds.), *Money in Motion*. Basingston: Macmillan Press.

______. 2003. *The Monetary Theory of Production*. Cambridge: Cambridge University Press.

Heinrich, Michael. 2016[2004]. 『새로운 자본 읽기』. 김강기 역. 서울: 꾸리에출판사.

IMF Asia and Pacific Department. 1997. "Democratic People's Republic of Korea: Fact-Finding Report (Nov.)."

Keynes, J. M. 1973[1933]. *The Collected Writings of John Maynard Keynes* Vol. 14. Edition by D. Moggridge. London and New York: Macmillan.

Lavoie, M. 2004. "Circuit and Coherent Stock-Flow Accounting." In R. Arena and N. Salvadori (Eds.), *Money, Credit, and the Role of the State: Essays in Honor of Augusto Graziani*. Aldershot, UK: Ashgate.

______. 2016[2004]. 『포스트케인스학파 경제학 입문: 대안적 경제이론』. 김정훈 역. 서울: 후마니타스.

Lavoie, M., and W. Godley. 2002. "Kaleckian models of growth in a coherent stock-flow monetary framework: a Kaldorian view." *Journal of Post Keynesian Economics* 24(2).

Marx, Karl. 2009[1890]. 『자본 I. 경제학 비판』. 강신준 역. 서울: 도서출판 길.

Nikiforos, M., and G. Zezza. 217. "Stock-flow consistent macroeconomic models: A survey." The Levy Economics Institute Working Paper Collection No. 891.

Sawyer, M., and M. V. Passarella. 2015. "The monetary circuit in the age of financialisation. A stock-flow consistent model with a twofold banking sector." *Metroeconomica* 68(2).

Tobin, J. 1982. "Money and finance in the macroeconomic process." *Journal of Money, Credit, and Banking* 14(2).

Zezza, G. 2004. "Some Simple, Consistent Models of the Monetary Circuit." Working Paper No. 405. Annandale-on-Hudson, NY: Levy Economics Institute of Bard College.

4. 기타

국립국어원 표준국어대사전. (2020.12.15). https://stdict.korean.go.kr/search/searchResult.do

『민주조선』 2002.3.28; 2003.3.27.

"우리 식 사회주의건설을 새 승리에로 인도하는 위대한 투쟁강령, 조선로동당 제8차대회에서 하신 경애하는 김정은동지의 보고에 대하여." 『로동신문』 2021.1.9.

『조선민주주의인민공화국 법전(증보판)』. 2016. 평양: 법률출판사.

『조선중앙년감』 1991-2002.

필자 소개

김기헌 Kim Ki-hun

(사)남북경제문화협력재단 기획실장, 동국대 강사
고려대 경제학과 졸업, 북한대학원대학교 북한학(경제) 박사

논저 "북한 화폐의 '고전적' 순환 메커니즘 분석: '화폐생산경제로서의 북한 경제'에 대한 이해", "남북 교류의 제도화와 저작권 협력의 역할", *Studies on the North Korean Monetary Economy in the Kim Jong-un Era*

이메일 bdfather@gmail.com

제6장

김정은 시대 북한의 경제제도 변화

— 계획과 시장의 공존

Changes in North Korea's Economic System in the Kim Jong-un Era: Coexistence of plan and market

최은주 | 세종연구소 연구위원

김정은 시대 북한의 경제제도는 경제발전과 인민생활 향상이라는 목표를 구현할 수 있는 방법을 채택하는 방향으로 변화해 오고 있다. 기존의 경제 작동 방식에서 부족했던 경쟁과 유인체계를 정비하고 이를 활성화할 수 있도록 관련 정책들을 다면적으로 추진하고 있다.

본 연구에서는 정보 이론을 중심으로 경제 계획의 문제들을 살펴보고자 한다. 일반적으로 계획을 통한 경제적 조정 방식은 정보 문제와 인센티브 문제로 말미암아 계획당국이 의도한 목표를 실현하지 못하거나 비효율적인 방식으로 실현된다. 이러한 문제를 해소하기 위해서는 분권화와 경쟁의 도입이 필요해지는데 이는 시장을 활성화시킬 수 있는 요소들이다.

최근 북한의 경제제도의 변화에도 분권화와 경쟁의 활성화가 자리잡고 있다. 동시에 이에 부합하도록 물적 인센티브, 즉 보상체계를 수정하면서 각 경제단위에서 생산을 활성화시키고 생산성을 높이기 위한 혁신을 스스로 선택하도록 하고 있다. 이러한 변화 속에서 계획과 시장의 접점은 더 넓어지고 있다. 즉, 북한이 허용한 시장의 범위 안에서는 과거보다 더 많은 경제 주체들이 참여할 수 있게 되었고 이는 시장의 확대에 긍정적인 역할을 할 것으로 보인다.

북한 당국의 목적은 시장화가 아니라 경제발전과 인민생활 향상을 실현하는 것이다. 이러한 측면에서 북한은 경제 활성화의 수단으로 시장을 활용할 수 있는 조치들과 함께 국영 상점망의 확대, 발전을 통해 시장을 견제하는 정책들을 동시에 추진하고 있다.

In the Kim Jong-un era, North Korea's economic system has been changing in the direction of adopting methods that can realize the goal of economic development and improvement of people's lives. The competition and incentive systems that were lacking in the existing economic operation are being reorganized, and related policies are being promoted in multiple ways to revitalize them. In this study, the problems of economic planning are explored with a focus on information theory. The economic coordination method through planning is realized in an inefficient way or failing to realize the goals intended by the planning authorities due to information and incentive problems. In order to solve this problem, decentralization and introduction of competition are necessary, which are factors that can activate the market. Looking at the recent changes in the North Korean economic system, decentralization and revitalization of competition are taking place. At the same time, material incentives, compensation systems, are modified to match this, allowing each economic unit to self-select innovation to activate production and increase productivity. Amid these changes, the interface between the plan and the market is widening. In other words, within the range of the market allowed by North Korea authorities, more economic actors can participate than in the past, and this is expected to play a positive role in the expansion of the market. The purpose of the North Korean authorities is not to market, but to realize economic development and improvement of people's lives. In this respect, North Korea is simultaneously pursuing measures to utilize the market as a means of economic revitalization, as well as policies to check the market through expansion and development of the state-owned store network.

KEYWORDS 북한 경제 North Korea Economy, 경제제도 Economic Institution, 사회주의기업책임관리제 Socialist Corporate Responsible Management System, 시장화 Marketization, 국영상업망 State-owned Store

I 머리말

북한은 전통적으로 경제 운영에 있어서 계획에 의한 조정 방식을 채택해 왔다. 북한은 경제의 부문별 특성에 따라 다양한 경제적 조정 방식을 활용하기보다는 경제 전체에 계획이라는 단일한 방식을 전일적으로 도입하고자 하였다. 그러나 현실에서는 시기마다 양상을 달리했지만 시장이 존재했었고 이들은 북한 당국의 의도와 관계없이 계획을 보완하는 역할을 수행하였다. 북한 또한 이러한 시장의 역할을 부정하지는 않았지만 생산력 발전에 따라 궁극적으로는 소멸할 대상으로 규정하고 계획의 영역과 분리해 왔다.

이러한 시장이 북한 경제에서 주목을 받기 시작한 것은 7.1경제관리개선조치가 취해진 즈음이다. 북한의 경제 정책에 시장적 요소와 계획적 요소가 병존하면서 향후 북한에서 시장이 어떤 역할을 수행한 것인가에 대한 관심이 높아진 것이다. 김정은 시대의 경제정책도 이러한 변화의 연장선상에 놓여 있다. 나아가 경제운영방식을 시장친화적인 성격으로 변화시키는 양상을 보이고 있다.

특히 주목할 점은 경제 조정 방식으로서 계획경제가 갖고 있는 제도 자체의 한계를 직시하고 이를 극복하기 위해 시장의 방식을 도입했다는 것이다. 단순히 시장의 허용 여부나 각종 조치 차원이 아니라 시장이라는 하나의 경제적 조정 방식이 갖고 있는 준칙을 경제운영에 도입하고 경제발전의 기제로 활용할 것으로 보인다는 점이 중요하다.

이 글에서는 경제제도의 측면에서 최근 북한 경제제도가 보여주는 변화의 특징은 무엇이며, 어떤 배경 속에서 그러한 선택이 이루어졌는지를 분석하고자 한다. 이를 토대로 북한 경제제도의 변화가 '경제발전과 인민생활 향상'이라는 목표를 실행하기 위해 추가적으로 보완되어야 할 점들에 대해 검토해 보고자 한다.

먼저 2절에서는 계획에 의한 경제 운영이 갖는 한계를 정보와 유인 설정 측면에서 분석해보고 이를 해소하기 위한 대응 방안을 이론적 측면에서 검토해 보고자 한다. 3절에서는 김정은 시대 북한 경제 정책의 핵심 내용들과 특징을 살펴보고, 4절에서는 시장과 관련하여 북한 경제의 현실과 관련 정책에 대해 검토한다. 마지막으로 향후 북한 당국이 목표를 실현하기 위해 보완해야 할 점들을 제시하고자 한다.

II 계획경제와 시장의 공존: 이론적 고찰

1. 계획경제의 한계: 정보 비대칭과 유인의 문제

각 국가에서 작동하고 있는 경제제도를 평가하는 여러 척도들 중의 하나가 경제 체제의 효율성이다. 각종 투입요소가 낭비되지 않고 적재적소에 투입되고 있는지를 중심으로 평가하는 것이다. 즉, 노동, 시간, 지능, 창조성, 원재료, 자연환경, 정보 기계류 등이 사람들에게 물질적 풍요로움과 시간적 여유를 제공하여 후생을 증진시킬 수 있는 방향으로 쓰일 때 그 생산과정을 효율적이라고 할 수 있다(Bowles 2005).

모든 경제제도는 효율적으로 경제를 운영할 수 있도록 고안

되지만 구체적인 작동 방법은 상이하다. 경제적 조정(economic cooperation)에도 서로 다른 방식들이 존재하는 것이다. 이 중 가장 대표적인 두 가지 방식이 시장에 의한 조정과 계획에 의한 조정이다. 근대 이후의 사회에서 경제적 조정은 주로 이러한 두 가지 방식 중 하나로 이루어져 왔다. 시장은 모든 사람들에게 어떤 행동을 요구하는 구체적인 지시를 하지 않고 구성원 간에 합의된 일련의 준칙들을 준수하도록 함으로써 조정이 이루어진다. 반면에 계획은 어떤 개인이나 조직이 구성원들에게 행동들을 구체적으로 지시하는 방식으로 조정이 이루어진다. 전자는 준칙에 의해, 후자는 명령에 의해 경제적 조정이 이루어진다. 거의 모든 경제에서는 명령과 준칙이라는 두 가지 조정수단이 모두 사용되며 어떤 방식이 더 적절한가에 대해서는 상황에 따라 달라진다.

북한은 전통적으로 계획에 의한 조정 방식을 채택해 왔다. 북한은 경제 계획의 원칙으로 계획의 일원화·세부화를 제시하고 계획당국이 제시한 유일적인 국가지표체계를 토대로 생산 활동을 진행하였다. 계획의 일원화는 경제 내 모든 부문의 경제활동을 국가가 통일적으로 장악하여 생산에 필요한 모든 자원의 투입과 배분을 결정한다. 계획의 세부화는 중앙부터 지방과 개별 공장 및 기업의 경영활동의 세부적인 부분까지 서로 맞물릴 수 있도록 구체적으로 계획을 작성하는 것이다(박영근 1992). 그러나 이러한 원칙에 따라 진행된 경제 운영은 번번이 국가가 제시한 목표를 달성하지 못하였다. 각 시기에 따라 예상치 못한 대내외적인 충격들이 있었지만 계획경제 자체가 갖는 한계도 주요한 원인으로 볼 수 있다. 이와 관련하여 정보의 측면과 유인의 측면에서 분석할 수 있다.

정보의 측면에서는 정보 수집의 문제, 정보 처리 능력의 문제, 계획의 딜레마 문제 등을 들 수 있다. 먼저 계획에 필요한 모든 정보를 수집할 수 없기 때문에 모든 부문들이 서로 완벽하게 맞물릴 수 있도록 계획을 작성하는 것은 불가능하다. 합리적인 계획 주체가 완전한 정보를 갖고 있다면 경제적 조정을 완벽하게 실행할 수도 있다. 그러나 현실에서는 '완전 정보'라는 가정이 실현될 수 없다. 즉, 계획은 현재 상황뿐만 아니라 미래의 전망까지도 고려해서 수립되는데, 현실의 세계에서 미래에 대한 불확실성을 완전하게 제거할 수 없다. 이는 단순히 기술적인 문제가 아니라 미래의 불확실성이 존재하기 때문에 발생하는 것이다. 불확실성의 존재는 모든 경제제도에 다양한 방식으로 충격을 주지만 이 충격을 대응할 수 있는 역량은 제도에 따라 다르다. 계획경제에서는 모든 부문에 대한 운영 계획이 세워져 있기 때문에 충격 발생 시 모든 부문과 단위에서 기존의 계획을 유기적, 연쇄적으로 조정해야 하는데 이는 상당한 시간이 걸리는 작업으로서 효과적으로 유연하게 대응하기 어렵다.

두 번째로 계획을 수립해야 하는 주체들이 수집한 정보를 처리할 수 있는 능력이 충분하지 못할 경우 계획과 현실 간에 괴리가 발생한다. 계획을 원활하게 수행하려면 국민경제 전체를 기업처럼 운영할 수 있어야 한다. 이를 위해서는 계획당국이 모든 부문의 실태와 생산 역량에 관한 정보를 완벽하게 갖추고 국가의 전체 계획 및 부문 간 연계성을 고려하여 각 부문의 생산량과 투입 요소의 종류 및 양을 결정해야 한다. 그러나 경제가 발전할수록 그 규모가 커지고 구조도 복잡해진다. 이러한 조건 속에서 계획 수립에 필요한 정보의 양도 방대해지지만 이를 잘 맞물릴 수 있도록 자원을 적재적소에 배치할 수 있는 계획을 수립하는 것도 불가능해진다. 게다가 현실에 부합하는 계획을 수립하고 시시각각 변화하는 경제 환경에 맞춰 세부 계획을 조정하기 위해서는 시간과 노력이라는 막대한 비용을 감당해야 한다. 현실을 적기에 반영하지 못한 계획 지표가 작성되어 하달되는 경우 경제 전반이 왜곡되는 결과를 가져올 수 있다.

세 번째로 계획은 그 자체로 딜레마를 발생시킨다(Stiglitz 1994). 즉, 계획당국이 필요로 하는 모든 정보를 획득하지 못해 계획이 목표를 실현하지 못하기도 하지만 필요한 정보를 모두 획득한 조건에서 수립된 세밀한 계획은 오히려 혁신을 저해하는 결과를 낳을 수도 있다. 계획당국이 목표로 제시한 품질의 재화를 생산하기 위해서는 계획의 세부화가 필요하지만 정보가 부족하기 때문에 제품의 종류와 생산량만 결정할 경우, 생산주체들은 원가 절감이라는 정책 당국의 요구에 부응하기 위해 용도와 품질, 규격 등을 고려하지 않고 가장 저렴한 비용으로 생산할 수 있는 제품만으로 할당을 채울 유인이 발생한다. 이렇듯 경제 내 수요를 반영하지 않은 채 생산되는 중간재와 소비재는 다른 생산단위의 계획 수행에도 차질을 야기할뿐만 아니라 소비자들의 수요도 제대로 반영하지 못한다. 결국 계획지표는 수행하였지만 경제 전체적으로는 자원의 낭비를 야기한다. 반대로 필요로 하는 모든 정보를 활용할 수 있다면 투입요소의 종류와 양부터 적용할 생산방식까지 양적·질적 측면에서 생산에 필요한 모든 내용을 계획에 담을 수 있다. 이 경우 기업들은 주어진 매뉴얼에 맞춰 생산을 수행할 뿐, 생산 공정을 개선하거나 비용을 절감시키는 등 효율성을 높일 수 있는 새로운 방식을 고안하거나 품질을 개선하고 신제품을 개발할 필요가 없기 때문에 혁신이 발생하지 않게 된다. 혁신의 부재는 경제의 질적 성장을 어렵게 만드는 핵심 요인이 된다.

한편 정보 비대칭 상황이 발생하면 계획지표의 작성 과정에서부터 문제가 발생할 수 있다. 즉, 정보가 필요한 곳에 전달되지 않는 경우 각 생산단위의 목표 설정과 자원 할당이 효율적으로 설정되지 못한다. 계획지표를 작성하는 데 필요한 핵심적인 정보는 대부분 해당 계획지표를 수행해야 하는 생산단위들이 보유하고 있다. 계획당국이 직접 현장에서 모든 정보를 수집하지 않는 이상 이들이 제공하는 정보에 의지하여 계획을 수립할 수밖에 없다. 이러한 정보비대칭 상황에서 생산주체들은 계획지표 작성에 중요한 정보들을 숨기거나 왜곡된 정보를 제공할 유인이 존재한다. 하달된 지표를 수행해야 하는 책임은 크지만 이를 실행하는 데 필요한 직접적인 의사결정 권한은 상대적으로 제약되어 있는 조건에서 생산주체들은 책임을 회피할 수 있는 방법을 선택할 유인이 커진다. 이러한 상황에서 계획당국은 목표 생산량을 최대한 높게 잡고자 하는 반면에 각 생산단위에서는 계획지표를 달성하지 못할 경우 받게 될 불이익을 피하기 위해 생산능력은 최대한 낮게 보고하고 생산에 필요한 투입요소의 양은 최대한 많이 요구할 가능성이 높아진다.

이러한 정보 문제는 계획당국이 각 생산주체들에게 적절한 동기를 부여하지 못하는 상황으로 이어진다. 계획당국은 생산을 추동하기 위해 각 단위에서 목표 생산량을 초과해서 수행할 경우 그에 대한 경제적, 경제외적 보상을 제공하는 정책을 도입할 수 있다. 그러나 이러한 정책은 오히려 생산단위들로 하여금 목표 생산량을 낮춰서 설정하고자 하는 유인으로 작용할 수 있다. 계획 수립의 주체인 중앙 계획당국과 계획 수행의 주체인 기업 책임자는 서로 상이한 이해관계를 갖고 있다. 특히 기업의 책임자는 중앙 계획당국에 비해 해당 기업에 대한 정보를 더 많이 갖고 있지만 구성원들로 하여금 경제활동을 추동하기 위한 다양한 방식들을 자체적으로 도입할 수 있는 권한은 없다. 이러한 조건 속에서 기업의 책임자가 갖는 이해관계는 일단 계획 목표를 최소화하여 생산의 부담을 덜고 계획지표 불이행에 따른 처벌의 위험을 줄이는 것이다.

게다가 계획지표를 초과 달성하는 것은 단기적으로는 보상을 받을 수 있지만 장기적으로는 더 큰 부담으로 작용할 수 있다. 즉, 현재의 성과가 다음 시기 계획 지표를 상향 조정시키는 결과로 이어질 것이기 때문에 기업들은 굳이 생산 목표를 초과하여 달성할 유인이 없다. 이에 따라 각 공장과 기업에게는 계획지표의 달성이 유일한 목표가 되고 각 기업들은 정보 비대칭 상황을 활용하여 생산능력을 축소 보고하여 계획지표를 최대한 낮추고자 하고, 생산에 필요한 자재와 재고는 최대한 확보하고자 한다. 이러한 행동은 각 기업 및 공장의 입장에서는 합리적일 수 있지만 경제 전체적으로는 자원이 비효율적으로 배분되는 결과를 낳는다.

마지막으로, 경제활동에 직접 참여하는 주체들은 경영활동과 관련한 의사결정권을 갖지 못한 채 중앙의 계획당국이 결정한 계획을 수행하는 수동적 역할에 머무르게 되어 경제주체들을 대상화된 존재로 머물게 된다. 계획을 근간으로 이루어지는 경제 조정 방식에서는 공급 중심으로 경제가 이루어지면서 상대적으로 수요의 측면은 소홀해질 수밖에 없다. 계획을 수립하는 과정에서 소비자들의 수요를 예측하여 소비재의 종류와 생산량을 결정하지만 제품의 수요를 결정하는 소비자들의 선호를 완벽하게 파악할 수는 없다. 해당 시기에 소비자들의 선호에 대한 정보를 완벽하게 파악했다고 할지라도 이러한 선호는 환경의 변화에 영향을 받는다는 점을 고려한다면 공급 계획에 완벽하게 반영되기 어렵다. 이에 따라 현실에서는 생산주체뿐만 아니라 소비주체 또한 대상화될 수 있다.

2. 대응 방안: 분권화와 경쟁의 도입

경제를 발전시키고 구성원들의 물질적인 삶의 수준을 향상시키기 위해서는 그에 적합한 제도를 설계해야 한다. 계획에 의한 경제적 조정 방식만으로 전체 경제를 관리하는 과정에서 문제가 발생하였다면, 기존의 조정 방식을 중심축으로 유지하더라도 해당 문제를 해소할 수 있도록 다른 조정 방식들을 도입하는 방법도 검토할 필요가 있다. 이때 핵심은 정보를 갖고 있는 경제주체들로 하여금 이를 축소, 왜곡하기보다는 적극적으로 활용하여 경제적 성과로 이어질 수 있도록 하는 제도와 정책을 도입해야 한다. 구체적으로는, 각 기업 차원에서는 기업과 노동자의 생산의욕을 고취시킬 수 있으면서도 국가 차원에서는 기업의 경영활동을 관리·감독할 수 있는 체계를 구축하는 방향으로 제도를 개선할 필요가 있다.

분권화의 구체적인 내용은 상황에 따라 달라질 수 있으나, 각 단위에 생산과정뿐만 아니라 경영 전반에 대한 권한을 부여해야 한다. 분권화를 통해 경제활동의 주체가 책임과 권한을 가질 수 있도록 개선할 필요가 있다. 경제발전 방향과 목표, 원칙과 같은 가치에 대해서는 국가가 제시하되 이를 효과적으로 수행할 수 있는 방법에 대해서는 각 단위들이 스스로 결정할 수 있도록 한다. 각 단위에서 이루어지는 경제활동과 관련된 사안들에 대한 의사결정 권한을 해당 단위에 위임함으로써 기업의 권한을 확대시키는 것이다. 각 생산단위에서는 이윤 획득을 경영활동의 주요한 목표로 설정하고 이를 실행하는 데 필요한 구체적인 사안들에 대한 의사결정은 실정에 맞게 직접 결정하도록 한다. 이에 따라 각 생산단위가 경영환경, 생산능력, 자금 및 자원 확보 가능성 등을 고려하여 결정한 내용을 토대로 자원 배분이 이루어질 수 있다.[1] 예를 들어 각 생산단위에서는 목표를 수행하기 위해서 구성원들의 생산의욕을 고취시킬 수 있는 방안들을 도입해 볼 수 있다. 각 실정에 맞게 성과에 대한 각종 차등 보상 방식들을 고안해 볼 수 있는 것이다.[2]

공장과 기업들에게 이윤 동기가 부여되면 이에 맞춰 각각의 상황에 맞춰 경영전략을 수립할 수 있게 되고 이들은 경쟁을 통해 연결된다. 주어진 제품을 생산하는 것이 아니라 어떤 제품을 생산해야 이윤을 획득할 수 있는지를 고려하기 때문에 같은 부문에 속

1 이러한 자원 배분 방식이 경제 전체에 전면적으로 도입되어야 하는 것을 의미하는 것은 아니다. 개별 경제주체들의 최선의 선택이 경제 전체에서는 최선의 결과를 내지 못하는 구성의 오류가 발생할 수 있기 때문에 분권화가 국가의 계획 권한을 완전히 부정하는 것은 아니다.

2 이 글에서는 주로 생산활동에 대한 분권화를 다루고 있지만 분권화는 생산부문에 국한되는 것은 아니다. 기업은 생산에 대한 결정을, 소비자들은 소비에 대한 결정 권한을 행사할 수 있게 되는 것이다. 이 경우, 생산자와 소비자들 간의 직접 거래가 성립하면서 가격의 역할이 강화될 수밖에 없다.

한 기업들 간에는 경쟁이 발생할 수밖에 없다. 이윤을 둘러싼 경쟁은 주어진 상황 속에서 경제적 의사결정을 하도록 하면서 동시에 변화를 촉진하기도 한다. 즉 현재뿐만 아니라 미래에도 지속적으로 이윤을 획득하기 위해서는 투자가 이루어져야 하며 그 결과로 기업을 둘러싼 경영 환경은 변화하고 나아가 경제 전체의 변화로 이어진다. 이러한 측면에서 투자 결정은 미래의 경쟁을 위한 현재의 판단인 것이다.

한편 경쟁은 다수의 잠재적 소비자와 판매자들 사이에서 생산물을 교환할 상대를 결정하고 구체적인 내용들을 조율할 수 있을 때 활성화된다. 경제 전체적으로는 기존의 독점체제가 과점체제로 변화되면서 기업들은 생존을 위해서라도 스스로 혁신을 추진해야 하는 상황에 놓인다. 각 기업들은 제품 선정부터 판매, 유통까지 결정할 수 있는 권한을 갖게 되면서 동종 제품을 생산하는 기업들과의 경쟁이 발생한다. 이에 따라 각 기업들은 경쟁에서 우위를 차지하기 위해 가격경쟁과 비가격경쟁, 혁신경쟁에 뛰어든다. 원가절감을 통해 가격 우위를 점하거나 제품 차별화를 통해 수요를 안정적으로 확보하고자 노력한다. 그리고 경쟁우위에 서기 위해 혁신적인 경영방법을 개발·도입하기도 한다. 경쟁은 제품이나 기술개발과 같은 생산 측면뿐만 아니라 경영 전반에서 이루어지는 것이다. 그리고 판매 과정까지 종결되어야 이윤이 실현되기 때문에 이러한 경쟁은 기업들이 '굳이' 소비자들에게 이익을 안겨주겠다는 의도를 갖지 않았어도 적극적으로 소비자들의 선호를 반영하기 때문에 소비자들의 효용을 높일 수 있다.

뿐만 아니라 경쟁이 도입되면 기업의 계획지표 달성 여부만으로는 파악하기 어려웠던 기업의 생산 및 경영 능력을 선별효과(screening effect)를 통해 쉽게 파악할 수 있게 된다. 경쟁 과정에서 기업들에게 특정한 목적이 주어지면 어느 기업이 더 비교우위가 있는지 드러나기 때문에 정부는 각 기업들의 역량을 파악할 수 있고, 어느 기업을 지원하는 것이 경제 전체적으로도 더욱 효과적인지 선별할 수 있게 된다. 더불어 정보가 제한된 상황에서는 경합(contest)과 포상 제도를 활용하면 의도한 경제적 효과를 높일 수 있다. 정부 차원에서 다양한 경합의 기회를 마련하고 상대적 성과에 따른 차등화된 보상을 제공할 경우, 기업들은 경합에서 승리할 가능성이 있다면 경쟁 기업보다 더 많은 성과를 내기 위해 노력할 것이고 그 결과 개별 기업뿐만 아니라 사회적 생산량도 증가시키는 결과를 야기할 수 있다.

이러한 경제적 유인이 성과를 낼 것인지의 유무는 유인을 체계화할 수 있는 감시와 포상구조를 어떻게 고안할 것인가에 달려 있다. 경제적 유인은 크게 3가지 요소들을 고려하여 설계해야 소기의 성과를 얻을 수 있다. 첫째, 직접적 감시가 어려울 때 이를 대체할 수 있는 방안을 마련하는 것이고, 둘째, 관찰에 기초한 보상 체계를 설계할 수 있어야 하며 마지막으로 계약을 강제할 수 있는 법적 제도가 수반되어야 한다. 이러한 요소들을 고려할 때, 감시 체계를 효과적으로 구축한다면 기업과 개인의 행동을 변화시킬 수 있으며, 객관성과 구성원들의 합의가 담보된 성과 측정 방식에 근거하여 포상을 제공하는 제도를 도입할 때 정책 방향에 부합하는 행동을 촉진시킬 수 있다. 구체적으로 금전적 보상 체계의 경우 그 효과는 유의미하지만 모든 구성원이 동의할 수 있는 일반적·보편적 기준을 마련하는 것은 쉽지 않다. 그러므로 평가 기준을 일괄적으로 적용하는 대신 각 부문 및 생산단위의 특성을 반영한 경합의 방식을 도입하고 그 결과에 따라 보상하는 방안을 다양하게 도입할 필요가 있다.

관리 체계는 기업 내부와 외부로 나누어 볼 수 있다. 기업에서는 기업지배구조를 개선하여 내부적인 통제 시스템을 마련할 수 있다. 기업지배구조란 기업을 통제하기 위해 경영자와 노동자 등 기업 경영과 관련된 이해관계자들의 권리와 책임을 명확히 부여하는 방식이다. 기업의 책임자는 이윤극대화를 목표로 생산 활동을 관리·감독하는 방안을 고안 및 도입할 수 있도록 하는 한편 책임자가 사익을 추구하는 방향으로 변질되지 않도록 감시할 수 있는 내부적인 견제 장치들을 함께 도입해야 한다, 경제 전체적으로는 기업에 대한 은행의 역할을 강화하여 기업의 경영활동을 관리·통제할 수 있다. 은행이 기업 경영에 직접 개입하는 방식으로 관리·감독할 수 있는 권한을 갖지 못하더라도 기업에게 신용을 제공하거나 회수할 수 있는 권한을 갖고 있기 때문에 기업 경영 활동을 간접적으로 감독할 수 있다. 은행들도 경영 성과를 달성해야 하기 때문에 기업이 필요로 하는 운영 자금에 대한 대출 여부를 결정하는 데 있어서 경영 상태에 대한 정보를 정확하게 파악하고 관리할 유인을 갖게 된다.

경쟁의 확대와 분권화는 경제 내에서 경제주체들 사이에 관계를 맺는 방식에 변화를 가져오는데, 특히 시장에 의한 조정 방식과 친화성을 갖는다. 시장 메커니즘은 시장에 참여하는 경제주체들 간에 경제적으로 중요한 정보를 전달하며 해당 정보 하에서 절적하게 행동할 동기를 부여하는데, 이에 따라 시장에서 형성되는 가격의 역할이 중요해진다. 가격은 완벽하지는 않지만 경제활동에 필요한 정보를 담고 있으며 행위 동기를 부여한다. 가격은 소비자들의 선호와 생산자들의 생산능력과 비용에 대한 정보가 담겨 있으며 굳이 계획당국을 거치지 않고 필요한 경제주체들에게 직접 전달하여 효율성을 높일 수 있다. 모든 시장이 이러한 기능을 효과적으로 실행하는 것은 아니지만 일정한 조건 하에서 시장은 계획이 갖는 한계를 보완할 수 있다.

III 북한 경제 정책의 변화: 경쟁의 강화와 유인체계의 재설정

1. 국가발전전략으로서 경제발전

북한 당국이 경제부문의 목표로 제시하는 경제발전과 인민생활 향상은 새삼스러운 것은 아니다. 모든 국가가 그러하듯이 북한도 구성원들이 물질적 풍요로움을 누릴 수 있도록 경제를 발전시키는 것을 국가의 중요한 역할로 제시하고 있다. 그러나 현실에서는 국제 정세의 변화에 따라 안보 문제의 해결을 최우선 과제로 상정할 수밖에 없었고 이에 따라 국가 방위력을 강화하는 데 모든 자원을 우선적으로 투입하였다. 당의 전략적 노선에 경제발전은 항상 포함되었지만 현실에서는 국방의 역량을 강화하기 위해 국방 공업을 우선 발전시켰으며 민간경제의 발전은 사실상 후순위로 밀릴 수밖에 없었다.

그러나 36년 만에 개최된 조선로동당 제7차 대회에서 북한은 당과 국가가 총력을 집중해야 할 부문으로 경제 부문을 제시하고 경제발전 5개년 전략(2016-2020)을 제시하였다. 당 7차 대회에서 김정은 위원장은 과학기술과 생산을 일체화하고 첨단기술산업이 경제발전을 주도하여 경제 건설에서 질적 도약을 이룰 것을 강조하였다. 당면해서는 국가경제발전 5개년 전략을 성공적으로 수행하여 산업별 발전 수준의 격차를 줄이고 지속적인 경제발전을 위한 토대를 구축하며 인민생활을 실질적으로 향상시키겠다고 밝혔다. 나아가 과학기술을 비롯한 모든 부문에서 세계적인 수준에 도달할 수 있는 역량을 빠르게 갖추고 세계적 추세에 부합하도록 경제 구조를 지식경제로 전환할 것임을 목표로 제시하였다(로동신문 2016.5.8).

경제발전을 최우선과제로 상정하고 공식화한 것은 비교적 최근의 일이다. 전환은 2018년 4월 당중앙위원회 제7기 제3차 전원회의에서 당의 전략적 노선으로 경제발전총력집중노선을 채택하면서부터였다. 이로써 북한은 당 차원에서 가용할 수 있는 모든 자원을 경제 건설을 위해 최우선적으로 투입할 것을 공식적으로 천명한 것이다. 북한은 이를 위해 대내적으로는 우리식경제관리방법을 적극적으로 도입하였고 대외적으로는 경제발전에 주력할 수 있는 환경을 조성하기 위한 외교적 노력을 병행하였다. 2018년 남북관계 및 북미관계 개선 또한 이러한 노력의 일환으로 볼 수 있다. 그러나 이러한 노력이 국제사회의 대북제재 완화 등과 같이 북한의 경제발전 전략을 추진함에 있어 장애물로 작용하였던 요인들을 해소하는 데까지 나아가지 못하였다.

이후 2019년 12월 당중앙위원회 제7기 제5차 전원회의에서 정면돌파전을 선언하였다. 정면돌파전은 내부적으로 국가의 발전 잠재력을 총동원하며 그에 방해되는 요소들을 없애기 위한 투쟁을 통해 사회주의 모든 부문에서 새로운 변혁을 일으키는 것을 의미한다(로동신문 2020.1.29; 조선신보 2020.2.26). 경제발전에 유리한 대외적 환경을 조성하는 것은 절실하지만 이를 얻기 위해 국가의 존엄을 포기할 수 없다는 것을 분명히 하였으며, 대북제재가 장기화되는 국면에서 새로운 활로를 찾기 위한 방안으로 정면돌파전을 제기하였다(로동신문 2020.1.1). 정면돌파전의 기본 전선으로 경제 부문을 제시하면서 국가경제의 발전 토대를 마련하고 경제 내 모든 생산 잠재력을 발동하여 경제발전과 인민생활 향상에 필요한 수요를 충족시킬 것을 당면 과제로 제시하였다. 국가 내 모든 자원을 경제발전에 집중한다는 기본 방향에는 변화가 없다는 점을 확인할 수 있다.

2021년 1월에 개최된 조선로동당 제8차 대회에서도 경제발전을 현재 북한이 총력을 집중해야 할 가장 중요한 과업이라는 점을 재확인하였다. 다만 2016년부터 시작되어 2020년에 종결한 국가경제발전 5개년 전략이 성공적으로 수행되지 못했다는 점을 밝히면서, 예기치 못한 난관이 조성되어 계획대로 경제를 운영할 수 없기도 하였지만 계획의 수립부터 실행에 이르기까지 나타난 각종 편향과 결함들을 더 큰 원인으로 지목하였다. 그간의 문제점들을 면밀하게 분석하고 반면교사 삼아 새롭게 제시되는 국가경제발전 5개년 계획은 과학성, 현실성, 동원성을 고려하여 현재의 경제 토대에서 최대한 경제발전을 이룰 수 있는 수준에서 부문별 목표를 수립할 것임을 밝혔다(로동신문 2021.1.13).

이와 같이 김정은 집권 이후 북한은 경제발전을 당면 과제로 제시하였고, 새로운 전략적 노선을 제시하면서 당과 국가가 경제발전에 매진할 것임을 공식적으로 천명하였고 이는 2021년 당 8차 대회에서도 재확인되었다. 다만, 당 7차 대회에서는 경제강국 건설을 전면적으로 내세우면서 경제발전과 인민생활 향상이라는 성과를 낙관적으로 자신했다면, 2021년에는 그동안의 경제 부문에서 나타난 각종 문제점들을 철저하게 비판적으로 분석하고 현재 북한이 갖춘 내부적 역량을 전면적으로 재검토하고 이를 토대로 실현할 수 있는 목표를 수립하는 과정을 공개적으로 보여주었다. 이는 계획과 현실의 괴리를 인정하고 그 간극을 메우기 위한 조정 과정을 겪고 있는 것으로 판단된다.[3]

2. 목표에 부합하는 경제 관리 방법의 도입

최근 북한 경제에서 주목할 점은 그 목표를 구현하는 방식이 변화하고 있다는 점이다. 북한 경제제도의 변화는 2018년 전략적 노선의 전환이 있기 이전부터 시작되었다. 상징적인 변화는 사회주의 기업책임관리제를 골자로 하는 '우리식경제관리방법'의 도입이다.

3 이러한 모습은 2021년에 2월에 개최된 당중앙위원회 제8기 제2차 전원회의에서도 나타난다. 당 8차 대회 이후 제출된 부문별 계획들이 여전히 편향을 보이고 있다고 신랄하게 비판한 내용이 북한 매체를 통해 공개되었다(로동신문 2021.2.12).

사회주의기업책임관리제는 법제화 과정을 거쳐 김정은의 언급을 통해 공식화되었다. 먼저 2014년 「조선민주주의인민공화국 기업소법」(이하 '기업소법') 개정을 통해 사회주의기업책임관리제를 새로운 경제관리방법으로 명문화하였다.[4] 이후 2015년 김정은이 전국재정은행일군대회 참가자들에게 보낸 서한에서 "사회주의기업책임관리제의 요구에 맞게 기업체들의 재정관리사업을 개선하여야 합니다"라고 언급하여 공식화되었다(김정은 2015). 그리고 2019년 4월에 개정된 헌법에서 기존 대안의 사업체계와 농업지도체계를 삭제하고 사회주의기업책임관리제를 명기함으로써(제33조) 김정은 시대의 경제관리방식으로 법제화되었다.

사회주의기업책임관리제는 각 기업 및 공장 등 생산단위에 실제적인 경영권을 부여하는 제도이다.[5] 즉, 국가는 경제의 핵심 부문을 집중 관리하며, 관련법과 제도의 정비 및 전망적 계획 작성을 담당하고, 실질적인 기업 운영과 관련한 의사결정 권한은 생산단위인 기업과 공장에 부여되었다. 이에 따라 기업들은 각각이 처한 상황에 맞게 경영전략을 수립하고 실행할 수 있게 되었다.

이 제도의 도입으로 각 기업은 '계획권', '생산조직권', '로력조절권', '제품개발권', '품질관리권', '인재관리권', '무역과 합영, 합작권', '재정관리권', '가격제정권', '판매권' 등을 보장받게 되었으며 각 권한의 구체적인 내용은 〈표 6-2〉와 같다.

4 제4조에서 기업소의 경영원칙으로 "국가는 기업소들이 경영전략, 기업전략을 정확히 세우고 사회주의기업책임관리제를 바로 실시하여 경영활동에서 사회주의원칙을 지키면서도 최대한의 실리를 내도록 한다"고 규정하고 있다.

5 농업 부문에서는 분조관리제 하에서의 포전담당제가 실시되고 있으며, 이는 사회주의기업책임관리제의 농업 부문 버전이다.

표 6-1. 사회주의기업책임관리제의 주요 내용

구 분	주요 내용
정의	• 공장, 기업소, 협동단체들은 실제적인 경영권을 가지고 기업 활동을 자율적으로 하여 근로자들이 생산과 관리에서 책임을 다하게 하는 기업관리 방법
기업에 부여된 권한	• 계획권, 제품개발권, 품질관리권, 인재관리권 등
담당 책임제	• 기업이 기계설비, 토지, 시설물 등 국가 및 협동소유의 재산을 관리·이용하면서 과제는 소수로 구성되는 팀 혹은 개인별로 수행
노동의 평가 및 분배	• 일한 만큼, 번 것 만큼 분배(인센티브제도 도입) • 평균주의 배격 강조 • 개인이 생산과 분배의 단위가 될 수 있게 됨

출처: 이종석·최은주(2019).

표 6-2. 기업소법 주요 개정 사항[6]

조항	권한	내용
제31조	계획권	• 자체의 실정에 맞는 현실적인 계획 작성 • 인민경제계획 실행 • 기업소 지표는 수요기관과 기업소 및 단체와 맺은 주문계약에 맞게 자체로 계획화하고 실행하며, 이를 지역통제기관에 등록
제32조	생산조직권	• 생산조직의 합리성 실현 • 원자재를 보장받는 경우 생산계획을 달성하지 못한 책임은 기업소에 있음
제33조	관리기구과 로력조절권	• 종업원들의 기술기능수준을 높여 노동생산능률을 장성시켜야 함 • 자체의 실정에 맞게 관리부서를 통합정리하고 각 부서의 기능과 책임을 명확하게 밝힘 • 생산부문의 노동비중을 늘림
제34조	제품개발권	• 세계적 수준의 새기술, 새제품 개발 적극 추진 • 기술집약형 기업으로의 전환
제35조	품질관리권	• 대외적 성과와 기업소 내 기술 수준을 고려하여 제품의 품질 제고 목표 설정 • 판매 제품의 질과 신뢰성에 대한 일정 기간 보장 • 품질관리체계인증, 개별제품 품질인증 사업 실시
제36조	인재관리권	• 인재들을 기술대학 등에 진학케 하여 공부시킴 • 공장대학, 공장고등기술전문학교, 통신 및 야간교육망 등을 이용하여 일하면서도 배울 수 있는 교육체계 확립
제37조	무역과 합영, 합작권	• 대외경제활동에 필요한 생산원료, 자재, 설비를 자체로 해결 • 설비와 생산기술공정의 현대화 실현
제38조	재정관리권	• 경영자금은 기업소가 주동적으로 확보 • 경영활동자금의 부족분은 은행 대출이나 주민들의 유휴화폐자금 활용 가능
제39조	가격제정권	• 정해진 범위 내에서 생산물유통체계를 자체로 수립 • 원가를 보상하고 생산을 늘릴 수 있도록 함 • 주문계약생산과 생산단위 자체의 지표와 관련하여 생산한 제품은 원가를 보상하고 생산 확대를 실현할 수 있도록, 그리고 수요측과의 합의조건을 고려하여 자체로 설정
제40조	판매권	• 기업소지표로 생산한 생산물은 수요자와 계약을 맺고 직거래함 • 소비품, 생활필수품, 소농기구와 같은 상품들은 도소매기관 및 직매점과 직접 계약하고 판매할 수 있음

출처: 『조선민주주의인민공화국 법전(증보판)』(2016).

이와 같은 사회주의기업책임관리제가 성과적으로 도입되기 위해서는 경제전반의 광범위한 변화를 수반해야 하며 계획당국은 이를 체계적으로 뒷받침해 주어야 한다. 북한은 계획경제의 근간이라 할 수 있는 계획권과 가격 결정권을 부분적으로 이전하여 생산단위의 재량권을 확대하고, 국가의 계획은 기간산업을 중심으로 하는 핵심 분야에 집중함으로써 거시적 차원에서 경제를 관리하는 방향으로 제도를 변화시키고 있다. 이러한 특징은 각 기업들이 보장받은 권한들의 상세한 내용을 통해 확인할 수 있다.

먼저, 기업의 자율성과 독자성을 강화하는 방향으로 국가와 기업의 각 역할을 조정하고 있다. 국가는 "기업체들이 실질적인 경영권을 행사하는데 맞게 환경과 조건을 마련"하는 등 전략적 관리를 수행하는 것이다(송정남 2015). 이러한 전략적 관리는 국가 차원과 기업 차원으로 나누어지는데, 국가가 경제발전전략을 성과적으로 실행하기 위해서는 국가 차원에서의 전략적 관리가 제대로 실현되어야 하며 이는 기업들의 전략적 관리가 뒷받침될 때 가능하다.[7] 각 기업과 공장들은 단기적 성과뿐만 아니라 전략적 관리를

6 2010년에 채택된 기업소법이 가장 최근 수정보충된 것은 2020년 11월이다. 수정보충된 조항들을 구체적으로 확인할 수는 없으나 보도에 따르면 "기업소를 로력절약형, 에네르기절약형, 원가절약형, 부지절약형으로 전환시키며 종업원들이 절약정신을 체질화한 애국적인 근로자가 되도록 할데 대한 내용"들이 새롭게 명시되었고, "모든 단위들에서 기업체를 새로 조직하거나 소속이 변동될 때 준수하여야 할 문제, 국가의 통일적지도와 전략적관리밑에 생산과 경영활동을 철저히 사회주의원칙에 맞게 진행"되도록 하는 내용들이 담긴 것으로 확인된다(로동신문 2020.11.5). 이러한 내용들을 고려할 때 기업소의 경영과 관련한 전체적인 방향에서의 변화는 없을 것으로 판단되어 2016년에 출판된 『조선민주주의인민공화국 법전(증보판)』을 토대로 기업소법에 명시된 기업들의 권한들을 정리하였다.

7 매 시기 달라지는 조건과 환경에 맞게 경제를 관리하려면 그에 맞게 국가의 통일

통해 자체의 실정에 맞게 장기적인 목표를 설정하고 변화하는 경영 환경에 유연하게 대응할 수 있어야 한다(송정남 2017). 사회주의 기업책임관리제 하에서 기업과 공장의 전략적 관리는 경제발전전략의 첫 단계인 셈이다.

북한은 각 기업들에 계획권과 생산조직권을 부여하였고, 동시에 계획지표도 '중앙지표', '기업소지표,' '지방지표'로 구분하여 작성 주체를 각각 국가계획기관, 기업소 및 공장, 지방으로 달리하였다.[8] 국가계획기관은 필요에 따라 각 생산단위에 중앙지표를 시달할 수 있으며 각 기업 및 공장과 지방에서는 해당 지표를 최우선으로 수행해야 한다.[9] 그리고 '기업소지표'와 '지방지표'의 경우 이를 수행하는 데 필요한 투입요소와 자금은 자체적으로 조달할 것을 요구하면서 관련 책임과 권한을 동시에 부여하고 있다. 북한은 기업뿐만 아니라 지방도 각각의 상황에 맞게 경제발전 계획을 수립하고 추진할 수 있게 되었다.[10] 이처럼 경제활동을 직접 수행하

적 지도와 전략적 관리를 끊임없이 개선해 나가야 하며, 국가의 통일적 지도는 과학적이고 현실적인 전략을 갖출 때 가능하다. 그리고 과학적이고 현실적인 전략의 핵심 중 하나는 생산과 관리에서 최대한의 실리(이윤)을 얻는 것으로 구체화된다(최광철 2017).

8 전력, 석탄, 금속, 화학 등의 생산재와 중요한 의의를 가지는 소비재들은 중앙지표 대상이지만 나머지 재화들은 '기업소지표'와 '지방지표'로 범주화하여 전자는 기존 계획방식을 유지하는 반면 후자는 기업소와 지방에서 작성 · 보고한다.

9 북한에서 이를 강조하는 것은 국가 계획에 맞춰 경제의 각 부문 간 연계성을 안정적으로 유지해나가기 위해서이다. 즉, 중앙지표에 맞춰 계획 계약을 맺은 기업 및 공장들 사이에서 이를 엄격히 준수함으로써 국가 차원의 생산 계획을 우선 보장해야 한다는 것이다(김경옥 2017).

10 2021년 1월에 개최된 조선로동당 8차 대회에서는 지방 경제발전의 중요성을 강조하고 있다. 각 지방에서는 특색에 부합하는 발전 계획을 수립하고 이를 추진할 수 있게 되어 지방 경제는 과거에 비해 좀 더 독자적으로 추진할 수 있을 것으로 전망된다.

는 주체들이 중앙 계획당국이 결정한 계획지표를 수행하는 '대상'에서 벗어나 경영권을 토대로 스스로 의사결정을 하고 경제활동에 참여하는 '주체'로 나설 수 있게 되었다.

사회주의기업책임관리제를 통해 각 기업들은 기업 경영 자금과 원자재 조달, 재화의 생산량과 판매처 및 가격을 스스로 결정할 수 있게 되면서 자체적으로 생산에 필요한 각종 원자재와 자금을 조달할 수 있게 되었다. 그리고 기업에 생산물의 가격제정권 및 판매권을 갖게 되어 기업소지표 및 지방지표에 근거하여 생산된 재화들의 경우 주문·계약 생산 방법을 활용하여 원자재 조달처와 재화의 판매처 간 거래 가격을 기업소가 합의로 결정할 수 있다(김성철 2015). 주문계약은 사회적 수요가 높은 제품들의 생산을 확대하기 위해 기업들 간에 맺어지는 관계로서, 분업구조 속에서 생산·기술적 연계로 실현된다. 이러한 주문계약은 각 기업들이 자신의 계획지표를 수행하는 데 있어 예상되는 생산물들의 수요와 공급을 고려하여 다른 기업들과 체결하는 것으로서, 주고받는 생산물의 양과 질, 규격, 품종, 납품 시기 등을 구체적으로 담아야 한다.[11] 동시에 기업들에게 재정관리권을 부여하여 외부로부터 생산에 필요한 경영활동자금을 확보해야 할 경우 은행 대출 및 주민들이 보유하고 있는 유휴화폐자금 등을 활용할 수 있도록 하였다.[12]

각 기업들은 제품개발권과 품질관리권을 토대로 제품 선정부

11 이러한 측면에서 주문계약방식은 계획의 부족한 부분을 보완해준다고 볼 수 있다(김경옥 2017).

12 북한 정부는 모든 기업에 고정자금(fixed capital)은 보장하지만 기업경영활동에서 요구되는 유동자금(current capital)의 경우에는 중요 기업과 신설 기업에만 제공하고 있다(강철수 2016).

터 판매, 유통까지 전 과정을 책임질 수 있게 되었다. 경제성 원리에 입각하여 수요를 반영하는 제품들을 개발할 수 있게 되면서 동종 제품을 생산하는 기업들과 경쟁 상황에 놓이게 되었다. 중앙 당국이 요구하지 않아도 각 기업들은 신제품 개발 및 품질 개선 등의 압력을 피할 수 없게 된 것이다. 뿐만 아니라 제한된 범위 내에서 생산물 유통체계를 자체적으로 수립할 수 있게 되어 소비자들의 수요를 반영하기 위한 적극적인 노력이 필요해졌다. 그리고 국영상점에 공급하는 상품은 주문계약제로 시행되어 계약 사항을 준수하지 않을 경우 이에 따른 불이익은 공급자가 감수해야 하며, 판매처를 확보하지 못해 수익을 창출하지 못하는 경우 그 어려움도 기업 차원에서 책임져야 한다. 이렇듯 권한의 강화는 기업 및 공장들 사이에서 경영 능력의 차이가 실적으로 고스란히 드러날 수 있게 되었다. 2019년까지 개최된 각종 전시회 및 전람회, 박람회에서도 출품 단위들의 생산능력과 신제품 개발능력이 참가들의 품평과 심사를 통해 확인되어 일종의 선별효과가 나타나고 있는 것으로 보인다.[13]

이와 함께 헌법에도 명시하였듯이 '실리보장의 원칙'은 각 기업과 공장의 경영준칙인데, 이를 실현하지 못하는 경우 해당 공장이나 공정라인은 정간화, 전문화의 원칙에 입각하여 정리될 수 있도록 하고 있다(진영손 2020). 즉, 이윤을 내지 못한 공장들은 과감

13 북한에서는 전시회 등 각종 행사들을 관련 생산단위들의 경쟁과 평가의 장(場)으로 활용하고 있다. 심사 및 시상의 과정도 있지만 행사에 참여한 주민들의 평가와 판매량을 통해 제품을 출품한 단위들의 수준이 확인되며 소비자들 사이에 평판이 형성되기도 한다(로동신문 2018.10.28).

하게 정리하고 그에 따라 발생한 설비와 자재들을 보다 효율적으로 사용해야 한다는 점을 강조한다. 다만 이는 기업이나 공장이 임의로 결정할 수 있는 사안은 아니다. 전국적으로 공장의 가동률과 생산 공정 수준 등과 같은 현황을 파악하여 정리 대상을 선정하고 이 과정에서 확보할 수 있는 설비와 자재, 건물과 부지 등을 정확히 파악하고 국가 계획에 맞게 새로운 생산공정 도입 및 중요 대상 건설에 투입해야 한다는 것이다.

경쟁은 기업 간에도 발생하지만 기업 내 구성원 혹은 팀 간에도 발생한다. 기존의 평균주의적 분배 방식을 비판하고 새로운 분배 원칙이 확립되면서 성과에 따른 차등 임금제도가 도입되어 개인 간에도 성과 경쟁이 활성화되고 있다. "로동에 대한 평가와 분배에서 계산을 정확히 한데 기초하여 근로자들에게 일한것만큼, 번것만큼 차례지도록 하는것은 사회주의분배원칙의 요구"이며 이를 원활하게 도입하기 위해서는 객관적이고 정확한 평가 기준을 수립하여 개별 생산자들의 기여 수준에 따라 보상해야 한다고 강조한다. 북한 정부는 정치·도덕적 자극의 중요성을 함께 사회주의 실현의 과도기 단계라는 점을 고려할 때 물질적 자극이 적극적으로 뒷받침되어야 성과가 빠르게 발생할 수 있다고 언급하고 있다(로동신문 2019.3.20).[14]

14 북한 당국의 물질적 자극의 필요성에 대해 언급은 새로운 것은 아니다. 북한은 기업의 생산성을 향상시키기 위한 기존의 방안으로 정치·도덕적 유인을 우선하면서 물질적 유인의 활용을 강조하였다. 중앙 계획당국은 기업 및 노동자들에게 애국적 헌신과 정치·도덕적 각성을 통해 계획지표를 수행할 것을 요구하였다. 이와 함께 물질적 자극과 정치·도덕적 자극을 올바르게 결합시켜 생산을 담당하는 구성원들이 주체적으로 경제활동에 참여하도록 유도하는 것을 경제 조직의 원칙으로 제시하였으나 기존의 평균주의에 기반을 둔 분배 방식은 이러한 물질적 자극

이러한 분배 원칙이 현장에 도입되려면 실적 평가 내용과 기준을 설정함에 있어 구성원들 간의 동의를 얻어낼 수 있어야 갈등을 최소화시킬 수 있다. 각 개인의 경제활동 성과를 객관적·과학적으로 파악할 수 있는 방법을 도입해야 하고, 그 결과에 따라 정치적·물질적 대우를 제공해야 기대한 효과를 낼 수 있다(리진수 2020). 북한에서도 새로운 분배 원칙을 정확하게 집행하여 생산주체들의 노동 의욕을 제고하여 자발적으로 성과를 높여나갈 수 있도록 해야 한다고 강조하고 있다.[15] 예를 들어 농업 분야의 농지 할당과 관련하여 기존의 지역별 할당에서 벗어나 농사 조건과 지력에 따라 포전을 등급별로 나누고 특정 분조에 하나의 등급이 집중되지 않도록 분산시켜 농지를 할당하는 것과 같은 방식을 적용하였다(로동신문 2019.1.20). 성과와 직결될 수 있는 노동 조건의 차이가 발생하지 않도록 구성원들 사이에서 합의된 원칙을 도출하고 이를 적용한 것이다.

이와 같은 함께 금융 부문에서도 제도 변화가 나타나고 있다. 경제 관리의 중요한 고리로서 재정 및 금융의 역할을 강조하는 것이다. 재정금융은 상품화폐관계와 관련된 경제범주로서 국가경제기관과 기업소들의 관리운영을 규제하고 조절, 통제할 수 있는 경제적 공간이기 때문에 화폐를 통해 국가경제의 계획적 관리에서

이 갖는 효과를 반감시켰다. 집단과 자신을 동일시할 것을 요구하며 비경제적 유인을 중심으로 생산 동기를 부여하고자 했던 방식이 갖는 효과는 장기적으로 지속되기 어려웠던 것이다.

15 "일군들은 연초에 농장원들과 한 약속을 어김없이 지켜 가을에 현금분배를 농장원별 가동 일수와 로력공수, 공동로동참가정형, 알곡 수매량 등을 계산하여 일한 것만큼, 번 것만큼 정확히 하였다. …… 몇 해 먹을 쌀이 차례지는 가정들이 늘어나 농장원들의 생산열의가 고조"되었다는 것이다(로동신문 2019.4.8).

중요하다(윤영순 2020). 과도기 사회주의적 성격을 고려할 때, 경제 순환은 화폐를 매개로 이루어지기 때문에 국가경제 운영에 직접적인 영향을 미치며, 기업과 공장의 관리운영을 규제하고 조절·통제하는 효과적인 수단이 될 수 있다. 특히 은행은 국가경제에 대한 관리를 담당하는 기관으로 시중의 자금을 집중하고 기업의 자금 수요를 보장하여 계획적으로 관리해 나갈 수 있어야 한다는 것이다.

북한은 상업은행을 신설하여 기존의 단일 은행시스템에서 이원적 은행시스템으로 전환하였다. 북한은 2006년에 상업은행법을 제정한 후, 중앙은행의 각 지역 지점들을 상업은행으로 전환한 것으로 알려지고 있다(고금혁 2016). 이에 따라 중앙은행은 국가 금융지도기관으로서 상업은행들이 적극적으로 금융 활동을 전개할 수 있도록 기틀을 마련해주고 통화가치를 안정적으로 유지하는 데 주력한다(리유정 2020). 이에 반해 상업은행은 주민들로부터 예금을 유치하고 기업들에 대한 대부 및 결제 업무를 담당하면서 생산단위에 대한 재정 통제 기능을 직접적으로 수행하게 된다. 특히 각 상업은행들에게도 금융기관채산제가 적용되기 때문에 수익의 일부를 국가에 납부하고 경영에 필요한 자금을 확보해야 한다. 그러므로 각 은행들은 경영상 상대적 독자성을 갖고 저축이나 보험 등과 같은 금융 활동을 통해 수입을 창출하고 지출을 정확히 계산하여 운영해야 한다.

이러한 금융제도의 변화를 통해 북한은 '은행을 통한 원에 의한 통제'를 실시할 수 있는 조건을 마련하게 되었다. 과거 북한은 재정 통제를 통해 직접적으로 원에 의한 통제를 실시하였으나 최근에는 은행을 통한 원에 의한 통제를 통해 기관, 기업과 공장으로 하여금 자금을 효율적으로 사용하도록 강제하고 이를 활용하여 국가의 재정 규율과 경제 질서를 확립하였다(남석춘 2019). 북한 당국은 사회주의기업책임관리제를 통해 각 기업들은 필요한 자금을 은행을 통해 직접 조달하도록 하고, '원에 의한 통제'를 통해 금융기관으로 하여금 기관과 기업체들의 경영 활동을 간접적으로 관리할 수 있는 시스템을 구축한 것이다. 한편 상업은행들은 화폐 및 화폐 유통에서 중심적 역할을 수행하기 위해서는 자금을 안정적으로 확보할 수 있는 능력을 요구받게 되었다. 이에 따라 상업은행은 민간의 유휴 자금과 기업소의 여유 자금을 은행에 유치하기 위한 각종 혜택들을 제공하고 있는 것으로 알려지고 있다.

이와 함께 북한 당국은 정보화 사회라는 세계적인 추세를 반영하면서 동시에 경제 내 잠겨 있는 유휴 자금들을 상업은행으로 보다 효과적으로 집중시키기 위해 금융거래의 정보화를 추진하고 있다. 금융거래의 신속성과 정확성, 투명성 및 편리성을 보장하고 신용거래를 확대하기 위해서는 금융정보화 수준을 높여야 한다는 것이다(리유정 2018). 이러한 변화를 반영하여 북한은 2015년에 조선민주주의인민공화국 상업은행법을 수정·보충하면서 상업은행의 업무에 은행카드 업무를 추가하였다(조선민주주의인민공화국 법전 2016). 북한 주민들이 은행 카드를 활용하기 위해서는 해당 은행에 계좌를 먼저 개설해야 하기 때문에 시중의 유휴 화폐 자금을 은행으로 집중시킬 수 있으며, 자유로운 입출금을 보장하고 자금의 출처를 불문에 부치는 등 은행에 대한 주민들의 신뢰를 확보하여 저축률을 높일 수 있을 것으로 기대하고 있다.

최근 북한은 '손전화지불봉사'의 필요성을 강조하고 있다(경철성 2020). 즉, 은행은 휴대폰으로도 은행 업무를 수행할 수 있도록 하는 사업을 추진해야 하며, 이를 위해 각 은행들은 관련한 조건과 현황을 분석하고 이를 토대로 경영전략을 수립해야 한다. 변화된 환경에 맞게 금융서비스 사업을 개선하라는 것이다. 먼저 중앙은행의 승인을 얻고 사업에 필요한 설비와 장치를 확보하는 등 물적·기술적 토대를 마련하고 발전 수준에 맞춰 지점 및 대리점을 개설할 계획까지 수립해야 한다. 이러한 서비스를 통해 주민과 기업들은 보다 효율적으로 금융 업무를 수행할 수 있도록 하여 서비스의 질을 개선할 수 있다.

IV 북한 경제에서의 시장의 역할 변화

1. 시장의 확산과 북한 정부의 대응

시장의 형성을 위한 중요한 조건으로 사적 재산권의 확립을 강조하기도 하지만 이러한 재산권의 확립이 시장 형성의 필수조건은 아닐 수 있다.[16] 즉, 안전한 재산권이 시장의 거래를 확대시키는 유

16 시장제도의 형성에서 사적 재산권의 확립에 주목하는 입장에 따르면, 정치와 경제 및 사회적 상호작용을 결정하는 제도는 다양한 공식·비공식 규범으로 구성되며 공식규범, 그 중에서도 재산권의 확립을 강조한다. 비공식 규범의 경우 경제주체들 간에 형성된 합의를 이행할 수 있는 강제력을 갖지 못하기 때문에 합의 의행에 대한 상호 신뢰를 담보하지 못한다. 즉, 효과적인 공식 규범이 존재하지 않고 비공식 규범만 존재하는 상황에서는 경제주체들의 일탈행위를 막을 수 없고 그러므로 교환에 따른 불확실성도 커져서 경제제도는 효율적으로 작동할 수 없다

일한 필요조건은 아니라는 것이다(Grief 1989; 1994; 2000). 교환을 확대하기 위해서는 교환의 순차성에서 비롯되는 근본적인 문제를 해결할 수 있는 제도가 필요하다. 교환이 성립되려면 계약 당사자가 계약 후에도 계약에 명시된 사항들을 이행할 의무를 수행할 것이라는 점을 사전적으로 서약할 수 있어야 하고, 실제로 그렇게 할 것이라는 상호 간의 신뢰가 존재해야 한다. 이에 따르면 사법 체계에 의한 처벌과 같은 공적 기구만이 교환의 신뢰성을 높일 수 있는 것은 아니며, 평판 등에 기초한 사적 네트워크도 같은 기능을 할 수 있다.[17]

이러한 측면에서 볼 때 한 국가의 제도적 특징에 따라 시장은 촉진될 수도 있고 억제될 수도 있다. 특히 제도 형성과 실행에 결정적 영향력을 행사할 수 있는 정치권력인 국가는 시장을 포함한 경제제도의 형성과 발전에 지대한 영향을 미친다. 권력과 시장은 불가분의 관계를 맺고 있는데, 이 관계가 일방적인 관계를 의미하는 것은 아니다. 시장의 확산에 우호적인 제도는 시장을 확장시킬 수 있고, 시장 활동을 통해 경제적으로 부를 축적한 이들의 이해관계가 반영되는 방향으로 제도가 변화할 수도 있는 것이다.

북한의 전통적인 경제시스템은 경제공동체에 기반한 배급이 핵심 역할을 수행하였고 국영상점망과 농민시장은 보완적 역할을

는 것이다. 최근의 논의에서는 조세 제도, 편향되지 않은 사법 체계, 공공 서비스의 공급 등 경제 성장에 친화적인 포괄적인 제도(inclusive institutions)의 역할이 강조되고 있다. 그러나 포괄적인 제도에서도 가장 중요한 것은 여전히 재산권의 확립이라고 할 수 있다(Acemoglu and Robinson 2012; North and Thomas 1973; North 1990).

17 제도로서 시장의 형성과 발전 과정에 대한 상세한 내용은 최은주(2018) 참조.

담당하는 형태였다. 인민들은 시장을 통해 배급에서 획득할 수 없는 재화를 조달할 수 있었고 국가는 시장을 통해 예산수입을 보충하였다.[18] 국가의 계획에 포함되지 않고 생산된 소비품의 유통은 시장을 통한 자원 배분방식이 적용되었다.

그러나 1990년대 경제 위기에서 나타난 시장의 확산은 기존의 상황과는 다른 특징을 갖는다. 국가의 생산 시스템이 제대로 역할을 하지 못하면서 국가의 계획경제 시스템에 근거한 자원배분방식은 사실상 무력화되었다. 이런 상황에서 북한 주민들은 필요한 소비품들을 확보하기 위해 시장을 활용해야 했고 시장에서 경제활동을 하는 경제주체들이 증가하면서 시장은 확대되었다. 북한 당국은 이러한 시장 확대 현상을 기존의 보완적 역할에서 벗어나 시장이 계획경제 시스템을 침식해 들어가는 상황, 즉 국가 시스템의 근간을 흔들 수 있는 상황으로 인식하였다.[19]

북한은 이미 제도화를 통해 통제 가능한 영역으로 시장을 포섭하였다. 즉, 기존 경제 시스템이 갖고 있는 문제를 개선하고 경

18 "지역시장이 지방예산수입을 보충해주고 국가적인 화폐유통을 정상적으로 보장하는데 더 잘 이바지하도록 하여야 한다. … 시장사용료는 시장의 시설을 리용하는 대가로 지불하는 료금이며, 국가납부금은 시장을 통하여 상품을 실현한 결과 얻는 소득의 일부를 예산에 동원하는 중앙집중적소득의 한 형태이다"(김재서 2004).

19 시장의 확산만으로 북한 당국이 위기의식을 느꼈다고 할 수는 없다. 그러나 국가가 식량과 같은 생활필수품의 공급조차 담보해 주지 못하는 상황에서 시장이 확산되었고, 시장은 비사회주의적 현상을 확산시키는 촉매제가 될 수 있기 때문에 북한 당국의 위기의식은 남다를 수밖에 없었다. 이러한 상황 인식은 1996년 12월 김정일이 "식량난으로 인해 무정부 상태가 되고 있으며, 당 조직들이 맥을 추지 못하고 당 사업이 잘 되지 않아 사회주의 건설에서 적지 않은 혼란이 조성되고 있다"고 비판한 내용에서도 확인된다(이태섭 2009).

제의 효율성을 제고하기 위해 자원배분 방식의 하나로 시장을 도입한 것이다. 시장이 도입되면서 사람들은 시장의 작동 방식에 적응해야 했고 북한 당국은 관련한 제도들을 정비해야 했다. 경제 위기 과정에서 시장이 확산됨에 따라 다수의 사람들이 시장을 경험했고, 국가 차원에서 이러한 상황에 부합하는 추가적인 조치들을 취해야 했다. 이후 북한 당국은 시장과 관련하여 시기별로 시장을 제도화하는 조치를 취하기도 하고, 시장 활동을 제한하는 조치를 취하기도 하였지만 시장이 강하게 위축되는 상황은 발생하지 않았다. 마찬가지로 시장이 그 자체로 정부가 통제할 수 없는 수준으로 빠르게 확산되지도 않았다.

북한의 시장은 북한 당국의 통제하에 놓여 있다. 어느 사회에서나 정부는 다양한 방식으로 시장에 개입하고 있는데 북한에서는 직접적으로 이루어지고 있다. 시장의 역할이 확대되면서 그에 따른 반사회주의적인 현상들이 나타나자 북한은 2005년 10월부터 시장에 대한 통제를 강화하기 시작했다(KDB 산업은행 2021). 2005년 10월 국가식량 전매제도를 도입하여 사실상의 배급제를 다시 실시한다고 발표하였고, 2006년 3월에는 8.3 노동을 비롯한 개인적인 영리를 위한 노동을 금지시켰다. 그리고 종합시장에서의 상행위 가능 연령, 시간, 품목, 장소 등 여러 가지 사항에 대해 제한을 가하였다. 2008년 11월 상업성은 종합시장의 농민시장으로의 전환, 양곡판매소의 강화, 국영상점의 공산품 독점 판매를 발표하였다. 그리고 2009년 11월 말 화폐개혁이 단행되면서 종합시장의 철폐, 외화사업 금지 조치가 이어졌다. 이후 북한 경제에서는 원화가치 폭락, 물가 급등 현상이 발생하면서 민간 경제가 극심한 불안정 상태에 빠지게 된다. 이에 대한 경제주체들의 반발로 2010년 2월 각종 조치들은 철회되었지만 경제 정책의 비일관성은 그 자체로 경제를 혼란에 빠뜨릴 수 있다는 것을 여실히 보여주었다.

이와 같은 경험은 북한 당국의 시장에 대한 정책적 기조는 언제든지 달라질 수 있다는 것을 보여주었고, 이에 따라 시장에서 활동하는 경제주체들은 자신들이 처한 상황이 매우 불확실하다는 것을 체감할 수 있었다. 특히 강력한 강제력을 갖춘 북한 당국은 단속을 통해 시장에서 거래될 상품들을 각종 명목으로 압수하거나 거래를 금지시킬 수 있기 때문에 경제주체들은 안정성을 확보하기 위해 나름의 방안들을 강구할 수밖에 없다. 법과 제도적 안정성을 갖추지 못한 부문에서 경제주체들이 불확실성을 최소화하기 위해 선택할 수 있는 것은 관료권력과 유착관계를 형성하는 것이다(정은이 2014). 뇌물로 연결되는 이러한 관계는 관료들에게는 비공식적 수입을 제공하고, 경제주체는 시장 활동을 보다 안정적으로 보장받을 수 있게 된다. 일종의 사적 질서가 형성되는 것이다. 이러한 사적 질서는 북한이 극심한 경제난을 겪으면서 확산된 장마당에서부터 나타나고 있었다. 북한이 시장 활동에 필요한 준칙들을 확립하고 공적 질서를 명확하게 적시하지 않고 있는 상황에서는 시장에 영향을 미칠 수 있는 부문들과 관련된 공적 질서와 시장 활동 과정에서 형성된 사적 질서가 혼재된 상태가 지속될 수밖에 없다.

김정은 시대에 들어서면서 시장에 대한 정부의 정책은 시장 활동의 확대 가능성을 열어두는 방식으로 제도를 변화시키고 있다. 전체적으로 개별경제 단위에게 경영상의 자율권과 초과 생산물에 대한 처분권을 확대하여 생산물을 시장에서 거래할 수 있는 가능성이 열렸다. 각 기업소들은 사회주의기업책임관리제를 통해 실제적인 경영권을 확보하게 되었고, 이에 따라 자체로 설정한 계획지표를 수행해야 하며, 경제활동에 필요한 생산요소도 스스로 조달해야 한다.[20] 이러한 조건에서 기업소들은 필요한 자원의 확보와 생산물의 판매를 위해 기업소들 간, 기업소와 국영상점 간 계약의 체결과 이행이 중요해졌다.[21] 북한은 이러한 계획화 방법을 '주문계약에 기초한 계획화 방법'이라 소개하고 있다(김성철 2015). 이와 같이 교환 관계가 확산되면 경제활동 주체들 간의 신뢰 관계는 중요한 요소가 된다. 시장에서 교환이 이루어지는 품목이 많아지고 시장의 성격이 다양해질수록 계약 관계는 공적 질서하에서 보장되어야 한다.

최근 북한 당국이 각종 경제 관련 조치들을 법제화시키는 과정을 살펴보면 계약 관계가 준수될 수 있도록 공적 질서를 강화하는 흐름이 나타나고 있다. 경제주체들 사이에 계약에 기반한 교환행위가 활발해질수록 이전에는 없었던 계약 이행 과정에서 발생할 수 있는 문제들을 해결할 수 있는 제도적 뒷받침이 중요해진다. 북한 당국은 주문과 계약이 제대로 이행되기 위해서는 계약 이행

20 이는 주문과 계약을 통해 이루어진다. 『경제연구』에서 소개된 내용에 따르면, 주문과 계약에 의한 방법은 "기업체들에 원료, 자재의 해결과 제품 판매, 교류몫의 리용등 계획수행에 절실히 필요한 여러 가지 권한들을 주게 되는 것으로 기업체들이 경영활동을 보다 주동적으로, 창발적으로 진행"할 수 있게 한다(박혜경 2015).

21 물론 이 방법에서도 기업소들이 완전한 자율권을 가졌다고 볼 수는 없다. 여전히 국가가 자재를 보장해주고 계획화하는 지표들은 존재한다. "인민경제발전에서 전략적 의의를 가지는 생산수단들과 인민생활에서 중요한 의의를 가지는 소비품들은 … 국가가 직접 틀어쥐고 계획화하여야 한다"(김성철 2015).

에 대한 국가 차원의 감독과 통제를 강화해야 한다고 밝히고 있다(장명식 2015). 감독과 통제를 수행하는 주체로는 국가중재기관, 검찰기관, 은행기관 등을 들 수 있다. 이들은 계약 이행 과정에서 분쟁이 발생했을 경우, 책임 소재를 명확히 규명하고 그에 맞는 행정적, 재정적 제재를 가할 수 있다. 이러한 설명을 고려할 때, 북한은 계약을 강제하는 제도를 명시화하여 공적 질서로 제도화하고 있다고 볼 수 있다.

북한의 이러한 조치는 경제 공간으로서의 시장을 적극적으로 활용하면서 동시에 국가의 경제제도를 개선, 강화하여 시장을 관리할 수 있는 역량을 갖추기 위한 시도로 볼 수 있다. 북한 당국의 입장에서 시장을 활용하고자 하는 선택은 불가피한 측면도 있으나 합리적이기도 하다. 경제 위기 국면에서 국가 재정이 급격하게 감소하고 그간 구축해 왔던 시스템이 와해될 수 있는 상황에서 기존의 제도를 고수한 결과 국가의 경제 관리 영역에서 벗어나 경제적 이해관계를 기반으로 폭넓은 네트워크가 형성된다면 이를 지속적으로 관리, 통제하는 데에는 엄청난 비용이 발생할 뿐만 아니라 국가 주도로 경제를 발전시키려는 북한 당국에 잠재적 위험요인으로 작용할 수 있다. 이에 비해 경제주체들에게 제한된 범위에서 권한을 위임하여 경제 위기를 극복하고 현재의 시스템의 근간을 유지할 수 있다면, 필요한 공적 질서를 확립하고 강화하는 것이 북한 당국에게도 이익이 되는 선택이라 할 수 있다.

2. 김정은 시대의 시장: 시장에 대한 정부 우위와 사회주의 상업의 복원

시장은 경제 내에 존재하는 조정 방식의 하나이다. 그러므로 시장의 확산 여부는 시장이 갖는 고유의 내재적 동력뿐만 아니라 시장을 둘러싼 각종 제도에 영향을 받은 결과로 나타난다.[22] 북한과 같은 사회주의 경제제도 하에서는 계획이 핵심적인 경제 조정 방식으로 작동하였으며 시장은 보조적 역할을 수행하였다. 주민들에게 생산물을 공급하는 방식도 주로 국영상점과 같은 국가의 공식적인 배급망을 통해 이루어졌다. 그러나 경제 위기를 겪으면서 배급제는 더 이상 북한 주민들의 수요를 보장할 수 없게 되었고 공급부족 문제가 심화되면서 국영상점을 통해 상품을 구매하기도 쉽지 않았다. 이러한 상황 속에서 시장이 확대되어 주민들의 경제활동이 이루어지는 일상의 공간이 된 것이다.

김정은 집권 이후 북한은 새로운 시장을 조성하거나 기존의 시장을 증·개축하여 이용자들의 편의를 제고하는 조치를 취하였다(이종석·최은주 2019). 남포시 중대두동의 경우 기존의 호수를 매

22 경제학에서는 시장을 '완전 합리성을 갖춘 독립된 개별 행위자들이 외부의 간섭 없이 이익 극대화를 목표로 자유롭게 거래를 진행하는 영역'으로 규정한다. 즉, 시장은 합리적 개인의 이익 극대화가 실현되는 자발적 조정 메커니즘으로서 경제 외 다른 부문과는 독립된 영역으로 정부 또한 자유로운 경쟁을 보장하는 방향에서만 시장에 개입해야 한다는 입장을 견지한다. 이에 따르면 시장 활동의 효율적인 결과는 경제주체들로 하여금 시장의 참여를 촉진시키기 때문에 점진적으로 시장은 확대될 것으로 예측한다. 그러나 이러한 규정에 따르면 국가로 대변되는 시장에 영향을 미치는 제반의 요인들과의 상호작용을 고려하지 못하게 되고, 각 개별 국가 경제에서 시장이 갖는 특징들을 설명하기 어려워진다(최은주 2017).

립하여 시장을 조성하였고 청진시에 위치한 수남 시장의 경우 기존의 시장을 정비한 것으로 파악된다. 이와 함께 신년사 등을 통해서 경제발전을 위해 경제적 공간을 활용해야 한다는 점과 축산물의 증산을 위해 개인의 축산부업을 강조하는 것과 같은 내용들을 김정은 위원장이 직접 언급하였다(로동신문 2019.1.1). 다만 시장과 관련된 조치나 언급은 현재 허용되고 있는 소비재 및 물자교류 시장에 한정된다. 허용된 시장에서는 상품 공급 및 거래 활성화를 위한 조치들을 취하고 있지만 노동, 화폐, 토지 및 부동산 시장과 같은 다른 종류의 시장을 추가로 허용하는 것과 관련된 조치는 확인되고 있지 않다.

현재 북한은 시장과 관련한 정책을 구체적으로 밝히고 있지 않다. 다만 기업소법이나 상업법 등과 같은 관련 법안의 내용들을 통해 시장에 생산물을 공급하고 거래할 수 있는 가능성이 열렸다는 점을 확인할 수는 있다.[23] 명시적으로 시장을 활성화시키는 정책을 추진하고 있지는 않지만 그렇다고 과거와 같이 시장에 직접 개입하여 통제하려는 움직임도 나타나지 않고 있다.[24]

한편 시장과 관련하여 주목할 점은 북한이 최근 강조하고 있는 '사회주의 상업의 복원'이다.[25] 사회주의 상업이란 국가에 의해

23 북한은 상업법에서 상업 활동의 하나로 시장을 인정하면서도 허용범위를 적시하고 있다. 사회주의경제관리의 보조적 공간으로서 중앙상업기관과 지방정권기관이 활용할 수 있다(86조). 이는 시장에서 거래할 수 있는 품목에 한정되며 한도가격 내에서 상품을 판매할 수 있고, 시장 외 공간에서는 상품 판매 행위는 금지된다.

24 다만, 조선로동당 8차대회에서 진행된 김정은 위원장의 사업총화에서도 밝히고 있듯이, 비사회주의, 반사회주의적 현상을 없애기 위한 사업을 전 국가적 차원에서 실시해야 한다고 언급하고 있어 이러한 현상과 시장을 연결시킬지 여부는 주목해 볼 필요가 있다(로동신문 2021.1.9).

관리·운영되는 상업형태로서 인민들의 물질문화적 수요를 충족시킬 것을 목적으로 이루어지는 공급사업이다(사회주의상업법 1조). 공급 사업을 담당하는 주체는 국영상점과 협동단체이다(경제사전 1995). 북한에서 제품을 주민에게 공급하는 사업은 사회주의 상업을 통해 이루어져 왔다. 그러나 상품 공급이 뒷받침되지 않는 조건 속에서는 이러한 상업 활동이 주민들의 수요에 부응할 수 있는 수준으로 빠르게 발전하기는 어려웠다. 김정은 시대에 들어와서도 사회주의 상업의 발전의 필요성을 언급하기는 했지만 원론적인 수준이었다.[26]

최근 인민소비품을 중심으로 공급 측면의 문제가 완화되면서 북한은 국가가 직접 관리할 수 있는 국영상점망을 통해 주민들이 필요로 하는 상품들을 원활하게 공급할 것을 과제로 제시하고 있다. 소비자 입장에서는 국영상점과 시장을 통해 상품을 소비할 수 있게 되면서 선택의 폭이 넓어졌다. 시장이 허용되면서 소비자들은 시장과 국영상점을 구분하는 것이 아니라 자신이 선호하는 상품을 구입할 수 있는 곳을 선택할 수 있게 되었다. 시장과 국영상점은 일종의 경쟁 상황에 놓이게 된 것이다. 이러한 측면에서 향후 북한 경제제도 내에서 시장의 역할이 확대될 가능성은 국가 주도의 사회주의 상업의 발전 가능성을 검토함으로써 전망할 수 있다.

25 북한의 사회주의 상업과 관련한 이하 내용은 최은주(2021)를 요약, 정리한 것이다.

26 "새 세기의 요구에 맞게 상업·급양·편의봉사망들을 현대적으로 꾸리고 그 운영방법을 혁신하며 상품확보와 원자재보장대책을 세워나가야 합니다. 경공업공장들과 상업봉사기관들에서는 생산된 제품이 비법적으로 거래되는 현상을 없애고 인민들에게 더 많은 소비품이 차례지게 하여야 합니다"(로동신문 2013.3.19).

사회주의 상업과 관련한 북한이 제시한 목표와 과제는 인민소비품 공급의 정상화, 상업시설의 현대화와 경영활동의 정상화를 통한 역할 강화, 관련법과 제도의 정비 등이다. 즉, 사회주의 상업기관들은 국영유통망을 정비, 보강하여 상품 공급과 유통을 획기적으로 개선하고 그 결과 주민들에게 상품 공급을 안정적으로 보장해 주어야 한다. 이를 통해 사회주의 상업의 인민성, 문화성, 현대성, 다양성을 구현하는 것이 바로 북한이 설명하는 '사회주의상업의 본태'를 실현하는 것이다(로동신문 2021.1.9).

북한은 상업기관들에게 변화된 환경에 부합하는 상업 봉사 방식을 고안하고 도입할 것을 요구하고 있다. 즉 효과적으로 상품을 공급할 수 있는 혁신적인 판매 방법들을 마련하고 다른 경쟁 기업체들의 동향을 정확하게 파악할 수 있는 방안들을 마련해야 한다는 것이다. 예를 들면 지식경제 시대의 요구에 맞게 이동 전자 상업에 기초한 상품 판매활동을 적극적으로 도입하는 것과 같은 상업 활동의 개선이 필요하다는 것이다(김은성 2019). 또한 디지털 경제의 특징을 반영하여 편리성 우선의 원칙에 맞게 정보망을 활용한 봉사체계를 확립할 것을 요구하고 있다(로동신문 2020.4.8).

이와 함께 국가의 유통체계를 확립하고 생산을 자극할 수 있도록 역할을 강화할 것을 요구하고 있다. 상업은 생산과 소비를 연결하는 부분으로 상업 활동이 효과적으로 이루어질수록 경제 내에서 제품과 서비스의 재생산은 활성화될 수 있다(전은철 2018). 이러한 측면에서 상업을 담당하는 기업체들도 당의 계획에 맞게 경영전략을 수립하여 주민들에게 원활하게 상품을 공급하면서 동시에 경제 전반을 활성화하는 데 기여할 수 있어야 한다고 강조한다. 상업기관들은 경영상의 혁신을 통해 상품의 국영유통망을 획기적으로 개선해야 하며, 기업 및 공장과 소비자의 연계를 통해 기업들로 하여금 주민 수요에 부합하는 제품들을 생산하도록 추동하는 역할을 수행해야 한다. 이를 위해 북한은 먼저 상품을 안정적으로 확보하기 위해 상품생산을 담당하는 기업체들의 실태를 정확히 파악하고 구체적인 자료를 토대로 수급변화에 대해 정확히 분석하여 상품 확보의 원천과 상품 판로의 확대, 상품판매 방법에서의 혁신 등을 추진해야 한다고 강조한다(리성률 2019).

마지막으로 국가 차원에서는 기존의 제도를 검토하고 현실에 맞게 정비하는 사업들을 추진해야 한다. 즉, 상업 부문의 기구 체계 중에서 불합리한 요소들이 존재하면 이를 개선하여 국가상업체계를 강화할 수 있도록 해야 하며 변화하는 상황을 반영하여 관련 법안들도 정비해 나가야 한다는 것이다.

북한에서도 상업 부문의 회복을 지속적으로 언급해 왔지만 최근 더욱 강조하고 있는 추세이다. 2019년 12월 조선로동당 중앙위원회 제7기 제5차 전원회의에서 상업봉사의 개선을 언급하였고 2021년 1월 조선로동당 8차 대회에서도 국가상업망을 확충하여 조절통제력을 확보하는 등 국가의 주도적 역할을 회복할 것을 강조하였다. 다른 경제 분야에 비해 현황 및 정책이 구체적으로 제시되고 있지 않지만 최근 나타나고 있는 상업의 역할을 강조하는 흐름은 인민소비품을 중심으로 공급 문제가 완화되어 가고 있다는 점을 의미하기도 하지만 동시에 여전히 북한 주민들의 수요에 맞게 적기에 다양한 상품들이 공급되고 있지 못하고 있다는 점을 보여주기도 한다.

북한은 2020년에 사회주의 상업과 관련한 여러 사업들을 진행하였다. 최고인민회의 상임위원회는 당중앙위 제7기 제5차 전원회의의 후속조치로 사회주의 상업법과 편의봉사법을 수정·보충하였다. 구체적인 내용은 소개하고 있지 않지만, 수정보충을 통해 "상업부문사업에 대한 지도와 영업허가, 편의봉사망의 조직과 운영에서 제도와 질서를 엄격히 세워 국가의 상업정책을 철저히 집행하고 편의봉사망을 합리적으로 조직하여 늘어나는 편의봉사수요를 충족시킬 수 있는 법적 담보가 마련"되었다고 자평하였다(민주조선 2020.1.26).

2010년대 들어 북한에서는 국영상점을 비롯한 상업봉사 단위에서의 현실에 맞게 운영 방식의 변화를 추진하였다. 가장 큰 특징은 새로운 형식의 상업망이 도입되고 있다는 점과 수요에 대한 반영이다. 김정은 집권 이후 광복지구상업 중심과 같은 대형 마트와 창광상점 및 대성백화점 등이 건설되는 등 현대화 사업이 추진되었고 2015년에 온라인 쇼핑몰 '옥류'가 등장한 이후 만물상, 은파산, 앞날 등이 연이어 개설되었다. 그리고 각 소매상업기관들은 경영전략 수립 과정에서 소비자들의 수요를 적극적으로 반영하고 있다. 과거 상업기관들은 주문제로 이루어졌기 때문에 상점 내에 많은 상품을 비치하지 않았고 소비자들의 편의를 고려할 필요도 크지 않았다. 그러나 최근 평양의 식료품 상점들을 중심으로 슈퍼마켓 진열 방식을 도입하는 등 소비자의 편의를 증대시키고 운영의 효율성을 높일 수 있는 방식들을 도입하는 등 소비자들의 선호를 적극 반영하고자 노력하고 있다(조선신보 2020.5.2).

이와 같이 북한은 국영상점을 중심으로 국가의 상업체계를 복원시키기 위한 정책들을 추진하고 있다. 2021년 조선로동당 제8차 대회에서 사회주의 상업을 언급한 점이나 평양을 중심으로 새로운 판매 전략이 도입되고 재자원화 사업이 추진되는 현상들을 고려한다면 이러한 추세는 지속될 것으로 전망되며 그 성과는 직간접적으로 시장에 영향을 미칠 것이다.

V 맺음말

김정은 집권 이후 북한은 경제발전과 인민생활 향상을 목표로 경제제도를 변화시켜 왔다. 이러한 변화의 핵심은 목표를 효율적으로 달성할 수 있는 방법들을 도입하는 것이었고 이를 위해 기존의 계획을 통한 경제 조정 방식이 갖는 문제점을 파악하고 이룰 해결하기 위한 방안을 제시하였다. 과거와 달라진 점은 현실적으로 계획당국이 필요로 하는 정보를 모두 획득하고자 하는 방식, 즉 계획의 일원화·세부화 원칙을 강화하기보다 정보가 있는 곳에서 의사결정이 이루어지는 방식으로 정책을 추진하고 있다는 점이다.

변화의 중심에는 경쟁과 혁신이 놓여 있다. 개인 간 혹은 집단 간 경쟁을 활성화시켜 경제주체들의 자발적인 혁신을 추동하고 그 결과로 경제발전을 실현하는 것이다. 경쟁의 활성화가 혁신으로 이어지기 위해서는 유인체계의 변화 등 관련한 정책들이 시너지 효과를 낼 수 있도록 함께 변화해야 한다. 먼저 경쟁에 뛰어들 유인을 제공하기 위해서는 성과에 대한 보상이 보장되어야 한다. 그리고 기업 차원에서 경쟁 우위를 차지하기 위한 다양한 전략들을 수립하고 실행할 수 있도록 경영과 관련된 권한을 먼저 위임받아야 한다. 개인에게도 주어진 지표를 수행하는 방법을 효율적으로 개선하기 위한 방법을 고안하고 적용해 볼 수 있는 기회들이 보장되어야 한다.

이러한 변화를 시장과 관련시켜 본다면 시장친화적인 변화라 볼 수 있다. 모든 경제제도가 시간의 흐름에 따라 달라진 환경에 맞게 변화를 거듭하는 것은 보편적인 현상이다. 경제가 성장하면서 부문은 더욱 많아지고 구조는 복잡해질 수밖에 없다. 이러한 조건 속에서 정보를 가진 주체들의 역할과 책임을 높이고 국가는 경제활동을 보장하는 환경을 조성해주면서 동시에 재정 및 금융 부문을 통해 기업의 경제활동을 관리하고 감독할 수 있는 제도를 구축한다.

이러한 제도들의 도입은 경제발전에 기여할 수도 있지만 북한 당국이 의도하지 않은 변화를 야기할 수도 있다. 그러한 변화들을 사전에 예비하거나 해결 능력을 갖추는 것이 현재 북한 정부의 과제라 할 수 있다. 사회주의 분배 원칙의 변화는 차등분배를 통해 노동자들을 자극하여 생산성을 향상시키는 결과를 낳기도 하지만 물질적 동기가 강화되면 윤리적이거나 이타적인 동기가 그만큼 약화될 수 있다. 즉, 물적 인센티브가 도입되면 도덕을 구축하는 효과가 나타난다.[27] 호혜성과 관대함, 신뢰와 같은 동기는 보편적이

27 경제적 인센티브와 도덕적 행위 간의 음(-)의 관계를 보여주는 대표적인 사례가 그니지와 러스티치니가 이스라엘의 어린이집에서 수행한 현장 실험이다. 이들은 이스라엘 하이파에 위치한 여섯 곳의 어린이 집을 대상으로 하원 시간을 지키도록 하기 위해 이를 위반한 부모에게 벌금을 부과하는 제도를 실시하자 지각하는 부모들이 예전보다 2배로 증가하였고 이 제도를 없앤 이후에도 그 수는 감소하

지만 물적 인센티브가 명시적으로 제공되면 사라질 수도 있다. 이러한 선호가 사라진다는 것은 사회적으로 협력의 유인이 약화된다는 것을 의미한다.

북한 또한 물적 인센티브의 강화에 따라 각 개인이나 기업소가 행하는 합리적 선택이 사회적으로 최선의 선택이 되지 않을 수 있다는 점을 인식하고 있는 것으로 보인다. 각 기업이나 개인 차원에서 보면 경쟁 우위를 점하기 위해서는 혁신의 성과와 같은 경쟁 우위를 가능하게 하는 각종 정보와 기술 및 노하우를 경쟁 상대와 공유하는 것은 합리적인 판단이 아니다. 특히 이윤을 경제활동의 원칙으로 두고 경영해야 하는 상황에서 자신들의 이윤을 감소시킬 수 있는 선택은 하지 않을 것이다. 이러한 행동은 협력과 정보공유를 통해 사회적으로 더 큰 성과를 낼 수 있는, 일종의 협력에 따른 이익을 실현하지 못하게 작용할 수 있다. 물론 북한에서도 성과의 확산을 위해 각 단위에서 부족한 점과 결함들을 정확하게 파악하고 이를 해결하기 위해 다른 생산단위나 연구단위와 협력할 것을 강조한다. 이러한 협력이 각 생산단위에서 자발적으로 이루어질 수 있도록 하기 위해서는 경제적 인센티브와 함께 윤리적이며 타인을 고려하는 동기가 모두 고려된 경제 정책을 수립해야 한다. 즉 두 종류의 인센티브가 시너지를 일으킬 수 있는 균형을 찾아야 하는 것이다(Bowles 2016).

지 않았다는 것이다. 제도 시행 전에는 자신들의 지각이 교사들에게 피해를 준다는 점에서 이를 어기지 않기 위해 노력하였지만 벌금 제도가 시행되자 이러한 윤리적 동기는 사라지고 지각은 자신들이 그에 맞는 가격(벌금)을 낼 의향이 있다면 구매할 수 있는 또 하나의 선택지로 인식하게 된 것이다. 그리고 이렇게 일단 변화되면 다시 회복되지 않는다는 것을 보여준다(Gneezy annd Rustichini 2000).

또 하나는 신뢰 형성의 문제이다. 북한에서 경제활동과 관련한 뇌물은 국가가 허용하지 않는 불법적인 행동이지만 개인의 차원에서는 신뢰관계를 형성하는 하나의 방법으로 볼 수 있다. 시장활동이 제도적, 법적으로 보장되지 않는 경우, 언제든지 단속과 처벌의 대상이 될 수 있다는 것을 의미한다. 일반적으로 위험기피적인 성향을 가진 경제주체들은 자신의 위험을 최소화하기 위한 선택으로 단속과 처벌의 주체와 협력적 관계를 맺고자 할 것이며 뇌물은 그 과정에서 발생하는 비용으로 볼 수 있다. 시장에서 활동하는 경제주체들의 입장에서는 뇌물로 제공하는 금액이 시장 활동을 통해 벌어들이는 수입을 초과하지 않는다면 기꺼이 상납할 유인을 갖는다. 북한 당국은 관료들의 부패행위에 대해 엄격하게 다룰 것임을 강조하고 있지만 시장 활동에 적용되는 준칙이 명시적으로 존재하지 않는 이상 뇌물을 매개로 형성되는 관계는 쉽게 사라지지 않을 것이다.

새롭게 도입되는 제도가 안정성을 갖추기 위해서는 법률적인 보장이 이루어져야 한다. 북한 또한 제도적, 법률적 환경을 보장해주어야 성과를 낼 수 있다고 지적하고 있으며(김영훙 2020), 김정은 시대의 정책들이 단계적으로 법제화되고 있는 최근의 경향들은 이러한 인식을 뒷받침해 주고 있다. 법제화는 시장 활동 자체를 보장하는 데 필요할 뿐만 아니라 시장 활동 과정에서 발생할 수 있는 경제주체들 간의 갈등과 분쟁도 조정할 수 있어야 한다.

마지막으로 시장을 관리할 수 있는 북한 당국의 역량 수준이다. 북한도 밝히고 있듯이 생산단위가 스스로 혁신을 추구하고 경제적 성과를 내기 위한 노력을 추동하기 위해 기업 경영과 관련한 권한들을 이임하면서도 국가의 관리 역량을 유지하고자 하고 있다. 즉, "경제사업에 대한 국가의 통일적인 계획적 지도만을 절대하면서 생산단위의 창발성을 무시"하면 경제발전에 부정적 영향을 미칠 수 있으며, 반대로 "기업체들의 창발성을 높인다고 무엇이나 아래에 맡기여 자체로 해결하도록 하여서도 안된다"는 것이다. 결국 국가의 조정 권한과 생산단위의 경영 권한이 서로 충돌을 일으키지 않으면서도 전반적인 국가경제발전을 실현할 수 있도록 '결합'해야 하는 것이다(김혜경 2019). 이는 하나의 정답이 있는 것이 아니라 변화하는 경제 환경에 맞게 유연하게 조절해 나가야 한다.

국가가 당면한 문제를 해결하고자 새로운 정책을 수립하거나 기존의 정책을 변경하는 경우, 이는 제도의 변화를 수반해야 하다. 하나의 경제 내에서도 이질적인 조정 방식이 상존할 수 있으며, 각 조정 방식에 필요한 규칙과 규범들이 공식적으로든 비공식적으로든 존재하여 각각의 질서를 형성하고 있다. 이러한 상황은 항상 변화의 가능성을 내포하고 있다. 북한의 경우, 계획과 시장이라는 두 개의 조정 방식이 상존하고 있으며 전통적으로 계획이 압도적인 영향력을 행사해 왔기 때문에 제도의 변화는 발생하지 않을 수 있었다.[28] 그러나 최근 분권화와 경쟁이라는 시장 친화적인 요소들을 도입하고 있는 상황에서 북한 당국이 시장을 관리할 수 있는 능력은 더욱 중요해질 것이다. 특히 시장이 경제발전에서 수행하고 있는 긍정적인 역할을 저해하지 않으면서도 국가의 관리 영역 내에

28 여기에서 영향력이라고 하는 것은 북한 주민들의 경제활동에 미치는 영향을 의미하는 것은 아니다. 국가권력이 채택하고 있는 조정 방식이라는 의미에서 사용하였다.

존재하도록 관리할 수 있어야 한다.

이러한 측면에서 북한에서 제기되고 있는 사회주의 상업의 복원 및 상업에 대한 국가 통제와 조절 능력을 회복해야 한다는 주장은 향후 북한이 시장을 어떻게 관리할지 그 방향의 일단을 볼 수 있다. 즉, 과거와 같은 무조건적인 통제 방식이 아니라 국가 통제 하에 있는 국영상점의 역할을 강화하여 시장을 견제할 수 있도록 하는 것이다. 이러한 북한 당국의 태도는 직접적으로 시장활동을 위축시키지 않으면서도 다수의 소비자들이 국가 주도의 상업기관들을 선택할 수 있도록 경쟁력을 강화시키겠다는 의도로 해석된다.

이와 같이 최근 북한의 경제 관리 방식은 상당한 변화를 보이고 있다. 경제의 모든 영역에서 국가의 직접적인 개입보다는 발전의 방향을 설정하고 그에 부합할 수 있는 정책을 고안함으로써 경제주체들의 의사결정 방식이 변화하도록 환경을 조성하고 있다. 이러한 변화가 계획경제의 근간을 흔들 수준의 변화를 야기할지, 계획의 한계를 보조할 수 있는 수준에 그칠지는 향후 북한 정부가 변화된 제도들을 얼마나 성공적으로 안착시킬 수 있는지에 따라 결정될 것으로 보인다.

참고문헌

고금혁. 2016. "현시기 은행기관들을 상업은행화하는데서 나서는 중요한 문제." 『김일성종합대학학보 철학·경제학』 4.
경철성. 2020. "손전화지불봉사의 조직과 경영관리." 『경제연구』 2.
김경옥. 2017. "사회주의기업체들의 확대된 계획권과 생산조직권행사의 중요요구." 『경제연구』 1.
김성철. 2015. "기업체의 책임성과 창발성을 높일수 있게 인민경제계획사업을 개선하는데서 나서는 몇가지 문제." 『경제연구』 3.
김영훙. 2020. "사회주의기업책임관리제를 현실성있게 실시하는데서 나서는 중요한 문제." 『경제연구』 4.
김은성. 2019. "이동전자상업에 의한 상품판매." 『경제연구』 4.
김정은. 2015. "재정은행사업에서 전환을 일으켜 강성국가건설을 힘있게 다그치자(전국재정은행인군대회 참가자들에게 보낸 서한)." 2015년 12월 13일.
김재서. 2004. 『주체의정치경제학』. 평양: 김일성종합대학출판부.
김혜경. 2020. "기업체들에 부여된 가격제정권을 활용하는데서 나서는 중요한 요구." 『경제연구』 1.
남석춘. 2019. "사회주의사회에서 상업은행자금의 구성과 그 특징." 『경제연구』 2.
리성률. 2019. "경쟁정보사업의 강화는 상업기업체들사이 사회주의경쟁운동을 활발히 벌릴수 있게 하는 중요담보." 『경제연구』 2.
리유정. 2018. "이동통신망을 리용한 주민금융봉사를 활성화하는데서 나서는 중요문제." 『경제연구』 2.
______. 2020. "현시기 중앙은행의 대부업무정보체계를 개선하는데서 나서는 중요한 문제." 『경제연구』 1.
리진수. 2020. "실적에 의한 평가를 바로하는것은 사회주의건설을 힘있게 다그치기 위한 중요요구." 『경제연구』 3.
박영근. 1992. 『주체의 경제관리리론』. 평양: 공업출판사.
박혜경. 2015. "기업체들의 주문과 계약에 의한 계획작성에서 나서는 중요요구." 『경제연구』 3.
산업은행. 2021. 『북한의 산업』. 서울: 산업은행.
송정남. 2015. "전략적경제관리방법의 본질적특징." 『경제연구』 4.
______. 2017. "기업체의 전략적관리의 필요성." 『경제연구』 1.
윤영순. 2020. "재정과 금융은 사회주의경제관리의 중요고리." 『경제연구』 2.
이영훈 외. 2021. 『김정은시대 경제정책: 101가지 질문·답변』. 서울: 극동문제연구소.
이종석·최은주 편. 2019. 『제재속의 북한경제』. 성남: 세종연구소.
이태섭. 2009. 『북한의 경제위기와 체제변화』. 서울:선인.
장명식. 2015. "주문과 계약규률을 강화하기 위한 방도." 『경제연구』 4.
전은철. 2018. "지식관리의 실현은 상업기업체경영활동의 효과성제고의 중요방도."

『경제연구』 3.
정은이. 20014. "북한 시장의 발전과정에 대한 연구: 통제와 이완을 통한 인민의 압력에 대한 당국의 추인과정을 중심으로." 『수은북한경제』 겨울호.
진영손. 2020. "현존경제토대와 생산잠재력을 남김없이 발양할수 있게 나라의 경제부문구조를 정비보강하기 위한 방도." 『경제연구』 3.
최광철. 2017. "나라의 경제전반에 대한 국가의 통일적지도와 전략적관리를 바로 실현하는것이 가지는 중요성." 『경제연구』 1.
최은주. 20017. "북한 경제제도 변화에 관한 연구." 고려대학교 박사학위 논문.
『경제사전』. 1985.
『사회주의상업법』. 2010.
『조선민주주의인민공화국 법전(증보판)』. 법률출판사. 2016.
『로동신문』
『민주조선』
『조선신보』

Acemoglu, Daron and James Robinson. 2012. *Why Nations Fail: The Origins of Power, Prosperity, and Poverty*. New York: Crown Business.
Bowles, S. 2016. *The Moral Economy Why Good Incentive Are No Substitute for Good Citizens*. Yale University Press.
Bowles. S., Edwards. R., and Roosevelt. 2005. *Understanding Capitalism: Competition, Command, and Change*. Oxford University Press.
North, Douglass C. 1990. *Institutions, Institutional Change and Economic Change*. New York: Cambridge University Press.
North, Douglass C. and Robert Paul Thomas. 1973. *The rise of the western world: a new economic history*. New York: Cambridge University Press.
Gneezy, Uri, and Aldo Rustichini. 2000. "A Fine is a Price." *Journal of Legal Studies* Vol. 29, No.1.
Greif, Avner. 1989. "Reputation and coalitions in medieval trade: evidence on the Maghribi traders." *The Journal of Economic History* Vol. 49, No. 4.
Greif, Avner. 1994. "Cultural beliefs and the organization of society: A historical and theoretical reflection on collectivist and individualist societies." *The Journal of Political Economy* Vol. 102, No. 4.
______. 2000. "The fundamental problem of exchange: a research agenda in historical institutional analysis." *European Review of Economic History* Vol. 4, No. 3.
Stiglitz, Josheph. 1994. *Whither Socialism?* Cambridge: MIT Press.

필자 소개

최은주 Choi, Eun-ju

세종연구소(Sejong Institute) 연구위원
고려대학교 국어국문학과 졸업, 고려대학교 경제학 박사

논저 『김정은시대 경제정책-101가지 질문·답변』(공저), 『공존의 시선으로 남북을 잇다』(공저), *Demystifying North Korean Economy*(공저)

이메일 ej0717@sejong.org

제7장

김정은 시대 북한 과학기술 중시 정책의 현황과 전망

Achievements, Limitations, and Prospects of North Korean Science and Technology-Oriented Policy in the Kim Jong-un Era

변학문 | 겨레하나 평화연구센터 소장

김정일의 과학기술 중시정책을 계승한 김정은 정권은 북한 사회를 과학기술에 기초한 혁신 친화적 사회로 바꾸어 경제발전과 사회주의 강국 건설을 실현하려 한다. 이를 위해 김정은 정권은 집권 초기부터 일관되게 과학기술 발전, 경제의 자립성 제고와 인민생활 향상을 위한 연구개발 활성화, 정규 교육과정 및 성인교육에서 과학기술 교육 강화, 과학기술에 대한 효율적인 관리체제 수립, 과학기술에 대한 투자 확대 등을 추진해왔다. 8차 당대회에서 북한은 과학기술이 경제발전을 견인하지 못했다고 평가했지만 과학기술 중시 정책을 지속할 것이다. 북한은 모든 간부와 과학자, 기술자들에게 과학기술에 기초한 과감한 혁신을 주문하고 있다. 과감한 혁신 시도가 많아질수록 실패의 횟수도 많아질 텐데, 앞으로 북한이 그러한 실패를 제도적, 재정적으로 얼마나 감당할 수 있을지가 관건이 될 것이다.

Kim Jong-un, following Kim Jong-il's science and technology-oriented policy, intends to transform North Korea into an innovation-friendly society based on science and technology for economic development and building a socialist powerhouse. From the beginning of Kim's reign, North Korea has implemented all-round policies for the development of science and technology for economic growth and improvement of people's lives. Despite the self-assessment that science and technology has not actually led to economic development, North Korea will adhere to the policy. North Korea calls for drastic innovation based on science and technology from all executives, scientists and engineers. The more bold innovation attempts, the more failures will increase. The key will be how far North Korea can endure such failures institutionally and financially.

KEYWORDS 김정은 Kim Jong-Un, 과학기술 중시 정책 Science and technology-oriented policy, 혁신 친화적 Innovation friendly, 자립경제 Independent economy, 인민생활 향상 Improvement of people's living

I 머리말

김정은 시대의 북한은 김정은 집권 직후부터 과학기술에 기초한 경제발전, 사회주의 강국 건설을 지향하였다. 김정은 시대 과학기술 중시 정책의 총론은 2016년 5월 조선로동당 제7차 대회(이하 '7차 당대회')에서 나온 '과학기술 강국' 건설 구상이다. 북한은 과학기술 강국을 '전반적인 과학기술이 세계 첨단수준에 올라선 나라, 과학기술의 주도적 역할로 국가 모든 부문이 빠르게 발전하는 나라'로 정의하고, 사회주의 강국을 실현하기 위해 "선차적으로 점령해야 할 목표"로 규정하였다(김정은 2016). 북한이 1961년 4차 당대회부터 과학기술에 기초한 경제발전을 강조해왔지만, 과학기술 발전을 제1목표로 꼽은 것은 7차 당대회가 처음이다. 당시 북한은 과학기술 강국 건설 제기 배경, 목표, 과학기술 강국 실현방안 등을 밝혔다(표 7-1 참고).

북한의 과학기술 중시 정책, 과학기술 강국 구상은 김정은 집권 이후에 갑자기 등장한 것이 아니라 70년에 걸친 북한의 역사적 경험의 귀결이다. 해방 직후부터 고질적인 노동력 부족에 시달리던 북한은 1950년대 후반부터 대소관계 악화까지 겪게 되었다. 이런 상황에서 북한이 지속적으로 경제를 성장시킬 수 있는 방법은 과학기술 발전밖에 없었고, 북한의 대외관계가 악화될수록 그 필요성은 더욱 높아졌다. 1980년대 말~1990년대 초 동구 사회주의 국가와 소련이 몰락하고 대중관계도 악화되어 대외관계가 최악에 이르렀을 때, 북한에 있어 자체적인 과학기술 발전은 체제의 존립을 가능케 하는 과제가 되었다. 김정일이 1998년 과학기술 중시

표 7-1. 과학기술 강국 건설 구상의 주요 내용

구분	내용
정의	• 나라의 전반적인 과학기술이 세계 첨단 수준에 올라선 나라 • 과학기술의 주도적 역할로 경제, 국방, 문화 등 모든 부문이 급속히 발전하는 나라
의의/배경	• 사회주의강국 건설에서 선차적으로 점령하여야 할 목표 • 현시대는 과학기술의 시대이며 과학기술의 발전수준은 나라의 종합적 국력과 지위를 규정하는 징표 • 과학기술력은 국가의 가장 중요한 전략적 자원이며 사회발전의 강력한 추동력 • 경제기술적 봉쇄 극복, 자강력의 급격한 증대, 전 부문의 빠른 발전을 위한 생명선
목표	• 가까운 앞날에 종합적 과학기술력에서 세계적으로 앞선 나라들의 대열에 진입
실현 방안 (과제)	• 첨단돌파전 • 과학기술이 경제강국 건설에서 기관차 역할 • 인재중시, 전민과학기술인재화 • 국가적인 작전과 관리 · 연구개발체제 정비 · 투자확대 • 전 사회적인 과학기술 중시 기풍 확립

출처: 김정은(2016, 21-23).

정책을 천명한 것은 이와 같은 배경을 갖고 있다. 김정일의 과학기술 중시 정책은 후계자 김정은으로 이어졌다(변학문 2016, 2-3).

김정은의 과학기술 강국 건설 구상은 경제발전에 직접적으로 기여할 수 있는 몇몇 기술을 개발하려는 수준이 아니라, 북한 사회 전반을 과학기술에 기초한 혁신 친화적 사회로 변화시키려는 시도이다. 이는 과학기술 강국 건설의 실현방안 중 다섯 번째 '전 사회적인 과학기술 중시 기풍 확립'에서 잘 드러난다. 과학기술 중시 기풍 확립은 모든 부문과 단위가 '과학기술에 의거하지 않으면 어떤 일에서도 성과를 거둘 수 없다는 관점과 입장에서 과학기술 발전을 선행하고 모든 문제를 과학기술에 기초하여 해결'하는 것을 의미한다. 이를 위해 북한은 모든 사업에서 과학적인 계획과 집행방식을 정착시키고, 과학자·기술자들이 지식경제 시대의 선도자로서 역할을 할 수 있도록 적극적으로 지원하며, 전 사회적인 과학기술 학습을 강화하여 전체 주민의 과학기술 역량을 제고해야 한

다고 강조한다(김정은 2016, 23).

7차 당대회 이후에도 북한은 중요한 계기마다 과학기술을 가장 중요한 전략적 자원이라고 강조하였다. 경제와 핵의 병진노선을 종결하고 사회주의 경제 건설에 총력집중을 결정한 2018년 4월 당 중앙위원회 전원회의, 최고지도자가 29년 만에 최고인민회의 시정연설을 한 2019년 4월 최고인민회의, 자력으로 제재를 극복하겠다는 '정면돌파전'을 결정한 2019년 12월 당 중앙위원회 전원회의를 예로 들 수 있다(김정은 2019). 2021년 1월 8차 당대회에서도 북한은 과학기술 발전을 사회주의 강국 건설을 위한 "중핵적인 과제, 최선의 방략"이자 새로운 5개년계획 목표 수행의 가장 확실한 방도로 규정하였다(로동신문 2021.1.9).

그러나 북한은 2019년 하반기경부터 과학기술에 대한 비판적 평가를 본격적으로 표출하였다. 김정은은 2019년 9월 제14차 전국 교원대회에 보낸 서한에서 교육의 질적 발전이 더디다고 비판하면서, 이 때문에 '과학기술 수준도 별로 높아지지 않았다'고 지적하였다(로동신문 2019.9.4). 2020년 1월 북한은 "과학기술은 정면돌파전의 열쇠"라고 강조하면서도 '그간 당과 국가가 모든 지원을 했지만 과학기술이 경제발전에 별로 기여하지 못했다'고 비판하였다(로동신문 2020.1.6). 8차 당대회에서도 북한은 과학기술이 나라의 경제를 견인하지 못해 5개년 전략의 목표에 심히 미달했다고 시인하였으며, '과학기술 강국'이라는 표현을 한 번도 사용하지 않았다.

이처럼 집권 10년차에 접어든 김정은 정권은 과학기술 중시, 과학기술 선행 기조를 유지하면서도 그간의 과학기술 중시 정책의 결과에 대해 스스로 비판적인 평가를 내놓았다. 이 글은 이에 대한 본격적인 분석과 평가 이전에, 북한이 과학기술 강국을 표방하면서 무엇을 하려 했고 실제 어떤 일들을 했는지, 그들 스스로 진단한 문제점과 대응방안은 무엇인지 파악하려는 시도이다. 이를 위해 7차 당대회에서 제시된 과학기술 강국 실현 방안 중 첨단돌파전, 경제강국 건설에서 기관차 역할, 인재중시·전민과학기술인재화, 국가적인 관리와 투자확대·연구개발체제 정비의 내용, 각 방안과 관련하여 북한이 실제 취해온 조치 및 성과들을 검토한다.[1] 8차 당대회에서 과학기술 강국이 언급되지는 않았지만, 그 실현방안은 여전히 과학기술 발전을 위한 북한의 주요과제이기 때문에 정리의 기준으로 삼았으며, 그 기간도 7차 당대회 이후로 한정하지 않고 김정은 집권기 전체를 대상으로 하였다. 이와 함께 북한이 주목하고 있는 과학기술 부진의 원인과 그에 대한 해결방안을 확인하고, 이에 대한 평가와 전망을 간단히 제시하고자 한다.

II 첨단돌파전

1. 첨단돌파전의 주요 내용

북한이 말하는 첨단돌파전은 과학기술 강국의 정의 중 앞부분 '나

1 과학기술 강국 실현 방안 중 다섯 번째 '전 사회적인 과학기술 중시 기풍 확립'의 구체적인 실천과제는 앞선 방안들의 그것과 중복되기 때문에 별도의 절로 다루지 않는다.

라의 전반적인 과학기술 수준이 세계 첨단 수준에 올라선 나라'를 달성하기 위한 실행 방안이다. 북한은 첨단돌파전을 적극적으로 추진하여야 과학기술 발전 속도를 높이고 지식경제의 기반을 강화할 수 있다고 주장한다. 첨단돌파전에는 과학자들에게 세계적인 과학기술 발전 추세를 파악하고 눈높이를 높여 실력을 향상시키라는 의미가 담겨 있다. 과학자, 기술자들이 당 정책을 실현하는 데 집중하는 것은 당연하지만, 세계적인 첨단 과학기술 발전 추세를 알지 못하면 세계적 수준에 한참 미치지 못하는 구태의연한 졸작을 내놓을 수밖에 없다는 것이다. 따라서 과학자, 기술자들은 당 정책은 물론이고 세계적인 과학기술 추세에 민감해야 당이 제시한 과제를 수행할 수 있다고 강조한다(로동신문 2020.5.27).

7차 당대회에서 북한은 첨단 과학기술 분야에서 세계적 수준의 기술 개발, 주요 부문 기술공학·기초과학·경계과학(융합과학) 발전 등을 첨단돌파전의 주요과제로 제시하였다.

2. 첨단돌파전을 위한 움직임

김정은 집권 이후 북한 과학기술계의 가시적인 변화로 해외 저널 출판 논문의 증가를 꼽을 수 있다. 웹 데이터베이스인 Web of Science의 SCIE(Science Citation Index Expanded)에서 2012년 이후 출판된 논문 중 북한 학자들이 저자로 참여한 논문은 700여 편 정도이다.[2] 이는 연간 수만 편의 SCI급 논문이 발표되는 한국에

2 북한의 해외 논문 발표 현황은 한국과학기술정보연구원(KISTI) 노경란 박사의 미발표 조사연구 결과를 참고하였다.

표 7-2. 첨단돌파전의 주요 내용

<table>
<tr><td>정의</td><td>• 현대과학기술의 명맥을 확고히 틀어쥐고 과학기술의 모든 분야에서 세계를 앞서 나가기 위한 사상전, 두뇌전</td></tr>
<tr><td>의의</td><td>• 첨단돌파전을 힘 있게 벌여야 나라의 과학기술 전반을 빨리 발전시키고 지식경제의 토대 구축 가능</td></tr>
<tr><td rowspan="4">주요 과제</td><td>1) 첨단 과학기술분야에서 세계적 경쟁력 가진 기술 개발
- 핵심기초기술(IT, NT, BT 등), 중심적이고 견인력 강한 분야(신소재, 신에너지, 우주기술, 핵기술 등)에 집중
- 이미 일정한 토대 있고 전망이 확고한 연구대상에 힘을 넣어 세계패권을 쥐며 그 성과를 확대하는 방법으로 과학기술을 빨리 발전시켜야
- 우주과학기술 더욱 발전 → 실용위성 더 많이 제작, 발사</td></tr>
<tr><td>2) 중요부문 기술공학의 빠른 발전 및 그 성과를 경제에 적극 도입
- 기계공학, 금속공학, 열공학, 재료공학 등</td></tr>
<tr><td>3) 기초과학 발전
- 수학, 물리학, 화학, 생물학 등에서 과학기술 발전의 원리적, 방법론적 기초를 다지면서 세계적인 연구 성과 도출</td></tr>
<tr><td>4) 경계과학 개척 및 발전
- 과학기술의 종합적 발전추세와 사회경제발전의 요구에 부합</td></tr>
</table>

출처: 김정은(2016, 21-23).

비교하면 극히 적은 수이지만, 과거 북한의 해외 발표 편수에 비하면 크게 늘어난 수치이다. 이 과정에서 열 편 이상의 논문을 발표한 학자도 다수 등장하였다.

김일성종합대학은 김정은 집권기 북한의 해외 출판 논문 중 절반 정도를 차지할 정도로 가장 두드러졌다. 특히 생명과학부의 장성훈, 물리학부의 김남철과 임성진은 각각 20편 안팎의 논문을 발표하였다. 이들의 연구분야는 각각 어류 유전체 및 면역유전자, 양자정보학, 비선형나노광학으로서, 북한이 표방한 첨단돌파전의 의미에 가장 부합하는 사례라 할 수 있다. 장성훈과 김남철은 각각 2016년, 2018년 〈국가 최우수 과학자, 기술자〉로 선정되기도 하였다(로동신문 2017.3.19; 2019.2.11).

북한은 첨단 과학기술 분야의 전문가를 양성하기 위하여 대학의 학과를 세계적인 과학기술 추세를 반영하여 지속적으로 개편해왔다. 예를 들어 2019년에는 전국 37개 대학에 정보보안, 나노재료, 로봇공학 등 85개 학과를 신설하였다(로동신문 2019.9.3). 2020년 상반기에는 2019년 하반기부터 급부상한 '수자경제'(디지털경제), 인공지능(AI), 빅데이터 관련 학과를 중심으로 첨단 부문 학과를 수십 개 신설하였다고 한다. 이와 함께 7차 당대회에서 제시된 경계과학 개척의 일환으로 김일성종합대학 등 여러 곳에 자연과학, 사회과학, 응용과학 등이 결합된 학과를 개설하였다(민주조선 2020.5.21).

이 밖에도 북한은 첨단돌파전의 과제 중 하나로 제시된 우주과학기술 발전과 관련하여 7차 당대회 전인 2014년 우주과학기술토론회를 처음 개최하였다(조선중앙통신 2014.12.10). 이후에도 북한은 2015, 2017, 2019, 2020년 우주과학기술토론회를 여는 등 우주과학기술 관련 움직임을 지속했다. 북한은 위성발사뿐 아니라 위성정보자료를 농업, 어업, 자연재해관리 등에 활용하는 방안에 대해 높은 관심을 보이고 있다(조선중앙통신 2020.12.2). 예컨대 국가과학원 지구환경정보연구소는 수년 전부터 위성정보자료 해석기술을 활용하여 기상상태에 관계없이 북한 모든 수역의 상태를 파악하고 선박의 실시간 위치 측정 및 통일적 관리도 가능한 해양정보 서비스 시스템을 개발하여 수산 부문 여러 단위에 도입하고 있다고 한다(메아리 2020.12.13).

III 경제에서 과학기술의 역할 제고

1. '과학기술은 경제강국 건설의 기관차'

이는 과학기술 강국에 대한 정의 중 '과학기술의 주도적 역할로 경제, 국방, 문화 등 모든 부문이 급속히 발전하는 나라', 특히 김정은 시대의 북한이 기본 과업으로 강조하는 경제건설과 직결된 방안이다. 따라서 여기에는 경제발전을 위한 과학기술 연구개발의 방향과 주요 과제가 아래와 같이 포괄적으로 제시되었다.

① 현 시기 경제강국 건설에서 관건적 의의 가지는 문제들의 해결에 주력

- 전기 문제 해결, 에너지 보장을 경제성장에 선행하기 위한 과학기술적 대책 수립
- 주체철 생산기술 완성, 수입에 의존하는 원료/자재/설비의 국산화
- 농업생산의 과학화/공업화, 경공업부문 현대화로 인민생활향상에 이바지

② 과학기술과 경제의 일체화

③ 경제의 현대화.정보화에서 과학기술이 주도적 역할

2. 경제건설에서 과학기술의 역할 제고 시도

1) 주요 경제 문제 해결을 위한 연구개발

김정은 시대 북한의 과학기술계는 전력 문제 해결, 경제의 자립성

강화, 인민생활 향상 등 주요 경제 과제를 해결하기 위한 연구개발을 지속적으로 수행하였다. 예를 들어 전력 부문에서는 운동에너지나 열에너지를 전기에너지로 전환하는 효율을 높이기 위한 새로운 터빈날개 개발, 화력발전소에서 무연탄의 에너지 효율 제고, 전력소비 절감 등을 위한 연구개발을 진행하였다. 이 과정에서 고효율 수력터빈날개(함흥수리동력대학), 터빈날개의 레이저 3차원 형태 측정 장치(국가과학원 레이자연구소), 중유 대신 무연탄을 이용한 화력발전용 보일러의 무중유 착화기술(국가과학원 열공학연구소, 리과대학)이 개발되었다. 또 황해북도지능제품제작소가 일반 전기보일러보다 전력 소비를 30% 줄이는 능동형 전기보일러를, 김책공대 전기공학부가 기존 교류접촉기보다 수명이 길고 전력 소비를 절감하는 강행교류접촉기를 개발하였고, 북한 당국이 이를 생산현장에 적극적으로 도입하라고 독려하고 있다(로동신문 2020.5.5).

북한은 김정은 집권 이후 친환경 에너지 개발에도 적극적인데, 집권 초기에는 주로 생활에너지를 확보하는 데 주력했다. 이와 관련하여 2017년 4월 준공식을 가진 려명거리는 준비단계에서부터 '에너지 절약형, 녹색형 거리'를 표방하였다. 실제로 이곳에는 광실형 피동식 태양열 난방기술·태양빛유도조명체계·지열환기기술·지열냉난방체계·빛선반냉방부하 감소기술 등 당시 북한이 보유한 생활에너지 확보용 친환경기술이 집약되었다(로동신문 2017.3.17). 북한은 4~5년 전부터는 '절약형 생산체계'를 표방하며 다양한 생산현장에도 친환경에너지, 친환경기술 이용을 확대하고 있다(로동신문 2017.12.20). 남새온실농장과 축산농장 등에 '농산과 축산의 고리형 순환생산체계'를 확산하고, 류원신발공장·평양화장품공장·평양제약공장 등을 친환경에너지 기술과 에너지소비 절감 기술을 결합한 '에너지 절약형' 공장으로 바꾸었다고 알려졌다. 예컨대 류원신발공장은 2017년 현대화 과정에서 400kW 태양광 발전시스템, 태양열 물 가열 시스템, 분산형 수원 냉난방체계 등을 도입하여 생산, 경영, 탁아소 난방 등 공장에 필요한 전력을 해결하게 되었다고 한다(로동신문 2017.10.31).

주체철 관련 연구개발은 7차 당대회 이후는 물론이고 김정은 집권기 전체를 놓고 보아도 경제 관련 연구개발에서 가장 두드러진 성과로 꼽혔다. 북한은 1950년대부터 수입산 코크스에 의존하지 않는 철강공업 건설을 자립경제의 핵심과제로 강조하면서 코크스를 덜 쓰거나 전혀 쓰지 않는 제철법의 개발을 시도해왔다. 북한은 함철 코크스, 입철제강법, 전기제철법, 구단광법 등 다양한 기술과 방법의 개발과 도입을 지속적으로 시도하였다. 그러나 1990년대 말까지는 코크스 소비를 일부 줄이는 데 그쳤다고 알려졌다.

그러다가 7차 당대회 6개월 전인 2015년 11월 황해제철련합기업소가 100% 국내산 무연탄을 이용한 선철 생산에 성공했다(로동신문 2015.12.19). 2018년 8월에는 북한 최대의 철강 생산 공장인 김책제철련합기업소가 선철, 강철, 압연강재 등 철강 생산의 전 과정을 100% 국내 원료와 연료로 진행하는 공정을 건설하였다(로동신문 2018.8.29). 두 기업의 주체철 공정 확립은 각각 2017년, 2019년 북한 과학기술 부문 최고권위의 상인 〈2.16과학기술상〉을 수상했으며, 대형산소분리기·고온공기연소식 압연가열로 등 주체철의 주요 설비와 공정 개발 성과도 같은 상을 수상하였다. 공장 소속 엔지니어인 황해제철련합기업소 김승남, 김책제철련합기업소 박준일과 김책공대 정보과학기술대 박지민은 주체철 개발에 기여한 성과를 인정받아 〈국가 최우수 과학자, 기술자〉로 선정되었다(로동신문 2017.3.19 ; 2019.2.11).

북한은 김정일 집권기부터 국가경제 전반을 지식경제로 전환하기 위한 목적에서 농업과 같은 전통적인 부문도 첨단 과학기술에 기초한 연구개발을 진행하라고 독려하였다(로동신문 2020.3.24). 그 결과 김정은 집권기에 들어 농업의 과학화, 공업화와 관련하여 나노기술과 생명공학 기술을 적용한 연구개발 성과들이 도출되었다. 예를 들어 농업연구원 농업나노기술연구소가 개발한 농업용 나노 기능성 박막과 나노살균제는 '국가과학기술성과'로 등록되었을 뿐 아니라, 북한 최대·최고의 연구기관인 국가과학원 기관지 『과학원통보』에서 한 해를 대표하는 연구개발 성과 중 하나로 소개되는 등 북한에서 높은 평가를 받았다(로동신문 2017.10.30 ; 과학원통보 2018). 북한 농업 부문은 이 외에도 피타제 대량생산기술(김일성대 생물산업연구소), 아미노산 미량원소 복합비료(국가과학원 중앙실험분석소), 푸린집적제(신의주농업대학), 현부제형종자피복제 생산의 공업화(농업연구원 농업화학화연구소), 유전자재조합을 이용한 성장호르몬주사약(김일성대 생명과학부) 등 농업의 과학화, 공업화 관련 연구개발 성과를 도출하였다.

경공업 부문의 현대화와 관련하여 북한은 대략 2017년까지는 평양 소재 공장 또는 중앙 내각 직할 공장의 통합생산체제 구축에 주력하였다. 그 결과 평양기초식품공장, 만경대경흥식료공장, 김정숙평양방직공장, 원산구두공장, 평양가방공장, 신의주화장품공장 등 수십 개의 경공업, 식품공업 생산단위가 현대화되었다(변학문 2018, 93-94). 이 과정에 주요 대학과 연구기관들이 경공업 설비의 자동화, 통합생산체계용 프로그램 개발, 의류생산을 위한 CAD.CAM 개발, 경공업원료의 국산화 등에서 성과를 냈다. 그리고 자동화된 아크릴산합성공정의 국산화에 성공한 김책공대의 정일철, 전자동화·무인화된 위생용품 생산공정을 수립한 평양기계대학의 최동일 등이 경공업 현대화의 공을 인정받아 국가 최우수 과학자, 기술자로 선정되었다(로동신문 2017.3.19; 2018.2.14). 북한은 2018년경부터는 지방공업 공장의 현대화를 본격적으로 시도하였다. 특히 2019년 8월 제품생산을 시작한 삼지연들쭉음료공장을 지방공업 공장 현대화의 본보기로 부각하면서 지방공업공장의 개건현대화, 신설을 독려하고 있다(로동신문 2019.12.25).

2) 과학기술과 경제의 일체화

북한은 산업 전반을 과학기술 지식이 곧 제품이 되는 지식산업으로 전환하려 하며, 이를 위해 여러 가지 제도적 조치를 취하고 있다. 예를 들어 북한은 연구자, 개발자, 근로자들의 기술제품 개발 의욕을 높이기 위해 지적소유권 강화가 필요함을 인지하였다(김원식 2014). 실제로 2014년 43개의 조항을 갖고 있던 〈발명법〉에 발명과 특허의 신청 및 심의 규정을 구체화한 조항 20개를 신설하고 지적소유권의 제도적 기반을 강화하였다. 이와 함께 2014년 6월에는 발명총국이 운영하는 '지적제품전시장'을 만들어 지적제품의 홍보와 거래 촉진, 발명/특허 관련 제반 행정 서비스 제공, 각종 기술자료 제공, 전시회·발표회·강습 등의 기능을 담당하게 하였다(민주조선 2014.6.11). 북한은 국내 발명/특허 등록뿐 아니라 우수 발명의 해외 진출을 위해 세계지식재산기구(WIPO) 또는 개별 국가에 특허를 출원하는 것도 장려하고 있다.

2016년 북한은 '첨단기술제품등록사업' 제도를 신설하였다. 이는 7차 당대회 결정사항인 '첨단산업의 대대적 창설 및 국가 경제에서 비중 제고'를 위해 국가가 정해진 기준에 따라 첨단기술제품을 통일적으로 등록, 관리하기 위해 제정한 것이다(로동신문 2017.6.11). 북한 보도에 따르면 해마다 수십 개 정도의 제품이 첨단기술제품으로 등록되었다고 한다.[3] 앞서 언급한 농업용 나노 기능성 박막·농업용 나노살균제·강행교류접촉기·피타제 대량생산기술이 그 예이며, 수자식(디지털) 중심 교환기·용존산소분석기·금속산화물피뢰기·금속분말주사성형기술·계통병렬형 역변환기·공업용 6자 유도 관절로봇·빛섬유 레이저 절단기 등도 대표적인 사례들이다.

북한은 과학기술과 경제의 일체화를 위해 경제에서 대학과 연구기관의 역할 제고에 주력하고 있다. 특히 이들이 생산현장에 대한 기술지원만이 아니라 직접 기술제품을 개발, 생산, 판매하도록 독려하고 있으며, 이를 전담하기 위한 일종의 기술기업인 '교류사' 또는 '교류소'를 대학과 연구기관 내에 만들도록 하였다. 그 결과 김정일 집권기부터 운영되어온 김책공대 '미래과학기술교류사'에 더해 김일성대 '첨단과학기술교류사', 한덕수평양경공업대학 '대외경공업기술교류사' 등 대학과 연구기관 산하의 기업들이 김정은 집권 초기에 크게 증가하였다(로동신문 2015.9.30).

3 2016~2019년 첨단기술제품으로 등록된 기술 또는 제품 중 『로동신문』과 『민주조선』에서 구체적인 이름을 확인할 수 있는 것은 80여 개 정도였다.

2017년 이후 북한은 대학 산하의 교류사, 교류소를 '첨단기술제품 개발기지'로 확대하기 시작하였다. 대표적인 곳이 김일성종합대학의 첨단기술개발원과 김책공업종합대학의 미래과학기술원이다. 두 곳은 모두 2017년 착공을 시작하여 2019년에 완공된 각각 10층 내외의 대규모 건물이다. 여기에는 교내의 연구개발 역량을 집중하고, 최신 설비를 도입하였으며, 세계의 첨단 기술추세를 상시 확인할 수 있도록 인터넷을 개방하는 등 연구개발에 최적화된 조건을 갖추어놓았다고 한다(로동신문 2017.12.12). 이 밖에도 리과대학, 한덕수평양경공업대학, 함흥화학공업대학, 청진광산금속대학 등 40여 개 대학에 첨단기술제품개발기지가 꾸려졌다(로동신문 2019.9.3).

3) 경제의 현대화, 정보화

경제의 정보화는 "인민경제 모든 부문을 정보설비들로 장비하고 그에 의하여 생산 활동과 경영 활동을 진행하는 것"을 의미한다(림영화 2002). 정보화는 김정일이 '정보산업 시대'를 제기한 2000년대 초부터 북한 경제의 핵심 과제로 자리 잡았다(김정일 2005). 김정은 시대의 북한은 7차 당대회에서 1970년대 말부터 경제의 핵심 구호였던 "주체화, 현대화, 과학화"를 "주체화, 현대화, 정보화, 과학화"로 바꾸었다(김정은 2016, 24).

북한은 현단계에서 정보화의 핵심 목표를 '통합생산체계' 구축으로 설정하였다. 공장, 농장, 양어장 등의 주요 생산 공정과 설비를 자동화하고 컴퓨터망으로 연결하여 종합지령실에서 생산 전반에 대한 원격 통제를 가능하게 함으로써 노동력 절감, 생산성과 경영 효율 극대화, 품질 제고를 달성하려는 것이다. 앞서 언급한 주요 경공업 공장의 통합생산체계 구축이 김정은 집권 이후 진행된 경제 정보화의 대표적 사례이다. 북한은 자동화와 통합생산체계를 계속 진전시켜 생산의 무인화를 실현하는 것이 정보화의 궁극적인 목표라고 밝히고 있다(리기성 2018).

북한은 개별 생산단위의 정보화뿐 아니라 국가경제 전반의 정보화도 시도하고 있다. 예를 들어 김일성종합대학 첨단기술개발원 산하의 정보기술연구소는 같은 대학 전자자동화학부, 수학부, 지구환경과학부와 협력하면서 국가적 규모의 경제관리와 활동을 통일적으로 파악, 통제할 수 있는 프로그램을 개발하고 있다. 이를 위해 빅데이터, 인공지능 기술 등 첨단기술도 활용하고 있다(로동신문 2020.1.6). 이러한 움직임은 최근 북한이 강조하고 있는 '수자경제'(디지털경제) 담론과 맞물려 더욱 활발해질 것으로 보인다. 북한은 2019년부터 전 세계가 수자경제 시대에 접어들었다고 하면서 경제의 정보화를 수자경제 담론과 연결하기 시작하였다(로동신문 2019.10.2). 북한은 수자경제를 "경제생활의 모든 계기와 경제관리가 수자화된 지식과 정보를 핵심요소로 하고 정보통신기술과 정보망을 추동력으로 하여 발전하는 경제"로 정의하며, 그 본질을 "정보기술과 수자기술의 결합에 기초한 경제의 정보화"로 규정한다. 북한은 경제 전반의 정보화를 촉진하고 국가의 경제관리와 기업체의 경영활동을 효율화하기 위해 경제의 수자화를 촉진해야 한다고 강조한다(로동신문 2020.4.8).

북한의 경제 정보화, 수자화 촉진 시도 중 기술제품의 거래 및 연구개발을 활성화하기 위한 기술무역봉사체계 〈자강력〉에 주목할 만한다. 국가과학기술위원회 산하 모란봉기술협력교류사가 개발하여 2019년 10월 10일 운영을 시작한 〈자강력〉은 국가컴퓨터망을 이용하여 기술제품 개발자들과 수요자들이 제품과 연구개발 성과를 사고팔 수 있는 일종의 기술거래 플랫폼이다(로동신문 2019.12.10). 〈자강력〉에서는 이미 개발된 기술제품뿐 아니라 개발자의 연구개발 성과자료를 매개로 수요자와 개발자가 거래를 할 수도 있다. 반대로 수요자들이 자기들에게 필요한 기술 내용을 올린 뒤 입찰을 통해 개발자들과 계약을 맺을 수도 있다. 이뿐 아니라 〈자강력〉에서는 제품의 운송계약, 플랫폼에 등록된 기술제품에 대한 평가 및 결과 공개 등 다양한 기능이 있으며, 모든 거래는 신용거래로 이뤄진다고 한다(민주조선 2020.4.10).

북한은 〈자강력〉의 활성화를 통해 기술제품의 개발, 생산, 유통 속도를 높이고 시간, 노동력, 자금 등은 크게 절약해서 효율성이 높아지기를 기대한다. 또 〈자강력〉을 통해 국내 기술제품의 품질과 경쟁력을 검증함으로써 향후 무역 확대에 대비할 수 있다고 전망한다(로동신문 202.4.28). 북한은 8차 당대회 이후 〈자강력〉을 다시 강조하고 있다. 8차 당대회에서 과학기술 발전을 위한 방안으로 본위주의 극복과 연구성과 공유 등 단위 간 협동이 강조되었는데, 생산단위·연구단위·개발단위들이 〈자강력〉을 이용하여 우수한 기술정보를 공유하고 상호 협동을 촉진함으로써 당대회 결정을 실현할 수 있다는 것이다(로동신문 2021.1.26).

IV 인재중시, 전민과학기술인재화

1. 인재중시, 전민과학기술인재화의 주요 내용

정보산업 시대, 지식경제 시대에는 과학기술 지식에 기초한 지능노동의 중요성이 압도적으로 높아진다. 이에 따라 지능노동을 담당하는 과학기술 인재의 중요성이 김정일 집권기부터 과학기술 중시 정책의 성공, 과학기술에 기초한 경제발전을 위해 가장 중요한 과제로 꼽혀왔다. 7차 당대회에서는 주로 전문인력 양성과 관련된 인재중시에 더해, 노동자·농민 등 전체 주민들의 과학기술 역량 향상을 의미하는 전민과학기술인재화가 추가되었다.[4] 당시 북한은 연구 인력 3배 이상 증대, 기술집약적 산업의 관리 인재 육성, 전

표 7-3. 인재중시, 전민과학기술인재화의 주요 내용

인재중시 (전문인력 양성)	•과학기술 인재 대열 꾸리고 연구개발능력을 세계 선진 수준으로 향상 •과학기술 연구일군을 가까운 기간에 3배 이상 증대 •기술집약적 산업과 현대화된 경제를 운영할 수 있는 관리인재의 계획적 육성 •공장, 기업소 과학기술 개발 역량 확보 (사회주의기업책임관리제와 연결)
전민 과학기술 인재화	•정의: 사회의 모든 성원들을 대학졸업 정도의 지식을 소유한 지식형 근로자로, 과학기술 발전의 담당자로 준비시키는 사업 •주요 방안: 전국적인 과학기술보급망 구축 및 활용 - 과학기술전당: 전민학습의 대전당, 다기능화된 과학기술보급의 중심기지 - 과학기술전당을 중심으로 전국적인 보급망 형성 → 새로운 과학기술 자료들을 중앙에서부터 말단에 이르기까지 물이 흐르듯이 보급 - 과학기술보급실: 기관/기업소/공장/협동농장에 설치. 과학기술전당과 망으로 연결 → 근로자의 과학기술지식수준 제고 → 해당 단위 기술발전에 이바지

출처: 김정은(2016, 21-23).

4 '전민과학기술인재화'라는 용어는 7차 당대회 3년 전인 2013년 8월 김정은의 선군절 담화에서 처음 등장하였다(김정은 2013).

체 주민의 지식을 대졸 수준으로 향상, 전국적인 과학기술보급망 구축 등 주요 목표와 방안을 제시하였다.

2. 과학기술 교육 강화 시도

김정은 시대의 북한은 과학기술 인재 양성과 전민과학기술인재화를 교육의 핵심 목표로 삼고 있다. 예컨대 2014년 발표된 북한 교육정책의 총론격인 '새 세기 교육혁명'의 목표는 '청소년을 강성국가 건설의 역군으로 육성'과 '전민과학기술인재화 실현'이다(조선중앙통신 2014.9.6). 교육정책의 목적은 국가에 필요한 인재를 양성하는 것인데, 과학기술이 종합적 국력을 좌우하는 지식경제 시대에는 과학기술 인재가 가장 중요하다는 논리이다(김기철 2015). 북한은 2019년 헌법을 개정하면서 제3장 '문화'의 제40조에서 문화혁명의 목표를 '온 사회의 인텔리화'에서 '전민과학기술인재화'로 수정함으로써 과학기술 지식이 인텔리의 핵심 조건임을 명확히 하였다.

1) 초중등 과학기술 교육 강화

김정은 집권 이후 과학기술 교육을 강화하기 위한 북한의 움직임은 교육의 전 과정에 걸쳐서, 학생뿐 아니라 전체 주민들을 대상으로 일관되게 지속적으로 이어지고 있다. 무엇보다 북한은 '전반적 12년제 의무교육'을 도입하여 의무교육 기간을 확대하고 과학기술 교육 비중을 높였다. 북한은 1970년대 초부터 11년제 의무교육(유치원 높은 반 1년-소학교 4년-중학교 6년)을 실시했는데, 2012

년 9월 최고인민회의에서 이를 12년으로 확대하여 2014년부터 시행하기로 결정하였다. 12년제는 형태상 소학교를 1년 늘리고 중학교 6년 과정을 초급중 3년과 고급중 3년으로 나누었다(조선중앙통신 2012.9.25). 이와 함께 북한은 '과학기술 교육의 결정적 강화'를 방침으로 삼아 수학, 자연과학, 정보기술 등의 수업 시수를 늘리고 교육 내용 및 방법도 지속적으로 개선해왔다(조세영 2016).

북한은 김정은이 7차 당대회에서 '당이 요구하는 수준의 절반에도 못 미친다'고 강하게 비판한 중등교육 부문의 교육환경 개선 사업도 지속하였다. '교육의 정보화'를 표방하고 컴퓨터를 기반으로 한 다기능화된 교실 조성, 전자열람실 설치, 과목별 과학기술 실습실 확충 등을 시도하였다. 2016년 7월 신축된 평양중등학원을 '중등교육환경의 본보기'로 삼아 2017년 60여 개, 2018년 140여 개 학교를 현대화하였다(로동신문 2017.12.12; 2018.12.27)

북한은 지역경제에 필요한 '실천형 인재'를 양성하기 위한 목적에서 새로운 교종인 '기술고급중학교'를 신설하였다. 기술고급중학교는 금속, 석탄, 전력, 화학, 농산, 수산, 축산, 과수 등 각 지역의 경제지리적 특성에 맞는 기초기술 지식과 기능을 가르치는 학교로서, 12년제 의무교육 실시를 결정한 2012년 9월 최고인민회의에서 설립이 의결되었다. 북한은 수년 간의 준비를 거쳐 2017년 수십 개의 기술고급중학교를 열었다(로동신문 2017.9.5). 2020년에는 전국 대부분의 시, 군(구역)에 190여 개의 정보기술 부분 기술고급중학교를 신설하였다. 북한은 이곳에서 각 지역 경제의 현대화, 정보화를 담당할 IT 인력을 길러내고자 한다(로동신문 2020.4.24).

2) 대학 과학기술 교육 강화

북한은 대학의 과학기술 교육수준을 높이기 위해 종합대학화와 일원화를 추진하였다. 북한의 전통적인 고등교육 체제는 극소수의 종합대학과 절대다수의 단과대학으로 구성되었는데, 김일성종합대학·김책공업종합대학·리과대학 등 주요 대학과 여타 대학들 사이의 격차가 극심하고 전반적인 교육 및 연구수준이 낮았다고 알려졌다. 북한은 이를 타개하기 위해 각 부문과 지역에서 학술·정보·자료서비스·원격교육의 중심 역할을 할 거점대학을 종합대학으로 만들고, 다른 학교들은 이들을 중심으로 교육과 연구활동을 하는 일원화 체계를 만들고자 하였다(로동신문 2014.9.6). 그 결과 평양건축종합대학·한덕수평양경공업대학·평양기계대학 등이 부문별 종합대학으로 승격되고, 황북종합대학·평북종합대학 등 지역의 여러 대학을 통합한 종합대학이 등장하였다(변학문·권영덕 2017, 23-24).

정확한 이유가 알려지지는 않았으나 2019년 9월 제14차 전국 교원대회 이후 김일성종합대학, 김책공업종합대학 등 기존 종합대학을 제외한 나머지 대학의 명칭에서 '종합'이 일제히 삭제되었다. 그러나 거점대학 중심의 일원화체계는 교육의 정보화와 함께 계속 강화하고 있다. 예를 들어 유치원과 소학교 교원을 양성하는 평양교원대학은 로봇교육기술과 같은 현대교육기술을 도입하여 새로운 교수방법을 만들고, 이를 학술일원화체계와 재교육체계를 통해 각 지역 교육기관과 교육자들에게 보급하고 있다(로동신문 2020.2.29). 북한 ICT 부문의 연구개발과 교육에서 중요한 역할을 하는 평양콤퓨터기술대학도 직업기술대학, 공장대학, 기술고급중학교들을 망라한 학술일원화체계를 구축하여 각 학교의 ICT 과목 교원들을 교육하고 있으며, 연구도 도와주고 있다. 2020년에는 코로나 19에 대한 비상방역 국면에 맞게 김일성종합대학, 김책공업종합대학, 평양건축대학 등 주요 대학들이 화상회의 체계를 활용한 원격학술일원화사업을 더욱 활성화하였다고 한다(로동신문 2020.6.2).

7차 당대회에서 제시된 과제 중 '기술집약적 산업과 현대화된 경제를 운영할 수 있는 관리인재 양성'을 위한 움직임도 계속되었다. 예를 들어 북한에서 경제관리 간부를 양성하는 대표적인 대학인 정준택원산경제대학은 최근 몇 년 사이 전문성이 더욱 높은 간부를 길러내기 위해 본과부터 박사원까지 연속교육체계를 정비하고 수십 개의 학과목을 신설하였다. 이와 함께 교육 내용에서 정보기술과 컴퓨터 응용의 비중을 높이고 원격교육학부도 강화하였다(로동신문 2020.8.31). 북한 경공업 부문의 거점대학인 한덕수평양경공업대학은 경공업 부문의 전문 관리인력을 육성하기 위한 기업금융학과를 신설하였고, 김책공업종합대학은 공업경제관리학부에 여러 개의 학과를 새로 만들었다(민주조선 2019.7.23; 로동신문 2019.9.28).

3) 성인 과학기술 교육 강화

전민과학기술인재화를 실현하기 위해서는 학생뿐 아니라 노동자·농민의 과학기술 지식수준 제고가 필수적이며, 따라서 이들에 대한 과학기술 교육을 강화해야 한다. 이를 위해 김정은 시대의 북한이 취한 핵심적인 조치 두 가지가 전국적인 과학기술보급망 구축과 원격교육 확대이다.

북한에서 전국적인 과학기술보급망의 거점은 2016년 1월 1일 개관한 평양의 과학기술전당이다. 이곳은 과학기술전시관·컨벤션센터·과학기술 부문 전자도서관 등 종합적인 기능을 하는 곳인데, 특히 김정은이 전체 기능 중 70~80%를 차지하게 하라고 지시한 전자도서관 역할이 핵심이다(조선의오늘 2020.7.4). 과학기술전당은 최신 과학기술 자료의 데이터베이스를 구축하고, 이를 국가컴퓨터망으로 연결된 전국 각지의 전자도서관, 전자열람실, 과학기술보급실에 제공한다. 북한은 이를 통해 최신 과학기술 지식에 대한 주민들의 접근성과 학습 편의성을 높여 그들의 과학기술 지식수준을 높이고 그에 기초한 기술혁신과 생산성 향상을 실현하려 한다(로동신문 2016.5.15).

과학기술전당은 개장 이후 자료열람 및 전송 시스템을 지속적으로 개선하여 정보전달 속도를 높여왔다(조선의오늘 2020.6.8). 또한 정보검색 전문가들이 각급 단위에 필요한 주제별 과학기술 자료를 대신 검색해주는 과학기술자료 주문봉사를 통해 5년 동안 6,300여 단위에 50여 만 건의 자료를 제공하는 등 다양한 서비스를 시행하고 있다(로동신문 2020.8.17). 2020년 2월 기준 과학기술전당의 과학기술보급실망체계에는 전국 15,000개 이상의 과학기술보급 거점들이 망라되어 있다(로동신문 2020.2.9).

원격교육대학은 북한이 1960년대부터 본격적으로 운영해온 '일하면서 배우는 교육체계'를 21세기에 맞게 ICT를 활용하여 질적으로 발전시킨 것이다. 북한은 김정일 집권기인 2010년 김책공대의 두 개 학과에서 시작한 원격교육대학을 2014년부터 김일성종합대학, 평양건축대학, 한덕수평양경공업대학, 청진광산금속대학, 평양기계대학 등으로 빠르게 확대하였다(로동신문 2020.2.9). 그 결과 2018년 7월 기준 50여 개 대학 200개 이상의 학과에서 10만 명 이상이 수강하는 규모가 되었으며, 2019년에는 학생 수가 수천 명 증가하였다(조선의 오늘 2018.7.2; 로동신문 2019.9.3).

북한은 김책공업종합대학과 김일성종합대학이 주축이 되어 원격교육 시스템을 개선하기 위한 각종 프로그램을 개발해왔고, 수업의 실효성을 높이기 위해 컴퓨터 그래픽과 가상교실·가상현실(VR)·증강현실(AR) 등 첨단 기술을 원격교육에 도입하고 있다(로동신문 2020.3.17). 이와 함께 지역이나 생산현장의 과학기술보급거점과 거리가 먼 농촌과 산간지역에서도 손쉽게 원격교육을 이용할 수 있는 시스템을 개발하여 원격교육의 사각지대를 줄여가고 있다(로동신문 2020.5.30). 원격교육의 취약점인 실험실습을 강화하기 위해 전국의 주요 공장과 병원에 '실습거점'도 계속 확충하고 있다고 한다(조선의오늘 2020.5.10). 코로나 19로 인한 비상방역 국면에서 교내 원격강의도 빠르게 확대되고 있으며, 역시 김책공대과 김일성종합대학이 이에 필요한 각종 프로그램·시스템·기자재를 개발하고 전국에 보급하였다(로동신문 2020.5.20; 민주조선 2020.8.18).

북한은 2020년 4월 최고인민회의에서 여러 법령에 흩어져 있던 원격교육 관련 내용을 모아서 정비한 〈원격교육법〉을 제정하였다(로동신문 2020.4.13). 이 법의 전문이 공개되지는 않았지만, 원격교육의 목표와 원칙부터 학생의 등록, 교육 강령·교수안 작성 및 승인 절차, 학생의 평가와 졸업 등 원격교육과 관련한 제반사항을 규정하였다고 한다. 이와 함께 북한 공민 중 희망자는 누구나 원격교육 학생이 될 수 있는 권리, 모든 기관이 원격교육에 필요한 인프라와 설비를 우선 보장해야 하는 의무 등을 명시함으로써 전민과학기술인재화 실현을 위한 핵심 수단으로서 원격교육의 법적 근거를 강화하였다(강남철 2020).

V 국가적인 작전과 관리 · 연구개발체제 정비 · 투자 확대

1. 7차 당대회의 관련 내용

이 부분은 과학기술의 계획적이고 체계적인 발전, 과학기술 역량의 효율적 이용, 과학기술에 대한 사회적 투자 확대 등을 위해 주로 국가가 취해야 할 원칙과 조치들을 담고 있다. 따라서 여기에 제시된 내용들은 김정은 집권 이후 과학기술 발전, 과학기술 선행에 기초한 여타 분야의 발전, 혁신 친화적 방향으로 사회변화 촉진 등을 위해 시행된 제도적 변화들과 밀접한 관계가 있다.

예컨대 국가적인 작전과 지도관리 중 '모든 부문과 단위가 신기술 개발과 도입에 절실한 이해관계를 가질 수 있도록 경제관리 방법 개선'은 '사회주의기업책임관리제' 시행과 밀접한 관련이 있다. 사회주의기업책임관리제는 "확대된 계획권, 생산조직권, 관리기구와 로력조절권, 제품 개발권과 품질 관리권, 인재관리권, 무역과 합영, 합작권, 재정관리권, 생산물의 가격 제정권과 판매권" 등 개별 기업체의 경영권을 대폭 확대한 것이다(근로자 2015). 사회주의기업책임관리제에 따르면 각 단위가 자신들의 권한과 자율권을 능력껏 활용하여 생산과 경영을 효율적으로 할수록 자신들이 가져갈 수 있는 이익도 커지게 된다. 북한은 사회주의기업책임관리제를 시범실시 중이던 2015년 이 제도의 모범사례로 금컵체육인종합식료공장을 꼽으면서, 이 공장의 핵심 성공비결이 '신기술 습득에 적극 투자'에 있다고 강조하였다(로동신문 2016.5.5). 즉, 사회주의기업책임관리제가 원래 취지대로 시행된다면 기업체들이 과학기술에 기초한 생산성 향상을 실현하면 할수록 그들의 이익도 늘어난다(변학문 2016 47-48).

표 7-4. 국가적인 작전과 관리 · 연구개발체제 정비 · 투자확대의 주요 내용

국가적인 작전과 지도관리	•전략적 집중성 보장+연구기관들이 연구사업을 각기 분산적으로 하는 편향 제거 •첨단돌파계획, 첨단기술산업화계획 등 전략적 목표 실현 계획 수립 및 강력 집행 •과학기술-경제의 일체화 실현 계획의 작성 및 실행을 국가적으로 장악지도하고 추진하는 제도와 질서 수립 •과학기술 보급과 도입사업의 원활한 진행 •전 부문/단위가 신기술에 절실한 이해관계 가질 수 있도록 경제관리 방법 개선 •해외 선진과학기술 성과들을 북한 실정에 맞게 제때 도입
과학 연구개발 체계 정비강화	•전문 과학연구 기관들을 현실발전의 요구에 맞게 정비 - 새로운 첨단과학기술부문 연구기관 신설 → 핵심적인 과학기술연구에 주력 - 성, 중앙기관과 공장, 기업소의 연구개발단위 → 응용기술연구 담당 - 대학 → 기초과학연구와 첨단과학기술개발에서 선도적 역할 - 공장, 기업소들이 국가중점기술개발사업에서 중요한 역할 담당 •도/시/군에 지역경제발전과 인민생활 향상 위한 과학기술 연구역량/개발단위 조성
투자 확대	•국가예산편성에서 과학기술 발전 사업비를 체계적으로 증대 •지방예산과 공장/기업소의 기업소기금을 해당 단위 과학기술 발전에 최대한 활용 •연구기관, 대학에 첨단기술제품생산기지 조성/운영 → 연구개발 자금문제 해결

출처: 김정은(2016, 22-23).

2. 과학기술 발전을 위한 국가적 조치들

1) 과학기술에 대한 투자 확대 시도

북한은 7차 당대회에서 과학기술 예산을 체계적으로 증액하겠다고 밝혔고, 실제 2017~2020년 과학기술 예산을 전년 대비 연평균 8.5% 높였다. 이는 같은 기간 전체 국가 예산 증가율 5.5%보다 3%p 높은 수치이다. 김정은 집권기 전체로 보면 2012~2021년 국가 예산은 연평균 5.7%, 과학기술 예산은 연평균 6.7% 늘었다(표 7-5 참고).[5]

북한은 과학기술에 대한 각 지역과 기업의 투자 확대도 계속 독려해왔지만, 현재까지 그 구체적인 실태를 확인할 수는 없다. 다만 전년 대비 국가 예산을 1.1%밖에 증액하지 못한 2021년에도 모든 공장과 기업소들이 원가를 낮추고 품질을 철저히 보장하기 위해서는 특히 과학기술에 필요한 자금을 정확히 집행해야 한다고 강조하고 있다(민주조선 2021.1.28). 북한은 7차 당대회에서 연구기관과 대학이 연구개발 자금을 자체적으로 해결할 수 있도록 첨단

표 7-5. 연도별 북한 국가 전체 예산 및 과학기술 예산 증가율(지출계획 기준, 단위: %)

	2012	2013	2014	2015	2016	2017	2018	2019	2020	2021	평균
전체 예산	10.1	5.9	6.5	5.5	5.6	5.4	5.1	5.3	6.2	1.1	5.7
과학기술 예산	10.9	6.7	3.6	5.0	5.2	8.5	7.3	8.7	9.5	1.6	6.7

5 참고로 김정일 집권기인 2003~2011년 북한의 과학기술 예산은 전년 대비 연평균 20.7% 상승했고, 같은 기간 국가 전체 예산은 연평균 7.5% 높아졌다.

기술제품생산기지를 운영하게 하겠다고 밝혔다. 3절에서 살펴본 대로 북한의 대학과 연구기관들은 교류소, 교류사, 첨단기술제품 개발기지를 만들어 기술제품의 개발, 생산, 판매를 시도하고 있다.

2) 과학기술 역량의 효율적 이용을 위한 조치

북한은 연구개발 역량의 비효율적 이용을 방지하기 위해 연구기관별 역할을 명확히 하고 연구개발 체계를 정비하고자 하였다. 이와 관련하여 7차 당대회 이후 가장 눈에 띄는 변화는 국가과학원 산하에 있던 부문별 전문 분원을 해당 부문의 성으로 이관하여 같은 부문의 응용기술개발기관을 통합한 것이다. 시기를 정확히 특정할 수 없지만 2016년 하반기~2017년 초 사이에 철도과학분원이 철도성 산하 철도연구원으로, 경공업과학분원이 지방공업성 식료일용연구원으로 바뀌었다. 산림과학분원의 후신인 산림과학원은 국토환경보호성 산림연구원으로 다시 변경되었고, 수산과학분원과 석탄과학분원도 각각 수산성 수산연구원과 석탄공업성 석탄연구원이 되었다.

북한은 국가 전반의 연구개발 사업에서 전략적 집중성을 보장하고 연구역량을 효율적으로 활용하기 위해 국가과학기술위원회의 역할 강화를 시도해왔다. 국가과학기술위원회는 내각 산하의 과학기술행정기관으로서 국가 연구개발 계획의 수립, 그 집행에 대한 지도감독, 생산현장과 연구기관의 협력 연계, 각종 과학기술 행사 개최 등을 총괄한다. 1962년 설립된 국가과학기술위원회는 1998년 '과학원'(현 국가과학원)에 통합되었다가 2009년 9월 다시 분리되었다(로동신문 2009.9.19). 북한은 2000년대 중반부터 과학기술과 경제의 통일적 관리 필요성에 주목하고 이를 실현하기 위해 국가과학원의 조정 역할을 강화하려 하였다(곽태철 2005). 그러나 북한이 국가과학기술위원회를 다시 만들었다는 것은 과학기술과 경제의 통일적인 관리를 위해서는 과학원을 강화하기보다 과학기술 행정 기능을 분리하는 것이 낫다고 판단했음을 의미한다. 이후 국가과학기술위원회는 연간 국가중점연구개발 과제 선정, 국가과학기술성과·첨단기술제품 등 주요 연구개발 성과에 대한 평가 및 심의, 〈2월17일 과학자, 기술자 돌격대〉 조직 및 파견 등 전 국가적 견지에서 과학기술 역량을 운용하는 역할을 담당하였다.[6]

7차 당대회 이후에는 과학기술 연구개발에서 전략적 집중성 강화가 국가과학기술위원회의 핵심 임무로 더욱 강조되었다. 예컨대 7차 당대회 직후인 2016년 6월 열린 최고인민회의에서 국가과학기술위원회 위원장 리충길은 과학기술이 경제발전에서 주도적 역할을 할 수 있도록 과학기술 사업의 전략적 집중성을 제고하고 중앙부터 말단에 이르는 기술관리체계를 확립하겠다고 토론하였다(리충길 2016). 북한은 2018년 4월 경제 건설에 총력 집중을 새로운 전략적 노선으로 결정한 뒤, 이 노선을 실현하기 위해서는 국가과학기술위원회의 권능과 역할을 크게 강화하여 전략적 집중성을 보장하는 것이 중요하다고 강조하였다(로동신문 2018.5.21). 이후 북한이 정면돌파전을 결정하면서 경제 전반에 파급력이 큰 금

6 2월17일 과학자, 기술자 돌격대는 국가과학기술위원회가 국가적으로 중요한 연구개발 과제를 해당 단위의 역량만으로 달성하기 힘들 때 대학, 연구소, 기업 등에서 관련 분야 전문가들을 선발·조직하여 파견한다. 즉, 2월17일 과학자, 기술자 돌격대는 제도의 목적 자체가 전략적 집중성 실현에 있다.

속공업·화학공업·전력 등에 과학기술 역량을 우선 배분하기로 하였는데, 이 역시 국가과학기술위원회의 임무였다(리충길 2020).

3) 지역 연구개발 역량 강화 시도

북한은 연구개발에서 전략적 집중성이 중앙정부만이 아니라 지역 차원에서도 실현되어야 한다고 강조하는데, 국가과학기술위원회는 이를 위해 각 도 과학기술위원회의 역할 강화에도 역량을 투입하였다(민주조선 2019.11.16). 지역 특색에 맞는 경제발전과 인민생활 향상을 실현하려면 지역 과학기술 발전이 필수적이기 때문에, 도 과학기술위원회는 '지역 특색이 있는 경제 건설을 위한 전략적 집중성 보장'을 과학기술 행정의 기본 방향으로 삼아야 한다. 이와 함께 도 과학기술위원회는 자기 지역의 지리적·경제적 특성과 현존 과학기술 역량을 정확히 파악한 데 기초하여 명확하고 과학적인 목표를 수립하고, 이를 실현하는 데 필요한 과학기술 역량을 확충하는 등 역할을 강화해야 한다는 것이다(로동신문 2019.10.21).

이와 관련하여 북한은 2017년 초부터 과학기술에 기초한 지역경제발전의 모범으로 강원도를 부각해왔다. 북한은 김정일의 '유훈'인 원산군민발전소 완공, 코크스 없이 철강을 생산하게 된 문천강철공장, 수입 자재의 국산화에 성공한 원산가구공장, 북한 신발공업의 본보기로 꼽히는 원산구두공장 등이 모두 '과학기술에 기초한 자력갱생'으로 당 정책을 관철한 사례라고 평가하고, 이를 '강원도정신'으로 부르고 있다(로동신문 2017.1.25). 강원도는 2017년 도내 180여 개 공장·기업소의 연간 경제계획 달성, 2018년 강원도양묘장 완공, 2019년 매봉산샘물공장·도수산사업소 완공 등

해마다 큰 성과를 거두었다고 한다(로동신문 2020.1.29).

북한은 강원도가 위와 같은 성과를 거두는 과정에서 강원도과학기술위원회가 지도역량의 확충, 현장지도 중심으로 지도방식 혁신 등을 통해 지역 과학기술 역량 강화에서 큰 역할을 하였다고 평가한다(로동신문, 2018.12.11). 어랑천발전소 건설과 관련한 문제 해결에서 성과를 거둔 함경북도과학기술위원회, 우렁이농법을 확대하기 위한 일련의 기술을 개발한 평안북도과학기술위원회, 지역 과학기술 역량으로 능동형 전기보일러·희토류 미량원소비료를 개발한 황해북도과학기술위원회도 모범으로 평가받는다(로동신문 2019.11.25). 북한은 그동안 제 역할을 하지 못했던 다른 지역의 과학기술위원회들도 이곳들을 본받아 자기 지역 특색에 맞는 과학기술과 산업을 발전시켜 최대한 자급자족하는 경제구조를 만들라고 강조한다. 8차 당대회에서 제시된 시·군의 자립적이고 다각적인 발전, 해당 지역의 특색에 맞게 해당 지역의 원료와 자재를 이용한 지방경제발전 등도 지역 과학기술 역량 강화와 밀접하게 연결된 과제들이다.

VI 과학기술 중시 정책의 한계와 북한의 대응

김정은 정권은 김정일의 과학기술 중시 정책을 이어받아 집권 직후부터 과학기술에 기초한 경제성장과 사회주의 강국 건설을 추구하였다. 첨단 과학기술을 포함한 연구개발 활성화, 경제발전에서 과학기술의 비중 제고, 과학기술 교육 강화, 과학기술에 대한 투자 확대, 국가 연구개발체제 정비 등 7차 당대회에서 제시된 과학기술 강국 건설 실현방안을 일관되게 추진해왔다. 그 결과 지금까지 살펴본 대로 일련의 가시적인 성과와 변화도 가져왔다.

그러나 북한은 2019년 12월 당 중앙위원회 전원회의, 2021년 1월 8차 당대회에서 과학기술이 경제발전에 별 도움이 되지 못했다고 평가하였다. 좀 더 정확히는 2021년 1월 최고인민회의에서 토론자로 나선 국가과학원 원장 김승진의 표현대로 '일련의 성과들이 있었지만 실질적인 경제발전을 가져오지는 못했다'는 것이 북한의 진단이다(로동신문 2021.1.18).

1. 북한 과학기술의 한계

북한이 위와 같이 과학기술에 대해 비판적 평가를 내린 이유는, 3절에서 김정은 집권기의 가장 두드러진 연구개발 성과라고 소개한 주체철 개발 현황이 단적으로 보여준다. 북한이 주체철 개발에서 과거에 비해 큰 진전을 거둔 배경에는 '산소열법용광로'가 있다. 산소열법은 고농도의 산소를 불어넣어 반응열을 높이고 화학반응을 촉진하는 기술이다.[7] 이를 용광로에 적용하면 북한에 풍부한 무연탄을 연료로 이용해도 코크스만큼 높은 열량을 내고 환원반응도 활발해진다. 북한이 철강산업에 산소열법을 본격적으로 도입하기 시작한 것은 고난의 행군을 끝낸 직후인 1990년대 말이다(신어금 2003). 이후 십수 년에 걸친 연구개발 끝에 북한은 산소열법용광로

7 국립국어원 표준국어대사전(https://stdict.korean.go.kr/search/searchView.do), "산소열법" 항목.

를 이용하여 국내 석탄으로 코크스를 완전히 대체할 수 있는 가능성을 크게 높인 것이다.

그러나 현재 북한의 주체철 생산체계는 기술적으로 완성되지 않았고 이는 북한 스스로 시인하고 있다. 예컨대 황해제철련합기업소가 주체철 공정을 건설한 2015년부터 김책제철련합기업소가 주체철 공정을 확립한 2018년까지는 두 곳의 철강 생산 증가 기사가 많았다. 그러나 2019년부터는 철강재의 품질 제고, 산소열법용광로를 포함한 생산공정 개선 시도에 대한 보도가 많아졌다(로동신문 2019.6.8; 2019.7.20 등). 2020년 1월에는 금속공업상 김충걸이 주체철 생산체계를 건설했지만 생산 활성화가 미진하고 철강 품질도 낮으며 생산원가가 높다고 시인하며 금속공업의 핵심 과제로 '주체철의 기술적 완비를 통한 생산능력 확대와 에너지 소비 절감'을 제시하였다(김충걸 2020). 구체적으로는 에너지 소비 절감을 위한 부유예열식 산소열법용광로 도입, 철강 생산능력 확대를 목표로 한 대형산소분리기 설치를 2020년도 금속공업, 나아가 국가중점대상과제의 첫째 항목으로 꼽았다(민주조선 2020.1.24). 그러나 2021년 2월까지도 북한이 이 과제들을 달성했다는 보도는 나오지 않았다. 대신 8차 당대회 이후에도 '5년간 철강재 생산을 늘리지 못한 기본 원인이 주체철 생산체계를 기술적으로 완성하지 못한 데 있다'는 언급이 반복되었으며, '에너지 절약형 제철로 건설'이 금속공업의 핵심 과제로 다시 제시되었다(로동신문 2021.1.23).

북한 과학기술 전반의 현황을 정확하게 파악할 수는 없으나 대북제재와 같은 제반 악조건을 극복하고 경제성장을 실현할 수준에 이르지 못한 것은 분명하다. 현재도 북한은 과학기술을 발전시키기에는 매우 불리한 조건에 처해 있다. 무엇보다 북한도 세계적으로 과학기술이 급속히 발전하는 상황에서 자국 과학기술을 세계적 추세에 맞게 발전시키기 위해서는 과학자, 기술자들에게 최신 과학기술자료를 제공하고, 젊은 과학자들만이라도 국제 전시회나 학술토론회에 적극적으로 참가해 견문을 넓히는 것이 필수라는 점을 잘 알고 있다(로동신문 2020.3.30). 그러나 현실은 장기간의 대북 제재로 인해 오랜 기간 "기술경제적 봉쇄" 상태에 있어 외부의 선진 과학기술을 원활하게 도입할 수 없고, 과학기술 발전에 필요한 재정을 충분히 투입할 만한 경제여건도 되지 않는다. 이런 상황에서 북한이 국가 과학기술 역량을 단기간에 제재를 극복할 수준까지 끌어올리는 것은 사실상 불가능하다.

2. 북한의 원인 진단과 대응책

북한 과학기술 전반의 낮은 수준 문제는 과학기술에 대한 투자를 더욱 확대하고 과학자들을 독려 또는 압박한다고 해도 북한이 원하는 기간 내에 해결된다는 보장이 없다. 북한도 이를 잘 알고 있기 때문에 "과학기술의 어머니는 교육"이라고 강조하며 교육수준 제고부터 시작하여 과학기술 발전을 꾀하고 있다(로동신문 2019.9.1). 구체적으로 북한은 2019년 9월 제14차 교원대회에서 교육의 수준이 혁명적으로 향상되어야 과학기술의 질적 발전도 가능하며, 교육의 질은 결국 교원의 수준에 좌우되기 때문에 교원 실력 향상이 필수적이라고 강조하였다. 북한은 고급중학교의 우수 졸업생을 사범대와 교원대에 우선적으로 추천하고, 박사원이나 유학 출신을 권력기관에 보내는 대신 대학 교원으로 기용하는 등 선발단계에서부터 우수 교원을 확보하기 위한 노력을 강화하겠다고 밝혔다(로동신문 2019.9.27). 즉, 북한은 전반적인 과학기술 수준 제고와 과학자들의 실력 향상을 위해서는 교원의 수준을 높여 교육의 질을 개선하고 우수한 과학기술 인재를 양성하는 중장기적인 방법이 기본이라고 판단한 것으로 보인다.

이와 함께 북한은 과학자들의 실력뿐 아니라 관점과 태도에도 문제가 있다고 비판한다. "일부" 과학자, 기술자들이 자력갱생과 국산화를 연구개발로 실현하려 하지 않고 작은 생산 공정을 현대화할 때조차 외국 설비 도입에 먼저 눈을 돌리고 있다고 지적하였다(로동신문 2020.5.27). 또 일부에서는 보신주의가 만연하여 국가적으로 중요하지만 어려운 과제 대신 손쉽게 성과를 낼 수 있는 과제만 수행하며, 본위주의(기관 이기주의) 때문에 중요한 연구개발의 진전이나 우수 기술의 확산이 막혀 있다고 한다(로동신문 2019.10.13; 2020.2.11). 북한은 바로 이러한 문제들 때문에 그나마 있는 과학기술 역량도 충분히 발휘되지 못하고 있다고 판단하고 있다.

북한은 과학기술계의 부진을 비판하면서 그에 대비되는 사례로 국방과학기술계를 제시한다. 예를 들어 국방과학자, 기술자들이 초대형방사포, 중거리 순항미사일 등 새로운 무기체계를 연이어 개발한 것은 민간 과학기술계에 비해 조건이 유리해서가 아니라 그들이 더욱 애국적이고 헌신적이었기 때문이고, 따라서 민군부문 과학자, 기술자들은 이러한 자세를 배워야 한다고 주장한다(로동신문 2020.1.6). 이와 함께 국방과학자, 기술자들 뒤에는 당 정책을 실현할 수 있도록 이끌어주고 지원해준 간부들이 있었다고 하면서, 과학자, 기술자들이 애국적 열정과 실력을 최대한 발휘하기 위해서는 간부들의 책임과 역할이 중요하다고 강조한다(로동신문 2020.4.5).

북한은 민간 부문 과학자들 사이에서 소극성, 보신주의, 본위주의가 지속되고 있는 원인으로 간부들의 문제를 지목하였다. 국가과학기술위원회 위원장 리충길에 따르면 회의석상에서는 과학기술 중시를 말하지만, 실제로는 과학기술 발전에 기초하여 문제를 해결하려 하지 않고 자재와 자금이 부족하다는 핑계만 대는 간부들이 여전히 존재한다고 한다(리충길 2020). 과학자, 기술자들에 대한 정치적, 정책적 지도를 통해 그들이 당의 과학기술 중시 정책 실현을 위해 적극적으로 행동하도록 만들어야 할 간부들이 오히려 당의 과학기술 중시 기조를 수용하지 않고 있기 때문에 과학자들의 문제가 지속된다는 것이 북한 당국의 인식이다. 즉, 간부들부터 '과학기술 중시 기풍'이 확립되지 않아 자기 부문과 단위의 과제를 과학기술에 기초하여 해결하려 하지 않고, 과학자·기술자들이 선도적 역할을 할 수 있도록 지원하지도 않으며, 대중들의 과학기술 역량을 높이기 위한 시도도 하지 않는다는 것이다.

과학기술 부진의 원인을 간부의 문제에서 찾은 북한은 해결책도 간부들의 태도와 실력 변화, 즉 '당 정책과 과학기술 실력의 겸비'를 강조하고 있다. 당 정책의 수용과 관련하여 북한은 간부들이 당의 과학기술 중시, 과학기술 선행 기조의 중요성과 절박성을 정확히 인지해야 과학자와 기술자에 대한 올바른 정책적 지도와 연구개발에 대한 적극적 지원이 가능하다고 본다(로동신문

2020.1.14). 북한은 이와 함께 간부들이 '전문가 못지않은' 수준까지 과학기술 실력을 높여야 한다고 강조한다. 간부들의 과학기술 수준이 높아야 자기 단위의 과제 수행에 필요한 과학기술적 문제를 잘 파악할 수 있고, 이를 기반으로 과학자들에 대한 지도와 지원을 올바르게 할 수 있으며, 자기 단위의 과학기술 역량 강화와 과학기술 인재 발굴도 원활하게 진행할 수 있다는 것이다(로동신문 2020.2.25). 이처럼 북한은 중장기적으로는 교육 수준 제고를 통한 과학기술의 질적 발전을 꾀하고, 단기적으로는 간부들의 각성과 실력 향상에 기초하여 현존 과학기술 역량을 효율적으로 활용하려 하고 있다.

3. 과학기술에 기초한 과감한 혁신 주문

2020년 북한은 코로나 19에 대해 최고 수준의 방역 조치로 대응하여 국경을 봉쇄하였다. 이는 대북제재, 자연재해와 함께 북한의 상황을 더욱 어렵게 만드는 요인으로 작용하고 있다. 북한은 이러한 난관을 극복하기 위해서는 과학기술에 기초한 자력갱생이 더욱 절실하다고 강조하고 있다. 즉, 북한은 과학기술 중시 기조를 계속하려 하고 있으며, 봉쇄와 제재가 풀리지 않는 한 자체적인 과학기술 발전이 자신들이 택할 수 있는 유일한 선택지라고 판단하고 있다. 심지어 북한은 스스로를 봉쇄한 현 국면을 자체 역량을 점검하고 자강력을 극대화하는 기회로 만들어야 한다고 주장한다(로동신문 2020.10.17).

북한은 '조건이 어려워도 국산화 사업을 중도포기해서는 안된다'는 김정은의 발언을 인용하며 간부들과 과학자들에게 과학기술에 기초한 자력갱생을 위해 실패를 두려워하지 말고 과감하게 혁신해야 한다고 독려하고 있다(로동신문 2020.5.29). 북한은 폐플라스틱 재활용 촉매의 국산화에 성공한 국가과학원 건축재료연구소, 고압전동기 개발에 성공한 해주뜨락또르부속품공장, 인견사 생산에 필수적인 유탁액을 국산화한 평양인견사공장, 폐플라스틱으로 사출신발 생산에 성공한 함흥영예군인수지일용품공장 등 십수 번에서 수십 번 실패 끝에 목표를 달성한 사례를 들면서 성공할 때까지 혁신을 시도하라고 촉구한다(로동신문 2020.5.27; 2020.5.31).

북한은 과학기술에 기초한 혁신에서도 간부들의 역할이 중요하다고 강조하면서 백색계열 시멘트 국산화를 대표적인 사례로 제시하였다. 북한 보도에 따르면 김책공대 자원탐측공학부와 천리마타일공장이 합작하여 그간 대부분 수입에 의존하던 고급 백색계열 시멘트를 국산화하였다. 이 기술은 김책공대 연구진이 실험실 수준에서 거둔 성과에서 출발하였는데, 처음에는 연구진조차 제품 개발로 이어질 것이라고 기대하지 않았던 미약한 수준이었다고 한다. 그러나 천리마타일공장 책임일군들은 이 연구 성과의 가치를 알아보고 개발도입을 결심했고, 실제 개발과정에서 실패를 거듭하여 연구진들도 포기하려 했음에도 불구하고 지원을 계속하여 성공에 이르게 되었다고 한다. 북한은 이 사례를 통해 과학자의 우수한 연구 성과가 간부들의 대담하고 확고한 결심과 작전을 만나야 성과를 맺게 된다고 강조하였다(로동신문 2020.9.26).

8차 당대회 이후에도 북한은 간부들이 "대담하고 통이 크게" 사업을 해야 한다고 주문하고 있다. 여러 가지 어려운 조건 속에서

방대한 과제를 달성해야 하기 때문에 이러저러한 조건을 따지면서 소심하게 일하거나 책임 회피에만 급급해서는 안 되고, 높은 실력과 적극성으로 자기 부문과 단위의 실적을 도출해야 한다는 것이다(로동신문 2021.1.23).

VII 평가와 전망

김정일의 과학기술 중시 정책을 계승한 김정은 시대의 북한은 과학기술에 기초한 실질적인 경제발전, 제재의 정면돌파를 달성하지 못하였음을 스스로 인정하였다. 그러나 약 10년 동안 과학기술 중시 정책을 지속, 강화함으로써 일정 수준의 과학기술 발전, 과학기술 교육 강화, 생산현장의 현대화·정보화 진전, 지역 과학기술 역량의 향상 등 일련의 성과를 거둔 것도 부인할 수 없다. 8차 당대회에서 북한은 70년에 걸친 자신들의 역사적 경험의 귀결인 과학기술 중시 정책을 계속하기로 결정하였다. 이는 현재와 같은 제재와 자체봉쇄가 지속되고 자립노선을 유지하는 한 북한이 택할 수 있는 유일한 발전 방안이다. 북한이 과학기술이 경제발전을 견인하지 못했다고 비판적으로 평가하면서도 과학기술에 기초한 과감한 혁신을 강조하는 것은 이런 이유 때문이다.

북한은 과학기술의 부진을 해소하기 위해 중장기적으로는 교원 실력 향상-교육 수준 제고-과학기술의 질적 발전을 꾀하고, 단기적으로는 간부들의 각성과 실력향상에 기초한 현존 과학기술 역량의 효율적 이용과 과감한 혁신을 시도하고 있다. 후자는 북한이 과학기술 성과가 부진한 원인 중 하나로 간부와 과학자들의 관점과 태도 문제를 지적한 데서 비롯된 해법이다.

그러나 북한이 '일부의 관점과 태도'라고 지적한 문제들은 사실 북한 혁신역량의 전반적인 취약성이 드러난 것이다. 특히 최근 2~3년 김정은이 현지지도에서 종종 표출했던 비판적 언사들을 보면 적어도 김정은의 시각에서는 당과 내각 전반에 존재하는 문제이다. 예컨대 김정은은 2018년 7월 어랑천발전소 건설장 현지지도에서 무책임·무능력·형식주의·요령주의가 만연한 내각, 이를 바로잡지 않은 당 중앙위원회 경제부와 조직지도부를 질타하였다(로동신문 2018.7.17). 또 다른 사례로 2019년 10월 묘향산의료기구공장 현지지도를 들 수 있다. 이곳은 2018년 8월 김정은이 직접 의료기구공업의 본보기 공장으로 현대화하라고 지시하고, 인민군대와 군수공장들을 투입했으며, 지도소조와 건설 상무에 당 중앙위 일군들까지 참가시키는 등 관심을 기울인 곳이다(로동신문 2018.8.21). 그러나 2019년 10월 현지지도에서 김정은은 이곳의 부실한 마감공사를 지적하면서 당 중앙위 일군들조차 자신과 손발을 맞추지 못한다고 비판하였다(로동신문 2019.10.27).

북한은 이와 같은 조건에서 새로운 5개년계획을 시작하였다. 김정은은 8차 당대회에서 기존 당대회들과 달리 긍정적인 평가보다 냉정하고 비판적인 시각에서 자신들의 문제를 진단하였고, 새로운 5개년계획의 목표도 실현 가능성을 고려하여 현실적으로 설정하였다고 밝혔다. 북한은 간부의 능력과 역할에 한 개 단위, 한 개 부문의 운명이 좌우된다고 하면서 간부들의 높은 능력과 열정을 요구하고 있다. 그러나 앞으로 북한이 5개년계획을 수행하면서 접하게 될 다양한 딜레마 상황은 개별 간부들의 능력이 아니라 국가의 총체적인 혁신역량에 좌우될 성격의 것이다.

예를 들어 북한이 강조하는 과학기술에 기초한 과감한 혁신의 목적은 현재의 자원제약을 극복하고 경제성장을 이루는 것이다. 하지만 북한이 강조하는 대로 각급 단위들이 과감한 혁신을 더 많이 시도한다면 실패가 증가할 가능성도 그만큼 높아진다. 그리고 그 가능성이 현실화하면 자원제약을 더욱 악화시키는 결과를 낳게 된다. 이러한 가능성을 차단하기 위해 혁신의 과정과 결과에 대한 관리와 평가를 더욱 엄격하게 할 수 있다. 그러나 이는 혁신에 실패했을 경우 뒤따를 책임 추궁에 대한 두려움을 증폭시키고 혁신에 대한 간부와 과학자의 소극적 태도를 유발할 수 있다.

또 다른 예로, 북한은 5개년계획의 주제가 자력갱생이라고 하면서, 이는 국가의 통일적 지도와 전략적 관리 아래 진행되는 중앙집권적 자력갱생이라고 밝혔다. 개별 부문과 단위들이 자신들만의 좁은 이익만을 추구하여 불균형과 무질서를 초래하는 것을 막고 국가적 이익을 도모하겠다는 것이다(로동신문 2021.1.29). 이와 동시에 북한은 각 시, 군이 자기 지역 특색에 맞는 경제발전을 추진해야 한다고 강조하고 있다. 논리적으로는 국가적인 자력갱생과 시·군의 특색 있는 발전이 서로 배치되지 않는다. 그러나 그간 드러난 당과 내각의 미흡한 정책 역량을 감안하면 현실 속에서 양자를 조화롭게 진행하는 데 문제가 발생할 가능성을 배제할 수 없다. 따라서 과학기술에 기초한 과감한 혁신의 성패는 개별 행위자들의 역량과 태도가 아니라 북한의 국가적인 정책적, 재정적 역량에 따라 좌우될 것이다.

참고문헌

강남철. 2020. "《조선민주주의인민공화국 원격교육법》은 우리 당의 전민과학기술인재화, 인재강국화구상을 실현하기 위한 법적담보" (김일성종합대학 홈페이지. 2020.9.15).

곽태철. 2005. "새로운 과학기술발전 5개년 계획을 성과적으로 수행하기 위한 방도." 『경제연구』 4.

김기철. 2015. "새 세기 교육혁명을 일으키는 것은 인재강국건설의 절실한 요구." 『근로자』 2호.

김정은. 2013. "김정일동지의 위대한 선군혁명사상과 업적을 길이 빛내여나가자." 『로동신문』 2013년 8월 25일자.

______. 2016. "조선로동당 제7차대회에서 한 중앙위원회사업총화보고." 『근로자』 특간호.

______. 2019. "현 단계에서의 사회주의건설과 공화국정부의 대내외정책에 대하여." 『로동신문』 2019년 4월 13일자.

김정일. 2005. "새 세기. 21세기는 정보산업의 시대이다"(2001. 3. 11). 『김정일선집』 15. 평양: 조선로동당출판사.

김충걸. 2020. "나라의 맏아들공업이 제구실을 하도록 하겠다." 『로동신문』 2020년 1월 2일자.

리기성. 2018. "당의 새로운 전략적 로선 관철에서 나서는 중요한 요구." 『로동신문』 2018년 10월 29일자.

리충길. 2016. "국가경제발전전략수행을 과학기술적으로 확고히 담보하겠다." 『로동신문』 2016년 6월 30일.

______. 2020. "전략적집중성을 틀어쥐자." 『로동신문』 2020년 3월 4일자.

림영화. 2002. "인민경제 정보화는 현시기 경제 발전의 중요 요구." 『경제연구』 2.

변학문. 2013. "1960년대 초 북한의 기술발전계획과 기술혁신의 제도화 시도." 『한국과학사학회지』 35(3).

______. 2016. "김정은 정권 과학기술 정책의 특징과 산업 발전 전략"(통일부 신진연구자 정책연구 과제).

______. 2018. "북한의 '과학기술 강국' 구상과 남북 과학기술 교류협력." 『통일과 평화』 10(2).

변학문·권영덕. 2017. "북한 과학기술 정책에 따른 평양시 변화와 남북 교류협력"(서울연구원).

신어금. 2003. "위대한 령도자 김정일동지의 현명한 령도밑에 강행군시기 철강재생산에서 새로운 대고조를 일으키기 위한 투쟁." 『력사과학』 2.

조세영. 2016. "새 세기 교육혁명의 불길높이 인재강국 건설을 다그치자." 『근로자』 4.

『과학원통보』. "혁명적인 총공세로 나라의 과학기술발전에서 새로운 전환을 일으키자." 2018년 1호.

『근로자』. "사회주의기업책임관리제." 2015년 7호.
『로동신문』. "경애하는 김정은동지의 불후의 고전적로작 《새 세기 교육혁명을 일으켜 우리 나라를 교육의 나라,인재강국으로 빛내이자》가 제13차 전국교육일군대회 참가자들에게 전달되였다." 2014년 9월 6일자.
______. "강원도정신의 본질과 기본내용." 2017년 1월 25일자.
______. "조선로동당 중앙위원회 제7기 제3차전원회의 진행." 2018년 4월 21일자.
______ 사설. "과학으로 비약하고 교육으로 미래를 담보하자." 2018년 5월 21일자.
______. "과학기술사업에 대한 지도에서 중시한 문제-강원도과학기술위원회에서." 2018년 12월 11일자.
______. "경애하는 최고령도자 김정은동지의 불후의 고전적로작 《교원들은 당의 교육혁명방침관철에서 직업적혁명가의 본분을 다해나가야 한다》가 제14차 전국교원대회 참가자들에게 전달되였다." 2019년 9월 4일자.
______. "교육혁명은 교원혁명." 2019년 9월 27일자.
______. "발전잠재력이 큰 수자경제." 2019년 10월 2일자.
______. "믿을것은 과학기술의 힘, 모든것을 과학기술에 의거하여-국가과학기술위원회 일군들과 나눈 이야기." 2019년 10월 13일자.
______. "각 도(직할시)과학기술위원회의 역할을 높여야 한다." 2019년 10월 21일자.
______. "자체의 기술력량에 의거하여-황해북도에서." 2019년 11월 25일자.
______. "기술무역봉사체계 〈자강력〉 개발, 국가망을 통한 운영 시작-국가과학기술위원회에서." 2019년 12월 10일자.
______. "시대의 요구에 맞게 사업에서 근본적인 개선을-조선과학기술총련맹 중앙위원회에서." 2020년 1월 6일자.
______. "정면돌파전의 열쇠." 2020년 1월 6일자.
______. "과학기술발전과 당조직의 역할." 2020년 1월 14일자.
______. "정면돌파전이 요구하는 첨단기술창조는 우리의 몫이다." 2020년 1월 16일자.
______ 정론. "정면돌파전과 강원도정신." 2020년 1월 29일자.
______ 사설. "과학자, 기술자들은 정면돌파전의 개척로를 열어나가는 기수, 척후병이 되자." 2020년 2월 11일자.
______ 사설. "모든 부문, 모든 단위에서 인재육성사업에 보다 큰 힘을 넣자." 2020년 2월 25일자.
______. "과학자들의 견문을 넓혀주는 사업도 창조이다." 2020년 3월 30일자.
______. "인민경제발전에서 수자경제의 역할." 2020년 4월 8일자.
______. "생산과 기술발전을 추동할 새로운 전자고속도로-기술무역봉사체계 〈자강력〉의 경제적효과성을 놓고." 2020년 4월 28일자.
______. "교육내용을 혁신하기 위한 사업 힘있게 전개." 2020년 5월 29일자.
______ 론설. "당일군들의 수준이자 사업에서의 실적이다." 2020년 9월 22일자.
______. "건재의 국산화에 이바지하는 연구도입성과를 내놓기까지." 2020년 9월 26일자.
______. "질제고는 중요한 정치적 사업." 2020년 11월 25일자.

______. "높은 과학연구성과로 새로운 국가경제발전 5개년계획수행을 힘있게 추동해나가겠다–김승진 대의원." 2021년 1월 18일자.
______. "당대회결정을 어떤 관점과 립장에서 접수해야 하는가." 2021년 1월 23일자.
______. "주체화의 한길로 줄기차게 끝까지." 2021년 1월 23일자.
______. "단위간 협동을 어떻게 강화할 것인가." 2021년 1월 26일자.
______. "국가적이고 계획적이며 과학적인 자력갱생." 2021년 1월 29일자.
『민주조선』. "지역적발전을 추동하는 가치있는 과학연구성과들–각지 과학기술위원회들에서." 2019년 11월 16일자.
______. "과학기술로 정면돌파전을 추동해갈 드높은 열의–국가과학기술위원회 일군들과 나눈 이야기." 2020년 1월 24일자.
______. "교육발전을 위한 높은 목표밑에–교육위원회에서." 2020년 5월 21일자.
『조선중앙통신』. "최고인민회의 법령 〈전반적12년제의무교육을 실시함에 대하여〉." 2012년 9월 25일자.

필자 소개

변학문 Byun, Hakmoon

겨레하나 평화연구센터(Research Center for Peace and Unification, Movement for One Korea) 소장

서울대학교 미생물학과 졸업, 서울대학교 협동과정 과학사 및 과학철학 전공 박사

논저 "북한의 '과학기술 강국' 구상과 남북 과학기술 교류협력", "김정은 정권 '새 세기 산업혁명' 노선의 형성 과정", "1960년대 초 북한의 기술발전계획과 기술혁신의 제도화 시도"

이메일 aromsman@gmail.com

제8장

북한 지방정부 재정유인의 명과 암

— 2012년 지방예산법을 중심으로

The Opportunity and Threat of the Budgetary Incentives for the North Korean Local Governments: a focus on the 2012 Local Budget Act

이경수 | 서울대학교 통일평화연구원 선임연구원

북한의 '체제내 개혁' 조치가 지방경제, 그 중에서도 지방정부에 미친 변화를 검토한다. 중앙-지방 간, 정부-기업 간 권한 분담에 따른 유인(incentive) 체계 변화에 초점을 맞춰 제도 변화에 따른 지방 행위자의 유인을 살펴보고 지방경제 작동 동학을 검토한다.

두 차례의 '체제내 개혁' 조치 이후 지방정부에 대한 유인체계 변화는 다음과 같다. 첫째, 2002년 7.1조치 시 지방예산 관리 의무와 범위를 분명히 하고, 둘째, 2012년 지방예산법을 제정하여 중앙의 보조를 축소해 지방정부의 연성예산제약을 강화했다. 2000년대의 조치가 지방의 의무만을 강제했던 것과 달리 2010년대 들어서는 2013년 경제개발구법 제정, 2014년 5.30조치를 통한 기업의 대외경제 권한 부여 등으로 지방정부의 권한을 확대했다. 분권화에 따라 중앙은 국가경제 운영이라는 전략적 방향 설정에 집중하고, 지방경제는 각 지방정부가 책임지게 됐다. 증대된 지방정부 권한을 최대화하려는 시도의 하나로 지방 간 대외연계 확보를 위한 경쟁이 본격화되었다.

이 같은 제도 변화는 지방경제 활성화를 이끌어 내기 위한 유인은 제공하고 있으나 지방주위, 본위주의로 이어져 국가적 비효율이 확산될 가능성이 남아 있다. 또한 북한은 중앙과 지방의 관리 범위를 엄격히 구분하면서도 지역 격차 문제에 대해서는 대응하지 않고 있다. 금융 통제를 시도하고, 지방 전문화를 위해 도의 역할을 확대하는 등 통제 '방식'을 변화시켰음에도 불구하고, 여전히 방점은 '통제'에 집중되어 있으며, 지방 간 격차 확대에 대한 문제가 '체제내 개혁'의 안착을 위한 숙제로 남아 있다.

This research investigated the economic management system reform in North Korea to identify its impact on local governments from 2002 to present. It focused on the changes in the relations of central-local and government-enterprise with a particular reference to jurisdiction over the local economy.

The incentive system for local governments has changed as follows. First, 7.1 measures in 2002 clarified local budget obligations for the central budget fulfillment; second, 2012 *Local Budget Act* enactment reduce the central subsidies to the locals, in turn, strengthened local budget constraints. Above two measures made local governments more keen on local economic situation to fulfill obligations and co-opt private resources to obligations. While measures in the 2000s only enforced local obligations were 2013 *Economic Development Zone Act* allowed local governments to establish economic development zones which, in turn, drove local actors to compete for external resources. Meanwhile, the center concentrated on establishing the strategic direction of national economy, and the local economy became responsibility of lower-level governments.

Although such institutional changes provided incentives for local governments to promote local economy vitalization more vigorously. It is very likely that local competition and provincialism could undermine national economy as a whole. Although the central sought to control local provincialism by strictly separating management jurisdiction of central and local governments, it still focused on control and conducted little efforts to alleviate possible drawbacks from economic decentralization. Furthermore, the problem of increased gaps between locals remains to be addressed.

KEYWORDS 북한 North Korea, 지방정부 Local government, 분권화 Decentralization, 연성예산제약 Soft budget constraint, 유인 Incentive

I 서론

이 글은 북한의 '체제내 개혁' 조치가 지방경제, 그 중에서도 지방정부에 미친 변화를 검토하는 것을 목적으로 한다. 샤방스(Chavance 1995)는 사회주의 체제내 개혁을 고전적 체제 → 체제개선 → 급진적 개혁 → 체제 해체의 과정에 따른 단계로 구분한다. 이어 중국, 동유럽 등 국가별로 상이하게 나타난 사회주의 이행 경로에 주목할 것을 강조한다(Chavance 2008). 그에 따르면 공적, 비공식 '제도'(강조는 필자) 간 관계 진화가 사회주의 개혁과 이행 과정에서 나타난 다양성의 등장과 지속을 설명하는 핵심 요인이다.

체제내 개혁과 제도를 고려한다면, 북한은 지금까지 두 차례의 개혁 조치를 시행했다. 첫째는 2002년 김정일 국방위원장 시기 사회주의경제관리개선조치(이하 7.1조치)이며, 둘째는 10여 년의 시간이 흐른 뒤인 2014년 김정은 국무위원장 시기의 우리식경제관리방법(이하 5.30조치)이다. 시차를 두고 시행된 두 조치 사이에서는 개혁 또는 시장화의 억제와 촉진이 엇갈렸던 것으로 평가된다(양문수 2010; 2014). 5.30조치 이후 다수의 연구가 새로운 조치의 현황을 파악하는 데 주력하고 있다(양문수 2014; 2016; 이석기 외 2018).

그런데 기존 연구는 국가경제 전반을 대상으로 하며, 특히 농업, 국유기업, 사기업, 재정, 금융 등 분야별 현황을 파악하는 데 집중해 지방을 별도의 분석 대상으로 삼지 않는다. 지방에 대한 외면은 비단 경제뿐 아니라, 정치, 행정 등 다른 부문에 있어서도 거의 동일하다. 북한의 중앙집권적 특성으로 지방정치, 행정, 사회경제에 대한 연구가 축적되지 못한 것이다(이무철 2004; 2005; 임도빈 외 2012). 7.1조치 시 행정적 분권화가 경제적 분권화로 전환되는 현상이 지적된 바 있으나, 5.30조치 이후에는 분권화와 관련된 연구를 찾기 힘들다.

분석대상으로서 중앙과 지방이 구분되는 경우는 소수의 예외에 그친다(문장순 2014; 박영자 외 2016). 문장순은 지방에 대한 연구가 부족하다는 점을 지적하며 1990년대 이후 군(郡)을 대상으로 국가의 지원 없는 '자립 강요'가 진행되고 있으며 중앙의 통제가 여전히 작동함을 지적하지만, 국가의 '자립 강요'에 따른 지방의 '대응'에 대해서는 관심을 갖지 않는다. 지방을 대상으로 하면서도 중앙의 정책 방향에 초점을 맞춘다는 점에서 기존 중앙중심적 연구의 연장선상에 있다. 박영자 외는 중앙 직할기업과 지방기업을 분석적으로 구분하고, 가동률과 운영 및 통제 방식에 있어 차이가 있음을 밝히나 지방 '기업'의 현황을 기술하는 데 그친다. 계획경제 하에서 정부가 하나의 경제 행위자로 위치하며, 분권화가 개혁의 주요 부분임에도 이에 대한 연구가 축적되지 못한 것이다.

이 글은 지방경제를 분석대상으로 하여 구체적으로 북한 공간(公刊) 문헌을 통해 확인한 각종 법제와 북한의 정책 방향을 가늠케 하는 '경제연구', '김일성종합대학 학보(철학, 경제학)'[1] 논문에 기반해 유인체계를 중심으로 제도의 변화 양상을 살핀다. 나아가, 제도 수정이 경제적 차원에서 중앙-지방 관계 및 국가-기업 관

1 2020년부터는 '김일성종합대학 학보(경제학)'로 변경.

계에 가져온 변화를 검토해 향후 요청되는 시장, 개인, 비공식적 관계가 국가, 제도, 공식적 관계와 '접합'되는 기제(mechanism) 연구(김연철 2014, 16)의 기반을 구축하고자 한다. 다만 실질적인 작동에 있어 '약화된' 계획과 시장의 관계를 논하기에 앞서, '수정된' 계획 하에서 지방정부 및 기업에 부여된 유인을 확인함으로써 향후 계획과 시장의 관계를 논하기 위한 실증적 근거로 삼는다.

II 문제 제기와 이론적 배경: 제도적 유인

본 연구에서는 두 가지 이유에서 북한 지방경제의 작동에 주목한다. 첫째, 북한에서 중앙-지방기업의 운영상 차이에 주목한 연구를 확장하고자 한다. 박영자 외는 북한이탈주민 인터뷰를 통해 개별 지방기업 운영을 파악하고자 했다. 그러나 지방기업의 실제 상황을 제시한다는 장점은 있으나, 지방정부와의 관계 등 지방기업 운영에 영향을 미치는 제도적 조건을 고려하지 못하고 있다. 5.30조치 시 계획과 자원 배분, 판매 등 생산 전 과정에 있어 국가지표와 기업소지표가 구분되면서 중앙-지방기업 작동의 차이는 더욱 확대되었을 가능성이 높고 실제 조치가 발표된 2015년 이후 〈표 8-1〉에서 보듯 과거 16~17% 수준이던 지방예산 비율은 위 조치 이후 20%대로 증가해 국가 제도의 변화가 지방경제에 미치는 가시적 영향이 존재함을 보여준다. 제도 변화에 따른 지방경제의 변화를 추적할 필요가 제기된다.

둘째, 5.30조치 이후 재정 분야에서 눈에 띄는 개혁 조치가 없

표 8-1. 2007-2020 북한 예산 수입 증가율, 초과수행률 및 지방예산 비율(%, 발표 연도 기준)

	'07	'08	'09	'10	'11	'12	'13	'14	'15	'16	'17	'18	'19	'20
예산수입 증가율	0.2	6.1	5.7	7.0	7.7	-	10.1	6.0	6.0	5.0	6.3	4.9	1.4	5.3
지방예산 초과수행률	14.9	10.9	17.1	-	-	12.8	13.8	7.7	22.2	13.8	14.3	-	0.5	0.6
국가예산 초과수행률	0.6	0.2	1.6	1.7	1.3	1.1	1.3	1.8	1.6	1.3	2.1	1.7	4.6	1.5
지방예산 비율	-	-	-	-	16.1	-	17.0	-	21.0	23.2	26.9	26.1	-	25.7

출처: 필자 정리. 최고인민회의 각 연도 예결산 보고, 『로동신문』 각 연도.

다는 지적이 있으나(양문수 2016, 136) 김정은 집권 이후만을 분석 대상으로 하기 때문일 수 있다. 5.30 전후를 독립된 시기로 파악하는 대신 2000년대부터의 개혁과 조정으로 지속을 중심에 놓고 파악한다면 분권화의 지속이 드러난다. 북한은 1990년대 말부터 수차례 예산수납체계를 변경해 왔으나, 2000년대 들어서 일관되게 경제 분권화를 추진해 오고 있다. 예컨대 지역별, 부문별 예산수납체계가 번갈아 등장한 바 있으며 7.1조치 시에도 지방의 세부지표 계획 수립과 가격 설정을 스스로 하도록 했다. 5.30조치 시 기업소지표가 도입된 것은 이미 7.1조치 시의 지방지표 분권화를 기업 수준으로 확대한 것이라 볼 수 있다. 본 연구는 7.1조치 이후 현재까지 지방경제 제도 변화를 연속선상에서 파악하며, 분권화라는 큰 방향 하에 북한 예산체계 변화를 추적해 지방경제 관련 제도 변화를 검토하고자 한다.

두 가지 문제의식 하에 이 글은 중앙–지방 간, 정부–기업 간 권한 분담에 따른 유인(incentive) 체계 변화에 초점을 맞춰 제도 변화에 따른 지방 행위자의 유인을 검토한다. 특히 지방 행위자 중에서 기존 연구가 관심을 기울이지 않았던 지방정부 분석에 보다 관심을 기울인다. 여기서 제도는 노스가 포괄적으로 정의한 데 따라 “정치, 경제, 사회적 상호작용을 제약하는 규칙의 집합”으로 공식적, 비공식적 규칙 모두를 포함한다(North 1990). 제도에 따른 유인(incentive)의 배열은 개별 행위자의 이익에 영향을 미친다. 행위자의 이익은 제도와 분리되어 분리되어 존재하지 않으며, 제도는 행위를 제약하고 조건 짓는다.

샤방스(Chavance 2008, 57)는 사회주의 개혁의 다양성에 영향을 미치는 비공식 제도로서 네트워크, 사회규범 및 가치 외에도 우발적 사유화(spontaneous privatization), 부패, 연고주의, 마피아화(mafia-ization), 자금 빼돌리기(tunneling), 체납, 노동력 축장, 물물거래(barter), 세금 회피(evasion), 비공식 경제, 신뢰, 사회자본, 사업 윤리, 비공식적 협력 등 다양한 현상을 포함시킨다. 사회주의 경제 분석에 있어서도 노스의 포괄적 제도 규정과 마찬가지로 공식, 비공식 제도가 모두 영향을 미칠 수 있는 것이다.

한편 사회주의 경제에서의 유인을 분석한 코르나이(Kornai 1992)는 사회주의 경제 하 물량계획(quota plan)이 기업에 미치는 영향을 분석하면서 ‘부족의 경제(shortage economy)’ 현상을 설명했다. 사회주의 기업의 목표는 이익 극대화가 아니라 물량계획 의무를 달성하는 것이며, 국가의 계획물량은 최소화하고, 국가가 공급하는 자원은 최대화해 축장하려 한다. 나아가 기업이 파산 위기에 직면한다 하더라도 소유자로서의 국가가 자원을 투여해 기업을 회생할 것이기에 예산제약이 약화되어(soft budget constraint) 경제 효율성을 저하시킨다고 지적했다.

매년 최고인민회의에서 발표되는 예결산 수치를 정리한 위의 〈표 8-1〉에서 보듯 지방예산 초과수행률은 줄곧 10% 이상을 기록해 국가예산 초과수행률이 1% 내외인 것보다 압도적으로 높다. 최고인민회의에서 지방의 예산수입 초과수행률을 발표하기 시작한 2007년 이래 10여 년 이상 지방예산 초과수행률은 안정적으로 높은 수준을 유지하고 있다. 지방예산 초과수행률은 북한의 전체 예산수입은 제재 효과가 극적으로 나타나는 2019~20년 제외 매년 5% 이상의 증가율을 보여 국가재정이 안정적으로 확대되고 있는 상황인데, 지방예산 초과수행률이 국가예산 초과수행률을 상회하고 있어 지방예산이 국가재정 안정화에 상대적으로 크게 기여하고 있을 가능성이 있다. 그렇다면 왜 지방의 초과수행률이 높은지 그 이유를 탐색할 필요가 있다.

또한 지방경제에 초점을 맞춘 것은 국가의 자원동원 능력 약화에 따른 '계획의 형해화'가 가장 극적으로 표출된다는 점 때문이다. 중앙-지방기업의 운영에서 차이가 존재함을 고려하면(박영자 외 2016) 국가 차원의 경제 작동과 지방경제 작동을 구분할 필요가 있다. 탈북 후 1년 내 입국한 탈북자 100여 명의 설문조사에 따르면 "공장 가동이 잘 되지 않는다"는 응답이 다수를 차지한다. 각 연도별로 공장·기업소에 근무했던 탈북자의 소속 기업은 5, 6급 기업소가 각 85%, 75% 이상 지방기업이다(필자 인터뷰 2018; 2019). 다시 말해, 북한이탈주민 인터뷰를 통해 축적된 자료는 지방경제 현황을 보여주는 데 적합하다.

이를 지적하는 것은 형해화된 지방경제와 달리 북한의 중앙경제가 정상적으로 작동한다고 주장하기 위해서가 아니다. 다만 지난 기간 동안 제약된 자원 배분에 있어 중앙과 지방에 미치는 영향이 차별적이었음을 상기하기 위해서다. 기업 거버넌스에 있어서도 중앙기업에 있어서는 당에 의한 지배와 '비정상의 일상화'가 두드러지며 지방기업에 있어서는 '생존을 위한 비정상성'이 만연해 계획과제로 중앙과제를 해결해야 하는 기업과 그렇지 않은 기업 간의 차이가 존재해 중앙-지방 기업 간 차이가 있음을 지적된 바 있다(박영자 외 2016).

분권화 제도 하 의무와 권한을 중심으로 지방정부의 행위를 검토하고 이에 따른 지방경제의 작동을 분석한다. 먼저 2012년 지방예산법 법제화 이후 확립된 지방재정체계의 특징을 서술한 데 바탕해 지방정부와 지방기업 등 행위자에게 주어지는 유인을 기술한다. 이후 현 제도적 유인이 각 행위자에게 미치는 효과와 이에 대한 행위자의 대응을 분석해 지방경제 작동의 메커니즘을 밝힌다.

III 북한의 지방경제

1. 분권화 체계의 재정유인

북한의 행정구역은 3단계로 직할시·특별시·도-시·군(구·구역·지구)[2]-읍·리·로동자구 3단계로 구분된다. 북한 지방행정의 핵심은

2 행정구역 개편 이후 현재는 1직할시(평양), 2특별시(라선, 남포), 9도로 이루어지며 시 산하에는 구역이, 도 산하에는 시·군이 편재된다. 북한의 각급 지방정부 공식 명칭은 인민위원회다.

군(郡)으로 1960년대 초부터 군 단위의 지역별 자립발전-자급자족 체제를 독려해 왔다(김일성 1982; 1985; 김정일 2009). 1962년 8월 김일성의 창성군 현지지도 이후 열린 '지방당 및 경제일군 창성 연석회의'를 계기로 군을 기본단위로 해 지방경제의 자립적, 종합적 발전을 추구하는 정책을 실행해 왔다. 지방행정기관인 군을 경제의 말단 지도기관이자 정치, 경제, 문화적 측면에서 도시와 농촌을 연결하는 거점으로 정식화된다.

군이 지역발전의 기본단위로 설정된 것은 지역 간 균형발전이라는 경제적 측면과 함께 전쟁 시 지역의 자급자족적 생존과 전투 수행이 가능하도록 해야 한다는 고려가 함께 했다. 군사적 고려 하에 "유사시 중앙의 지원 없이 생존이 가능"한 지역자립체제가 형성되었으며(김병로 2018, 45-48) 도는 중앙과 군의 관계를 조정하고 지방의 자립을 가능하도록 하는 전달자 역할을 맡았다.

지방경제는 "지방의 원천으로 지방적 수요를 보장하기 위한 경제"를 뜻하며, 지방의 원료원천을 '창조적 활동의 대상'으로 해 "국가에서 보장하는 원료자원에 의거한다면 지방경제라고 말할 수 없다"(심동명 2004, 20). 중소규모 지방공업을 비롯해 농업, 수산업, 상업 및 편의봉사 부문 등의 독립채산제 단위와 교육, 문화, 보건 부문의 예산제 단위가 지방예산 소속이다. 주민의 생계 유지에 필요한 식료품과 소세품 등이 지방에서 생산, 공급되며 교육, 보건, 행정 등 서비스가 지방에서 제공된다. 지방에 위치하더라도 양강도 무산광산 등 특급기업소는 중앙의 관리, 통제 하에 있어 지방경제에 해당되지 않으며, 지방유지금을 납부하는 외에는 지방예산과 무관하게 운영된다.

1974년부터 도 및 시·군 각 지방은 중앙으로부터 보조금을 받지 않고 자체로 벌어서 지방예산을 지출하도록 하고 남은 것은 국가에 반납하는 '지방예산제'가 실시되어 군 단위 지방경제의 발전은 가속화했다. 즉, 시·군 단위로 농업과 경공업 소비재 등 일상품이 자급자족되는 한편 지방예산제 실시를 통해 지방의 재정 수요를 충족하고, 국가의 보조 없이 자체적으로 지방경제를 운영하도록 했다.

위의 규정에도 불구하고 실제로는 국가 지원에 기대어 운영되었을 가능성이 높다. 북한 학자에 따르면 "전체 인민들의 모든 생활을 책임지고 돌보아야 할 사명을 지닌 국가가 뒤떨어진 군들에만 계속 투자를 집중할 수 없으며 그것은 오히려 전반적 인민경제 발전에 지장을 줄 수 있"(원종문 1998, 23)기에 군의 자력갱생이 필수적이라고 주장한다. 당시 "해당 단위 살림살이가 잘 되는가 못 되는가 하는 것은 전적으로 군 자체의 노력에 달린" 것임을 분명히 한 것으로 볼 때 실제로 이러한 언급은 2002년 이후 국가 지원이 축소된 분권화 조치에도 영향을 미쳤을 개연성이 높다.

〈표 8-2〉에서 보는 것처럼 1980년 이래 지방정부의 중앙정부 이전액 증가율은 지방수입 증가율보다 가파른 상태다. 지방수입이 증가한다 하더라도, 중앙 이전액이 증가할 뿐 지방에 유보되는 금액과는 무관해 지방정부는 지방예산 수입과 지출에 관심을 보일 필요가 없는 상태였다.

이러한 성격은 1990년대 경제 형해화로 지방의 자력갱생이 강요되며 더욱 강화된다(김병로 2018, 45-48). 사회주의권 붕괴와 자연재해로 인한 경제위기 이후 경제 운영에 있어 필수적인 전력 및 원자재 공급, 배급 등이 국가 우선순위에 따라 배분되면서 지방경제는 사실상 방치되기에 이른다(이무철 2005; 임도빈 외 2005; 임도빈·안지호 2012). 국가의 '선택과 집중의 결과'에 따른 "강제된 분권화", "강제된 자력갱생"(정세진 2004), "강제된 지역자립체제"(정영철 2002)가 수립된 것이다. 지방경제 운영을 책임진 지방정부는 국가 지원을 기대하지 못한 채 '스스로 살아나가야' 했으며 다수의 북한 주민 또한 동일한 상태에 놓였다.

북한은 1990년대 수차례 예산 제도를 손질했으나 지방경제 작동에 영향을 미치는 것은 아니었다. 당시의 제도 손질은 기업, 그 중에서도 생산재 기업에 초점을 맞춘 것이었다. 먼저 1990년대 초 지방인민위원회(이하 지방정부)가 집금소에서 지방에 위치한 기업의 예산수납을 맡아 중앙에 납부하는 지역별 예산수납체계를 수립했다(오선희 1994). 같은 시기 거래수입금 부과 범위를 소비재 외에도 생산재로 확대해 기업의 예산납부 부담이 가중되었다. 가격에 거래수입금이 포함되어 계산되어 예산 확보가 용이한 거래수입금 부과 대상을 확대해 보다 용이하게 재정을 확보하기 위한 일환이다. 대부분 소비재를 생산하는 지방기업의 경우 원자재의 각 거래단계별 예산납부액이 누적되어 상대적으로 더 많은 거래수입금을 내야 하는 불리한 상황에 놓였다. 따라서 지방정부로서는 자력갱생이 '강제'된 동시에 예산수납액 달성과 집금 의무는 늘어났다.

지역별 수납체제는 1998년 다시 부문별 수납체계로 복귀해 각 성이 산하 기업의 예산 납부와 생산 정상화 의무를 맡도록 변동되었다(고일동 2004a). 동시에 중앙예산과 지방예산을 분리해 과거와 달리 예산을 수금하는 지방정부의 부담은 감소했다(오승렬 2002, 36). 다만 지방기업의 경우는 이전과 동일하게 각급 정부 산하 공업부, 농업부, 무역부 등(박영자 2005, 303; 임도빈 외 2005, 139) 경제 부서가 기업 운영을 책임진다. 다시 말해 북한 지방경제의 원형에서 지방정부 책임 하에 지방기업이 납부하는 거래수입금과 국가기업이익금이 지방예산의 근간을 구성하며, 지방정부는 지방예산 수입과 지출을 맞추고, 남는 금액은 중앙예산에 납부하는 책임을 갖는다.

2. 7.1조치 이후: 권한 없는 의무

1990년대를 거치며 사실상 각급 기업의 생산이 중단되며 중앙과 지방 모두에서 재정 압박은 상당했을 것으로 추정된다. 1995-97년 중단되었던 예산 발표가 재개된 1998년 북한 예산수입액은 198억 원으로 1994년 예산수입액 416억 원의 절반 이하로 급감했다. 급감한 예산수입액은 2010년이 되어서야 '고난의 행군' 이전으로[3] 회복되어 사실상 그 이전까지 북한경제는 '잃어버린 20년'을 겪었다. 각급의 계획 형해화와 재정 압박 수준은 상이하겠으나, 재정을 비롯한 경제 전반의 비정상화는 분명하다.

이에 대응해 취해진 7.1조치를 재정 측면에서 재검토하면 국

3 『조선중앙연감』 각 연도, 북한원 기준. 달러 기준 통계청 북한통계정보에서도 1994년과 1997년 예산규모를 각 192억 달러, 91억 달러로 밝혀 절반 이하 급감은 동일하다. 7.1조치 전후 예산 차이를 13.01배로 계산하고, 각 연도 최고인민회의 증가율 발표를 적용해 계산하면 2010년 예산액이 1994년 예산수입액을 상회한다. 13.01배는 박재훈 전 재일(在日) 조선대학교 경영학부 교수 추정치. 2003년과 2004년 각각 조선중앙TV와 『로동신문』에서 발표된 예산금액, 예산증가율을 대조해 추정한 수치다. 추정 근거에 대한 내용은 이경수(2008) 참조.

가 보조를 줄이고 예산수납 대상을 확대한 것이 핵심이다. 무엇보다 가격 계산의 기준이 되는 쌀의 수매가격과 공급가격 간 차이를 없애고 주택, 전기, 수도 등 사용료를 현실화해 국가 재정 부담을 대폭 축소했다(강일천·공선영 2003, 135-136). 동시에 토지사용료, 부동산사용료를 신설하고 시장을 공식화함으로써 예산수납 대상을 확대하고 기업의 예산수납을 경상납부하도록 해 재정 정상화를 우선했다(김남기 2007; 박준호 2018).

7.1조치 하에서는 거래수입금과 국가기업'이익금'으로 이원화되었던 납부 체계를 국가기업'이득금'으로 일원화해 생산, 유통 부문과 무관한 단일한 예산수납체계를 수립했다. 과거 유통 부문은 제품 판매 시 거래수입금을 납부하고, 생산 부문은 순소득(수입-원가[생활비 포함])에서 국가기업이익금을 납부했으나 국가기업이득금은 번수입(판매수입-[원가-생활비])을 기준으로 일괄 납부하도록 징수 체계를 단순화했다.[4] 또한 기업의 경우 계획 수입뿐 아니라 계획외 수입에 대해서도 국가기업이득금을 납부하도록 해 납부대상을 확대했다.

거래수입금을 통한 납부와 인위적 가격 조정이 사라진 상태에서 재정 확보를 위해서는 국가기업이득금을 내야 하는 기업의 역할이 더욱 중요해졌다. 번수입 기준에서는 임금(북한의 생활비)이 비용으로 취급되지 않아 고정비용의 레버리지 효과가 감소하고, 기업의 번수입 증대를 촉진할 수 있어 재정 확보라는 국가의 이해관계

4 거래수입금과 국가기업이익금 비중이 마지막으로 확인된 1991년 기준 거래수입금이 예산수입의 46.5%로 가장 큰 비중을 차지했다(고일동 2004b). 1994년 생산재에도 거래수입금이 부과되어 그 비중은 더욱 늘어났을 것으로 추정된다.

와 기업소 자금 증대라는 기업의 이해관계, 임금 상승이라는 노동자의 이해관계를 일치시킨다는 성격을 갖는다(박준호 2018, 96).

예산납부에 있어서는 부문별 수납체계를 폐기하고 지역별 수납체계로 회귀해 지방정부가 해당 지역의 수납을 담당해야 해 행정적 의무 또한 늘어났다. 부문별 대신 지역별 징수체계로 복귀하면서 일반적인 재정분권 체제에 가깝게 변화했다.

지방재정과 관련해서는 크게 두 가지 조치가 취해졌다.

첫째, 지방의 중앙에 대한 재정적 의무를 강화했다. 과거에는 "납부방법에서 수입으로 지출을 보상하고 남은 돈을 바치게 하다나니 수입이 지출보다 적은 경우에는 바치지 않아도 무방한 것으로 해석되는 편향"이 발생했다. 이를 시정하기 위해 다른 지출 항목보다 국가납부를 우선시했다. 지방은 실제 예산수입과 무관하게 국가 납부를 우선적으로 실행해야 했다. 국가납부 및 지출을 진행한 나머지에 대해서는 "지방별로 국가에 바칠 몫만 규정해 주고 해당 집행단위가 자체로 수입과 지출계획을 세우도록"(오선희 2002, 42) 규정했다. 지방경제의 초과수입을 지방에 유보토록 해 지방정부에 경제적 유인을 부여한 것이다.

둘째, 중앙예산에서 지출하던 사회보험 및 사회보장사업비 또한 지방정부가 납부하도록 했다(오선희 2002, 42). 사회보험 의무를 지방으로 이전하면서 지방에 위치한 중앙예산 소속 기업의 지방유지금 납부률을 높여 지방 지출을 보조하도록 했으나 한정된 자원이 우선 투여되는 중앙기업의 가동률이 지방기업의 가동률보다 높다고 볼 때, 지방정부의 재정적 의무 또한 과거보다 늘어났다.

요컨대 지방정부에 대해서 국가 수납 의무가 강화된 반면 이를 충족할 경우 나머지 금액은 지방정부가 자체적으로 지출할 수 있으며, 지방에서 수립되는 재정계획에 대한 구속력도 부여하지 않아 자율성을 부분적으로 부여했다.

지방정부의 계획 수립과 수정이 허용되면서 지방정부와 기업은 계획과 무관한 경제활동을 통해 부족한 자원을 확보할 수 있었다. 단일한 예산체계 하에서 국가기업이득금을 납부하는 대상은 생산과 서비스 부문 국영기업과 협동단체의 계획 및 계획외수입이며, 지방기업의 예산 몫을 수납하는 역할은 지방정부에 맡겨졌다. 또한 국가 투자 없이 진행되는 생산, 경영활동에 대해서는 한시적으로 국가기업이득금 납부를 유예하고(국가예산수입법 2005, 제17조), 시, 군과 기업이 새로 마련하는 고정재산에 대해서는 감가상각금을 면제하고(제30조), 새로 개간한 부업·원료·외화벌이기지에 대해서는 3년간 토지사용료를 면제해(제35조) 지방정부가 새로운 수입을 모색하고, 스스로 투자를 단행하도록 독려했다.

지방정부는 일차적으로 '법적으로 규정된' 국가예산금액을 납부해야 하며, 이를 위해서는 지방예산수입 중 큰 부분을 구성하는 지방기업의 국가기업이득금을 증대시켜야 하며, 지방 예산으로 계상되는 중앙기업의 지방유지금 납부가 원활히 이루어지도록 지원해야 한다. 중앙 납부금액을 확보하는 것이 일차적인 상황에서 지방정부와 지방기업은 어떻게든 납부금액을 충족시켜야 한다는 이해관계만 공유한다.

권한이 확대되지 않은 상황에서 의무를 달성하기 위해 지방정부가 합법적으로 할 수 있는 경제행위는 많지 않다. 지방기업을 정상화시켜 국가기업이득금을 확대하는 것이 유일한 방법이다. 특히 시, 군이 '국가투자 없이' 자체적으로 투자를 단행하거나 신규 부업·원료·외화벌이기지를 확보할 경우 혜택을 받으므로 국가기업이득금 납부 대상을 확대하는 효과적인 방안이 될 수 있다. 지방기업의 가동률이 저조해진 상황에서는 어떤 방식을 통해서든 산하기업에 할당된 국가기업이득금을 납부하는 것이 일차적인 목표가 되고 자원 부족 상황에서 지방정부와 기업은 개인과 공모하여 기관, 기업소의 투자를 받고, 개인에게 위탁해 외화벌이 기지를 추가 개척하거나, 기업 정상화가 불가능한 상황일 때 소속 기업이 일정 금액만 납부하고 출근하지 않는 8.3 노동자가 증가하는 등으로 국가에 납부해야 하는 '국가기업이득금'을 확보했다. 즉, 국가가 부여한 의무를 달성한다는 대전제하에 '일탈'은 지방의 각 경제행위자의 이해관계가 중첩되는 전략적 행위로서 실시된다.

또한 합법적으로 허용되는 개인 경리활동, 예컨대 시장 매대수의 증가 등으로 시장관리소의 수입금을 증대하는 것 또한 지방예산 증대효과를 갖는다. 시장과 시장화의 확대가 일반 주민의 '아래로부터의' 생존 전략인 동시에(양문수 2016; 김병로 2018) 지방정부의 적극적인 포섭 하에, 다시 말해, 일탈을 통해서라도 의무를 완수해야 한다는 이해관계 하에 추진되었으며, 지방정부는 경쟁적으로 지방 단위의 사적 경제행위를 증대했다. 이에 따라 지역 단위로 활성화된 북한의 시장화는 '분절적 시장화'로 지칭된다(김병로 2018). '분절적 시장화'는 지역 간 이동의 자유가 제한된 데 따른 한계를 지적한 것이나 재정 측면에서 재해석하면, 지방정부와 지방기업의 '공모' 하에 분절성을 유지하려 할 가능성이 높다. 외부 경쟁을 배제하고, 자기 단위 중심으로 자원을 분배하는 것이 지방정부에 있어서는 합리적인 행위이기 때문이다.

IV 지방 분권화: 의무와 권한

1. 수직적 분권화

2000년대 이후 지방예산은 비교적 안정적으로 운영된 것으로 나타난다. 앞의 〈표 8-1〉에서 보듯 지방예산 관련 수치가 처음 발표된 것은 2005년으로 북한 당국은 전국적으로 155단위가 지방예산을 초과수행했다고 밝혔다. 2006년부터 국가예산 초과수행률은 1% 내외에 불과한 반면, 지방예산 초과수행률은 2018년 이전까지 대부분 10%를 상회해 국가재정 공고화에 지속적으로 기여했다. 계획을 초과수행한 지방예산수입액이 국가예산에 귀속되지 않으므로, 국가의 자원 확보 능력보다 지방정부의 자원 확보 능력이 보다 효과적으로 증진되었다 할 수 있다.

그러나 앞서 살펴본 것처럼 초과수행 자체는 지방기업의 공적 정상화보다는 사적 경제행위를 독려하는 방식으로 진행되었을 가능성이 높다. 국가기업이득금과 부동산사용료 증가에 따라 예산수입이 늘어나므로, 국가기업이득금 납부 기준이 되는 계획외수입 확대와 부업·원료·외화벌이기지 신설에 따른 토지사용료 증가, 시장관리소 등 지방예산 소속 신규 기업소 증가 등이 예산수입 증대를 가져왔을 것이다.

북한 지방정부에 있어서는 재정 의무만 강화되었을 뿐, 예산

표 8-2. 2005-2020 북한 예산수입 항목별 증가율(%, 발표 연도 기준)

	'05	'06	'07	'08	'09	'10	'11	'12	'13	'14	'15	'16	'17	'18	'19	'20*
거래수입금	-	-	-	-	-	-	-	7.5	3.5	4.5	2.6	3.3	2.4	2.5	4.1	1.1
국가기업 이익금	13.5	7.2	6.4	4.7	5.8	7.7	-	10.7	6	7.9	4.3	4.5	3.5	3.6	4.3	1.2
협동단체 이익금	8.4	23.2	4.5	0.4	3.1	4.2	3.8	5.3	5.3	4.8	3.2	1.5	1.6	0.9	1.1	0.4
감가상각금	-	1.8	9.6	2.6	6.1	-	1.4	2.3	2.8	-		-	-	-	-	**
부동산 사용료	-	12.0	15.4	3.1	3.6	2.0	0.7	1.9	3.4	9.5	4.3	4.0	2.0	1.8	0.3	0.1
사회보험료	3.0	41	15.1	1.1	1.6	1.9	0.4	1.7	-	5.1	2.8	1.1	1.2	1.2	0.2	0.0
재산판매 및 가격편차 수입금	-	-	-	1.7	-	-	-	-	-	-	-	2.4	1.4	2.5	1.1	0.3
기타 수입	-	0.9	-	-	-	-	-	-	-	1.7	0.8	1.3	1.2	0.8	0.5	0.2
경제무역 지대 수입	-				-	-	-	-	-	5.1	3.6	4.1	1.2	2.5	1.6	0.3

* 2020년 국가투자고정재산감가상각금은 국가예산으로 이용. 증가율은 미발표.

** 거래수입금과 국가기업이익금을 합해 국가예산 수입총액의 83.2% 차지.

출처: 필자 정리. 최고인민회의 각 연도 예결산 보고, 『로동신문』 각 연도.

수입 기반을 확대, 공고화하기 위한 권한은 제한적이었다. 지방경제 행위자는 1990년대 단계별 누적효과를 갖는 거래수입금 납부를 통해, 2000년대는 예산수입계획 초과달성을 통해 국가 재정 확보에 기여해 왔으나, 지방경제의 범위와 지방정부의 권한은 증가하지 않았다. 결과적으로 지방에 대한 지원 없이 최대한의 자원을 추출하는 구조를 띠게 되었고, 지방 층위에서는 정부와 기업이 시장화를 통해 자원을 확보하는 방식을 띠게 된 것이다.

지방정부가 지출과 수입 두 측면 모두에서 상대적 자율성을 갖게 된 것은 2012년 이후에서야 가능했다. 국가 납부 의무를 충족시키기 위해 민간자원을 추출하는 외의 권한과 자원이 부재했던 것과 달리 예산수입을 확대할 수 있는 다양한 방법이 허용되기 시작한 것이다. 2012년 지방예산법이 신설되고, 2014년 5.30조치, 2015년 기업소법 개정(제정은 2010년)을 통해 기업 자율성이 확대되고 지방정부 또한 적극적인 대외연계를 모색하게 되었다. 일련의 '체제내 개혁' 조치 이후 〈표 8-1〉에서 확인하는 것처럼 2014년 이후 17% 이하를 유지하던 국가예산 중 지방예산이 차지하는 비중이 지속 증가하고 있어 조치가 지방경제 활성화에 미치는 영향을 확인할 수 있다.

2012년 처음 제정된 지방예산법에서는 예산제약이 명시적으로 강화되었다. 국가예산법과 별도로 법제화된 지방예산법은 군을 기본 단위로 해 국가 및 지방납부금을 법제화한다. "지방예산수입 초과 수행시 물질적 우대와 혜택"(제10조)를 부여하는 한편 기본건설자금과 인민적시책비는 "부족자금은 중앙와 도예산에서 필요자금을 보장받을 수 있다"(제35조)고 적시했다. 다시 말해 지방 인프라 정비와 지방주민 생활 보장이라는 기본 사회서비스 외 사업에 대해서는 윗기관의 보조 없이 지방경제를 운영해야 하는 것이다.

일반적으로 강한 지방 재정은 지방정부 이익과 지역경제 성장을 일치시키는 긍정적 효과를 갖는다. 반면 강한 지방 재정은 지방정부의 비효율적 경제 운영을 부추기기도 한다. 지방정부가 과시적이거나 비효율적으로 지방 재정을 운용해 지방 이익을 추구하면서 재정 적자에 대해 책임지지 않는 연성예산제약 현상이 나타날 수 있다. 중앙 구제가 이루어지리라는 기대감에 따라 효율적 재정 운영이 이루어질 필요를 체감하지 못하는 것이다(Rodden et al.

2003; Vigneault 2005).

2012년 처음 만들어진 북한의 지방예산법은 예산수입 부족 시 중앙의 구제를 배제한다는 점에서 지방정부가 갖는 수직적 연성예산제약을 강화했다. 중앙의 재정 투입에 대한 기대감을 낮추는 한편 기존의 행정적 처벌 대신 '연체료'라는 경제적 처벌을 도입해 과거보다 강한 재정 의무를 부여했다. 이에 따라 지방은 스스로 지방재정을 책임져야 하며, 따라서 지방 자원 유무에 따라서 지방 간 격차가 발생하게 된다. 재정 분권화에 상존하는 중앙-지방 간 수직적 재정 불균형과 지방 간 수평적 불균형 문제(이준구·조명환 2018, 736-738) 중 후자의 문제에 대한 고려는 존재하지 않으며 지방이 자체적으로 문제를 해결해야 한다는 접근을 우선한다.

자체적인 문제 해결을 위한 방법은 상세히 규정하고 있다. 법적으로 지방원료에 의한 생산액 비중을 60% 이상 보장하도록 명시하며(제25조) 봉사료수입금 비중이 20~30% 이상(제28조) 되도록 했다. 지방정부 입장에서는 원자재 비중을 높이기 위해서 '놀고 있는 땅'에 원료기지를 설치해 토지이용률을 높여야 하며, 이는 곧 부동산사용료 증대와 연결될 수 있어 최우선적인 과제가 된다. 추가 투자 없이 비교적 용이하게 기존 인적자원을 투여할 수 있는 원료기지 개발과 서비스업 발전을 일종의 지침으로 제시한다. 북한에서 사적 경제행위가 가장 발달한 분야는 식당과 상점을 필두로 한 광의의 서비스업인 점(양문수 2016, 128)은 지방예산법의 규정과도 일치한다.

2. 수평적 분권화

따라서 작동되지 않는 국영 식당이나 상점을 민간에 대여해 운영하는 방식이 증가한 것은 지방정부의 의무 달성과 민간의 이익 추구가 맞닿는 지점이 된다. 실제 2018년 진행된 비사회주의그루빠(비사) 단속에서 핵심은 "개인상점을 공식적으로 등록"(북한이탈주민 인터뷰1 · 회령 · 2019)하는 것으로 상점 폐쇄로 개인의 사적 경제행위를 금지하는 것이 아니라, 경제행위의 공적 관리를 의도하는 것이다. 지방정부 입장에서는 법적으로 규정된 의무를 위해 민간의 경제행위를 포섭(co-optation)해 공적으로 관리해 예산 확보를 추구하는 것이다.

동시에 하위 단위의 대외연계를 폭넓게 허용해 자원 확보가 가능하도록 했으며, 이는 정부와 기업이 경쟁적으로 대외연계 확대를 추구하는 유인으로 작용한다. 먼저 기업에 무역과 합작 권한을 부여해 판매수입을 확대할 수 있는 통로를 추가했다. 5.30조치 이후 전체 계획지표의 30%에 해당하는 중앙지표 외 70%는 기업소지표로 수립하며, 각 기업은 계획권, 생산조직권, 제품개발권, 품질관리권, 판매권, 무역 및 합영합작권, 가격제정권, 재정관리권을 갖고 스스로 계획부터 판매까지 책임지게 되었다. 또한 국가지표를 생산하는 기업에 대해서는 국가 자재공급과 투자가 이루어지지만 나머지 기업에 대해서는 국가투자가 배제되며, 전적으로 예산을 통해 공급되던 유동자금도 '새로 조직된 기업체와 주요 기업'를 제외한 나머지 기업은 자체충당금과 감가상각금[5]을 이용해 스스로 마련하도록 변경되었다. 모자라는 경우에는 은행에서 대출하거나 주민화폐를 동원해야 한다(강철수 2016). 지방정부가 산하 기업에 공급하던 유동자금 지출이 감소해 주요 기업과 신규 기업 창설에 자원을 집중할 수 있는 조건이 마련된 것이다.

특히 기업이 자율적인 판단 하에 대외연계를 추구할 수 있게 되어 지방경제 활성화를 위한 '합법적'인 영역이 대폭 확대되었다. 실제 양강도 혜산의 경우 지방기업 중 가동이 제대로 이루어지는 경우는 대부분 중국과 합작하거나 투자 받은 경우로 알려지며(북한이탈주민 인터뷰2 · 혜산 · 2019) 인민위원회 무역부가 중국에게서 원자재를 받아 각 가정에 임가공을 위탁, 생산한 이후 수출하는 초물사업소(밀짚모자 생산)를 운영 중이다(북한이탈주민 인터뷰3 · 혜산 · 2020). 2019년부터 구조화된 것으로 추정되는(이석 외 2020) 대북제재의 실질적 타격을 조금이나마 완화하기 위한 지방 경제단위의 자구책일 가능성이 있어 향후 추세는 면밀한 관찰이 필요하다.

나아가 도 인민위원회에 경제개발구 설립 권한을 부여해 계획 작성부터 개발기업 선정까지 스스로 맡아 하도록 했다(경제개발구법 2013). 경제개발구 설립은 "(개발구) 지역에 창설된 기업을 통해 해당 지역뿐 아니라, 인접 지역에서도 경제발전이 빠르게 가능"하도록 대내외 연계를 활성화하려는 의도다(리명진 2015 75). "무역항이나 국경(도로 철도)를 통한 대외연계에 유리"한 지역에 위치한 각 도 지방급 경제개발구는 지방 차원의 대외연계를 확대한다는

5 2002년 7.1조치 시 기업에 유보되어 기업 자율성 확대에 기여했던 감가상각금은 2006년부터 국가예산으로 재회수되었으며, 2014년 다시 기업에 유보되었다. 기업에 유보된 감가상각금은 일시적으로 유동자금으로 이용할 수 있어(정광영 2014) 기업의 재무자율성 확대에 기여한다. 2020년 감가삼강금은 다시 국가예산으로 회수되어 현 시기 재정 확충 필요성이 늘어났음을 시사한다.

의도를 보여준다. 요컨대 시군 지방정부와 기업 모두에서 대외연계를 통해 자원을 확보하기 위한 노력이 다각도로 이루어지고 있으며, 도 경제개발구 설립은 대외연계를 통한 경제 활성화를 지방 수준에서 실현할 수 있는 전략의 하나로 위치하게 된다.

V 성과와 부작용: 도의 역할

재정 유인의 변화 속에서 지방정부와 기업은 경쟁적으로 개인의 사적 경제행위를 포섭하고, 상호 연합을 통해 자원 부족을 보완하는 한편, 무역부 산하 사업소를 통해 중국의 임가공 주문을 받거나 대외투자를 유치하는 등으로 대외연계 강화를 기회로 삼고자 했다. 지방정부와 기업 모두 국가에 의한 유동자금 공급을 더 이상 기대하지 못하는 상황에서 예산제약이 강화되었고, 스스로 해당 단위의 경영을 책임지는 상황이 발생한 것이다. 이미 7.1조치 이후 개인 간 격차가 확대된 데 이어 기업 간 격차가 확대될 수 있다. 또한 대외연계 확대가 내핍된 자원을 보완하는 전략으로 자리 잡게 되면서 대외연계가 가능한 지방과 그렇지 않은 지방 간 격차 또한 대폭 확대될 수 있다.

자원과 역량을 보유한 기업과 그렇지 않은 기업 간의 차이가 벌어지게 된다. 나아가 재원을 확보할 수 있는 기반이 부족하고 대외연계를 통한 추가 자원 확보 여력이 없는 지방은 악순환에서 벗어나기 어렵다. 기업과 지방 모두에 있어 예산제약이 강화되어 각 행위자 수준에서는 비효율성 제거를 유인할 수 있다. 연성예산제약의 상대적 강화는 개인과 기업, 지방 수준에서 '평균주의적 분배'를 배제하는 효과를 갖고, 행위자 각각이 비효율성을 제거하도록 유인할 수 있으나 행위자 간, 즉 기업 간, 지방 간 격차 확대는 불가피하다. 오히려 기업 간, 지방 간 경쟁이 격화되면서 '지방 이기주의', '기관 본위주의' 현상은 커질 수 있다. 지방별로 경쟁적으로 쉽게 투자대비 성과가 회수되는 부분으로 중복투자하거나 단기 이익 추구가 우선시되어 효율성을 더욱 저하시킬 수 있다(정영철 2002, 120).

그간 북한의 조치는 중앙 납부를 우선하는 방식으로 예산수납 제도를 손질하는 것이었다. 중앙이 보유하는 자원은 확대하고, 지출해야 하는 범위는 축소해 중앙이 선택과 집중할 수 있는 역량을 강화한 것이다. 지방경제에 있어서는 예산제약 강화, 대외연계 권한 부여로 각 지방별로 '각개약진'을 위한 유인을 설정해 지방경제 활성화에 대한 이해관계를 갖도록 했다. 국가경제와 지방경제를 보다 분리해 중앙의 투입을 경제적 측면은 물론 행정적 측면에서도 축소했다.

통제 측면에 있어서도 중앙의 기능을 도 단위로 일부 이전했다. 시, 군을 단위로 해 온 지역정책을 변경해 중앙과 시, 군 사이에 위치한 도의 기능을 확대 부여해 통제를 분권화한 것이다. 현재 도는 과거 중앙 국가계획위원회가 계획 전반을 관리하던 권한의 일부를 분담해 조정 역할을 담당한다. 중앙에서는 도 단위로 공업 총생산액, 기본건설투자액 등의 종합 지표와 필요에 따른 지표 몇 가지만을 지정하고, 나머지는 도, 시, 군에서 결정하도록 했다(한규수 2013). 도는 도급 주요 지표 결정과 생산을 맡고, 도 산하 시, 군에 지표별 지방지표를 하달하면서 도가 통제와 관리의 중간 관리자 역할을 부여한 것이다. 국가지표 경우에도 월별 계획은 도에서 분할하도록 해(한규수 2013; 강성남 2016) 도가 산하 지방을 포괄하는 조정 기능을 하도록 했다.

앞서 살펴본 비효율성과 격차 확대라는 두 가지 문제에 대해서도 도의 대응을 강조한다. 첫째, 도별로 '특산물 생산지표'를 설정해 관리하도록 했으며(백금철 2019, 19), 군별로 생산된 군 특산품은 도 전체에 공급되도록 했다(고인호 2017, 20). 군별로 생산을 전문화해 지방 간 경쟁이 특정 품목에 집중되는 것을 방지한 것이다. 생산 측면에서뿐 아니라, 유통 측면에 있어서도 종합시장과 물자교류시장을 도적으로 연결하고, 이후 전국적으로 연결해 공식 유통망을 관리한다는 구상을 내놓았다(조길현 2018). 지방 이기주의에 따라 분절화된 유통을 연결해 효율성을 증진하는 조치로 볼 수 있다.

특히 지방별로 설립된 상업은행 운영에 있어서도 지방 간 경제행위의 분절을 완화할 필요성을 반영한다. 각 상업은행은 지역 내 화폐유통 전반을 책임져 지역별로 발권계획을 수행하고, 현금수입이 지출을 초과하는 경우 다른 지역으로 이전해 지역 내 현금유통량을 조절하게 된다(장경식 2015; 한영철 2015). 상업은행 간, 지역과 지역 사이 현금유통량을 조절하게 되어(고금혁 2017; 남석춘 2017) 지역 간 현금유통량을 관리해 인플레이션을 방지하려는 것이다. 상업은행 설립은 주민 현금을 흡수하기 위한 조치의 성격이 강조되나(이석기 외 2018; 양문수 2014) 지역별 현금유통량 조절 또한 은행의 주요 기능으로 적시되며 예산 수입과 지출 시 은행과 지방정부 간 협의가 이루어진다는 점은 재정 통제가 금융적 방식으로 변화한 점을 명시적으로 보여준다.

다만, 이러한 장치가 지방 간 격차 확대와 비공식 경제로의 쏠림 현상을 어느 정도 제어할 수 있을지는 불투명하다. 도 상업은행 설립 등의 금융제도 정비를 통해 통제 '방식'을 변화시켰음에도 불구하고, 여전히 방점은 '통제'에 집중되어 있다. 또한 도 차원의 통제 분권화는 지방경제의 분절과 비효율성을 제거하는 데는 기여할 수 있으나, 추가적인 자원 투입은 배제되어 있기에 격차 확대에 대응하려는 시도는 찾기 힘들다. 삼지연, 원산 등 일부 지방의 현대화에 중앙예산이 투입되고 국가적인 힘을 기울이는 것을 제외하면 나머지는 지방의 '자체 노력'에 맡겨져 있다. 자원이 부족한 지방, 특히 대외연계를 통한 추가적인 자원 확보가 불가능한 지방경제의 활성화를 달성할 만한 조건은 여전히 미비하다. 평양 외에도 혜산, 중강군 등 지방에서도 살림집 건설과 재개발이 실시되는 등(이종석·최은주 2019, 68-71) 지방경제의 회복도 일부 관찰된다. 그러나 접경지역과 도 소재지를 제외한 소도시 및 농촌은 여전히 큰 변화를 보이지 않아 자원 접근성에서 발생하는 지방 간 불균형을 해소하기에는 역부족이다.

지방 격차를 완화하기 위해서는 국가의 자원 투입이 전제되어야 한다. 일반적으로 재정 분권을 실시하는 국가는 지방세와 국세를 분리한 데 더해 일정한 기준에 따라 교부금, 보조금을 집행해 재정 결함을 보조한다. 북한의 경우 지방경제 제도화를 통해 지방정부의 의무가 권한에 비해 과중했던 데서는 벗어났으나 지방 간 격차 발생은 묵인하는 상황이다. 향후 중앙의 저개발 시·군 지원이 강화되거나 지방채 발행이나 정부 간 대출 허용으로 지방정부의 자원 확보 통로가 추가되지 않고서는 균형적인 국가경제 발전은 힘들며, 나아가 격차의 확대로 사회, 정치적 불안정을 야기할 가능성도 배제할 수 없다. 지방정부가 자기 단위의 경제성장을 책임지도록 한 북한의 현 제도가 간과하고 있거나, 문제를 인지하면서도 국가재정 여력이 없는 상황에서 방기되는 지점이다.

VI 결론

본 연구는 2000년 이후 현재까지 재정체계를 중심으로 북한 지방경제의 변화를 검토했다. 지방경제의 주요 이해관계자인 지방기업과 지방정부를 중심으로 제도 변화를 파악하고, 제도적 유인을 살폈다.

의무 수행에 급급하던 지방정부의 경제 운용은 2012년 지방예산법 신설, 2013년 지방급 경제개발구 설립, 2014년 5.30조치 실시에 따른 대외연계 권한이 부여되며 의무와 동시에 '권한'이 보다 확대되는 단계로 돌입했다. 각급 기업에 대외 수출과 합영합작 권한이 부여되고, 도급 정부가 독자적으로 해외투자를 유치할 수 있게 되어 대북제재 강화라는 변수를 제외하면 도 이하 각급 정부가 부족한 자원을 확보할 수 있는 통로가 마련된 것이다. 지방정부는 시장화의 확산을 통해서도, 대외연계 강화를 통해서도 자원을 확보할 수 있게 되어 지방경제를 스스로 활성화할 수 있는 기회가 증대되었다.

이에 따라 중앙은 국가경제 운영이라는 전략적 방향 설정에 집중하고, 지방경제는 각 지방정부에 책임지는 방식이 자리 잡았다. 평성과 혜산, 신의주 등 일부 도시는 신규 건물이 대거 건설되는 등 일부 가시적인 성과도 보이나, 각 지방의 자율적인 경제행위 확대에 대한 유인은 마련되었지만 재정 유인이 지방이기주의, 본위주의로 이어져 국가적 비효율이 확산될 가능성도 확대되었다. 또한 개인의 사적 경제행위가 활발하지 않아 지방정부의 포섭 가능성이 제한되거나, 대외연계를 실현할 수 없는 지방의 경우는 자원 부족에 대응할 수 있는 수단이 많지 않다. 북한의 경우 거주 이전의 자유가 제한되어 '지방 소멸'에 대한 우려는 크지 않으나, 지방 간 '부익부 빈익빈'이 증가하고 지방정부가 제공하는 서비스 격차가 커질 가능성은 상존한다.

중앙과 지방의 경제운영 범위를 구분하고 경제 분권화를 확대한 일련의 조치는 중앙 자원의 효율적 이용을 가능케 하는 측면이 있다. 중앙 투입과 지출을 최소화함으로써 중앙의 선택과 집중을 가능케 하는 것이다. 7.1조치와 5.30조치를 통해 기업 간 경쟁을 도입한 것과 유사한 방식이다. 지방 간 경쟁을 도입하고 지방정부에 성장을 위한 유인을 부여했으나 지방 성장이 가시적으로 드러나는 지역은 일부에 불과하다. 격차를 수정할 수 있는 기제가 존재하지 않는 상황에서는 장기적으로 국가 전체적인 비효율 누적에 대한 대응이 필요한 상황이다.

북한은 통제를 도 단위로 분권화하고, 금융 개혁을 병행해 지방 간 유통과 흐름을 원활히 하는 조치를 취했다. 시, 군과 중앙 사이에 도를 두어 국가계획 분할, 유통 조절 및 전문화, 현금유통 조절, 지역 경쟁 추진 등을 도급의 의무로 부여했다. 이는 경제적 분절을 완화하는 기제로 작동할 수 있으나 격차 완화에 대한 대응이라기보다는 지방 이기주의에 따른 비효율성을 제거하는 데 무게를 둔다. 또한 금융의 역할을 높이는 '방식'을 도입했음에도 불구하고, 여전히 방점은 '통제'에 집중되어 있어 그 효과를 낙관하기 힘들다. 재정 유인의 변화가 의도한 지방경제 성장을 순조로이 이끌어낸다 하더라도, 지금까지 고려되지 못한 균형을 염두에 둔 추가적 조치가 필요한 이유다.

북한은 2021년 8차 당대회 사업총화 보고를 통해 "지방의 자립화 강화"를 경제발전 5개년 계획의 과제 중 하나로 제시했다. "관광산업 활성화" 또한 과제로 꼽았다. 원산·금강산국제관광지구를 제외하면 관광사업은 도별 관광기관에서 진행하고 있어 지방의 역할이 높아질 것으로 보인다.[6] 지방정부·기업의 자력갱생, 경쟁력 증진에 대한 기존 정책을 이어간 것이되 2016년 7차 당대회시 경제발전 5개년 전략(2016~2020)에서 별도 언급이 없던 '지방'을 거론해 보다 적극적인 지방의 역할을 주문한 것이다. 이와 동시에 효율적인 자원 배분과 격차 축소에 대한 정책 또한 보다 적극적으로 병행되어야 하는 시점이다.

6 북한의 관광 관련 기관은 중앙 기관으로 국가관광총국, 조선국제여행사, 국제청소년여행사, 조선국제체육여행사, 조선국제태권도여행사가 있고 지방 기관으로 묘향산여행사(평안북도), 백두산여행사(양강도), 칠보산여행사(함경북도), 원산여행사(강원도), 라선국제여행사(라선시)가 운영되고 있다. 내나라 '관광', '관광봉사'소개. http://naenara.com.kp/main/index/ko/tourism (검색일: 2021.1.10).

참고문헌

강성남. 2016. “위대한 령도자 김정일동지께서 사회주의경제관리의 개선완성에서 쌓아올리신 불멸의 업적.” 『김일성종합대학학보(철학, 경제학)』 2.

강일천·공선영. 2003. “「7.1경제관리개선조치」 1년의 평가와 재해석.” 『통일문제연구』 15(2).

강철수. 2013. “현실발전의 요구에 맞게 경제지도와 관리를 개선하기 위한 회계계산방법론을 확립하는데서 나서는 문제.” 『김일성종합대학학보(철학, 경제학)』 2.

______. 2016. “사회주의기업체들에서 류동자금 보장조직의 중요요구.” 『경제연구』 3.

경제개발구법. 2013. 최고인민회의 상임위원회 정령 제3192호.

고금혁. 2016. “현시기 은행기관들을 상업은행화하는데서 나서는 중요한 문제.” 『김일성종합대학학보(철학, 경제학)』 4.

고인호. 2017. “지방경제를 특색있게 발전시키는 것은 시대와 혁명의 요구.” 『경제연구』 3.

고일동. 2004a. “북한 재정위기의 본질과 세입관리체계의 변화.” 『KDI 북한경제리뷰』 10월호.

______. 2004b, 『북한의 재정위기와 재정안정화를 위한 과제: 경제순환구조의 마비에 따른 세입체계의 붕괴를 중심으로』, 서울: 한국개발연구원.

국가예산수입법. 2005. 최고인민회의 상임위원회 정령 제1183호.

기업소법. 2010. 최고인민회의 상임위원회 정령 제1194호. 2014.11.5 정령 제228호로 수정보충 2015.5.21 제517호로 수정보충.

김국명. 2019. “사회주의사회에서 상업은행들의 지불준비금설정에서 나서는 몇가지 문제.” 『경제연구』 2.

김남기. 2007. “7.1 경제관리개선 조치 이후 북한 재정체계의 변화에 관한 연구.” 경남대학교 북한대학원 석사학위논문.

김병로. 2018. 『북한, 조선으로 다시 읽다』. 서울: 서울대학교출판문화원.

김성일. 2017. “경제발전의 속도와 균형조종에서 계획공간의 합리적리용.” 『경제연구』 2.

김영남. 2014. “유휴화폐자금동원을 위한 경제조직사업을 개선하는데서 나서는 중요문제.” 『김일성종합대학학보(철학, 경제학)』 4.

김일성. 1982. “군의 역할을 강화하며 지방공업과 농촌경리를 더욱 발전시켜 인민생활을 훨씬 높이자.” 『김일성저작집 16』. 평양: 조선로동당출판사.

______. 1985. “지방예산제를 더욱 발전시킬 데 대하여.” 『김일성저작집 30』. 평양: 조선로동당출판사.

김정일. 2009. “사회주의 건설에서 군의 위치와 역할.” 『김정일선집 1(증보판)』. 평양: 조선로동당출판사.

김혜성. 2010. “지방회계는 지방예산제의 정확한 실시를 위한 중요수단.” 『경제연구』 3.

렴병호. 2019. "현시기 경제관리를 합리화하기 위한 경제적공간의 리용." 『경제연구』 2.
리명진. 2018. "금융봉사정보체계구축에서 나서는 중요한 문제." 『김일성종합대학학보(철학, 경제학)』 3.
문장순. 2014. "1990년대 이후 북한 지방역할의 변화: 군(郡)을 중심으로." 『대한정치학회보』 22(2).
박성호. 2000. "새로운 국가예산수납체계의 특징과 우월성." 『경제연구』 4.
박영자. 2005. "북한 지방국가기관의 구조와 운영실태-중앙권력의 이중통제 지속과 아래로부터의 변화." 『한국정치학회보』 39(5).
박영자·조정아·홍제환·현인애·김보근. 2016. 『북한 기업의 운영실태 및 지배구조』. 서울: 통일연구원.
박유성. 2012. "현시기 국가예산자금의 분류기준과 주요내용." 『김일성종합대학학보(철학, 경제학)』 2.
박준호. 2018. "7.1경제관리개선 조치를 통한 예산수입제도 개편에 관한 연구-과세당국과 납세자 간의 상호작용을 중심으로." 『북한연구학회보』 22(1).
박혁. 2016. "축적과 소비의 균형의 법칙을 정확히 구현하는 것은 사회주의재정의 중요한 임무." 『경제연구』 1.
백금철. 2019. "지방경제를 발전시키는것은 인민생활을 끊임없이 발전시키기 위한 현실적방도." 『경제연구』 2.
심금주. 2017. "현 시기 지방별 현금류통책임제집행에 대한 평가에서 나서는 몇 가지 문제." 『경제연구』 1.
심동명. 2004. "지방경제의 본질과 그 구조적내용." 『경제연구』 2.
양문수. 2010. "북한정부는 시장화를 관리할 수 있는가: 시장화 촉진기와 억제기의 비교분석 결과 및 시사점." 『통일정책연구』 19(1).
______. 2014. "김정은 시대 경제정책의 변화 가능성: 새로운 '경제관리방법'을 중심으로." 『한국과 국제정치』 30(1).
______. 2016. "김정은 시대 북한의 경제개혁 연구-중국과 비교의 관점." 『아세아연구』 59(3).
오선희. 1994. "거래수입금의 제정 및 적용에서 제기되는 몇 가지 문제." 『경제연구』 3.
______. 2002. "지방예산편성을 개선하는 데서 나서는 몇 가지 문제." 『경제연구』 2.
오승렬. 2002, 『북한경제의 변화: 이론과 정책』. 서울: 통일연구원.
원종문. 1998. "우리 나라에서 군들 사이의 경제적차이와 그 소멸의 조건." 『경제연구』 4.
이무철. 2004. "북한의 지역자립 구조와 행정적 분권화의 한계." 『통일문제연구』 41.
______. 2005. "북한의 중앙·지방관계: 중국과의 비교." 『국제정치논총』 45(4).
이석. 2020. "총론: 2019년 북한의 거시 경제 평가와 2020년 전망." 『KDI 북한경제리뷰』 1월호.
이석기·권태진·민병기·양문수·이동현·임강택·정승호. 2018. 『김정은 시대 북한 경제개혁 연구-'우리식 경제관리방법'을 중심으로』(연구보고서 No. 2018-869). 서울: 산업연구원.

이종석·최은주. 2019.『제재속의 북한경제, 밀어서 잠금해제』. 서울: 세종연구소.
이준구·조명환. 2018.『재정학』(제5판). 고양: 문우사.
임도빈·안지호·현주. 2005. "북한 지방행정기관에 대한 연구: 지방인민위원회와 협동농장경영위원회를 중심으로."『행정논총』 53(4).
임도빈·안지호. 2012. "북한의 지방행정 두텁게 이해하기(thick understanding): 시·군을 중심으로."『한국지방자치학회보』 24(3).
장경식. 2015. "위대한 령도자 김정일동지께서 독창적으로 밝히신 지방별 현금류통책임제의 우월성에 관한 리론."『김일성종합대학학보(철학, 경제학)』 3.
______. 2017. "원에 의한 통제는 사회주의은행의 중요한 기능."『김일성종합대학학보(철학, 경제학)』 2.
장명식. 2015. "주문과 계약규률을 강화하기 위한 방도."『경제연구』 4.
전룡삼. 2017. "화페류통의 공고화와 그 실현방도."『경제연구』 1.
정광영. 2011a. "거래수입금에 대한 과학적 리해에서 제기되는 몇가지 문제."『김일성종합대학학보(철학, 경제학)』 2.
______. 2011b. "국가기업국가기업이익금에 대한 과학적해명에서 나서는 중요문제."『경제연구』 2.
______. 2014. "자금리용에서 기업체들의 책임성과 창발성을 높이는데서 나서는 중요문제."『김일성종합대학학보(철학, 경제학)』 4.
정세진. 2004.『계획에서 시장으로: 북한체제변동의 정치경제』. 서울: 한울.
정영철. 2002. "북한의 지방체제: 계획된 자립체제에서 강제된 자립체제로."『민주사회와 정책연구』 2.
조길현. 2018. "기업체들사이의 물자교류를 합리적으로 조직하는데서 나서는 중요한 문제."『김일성종합대학학보(철학, 경제학)』 3.
조선희. 2017. "사회주의사회에서 금융회계와 그 역할."『김일성종합대학학보(철학, 경제학)』 3.
조혁명. 2017. "사회주의기업책임관리제 하에서 경영지출보상의 경제적내용."『경제연구』 4.
지방예산법. 2012. 최고인민회의 상임위원회 정령 제2877호.
최영남. 2019. "중앙은행사업을 개선하는데서 나서는 원칙적요구."『경제연구』 2.
최용남. 2018. "재정은행사업에서 전환을 일으키는것은 사회주의강국건설의 중요요구."『김일성종합대학학보(철학, 경제학)』 2.
한규수. 2013. "위대한 령도자 김정일동지께서 선군시대 인민경제계획사업 발전에 공헌하신 불멸의 업적."『김일성종합대학학보(철학, 경제학)』 2.
한영철. 2014. "김일성-김정일주의에 의하여 밝혀진 재정관리의 기본방향과 자금문제해결방도."『김일성종합대학학보(철학, 경제학)』 1.
함성준. 2007. "지방회계계산의 특징과 역할."『김일성종합대학학보(철학, 경제학)』 2.
______. 2010. "사회주의사회에서 지방예산자금과 그 특징."『김일성종합대학학보(철학, 경제학)』 1.
『로동신문』 각호. 2005-2020. 최고인민회의 예결산 보고.

_____. 2020. 조선노동당 8차 당대회 보고.

Chavance, B. 1995. *The Transformation of Communist Systems*. Translated by C. Hauss. Routeldge.

_____. 2008. "Formal and informal institutional change: The experience of post-socialist transformation." *The European Journal of Comparative Economics* 5(1).

Kornai, J. 1992. *The socialist system: The political economy of communism*. Princeton University Press.

North, D. C. 1990. *Institutions, institutional change and economic performance*. Cambridge University Press.

Rodden, J., Eskeland, G. S., & Litvack, J. I. (Eds.). 2003. *Fiscal decentralization and the challenge of hard budget constraints*. MIT Press.

Vigneault, M. 2005. "Intergovernmental Fiscal Relations and the Soft Budget Constraint Problem [Working Paper]." Institute of Intergovernmental Relations, IGR Queen's University.

필자 소개

이경수 Lee, Kyungsoo

서울대학교 통일평화연구원(Institute for Peace and Unification Studies, Seoul National University) 선임연구원
서울대학교 공과대학 건축학과 졸업, 서울대학교 정치학 박사

논저 "The Border Region in the Sino-North Korean Trading Networks: with a focus on Dandong, China", "The Incentive System of the Development Strategy based on a group-based Mobilization: Focusing on South Korea's Saemaul Movement and North Korea's Chollima Jakupban Movement"

이메일 subbu@snu.ac.kr

제9장

대한항공 858기 폭파사건 대응에서 한국외교의 다면성

Republic of Korea's Multifaceted Diplomacy in Response to the Bombing of Korean Air Flight 858

최형화 | 서울대학교 정치외교학부 외교학 석사

한국 정부가 1987년 11월 29일에 발생한 KAL 858기 폭파사건을 북한이 행한 테러소행으로 확신하고 이에 외교적으로 대응을 하기까지의 과정을 총 두 개 국면으로 나누어, 폴리휴리스틱 모델로 해석한다. 특히 한국 정부가 북한의 테러 도발에 대응하기 위해 어떤 목표를 세우고, 목표 달성을 위해 어떤 실행방안을 마련하는지, 더 나아가 본격적으로 방안을 실행하는 과정에서 당초에 설정했던 목표가 어떻게 달라지는지, 이에 따른 실행수단의 변화양상은 어떠한지에 대해 상세히 분석한다. 이 글은 2019년 한국 외무부에서 공개한 KAL 858기 폭파사건 관련 외교문서를 통하여 냉전시기의 한국이 외교적으로 능동적인 전략을 실천했던 측면에 주목함으로써 한국 정부의 의사결정 절차가 확정된 것이 아니라, 결정자들의 목적이나 결정자들이 활동하는 영역, 상황적 제약 등 변수들로 인해 다양하게 변화하는 양상을 고찰한다.

This study divided the process, in which the South Korean government was convinced that the bombing of Korean Air Flight 858 occurring on November 29, 1987 was an act of terrorism conducted by North Korea until the South Korean government diplomatically responded, into two phases, and aimed to interpret them as the poliheuristic model. Especially, this paper examined what goals the South Korean government set to cope with North Korean terroristic provocation, what measures it devised to achieve the goals, how the goals changed in the process of fully implementing the measures, and what was the change aspect of the measures in detail. By analysing the diplomatic documents related to the bombing of Korean Air Flight 858, released by the Ministry of Foreign Affairs in 2019, this paper paid attention to the aspect that Korea was diplomatically active during the Cold War, and the decision-making process of the Korean government was not finalized. It was possible to consider various aspects of change due to variables, such as the purpose of the decision makers, decision maker's field of work, and the contextual constraints. In addition, the adequacy of the poliheuristic model for the interpretation of the case could be verified through the study.

KEYWORDS 대한항공 858기 Korean Air Flight 858, 테러리즘 Terrorism, 남북관계 Inter-Korean relations, 폴리휴리스틱 모델 Poliheuristic Theory of Decision-Making, 1988년 서울올림픽 1988 Seoul Summer Olympics

I 서론

1987년 11월 29일, 바그다드 발 서울행 KE-858편 보잉 707 여객기가 첫 번째 기착지인 아부다비를 이륙하여 서울로 비행 중 버마 안다만 해역 상공에서 사라진다. 한국 정부는 이를 공중 폭파 테러로 의심했고, 바레인 측이 확보한 증거물을 통해 북한이 사건의 주범임을 확신하게 된다. 이윽고 유일한 사건 혐의자인 김현희를 조속히 확보하기 위해 당시 외무부 제1차관보였던 박수길을 정부특사로 바레인에 파견한다. 한국 정부는 또 다른 대안으로 미국에 혐의자 확보 협조를 요청할 계획이었으나 여러 가지 상황으로 말미암아 이를 적극적으로 추진하지 않기로 한다. 박수길 대사는 바레인 정부 인사들과의 여러 차례 접촉을 통하여 혐의자를 한국으로 인도하겠다는 합의를 성사시킨다. 그러나 인도 당일에 바레인 측에서 급작스레 입장을 번복하는데, 혐의자 인도를 24시간 연기하겠다고 통보한 것이다. 이에 외무부는 박수길 특사에게 바레인 측에 혐의자 인도를 재차 요청하라는 훈령을 하달함과 동시에 사우디아라비아에도 협조 요청을 보낸다. 12월 15일, 혐의자 김현희는 결국 서울로 압송되고, 얼마 지나지 않아 범행을 자백하게 된다.

1988년 1월 15일, 한국 국가안전기획부는 본 사건이 두 명의 북한 특수공작원에 의한 테러 소행임을 발표하고, 북한은 한국 측의 수사 결과에 극구 부인하는 입장을 취한다. 전두환 대통령은 88 서울올림픽을 앞두고 있었음에도 불구하고 강력한 조치를 취하여 북한의 테러 행위를 규탄할 것을 각 부처에 지시한다. 이에 한국 정부는 외무부를 주축으로 일련의 대북 규탄 외교 교섭을 진행한다. 외무부는 우선 주요 우방국 재외공관을 통하여 주재국에 규탄 성명 발표 요청을 보낼 것을 지시하고, 여러 국제기구에 본 사건을 상정하여 북한 규탄 분위기를 조성하는 방침을 제정한다. 특히 1988년 2월에는 본 사건을 토의하기 위한 유엔 안보리 긴급회의가 한국과 일본의 요청에 의해 소집된다. 외무부는 당초에 북한의 테러행위를 규탄하는 안보리 결의안을 상정하는 방안을 추진하려고 했으나, 고민 끝에 본 사건을 안보리 의제로만 제출하기로 결정한다. 대신 3월 25일 국제민간항공기구(ICAO) 이사회에서 본 사건의 기술적 측면에 입각한 규탄 결의안을 상정한다. ICAO 이사회를 끝으로 한국 정부의 전면적인 대북 규탄 외교 교섭은 계획했던 바에 비해 빠르게 마무리 된다. 이상과 같은 한국 정부의 KAL 858기 폭파사건 대응 과정은 더욱 세부적인 논의가 필요하다.

본 연구는 한국을 양강 구도의 냉전체제에 편입된 약소국으로 보는 것이 아니라 하나의 주체적인 행위자로서 연구한다. 즉 냉전 시기에 한국이 강대국의 힘에 압도되어 수동적인 외교행태를 보였다는 입장과 달리, 외교적 자율성을 어느 정도 확보하여 자국만의 외교 전략을 능동적으로 구축하였다는 데 분석의 초점을 맞춘다. KAL 858기 폭파사건이 발생한 시점은 한국의 정책결정과정이 아직 다양한 의견을 수렴하는 절차가 이루어지지 않은 가운데 대통령이 여전히 정책결정에 결정적인 영향을 미쳤다. 정부의 일부 부처가 대통령의 뜻대로 비밀접촉을 통해 정책을 주도하는 가운데, 기타 요소는 큰 영향을 미치지 못했다(이정진 2003). 그러나 KAL 858기 폭파사건에 대한 구체적인 대책 논의와 이에 상응한 외교 교섭은 주로 외무부에 의해 이루어졌다. 그러므로 본고는 한국 외무부를 주요 의사결정자로, 대통령을 최고의사결정자로 상정한다. 더불어 최고의사결정자와 주요 의사결정자는 수직적인 관계라는 전제를 적용한다. 정리하면, 본 연구가 핵심적으로 풀어나가고자 하는 퍼즐은 다음과 같다. 우선 외무부를 주축으로 하는 한국 정부가 북한의 테러 도발에 대응하기 위해 외교적으로 어떤 목표를 세우는지, 목표 달성을 위해 어떤 실행방안을 마련하는지에 주목한다. 나아가 본격적으로 실행 방안을 추진하는 과정에서 당초에 설정한 목표가 어떻게 달라지는지. 목표가 변화하는 원인은 무엇인지, 이에 따른 실행수단의 변화 양상은 어떠한지에 대해 고찰할 것이다.

외교정책에 대한 연구는 '행동', '과정', '결과'로 유형을 나눌 수 있다(Hermann, Kegley and Rosenau 1986, 413-414). 1980년대 한국 외교정책에 대한 연구는 냉전과 같은 국제적 환경, 권위주의 정권의 장기 지속과 같은 국내정치적 요소 등으로 인해 외교정책 연구가 대부분 '행동'과 '결과'에 주목하고 있었을 뿐 '과정'에 대해서는 상대적으로 소홀히 하였다(배종윤 2006, 19-23). 그러나 외교정책결정과정에 대한 분석 없이는 의미 있는 연구가 될 수 없으며, 그동안의 연구가 보편적으로 정태적인 특성을 지녔던 이유도 '과정'에 대한 고찰이 미흡했기 때문이다. 이러한 문제점을 해결하려면 한국 외교정책연구가 기존의 연구패턴에서 벗어나 동태적인 측면에 집중하고 보다 다양하고, 복합적이며, 입체적인 측면에 주목해야 함을 시사한다. 본 연구는 기존연구의 문제점을 보완하기 위하여 '외교정책결정과정'을 집중적으로 고찰하고자 한다.

본 연구는 여러 가지 외교정책이론들 중에서 '폴리휴리스틱 모델(Poliheuristic Model of Decision-Making)'을 선택하여 연구의 분석틀로 적용한다. 폴리휴리스틱 모델의 핵심 전제는 의사결정자가 정책결정을 할 때 차선책을 포함한 여러 가지 정책 대안을 혼합하여 사용한다는 것이다(Mintz et al. 1997). 이는 외교정책결정에 있어서 '어떻게(How)'와 '왜(Why)'에 모두 집중하면서 인지적 접근법과 합리적 접근법의 통합을 시도한다. 인지적 접근법은 정책결정의 과정에 초점을 두고, 과정의 타당성을 강조하면서 어떻게 외교정책이 결정되는지를 설명한다. 반면 합리적 접근법은 의사결정자들이 정책 선택을 위해 어떻게 가정들을 활용하는가에 관심을 갖기에, 결과의 타당성에 주목하면서 왜 이런 결정을 했는지에 대해 분석한다. 폴리휴리스틱 모델은 외교정책결정의 과정뿐만 아니라 그 과정들이 결과에 어떻게 영향을 미치는지도 주목함으로써 정책결정에 관한 인지적 접근법과 합리적 접근법으로 대표되는 전통 이론들을 보완하는 역할을 한다(Mintz 2005).

폴리휴리스틱 모델은 복잡한 정책결정과정을 2단계 프로세스로 단순화하여 가정한다. 첫 번째 단계는 비보상적 원칙(noncompensatory decision rule)과 비전체적 원칙(nonholistic decision rule)을 적용하여, 여러 가지 정책 대안 중 의사결정자가 용납할 수 없는 대안을 제거함으로써 선택의 폭을 줄이는 과정이다. 이와 같은 과정은 인지적 접근법에 입각한 것으로서, 넓은 범위의 대안이 의사결정자가 수용할 수 있는 범위로 축소되면 의사결정의 두 번째 단계로 넘어간다. 두 번째 단계에서는 이전 단계를 거쳐 간추려진 정책 대안들에 대해 합리적 접근법으로 분석 및 처리를 진행한다. 이때 의사결정자는 위험을 최소화하고 이익을 극대화하는 정책 대안을 채택하기 위해 최대화 원칙(maximization decision rule)과 사전편찬식 원칙(lexicographic decision rule)을 적용한다(Mintz et al. 1997). 이와 같은 접근법을 채택함으로써 정책입안자들은 채택 정보를 처리하는 초기에는 간단한 인지적 지름길(shortcut)을 거쳐 채택 불가능한 정책 대안들을 걸러낸 다음, 정책결정 계산법을 통하여 대안을 선택함으로써 정책의 합리성도 보장할 수 있게 된다. 폴리휴리스틱 모델은 단일 결정, 그룹 결정, 순차적 결정 및 전략적 결정(decisions in strategic settings) 등 여러 경우의 정책결정과정에 모두 적용할 수 있다(Mintz 2004).

II 첫 번째 국면: KAL 858기 폭파사건 혐의자 확보

1. 합리적 의심에서 확신으로

1987년 11월 29일 KAL 858기 실종보고[1]를 접한 후 한국 정부는 외무부에 관련 부서를 망라한 대책본부를 설치하는 한편 대한항공 측과 협조하여 특별조사단을 사고현장에 급파하였다.[2] 대책본부는 외무부, 안기부, 교통부, 노동부, 대한항공 관계관들로 구성되었으

1 주바그다드 총영사대리는 11월 29일 15:50 현지 대한항공 지점장 통보에 의하여 11월 28일 23:30 바그다드발 KAL 858기가 아부다비에 정시 기착 후 방콕 향발 도중 미얀마 상공에서 통신이 두절되고 행방불명되었음을 보고한다.

2 당시 외무부 제2차관보였던 홍순영 차관보를 필두로 11월 30일부터 KAL기 추락 추정 지점인 태국 칸차나부리주 및 버마 안다만 해역에서 잔해 수색활동을 전개하였다.

며, 본부장은 외무부 제1차관보인 박수길 차관보가 맡았다. 11월 29일 '제1차 KAL 858기 폭파사건 정부실무대책회의'는 항공기 추락의 경우와 공중 폭발의 경우에 대한 대책을 각각 논의하였다. 회의에서는 실종된 항공기가 아부다비 공항 이륙 직전 항공기 정비에서 별다른 이상이 없었다는 점, 최종 교신에서도 정상 운행 중임을 보고하였다는 점, 엔진이 4개이기 때문에 가령 1, 2개가 고장을 일으켜도 나머지로 비상 운행이 가능하므로 추락하는 동안 구조 신호를 보냈을 것이나 전혀 구조 신호가 없었다는 점에서 추락 가능성은 없을 것이라고 판단했다. 반면, 실종된 항공기는 하이재킹, 통신 기능 마비, 엔진 고장 등 비상 상태에는 조종사가 비상 구조 신호의 버튼만 누르면 인근 지방 레이더나 항공기에 잡히게 되어 있으나 구조 신호가 전혀 없었다는 점에서 최소한 조종실 등 기체의 앞부분이 폭발물에 의해 순식간에 떨어져 나간 공중 폭발의 가능성이 높을 것으로 확신했다.[3]

11월 30일 현지에 파견된 한국의 특별조사반과 조중훈 회장이 이끄는 대한항공 조사팀은 태국 및 버마 양국 정부의 협조 아래 실종 항공기 수사 작업에 들어간다. 한편, 주아랍에미리트대사대리는 아부다비에서 내린 승객 15명을 대상으로 조사를 하던 중 용의점이 있는 일본인 두 명을 발견했다고 보고한다. 12월 1일 외무부는 일본 외무성으로부터 항공기에 탑승했던 신원특이자 일본인 두 명이 바레인 당국의 조사를 받던 중 돌연 음독 자살을 시도했다는 사실을 통보 받는다. 그중 60대 추정 남성 하찌야 신이치는

3 외교문서, 분류번호: 701 『대한항공(KAL) 858기 폭파사건: 사고조사 및 원인규명, 1987-1988. 전6권. V.1 실종 및 원인규명(1987.11.29.-12.2.)』.

사망하였고 20대 추정 여성 하찌야 마유미는 자살에 실패하여 바레인 당국에 의해 체포된다. 그 다음날, 신원특이자 두 명의 여권은 위조된 것으로 밝혀진다. 당시의 상황에서, 혐의자 '하찌야 마유미'는 사건 해결의 유일한 단서였다. 최광수 장관은 바레인 외무부 장관에게 친전으로 범죄 혐의자 2명의 신원 확인 등 실종 항공기의 원인 규명을 위한 양국 간의 긴밀한 협의 희망을 표명하였고, 바레인 당국으로부터 범죄 혐의자 2명의 지문 및 여권 사본 등 증거물을 압수하게 된다.

사실 한국 정부는 수사 초반부터 본 사건을 의도된 공중 테러 사건으로 보았으며, 대한항공 측에서는 테러를 일으킨 주범으로 북한을 의심했다. 대한항공 회장 조중훈은 사건 발생 직후 열린 대한항공 측의 비상대책회의에서 본 사건은 북한이 일으킨 테러사건임을 확신했던 것으로 드러났다(박수길 · 이서항 2014, 18). 12월 8일 전두환 대통령 역시 교육개혁심의위원회 위원들을 초대한 오찬자리에서 KAL 858기 사건은 북한의 계획적인 테러임을 확신한다고 밝혔다(김성익 1992, 574). 전두환 대통령은 북한이 본 사건을 일으킨 데는 두 가지 목표가 있었을 것이라고 짐작했다. 첫 번째는 곧 있을 한국 대통령 선거에 최대한 혼란을 조성해서 선거를 방해하는 것이고, 두 번째는 서울올림픽에 참가하려는 전 세계 국가들에게 겁을 주어서 참가를 안 하도록 만드는 것이라고 보았다. 그중에서도 가장 큰 테러목표는 대통령 선거를 방해하는 것인데, 한국 정부가 가장 걱정되는 부분 또한 북한이 대통령 후보 세 사람 중 한 사람이라도 해치는 것이라고 밝혔다. 특히 민정당 노태우 후보를 암살한다면 한국이 극도의 혼란에 빠질 것으로 북한이 예상한다고 언급하기도 하였다.

2. 한국 정부 대 바레인의 혐의자 확보 교섭

1) 목표의 확정: 조속한 혐의자 확보

12월 4일 "제3차 KAL 858기 폭파사건 정부실무대책회의"에서 한국 정부는 혐의자 수사에 관하여 두 가지 방식을 둘러싸고 논의한다. 하나는 바레인, 일본 측에 범죄 혐의자 수사 협조를 하는 것이고 다른 하나는 범죄 혐의자 인도를 바레인 당국에 요청하는 것이다. 한국 정부가 바레인, 일본 측에 범죄 혐의자 수사 협조 의사를 밝히는 경우 일본, 바레인, 한국 등 세 국가가 동시에 사건 수사에 착수하는 방식으로 진행될 것이지만, 한국은 단지 혐의자 수사 과정에서 보조 역할을 담당하는 데 그칠 것으로 보았다. 왜냐하면 일본 측에서 혐의자에 대한 관할권을 제기하지 않는 이상 혐의자 수사는 바레인에서 진행될 것이 분명했기 때문이다. 이 경우 한국 수사관 현지 파견 등 수사 과정에 참여하는 방식으로 협조하는 방안이 제기되었다. 나아가서 바레인 수사 당국이 '마유미'를 심문할 경우 배석 등 수사 과정에 참여하고, '마유미'가 한국인일 경우 언어소통을 할 수 있도록 바레인 측과 적극 교섭하는 것이다. 반면, 일본이 바레인 측에 혐의자 관할권을 제기할 경우 혐의자는 일본으로 압송되어 수사를 받을 것이며, 이 경우 일본 측으로부터 최대한의 협조 확보 교섭을 진행해야 할 것으로 보았다. 그러나 이와 같이 수사가 진행되면, 북한의 테러 소행을 밝히는 데 상당한 시간이 소요될 것으로 판단하였다.

당시 한국 정부 내에서는 동 사건이 북한의 소행임을 확신하는 쪽으로 분위기가 형성되었고 반드시 이러한 북한의 범죄행위에 강력한 대책을 마련해야 할 것이라는 의견이 모아졌다. 전두환 대통령은 하루빨리 범인을 잡아내는 것이 한국의 국력이며, 시체와 범인 추정 용의자를 보면 상당히 빠른 시일 내에 사건의 전모를 알아낼 것이라고 강조한 바 있다(김성익 1992, 575). 그러므로 제3차 대책회의에서 제기된 두 가지 방식 중 협의자를 한국 국내로 인도하는 방안이 압도적으로 각광을 받았다.

최광수 외무부 장관은 본 사건에 대한 일본 정부의 기본적인 방침 또는 태도를 확인하기 위해 주쿠웨이트 일본대사의 바레인 출장계획이 혐의자 2인에 대한 신병 인도 요청, 바레인 측에 조사 협조, 한국 측에 신병 인도 지연 등과 같은 일본 정부의 구체적 지침을 시행하기 위한 것인지 등을 파악하고 보고하기 바란다고 주일대사와 주바레인대사에 지시하였다. 일본 정부로서는 이번 사건의 중대성을 감안하여, 바레인 정부가 문제의 여성을 한국 정부에 인도하기로 결정하면, 바레인 정부의 결정을 최대한 존중하겠다는 입장이었다. 또한 일본은 한국 측과 신병인도를 둘러싸고 경쟁할 의도가 전혀 없으며, 이를 감안하여, 한국 정부에서 바레인 정부당국에 신병인도와 관련하여 재차 요청하는 것이 바람직할 것으로 보인다고 건의하였다. 외무부는 바레인의 예비조사 결과에 비추어 봤을 때 혐의자가 반드시 확정범으로 판명이 안 되더라도, 정황에 따라 혐의 사실이 현저한 경우에도 범죄인 인도를 요구할 수 있다고 판단했다. 이를 근거로 한국 정부는 혐의자 2인의 KAL 858기 폭파 범행 행위가 거의 확실하기 때문에 바레인 당국에 그들의 신병을 한국 측에 인도하여 줄 것을 요청하기로 최종결정하였다.

2) 실행수단의 변환

실행수단 1 : 외무부 장관특사 바레인 파견 VS 미국에 협조 요청

12월 5일 주바레인대사는 바레인 칼리파 외무장관을 방문하여 두 명의 혐의자는 북한 공작원으로서 KAL기 파괴범이라고 설명하고, 1971년 몬트리올 협약(Convention for the Suppression of Unlawful Acts against the Safety of Civil Aviation) 제5조에 기초하여 '하찌야 마유미'과 '하찌야 신이찌'의 시체를 한국 측에 인도하여 줄 것을 요청하였다. 다음날 외무부는 주바레인대사관을 통해 바레인 정부에 범죄 혐의자의 신병 인도 요청 외교문서를 공식 전달하였고, 12월 7일 외무부 정무차관보 박수길 등은 정부특사로 바레인에 파견되어 하루빨리 혐의자를 한국으로 인도하는 임무를 맡게 된다.[4] 박수길 차관보는 바레인의 혐의자 인도 동의 통보에 대비하여 제1안(12.10. 23~24시 당지출발), 제2안(12.11. 23~24시 당지출발), 제3안(12.12까지 도착 가능한 시간출발) 등 총 3가지 방안을 바레인 측에 비공식으로 제시하여 양측이 함께 검토할 수 있도록 준비하였다.

12월 9일 박차관보는 바레인 외무장관과의 면담을 통하여 최광수 외무장관 친서를 전달했다. 바레인 외무장관은 양국 간 우호관계를 고려하여 인도문제 해결에 적극 협조하겠다고 하였으나, 국제여론을 감안하여 한국 측의 혐의자 신원 확인 등 더욱 구체적

4 외교문서, 분류번호: 701『대한항공(KAL) 858기 폭파사건: 일일보고 및 일지, 1987』.

인 증거를 제출할 것을 요청하였다. 한편, 외무부는 주바레인대사에게 "주한미국대사가 애기하기를 바레인이 혐의자 신병 인도 문제와 관련하여 외국의 압력을 받고 있다는 느낌이나 인상에 대해 매우 예민하게 생각하고 있다고 하니 이 점을 유념하고, 본건 인도 문제 교섭에 있어 유연하게 대처하기 바란다"고 당부하였다. 또한 일본 측 소식통과 미국 CIA 측 인사 등은 실종 KAL기 기체 발견 전에는 바레인 정부가 '마유미'를 한국 측에 인도하지 않을 가능성이 많다고 외무부에 제보한 바 있었다.[5]

외무부는 혐의자 확보와 관련하여 미국 측에 협조 요청을 보내는 방안도 고려했으나 여러 가지 상황으로 말미암아 이를 적극적으로 추진하지 않기로 하고 주한미국대사를 통해 상황 보고만 하기로 결정한다. 왜냐하면 한국의 혐의자 확보 노력에 관한 미국 정부 인사들의 입장이 상당히 모호했기 때문이다. 바레인에 파견된 한국 수사팀은 일단 미국 CIA 당지 거점장과 접촉했던바, 그들은 2명의 혐의자가 사용한 독약물이 반드시 북한 제조라고 단언하기에 충분한 증거가 없다는 이유를 들어 현시점에서 '마유미'를 인도하기 어려울 것이라는 견해를 밝혔다. 주바레인 미국대사는 '마유미'의 신원을 확인하지 않은 채 한국 측으로 인도할 경우 바레인은 아부니달, 적군파 또는 북한에 의한 테러 가능성에 직면할 우려가 있다고 언급한 바 있으며, 미국 등 강대국의 영향력을 이용하여 인도를 받으려고 시도하면 오히려 큰 역효과가 날 것이라고 강조했다. 한국 측이 무엇보다 '마유미'의 신원을 확인하든지, 동인이

5 외교문서, 분류번호: 701 『대한항공(KAL) 858기 폭파사건: 사고조사 및 원인규명, 1987-1988. 전6권. V.4 김현희 인도 관련 한·바레인간 교섭』.

KAL기 사건과 직접 연관되어 있음을 증명해야 한다고 보았던 것이다. 이로 인해 최광수 장관은 '마유미'가 KAL기 사건에 연루되었다는 결정적인 증거가 없는 이상 미국 측에 적극적으로 협의자 인도 협조 요청을 보내는 것은 바람직하지 않다고 판단하였다. 특히 당시 한국 국내에서는 야당이 정부가 KAL기 사건을 정치적으로 이용한다고 비난하고 있었음에 비추어, 경우에 따라서는 한국의 인도가 선거 이후로 되도록 미국이 바레인 측에 작용했을 가능성도 완전히 배제할 수 없었던 것이다. 때문에 한국 정부는 협의자 인도 문제와 관련하여 미국 측에 너무 자세한 정보를 주지 않는 것으로 전략을 세웠다.

12월 10일, 박차관보는 바레인 모하메드 내무장관을 방문하여 한국 측 정부특사 대표단은 늦어도 12월 12일까지는 귀국해야 할 형편이므로 그때까지는 인도 받기를 희망한다는 취지의 설명을 하였다. 이에 모하메드 내무장관은 한국이 대통령 선거로 인하여 극히 바쁜 와중에 바레인을 방문하였으므로 조속 귀국해야 할 것으로 이해한다고 운운하면서 한국 대통령 선거를 의식한 발언을 한 것으로 드러났다. 내무장관은 또한 '마유미'의 국적 확인 등 기본 조사가 완료되는 대로 즉시 한국에 최종 입장을 통고할 예정이라고 밝혔으며 가능한 12일 안으로 결정이 나도록 노력하겠다고 하였다. 다음날, 최광수 장관은 박수길 차관보에게 보낸 전보에서 만일 12월 12일 중으로 인도 결정이 없을 경우 늦더라도 12월 14일까지는 귀국차 출발할 예정임을 바레인 외무성 측에 통보하고, 바레인 외무장관과의 면담을 신청하여 부득이하게 귀국해야 됨을 설명해야 한다고 강조했다.

당시 한국과 바레인은 정상적인 국교관계를 맺고 있었고, 여러 가지 면에서 우호적인 관계에 있었지만 범죄인 인도조약 같은 협정은 없었다. 한국은 피해 항공기 등록국 및 피해국으로서 재판관할권 행사가 가능했으나 혐의자를 한국으로 인도하는 데 결정적인 명분이 부족했던 것이다. 이를 해결하기 위하여 박수길 차관보는 두 가지 근거로 바레인 정부의 설득에 나섰다. 첫 번째는 혐의자가 자살 기도했다는 점과 자살 시 사용했던 독약인 사이어나이드(cyanide)[6]가 북한의 공작요원들이 사용하는 약물이라는 점이다. 북한 테러 공작원들은 범행 사실이 발각되는 경우 자살을 기도한다. 또한 사이어나이드 내용물은 오직 북한에서만 원료를 만들 수 있다는 것이 한국 안기부에 있는 북한 전문가들에 의하여 밝혀진 바 있다. 박수길 차관보는 그 증거물을 바레인 각료들한테 보여주면서 이런 사이어나이드 독약은 북한 이 외에는 쓰이지 않는다고 주장한 것이 바레인에게 상당한 믿음을 주었다고 구술한 바 있다.[7] 두 번째는 본 사건의 국제테러리즘 성격을 강조하면서 바레인 측에 한국을 협조할 것을 유도한 것이다. 박수길 차관보는 혐의자를 한국으로 인도하는 데 가장 긍정적으로 작용한 요인은 본 사건

6 사이어나이드는 흔히 청산가리로 알려진 강한 독성이 있는 화합물이다.

7 박수길 대사는 본 사건과 관련된 인터뷰에서 다음과 같이 구술했다. "사이어나이드 독약을 증거물로 내고, 또 주장한 것은 '북한 간첩들은 오랜 훈련을 받아서 간첩이 되는 과정이 쉽지 않다. 그래서 김현희 같은 사람은 당신들이 아무리 붙잡고 있어도 절대로 북한 간첩이라는 고백을 못 받는다, 이런 고백을 받을 수 있는 나라는 한국뿐이다, 바레인이 김현희 같은 북한 간첩을 오래 데리고 있으면 있을수록 굉장히 위험하다. 폭발물을 안고 있는 것과 마찬가지다. 그래서 빨리 털어서 진실을 밝혀야 하지 않겠느냐'고 했다. 이러한 주장을 여러 번 반복하다보니 바레인 측에서도 마음을 바꾸게 된 것이다."

을 국제 테러리즘으로 각인시킨 것이라고 보았다.[8] 한국이 국제 테러리즘과 싸우는 과정에서 우방국 바레인의 협조가 필요하다는 입장을 거듭 강조했던 것이다.

12월 12일, 박수길 차관보는 바레인 내무장관의 요청으로 면담을 갖게 되었다. 박차관보는 현재 한국에서는 승객가족들에 의한 데모가 계속되고 있고 언론매체들도 범인인수 지연을 비난하는 여론을 조성하고 있어 한국 정부의 입장이 심히 난처하다고 밝혔다. 박차관보는 또한 금일 중 인도에 관한 최종통고를 받지 못할 경우 한국 대통령선거 등 분주한 정치일정으로 부득이 마유미의 인수를 선거 및 개표가 끝난 후인 25일경으로 늦추지 않을 수 없다고 지적하면서 바레인 정부로부터 12월 13일까지 바레인을 출발하라는 훈령을 받았다고 강조하였다. 이에 바레인 내무장관은 즉석에서 인도절차에 관련된 사항 등을 협의하여 12월 13일에 '마유미'를 한국에 인도하기로 합의한다.

혐의자 인도 합의 소식을 접한 한국 외무부는 즉각 특별기를 준비하여 바레인으로 향하지만, 인도 예정 당일인 12월 13일에 예상치 못한 변수가 발생한다. 바레인 측에서 갑자기 기존의 합의에 대해 입장을 번복한 것이다. 바레인 당국은 한국 측에 혐의자 신병인도를 일단 24시간 동안 연기하겠다고 통보한다. 이로 인해 '마유미'의 신병인도는 또 다른 난관에 발이 묶이게 된다.[9]

8 박수길 대사는 인터뷰에서 다음과 같이 밝혔다. "대의는 무엇이냐면 국제테러리즘과 싸우는 것이에요, 결국은 우리가 국제 테러리즘하고 싸우고 있는데 이것은 전형적인 테러리즘의 한 양상이다, 바레인 같은 우리 우방이 협조를 안 해주면 어떻게 하겠느냐는 이야기를 자꾸 했지요."

9 외교문서, 분류번호: 701 『대한항공(KAL) 858기 폭파사건: 사고조사 및 원인규

실행수단 2: 바레인의 입장 번복에 따른 사우디아라비아 협조 요청

외무부는 바레인 측과 합의했던 인도 시일이 연기된 이유를 세 가지로 예상했다. 첫 번째는 일본이 다시 바레인 측에 관할권 문제를 제기했을 가능성이다. 외무부가 이를 확인하기 위하여 일본대사관 측과 재접촉한 결과, 일본의 입장은 한국 측에 통보한 대로이며 아무런 변화가 없음을 확인할 수 있었다. 두 번째는 일부 바레인 관료가 '마유미'의 국적조차 확인되지 않은 시점에서 한국에 인도를 하는 데 대해서 법률적 이의를 제기했을 경우다. 박수길 차관보가 바레인 외무성 측 인사를 통해 알아본 결과, 12월 13일 바레인정부가 소집한 비상각료회의에서 바레인 범죄 수사대(CID) 등 일부 관료들이 인도에 따른 법률적인 문제를 제기했던 것으로 드러났다. 가장 큰 쟁점은 '마유미'의 국적 문제, 일본 관할권에 관한 문제에 대하여 합의가 도출되지 않은 것인데, 바레인과 한국 외에 일본도 여권 위조 등 국내법 위반에 대한 재판 관할권 행사가 가능하다는 점을 고민했던 것이다. 세 번째 이유는 북한과 가까운 시리아와 레바논 등이 북한 편을 들면서 '마유미'를 한국으로 보내지 못하도록 압력을 넣고 있는 것이다. 박수길 차관보는 이미 바레인 현지에서 당국 정부가 이에 민감한 반응을 보이는 분위기를 파악한 것으로 드러났다. 바레인 정부로서도 상당히 난감한 입장이었던 것이다. 이에 대처하기 위하여 최광수 장관은 우선 박수길 차관보로 하여금 모하메드 내무장관과 칼리파 외무장관에게 인도 계획을 예정된 대로 실시할 것을 요청하도록 했으며 금차 특별기와 인

명, 1987-1988. 전6권. V.4 김현희 인도 관련 한·바레인간 교섭』.

원은 오래 대기할 수 없는 형편으로서 최대한 12월 15일 오후 3시까지 바레인에서 기다릴 수 있고 그 사건에는 인수 여부에 관계없이 서울로 출발해야 함을 염두에 두고 대처하기 바란다고 강조하였다.

이와 더불어 최광수 장관은 주사우디대사로 하여금 바레인 정부가 혐의자를 속히 인도하는 데 사우디 정부가 영향력을 행사하도록 교섭할 것을 지시하였다. 왜냐하면 당시 중동에서는 바레인, 쿠웨이트, 오만, 카타르, UAE 등 5개 국가로 구성된 걸프 컨트리(Gulf Country)에 영향력을 가장 많이 행사하고 있었던 국가가 사우디아라비아였기 때문이다. 또한 외무부는 당시 한국 기업 중에서 한일개발의 조동식 사장이 사우디의 와리드 왕자와 친분이 있다는 소식을 접하고 그를 통하여 바레인에 대해 권고할 계획을 세웠다. 조사장은 바레인 수상과도 친분이 있었기에 동 수상에 대해서도 비공식적으로 접촉할 예정이었다.[10] 사우디아라비아 외무부 아주국장은 12월 14일 오전 한국 측 요청에 따라 바레인 정부와 접촉한바 2일 내에 피의자 및 사체를 한국 측에 인도할 예정이라는 바레인 측 회답을 받았음을 알려왔다. 이에 사우디대사는 바레인 측이 당초 13일에 인도하기로 합의한 후 이를 연기 중임을 알리고 계속 조속한 인도를 촉구해줄 것을 요청했다.

12월 14일 바레인 정부는 일본 정부의 두 혐의자에 대한 관할권 행사를 주장하지 않겠다는 공식 입장에 따라 직접적으로 가장 큰 피해를 입은 한국으로 하여금 보다 철저한 조사와 범인 처벌을

10 외교문서, 분류번호: 701 『대한항공(KAL) 858기 폭파사건: 사고조사 및 원인규명, 1987-1988. 전6권. V.4 김현희 인도 관련 한·바레인간 교섭』.

할 수 있도록 사망한 남자 혐의자 시체와 여자 혐의자 신병 및 소지품을 한국에 인도하기로 최종결정하였고, 12월 15일 자정에 동 사실을 박수길 차관보에게 공식 통보하였다. 당일 바레인과 한국은 혐의자 인도에 관한 공동성명문[11]을 발표하였고, 한국 시간 오후 2시경에 혐의자는 바레인에서 한국으로 압송된다.

혐의자가 한국에서 조사를 받는 중에, 최광수 장관은 주재국 외무성 및 언론계 등에 KAL 858기 폭파사건은 북한의 소행임이 거의 확실시됨을 설명하도록 훈령을 하달하였다. 특히 북한의 국제 테러리스트 집단 이미지를 재부각시키되 당분간 북한 테러의 목적을 올림픽 방해와 연계시켜 언급하지 말 것을 당부하는데, 이는 올림픽대회 참가 국가들과 관광단에 대한 위기감을 조성하는 역효과를 지양하기 위해서다.[12] 한국에 인도되어 조사를 받던 혐의자는 1987년 12월 23일에 범행을 자백한다. 혐의자의 본명은 '마유미'가 아닌 김현희로 밝혀졌다. 김현희는 본인이 북한 공작요원임을 자백했고, 북한의 범행 목적이 서울 올림픽 방해, 대통령 선거 등 정치 일정 방해 및 해외 취업 근로자들을 목표로 하여 근로계층의 대정부 불신을 선동하고자 한 것이라고 밝혔다(평화문제

11 공동성명문의 내용은 다음과 같다. 1969년 "항공기상에서 행한 범죄 및 기타 행위에 관한 협약" 및 1973년 "민간항공의 안전에 대한 불법적 행위의 억제를 위한 협약"의 당사국으로서, 바레인은 1987년 11월 29일 KAL 858기의 폭파 혐의자인 하찌야 마유미라는 이름의 위조 일본 여권 소지자와 사망한 '하찌야 신이찌'라는 이름의 위조 일본 여권 소지자의 시체를 대한민국 정부에 인도하기로 결정하였다. 대한민국은 혐의자에 대한 조사가 종결되는 대로 이에 대한 조사결과를 바레인에 알려주기로 하였다.

12 외교문서, 분류번호: 701『대한항공(KAL) 858기 폭파사건: 사고조사 및 원인규명, 1987-1988. 전6권. V.4 김현희 인도 관련 한·바레인간 교섭』.

연구소 1988, 28). 1988년 1월 15일, 한국 국가안전기획부는 KAL 858기 폭파사건의 수사결과를 발표하였다. 이로써 KAL 858기 폭파사건은 두 명의 북한 특수공작요원에 의한 테러소행임이 국제사회에 공표되었고, 북한은 즉각 여러 경로를 통하여 한국 측의 수사결과에 강력히 반박하는 입장을 발표한다.[13]

3. 폴리휴리스틱 모델을 통한 해석

1) 목표 확정 요인: 국내정치적 차원의 고려

혐의자를 확보하는 데 성공한 것은 한국 정부에게 일거양득이었을 것이다. 한편으로는 본 사건이 북한의 테러 소행임을 대외적으로 증명하는 데 스모킹 건(smoking gun)이 되었고, 다른 한편으로 대통령 선거를 하루 앞두고 혐의자 인도를 통해 정치적으로 이목을 끄는 데 신의 한 수 역할을 한 것이다. 이는 폴리휴리스틱 모델의 '차원 기반 프로세스(a dimension-based process)' 특징에 해당된다(Geva and Mintz 1997, 85). 의사결정자가 정책대안을 선택하는 과정에서 가장 중요하게 생각하는 차원은 정치적 차원이며, 특히 가까운 미래에 선거를 앞두고 있을 경우 의사결정자가 외교정책결정과정에서 보다 적극적으로 자신의 정치적 이익을 추구하게

13 1월 15일, 조선중앙통신사는 성명 발표를 통해 북한은 동 사건과 무관하며, 이는 남한의 자작극임을 주장하고; 1월 17일, 『로동신문』은 논평을 통해 한국의 수사결과는 정치적 목적의 모략임을 주장하였다. 북한은 또한 주유엔대표부를 통하여 북한의 입장을 성명하는 일련의 외교 교섭을 시도하였다. 외교문서, 분류번호: 701 『대한항공(KAL) 858기 폭파사건: 북한 동향, 1987-88. 전2권. V.1 사건조사결과에 대한 북한 반응 및 반박』.

될 가능성이 높다(Geva and Mintz 1997, 595-618). 이에 입각하면 혐의자를 한국으로 인도하기 위해 바레인 측에 여러 차례 강력한 요청을 보낸 정부의 행위는 정치적으로 가장 유리한 선택을 한 것이다. 왜냐하면 다가오는 대통령 선거를 앞두고 혐의자를 하루빨리 국내로 인도하는 것은 여당에 유리한 여론을 환기하는 효과적인 방법이었고, 이를 인지한 정부 관료들에 의해 일련의 강경한 외교적 조치가 시행되었던 것이다.

1987년은 한국정치가 권위주의로부터 민주주의로 이행하기 위한 출발점이었다. 1987년 6월 민주항쟁으로 대통령 직선제가 도입된 후 처음으로 치러진 한국 대통령 선거에서, 선거일을 불과 18일 앞둔 KAL 858기 폭파사건은 집권 민정당 노태우 후보가 야당의 김영삼, 김대중 후보를 꺾는 데 적지 않게 기여한 것으로 분석된다(동아일보 1997.2.14). 특히 KAL기 폭파범 김현희를 투표일 하루 전날 국내로 압송한 것은 사건의 효과를 극대화한 것으로 드러났다. 사건 발생 전 민정당 자체의 여론조사로 노태우 후보는 통일민주당의 김영삼 후보에게 다소 뒤쳐져 있었으나 이 사건이 터진 뒤 전세를 역전시켜 확실히 승세를 굳힌 것이다(한겨레 1996.4.7). 북한의 돌발행동은 국민안보의식을 자극해 여권의 득표에 유리한 영향을 끼쳤으며, 이 경우 여권도 적극적으로 여론전을 펼치는 등 동 사건을 선거에 적극 활용하기도 했다.

2) 실행수단 변화 요인: 일관된 목표를 위한 실행수단 조정

폴리휴리스틱 모델의 논지에 따르면 국가 및 정부를 비롯한 의사결정자는 의사결정과정에서 여러 가지 대안 중 하나의 방안만을

선택하는 것이 아니라, 다양한 대안을 혼합하여 사용한다. 이와 같은 논리에 따라 제1국면에서는 한국 정부가 혐의자 확보 목표를 달성하기 위하여 여러 가지 대안 중에서 실행수단을 선택하고 유기하며 재선택하는 동태적인 과정에 주목하였다.

제1국면에서 한국 정부의 목표는 시종일관 사건 혐의자 김현희를 대통령 선거 전에 확보하는 것이었다. 이러한 목표를 달성하기 위하여 한국 정부는 우선 박수길 차관보를 정부특사로 바레인에 파견하였으며, 미국에 협조 요청을 보내는 대안도 고려한다. 만약 혐의자를 대선 전에 확보하지 못할 경우 바레인 측에서 수사를 이어가도록 협조하는 대안을 추진할 예정이었다. 이와 같은 방안으로 바레인 측과 교섭한 결과, 바레인 측은 혐의자를 넘겨주겠다는 입장을 표명하다가 이내 이를 번복하는 사태가 발생하게 된 것이다. 혐의자 확보를 위해 마련한 실행방안이 실패하게 되자 한국 정부는 또 다른 대안을 마련한다. 바로 바레인 정부에 영향력을 행사할 수 있는 사우디아라비아의 협조를 요청하는 것이다. 한국 정부는 이처럼 여러 가지 실행수단을 혼합하여 사용함으로써 혐의자 확보에 성공하게 된다. 하지만 바레인 정부가 왜 사건 혐의자를 한국 측에 넘겨주는 데 동의하였는지는 여전히 퍼즐로 남아 있다. 한국 정부와 바레인 정부 간의 교섭에서 어떤 행위자가 암암리에 영향력을 행사한 것인지, 혹은 또 다른 변수가 교섭 과정 속에서 결정적으로 작동한 것인지는 앞으로 후속 연구로 논의될 필요가 있다.

III 두 번째 국면: 북한 테러리즘 규탄 외교전

1. 경합하는 두 가지 목표

1) 대북규탄 국제여론 확산

KAL 858기 폭파사건을 북한 소행으로 확신한 전두환 대통령은 1987년 12월 10일 오전 국무위원, 경제계 인사, 언론인들이 참석한 가운데 열린 제5공화국 경제정치보고회의에서 동 사건을 언급하면서 한국 측에서 북한의 테러행위에 강경히 대응해야 할 것을 강조했다(김성익 1992, 576). 이에 한국 국방부는 특별국무회의를 소집하여 가장 강력한 응징책으로 북한에 대한 군사적 보복도 고려했던 것으로 드러났다. 그러나 자칫 잘못하면 북한에게 도발의 구실을 제공하는 결과를 초래하게 될 우려도 있고 서울올림픽 개최마저 무산될 수 있다고 보았기에 군사적 대책을 강구하지 않기로 한 것이다.[14] 따라서 비군사적 응징조치를 취하되, 강력한 대북규탄 효과를 거둘 수 있는 방안을 마련하고자 하였다. 한편, 외무부에서는 북한을 국제적으로 규탄받게 하려는 외교 노력이 올림픽에 부담이 되지 않겠느냐는 우려의 목소리도 있었으나, 테러 응징이라는 원칙 문제와 북한의 테러 재발 방지 등 고려를 우선시했던 것으로 드러났다. 한국이 결연하게 대처하는 것이 안전 조치에 대한 국외의 인식을 높여서 올림픽에 오히려 도움이 될 것으로 보았

14 1월 19일, 제12대국회 제138회 제2차 국회본회의에서 외무부 장관 최광수와 국방부장관 정호용은 KAL 858기 폭파 사건의 대응 조치에 관하여 질의응답을 하였다. 국회회의록. 1988.1.19. 제12대국회 제138회 제2차 국회본회의.

다. 이와 같은 관점에서 북한의 만행을 국제사회에 널리 알림으로써 북한의 행위를 강력히 규탄하고 그 책임의 소재를 분명히 하는 동시에, 나아가서 국제사회에서 이와 같은 테러행위를 엄중히 경고함으로써 테러행위의 재발을 방지하는 것을 동 사건 관련 외교적 응징책의 주안점으로 두었다.

2) 외교적 환경 안정화

1980년대 말에 한국은 남북대화와 긴장완화를 촉구하는 여론조성과 유엔 가입에 유리한 국제여건을 마련하는 외교에 치중하였다.[15] 당시 한국 정부의 외교정책 목표 중 하나는 세계 모든 국가가 참석할 수 있는 올림픽대회를 개최하는 것이었다. 공산권이나 서방국가에서도 서울올림픽은 정상적인 올림픽으로 만들자는 분위기가 조성되었고, 공산권 국가들이 대거 참석하기로 예정되었다.[16] 1979년 12월 소련군의 아프가니스탄 침공에 항의하는 조치의 일환으로 미국은 1980년 모스크바 올림픽의 보이콧을 주도하였고 그해 올림픽 참여국은 1956년 이후 가장 낮은 80개국으로 줄었다. 이에 대한 보복 조치로 1984년 로스앤젤레스 올림픽에는 공산권 국가들이 참석하지 않았다.[17] 미국과 소련이 12년 만에 평화를 상징하는 올림픽대회에 참가하게 된 것은 한국으로서 남북관계에서 우

15 국회회의록. 1988.1.19. 제12대국회 제138회 제2차 국회본회의.

16 소련은 1985년에 서울올림픽 참석을 확정 지었으며, 중국은 1984년에 서울올림픽 참석 의사를 밝혔다. 『경향신문』 1985.3.30; 1984.3.5.

17 1980년 모스크바 올림픽 https://www.olympic.org/moscow-1980; 1984년 로스앤젤레스 올림픽 https://www.olympic.org/los-angeles-1984 (검색일: 2021.2.3.).

위를 유지하고 동구권 국가들과의 관계를 개선할 수 있는 가장 좋은 기회였다. 그러나 국제사회에서 KAL 858기 폭파사건을 지속적으로 규탄한다면 남북대결의 양상을 불러일으킬 수 있을 뿐더러, 한반도의 안보환경에 대한 국제사회의 우려가 커질 수 있기 때문에 한국 정부는 동 사건 관련 대북 응징책을 마련함에 있어서 신중할 수밖에 없었다. 뿐만 아니라 외무부로서는 새로운 정부의 출범과 더불어 '북방정책'이 그 외교정책의 중요한 목표의 하나가 될 것임을 인식하였기에 국제기구에서 북한 테러리즘을 규탄하는 과정에 빚어질 수 있는 동서진영 간의 마찰을 최대한 피하고자 했던 것이다.

이상과 같은 두 가지 상충되는 외교 목표로 인해 한국 정부는 대북 규탄 외교 교섭을 시행하는 과정에서 애초에 선택했던 실행방안을 수정하거나, 다른 대안을 선택하여 추진하는 경우가 생기게 된 것이다.

2. 실행수단의 선택 및 조정

1) 양자적 교섭

실행수단 1: 74개 주요 우방국 공관을 통한 주재국 대북 규탄 요청

한국 정부의 KAL 858기 폭파사고 대책 기본방침은 첫째, 무고한 인명을 살상하는 북한의 반문명적, 비인도적 테러행위를 규탄하고 이에 따른 국제여론을 조성하는 것; 둘째, 테러행위에 대한 국제사회의 효과적 대책을 촉구하는 것이었다.[18] 이와 같은 방침에 따라

수사결과 발표 전날인 1988년 1월 14일, 외무부는 우선 전 재외공관에 KAL기 폭파범 김현희 수사결과를 상세히 통보하고, 74개 주요 우방국 공관에 대해서는 주재국 정부를 접촉하여 규탄성명 발표를 교섭할 것을 지시한다. 그 다음날에는 서울 주재 공관장들을 초치하여 수사결과를 설명하는 한편 북한의 여사한 살인, 파괴행위의 재발 방지를 위해 각국 정부가 가능한 조속히 북한을 공개적으로 규탄해 줄 것을 공식 요청한다.[19] 특히 일본과 미국에는 별도의 강력한 대북제재 조치와 더불어, 중국과 소련을 통한 대북 경고 및 외교의 제재에 대한 협력을 요청한다.

1월 16일 외무부 출입기자단 기자회견에서 정부는 대북한제재조치의 일환으로 우선 1987년 9월 17일 자 한국 외교관의 대북한 외교관 접촉 완화 지침을 철회한다고 발표하고 이를 전 재외공관장에 통보하였다. 1월 18일, 외무부는 전 재외공관에 홍보지침을 시달하고 주재국 정부와의 북한 규탄 교섭을 병행할 것을 지시하였다. 또한 각국 주요 언론 매체와 긴급 접촉하여 수사결과의 내용이 상세히 보도되도록 하고, 교민사회에도 북한 만행의 실상을 알리도록 하였다.[20]

외무부는 북한이 동 사건으로 국제적 제재를 받는다는 인식이 가능하도록 북한과 교류가 있는 서구 우방 국가를 통해 실질적 압

18 외교문서, 분류번호: 701 『대한항공(KAL) 858기 폭파사건: 재외공관에 대한 조치, 1988. 전3권. V.1 북한 공개 규탄 교섭』.

19 외교문서, 분류번호: 701 『대한항공(KAL) 858기 폭파사건: 청와대 보고, 1987-88』.

20 외교문서, 분류번호: 701 『대한항공(KAL) 858기 폭파사건: 재외공관에 대한 조치, 1988. 전3권. V.1 북한 공개 규탄 교섭』.

력을 동원하려고 계획했던 것으로 드러났다. 이와 같은 방안을 시행함에 있어서 남북한 수교 상황,[21] 아웅산 묘소 테러 사건에 보인 반응,[22] 집권 세력의 성격[23] 등 요소를 고려하여 선별적, 단계적 조치가 필요하다고 보았다. 구체적으로 영국 등 적극적 협조 태도를 보이는 국가의 조속한 규탄성명 발표를 통해 기타 국가의 북한 규탄 동참을 유도하는 방안을 추진하려 했고, 네덜란드 등 성명 발표를 하지 않는 원칙을 가진 국가에 대해서는 EC(구주 공동체) 차원의 성명 채택에 적극 참가하도록 교섭할 계획이었다.

외무부는 주서독대사관에 주재국에 대한 대북한 규탄성명 발표 교섭과는 별도로 EC 12개국[24] 공동 명의로 규탄성명이 발표된다면 그 효과가 다대할 것이기에 EC 의장국인 서독이 조속한 시일 내 동 성명이 채택되도록 주도해 줄 것을 요청토록 지시하였다. 한편, EC 회원국 중에서 남북한 동시 수교국인 포르투갈, 덴마크 및 사회당 집권 국가인 그리스 등 일부 소극적인 태도를 보일 여지가 있는 국가에 대해서는 다수 회원국의 의견에 동조하도록 별도로 교섭할 것을 지시하였다. 북한을 응징하기 위한 실질적 압력으로는 프랑스, 오지리 등 국가에 북한 공관 및 일반대표부에 대한 감시를 요청하고, 한국과 정보교환 체계를 수립할 것을 요청했다. 더

21 1988년 1월 당시 남북한과 동시에 외교관계를 맺은 유럽 국가는 덴마크, 포르투갈, 오지리, 스위스, 북구 3국, 몰타 등이었다.

22 1983년 아웅산 묘소 테러 사건 당시 영국은 한국의 대북 응징을 적극적으로 지원한 반면, 프랑스, 그리스, 오지리, 포르투갈, 스웨덴, 핀란드 등 국가는 대북 규탄 및 응징에 미온한 반응을 보였다.

23 프랑스, 그리스, 포르투갈 등은 사회당 집권국가였다.

24 1988년 1월 당시 EC 회원국은 프랑스, 서독, 이탈리아, 벨기에, 네덜란드, 룩셈부르크, 영국, 덴마크, 아일랜드, 그리스, 스페인, 포르투갈 등이다.

불어 IMO, WTO 본부 소재국인 영국과 스페인에 대해서는 북한 사무소 설치 및 직원 입국을 올림픽 이후까지 지연해줄 것을 요청했다. 1월 18일 최광수 장관은 주한서독대사와 프랑스대사를 초치하여 사건 개요를 설명하고 양국은 한국의 우방으로서 북한의 국가 테러 행위 규탄 및 재발 방지를 위해 협조해 줄 것을 요청하였다. 더불어 EC 공동 명의의 대북한 공개규탄 채택을 위한 협조도 요청했다. 1월 26일 EC는 동 사건을 규탄하는 공동성명문을 발표하였다.[25] 이와 더불어 교섭을 진행한 대다수의 유럽 국가들은 개별적으로 규탄성명을 발표하였다.[26]

실행수단 2: 교섭 국가의 범위 확대 및 규탄성명 재요청

1월 20일, 외무부는 74개 우방국 공관 외에 브라질 등 16개 공관을 추가하여 총 90개 공관(110개 국가)에 규탄 교섭을 지시하였다.[27] 그 이유는 북한의 만행을 규탄하는 것이 단순히 남북한 관계 문제에 있어서 한국을 지원한다는 맥락에서가 아니라, 국제민간항공의 안전 운행을 보장하고 나아가 국제테러 근절이라는 공동의 이익을 위한 조치가 될 것임에 비추어, 국제민간항공 운행 국가는 물론, 여타 국제테러를 반대하는 모든 국가가 동 사건에 대한 규탄

25 EC는 동 사건에 관한 한국 정부의 수사 결과 및 동 사건에 북한 여성이 개입된 증거에 유의하였다. 따라서 한국 민항기에 대한 비열한 공격 행위를 강력히 규탄하며 유관 국제기구들의 관심을 촉구한다. 아울러 동 범죄 행위에 의해 한반도 정세가 영향을 받지 않기를 희망한다.

26 규탄성명 발표 교섭을 진행한 23개 유럽국가 중 스위스, 몰타, 로마 교황청을 제외한 19개 국가가 성명을 발표했다.

27 90개 재외공관에는 여러 겸임국도 포함되어 있었기에 사실상 총 110개 국가와 교섭을 진행한 것이다. 당시 한국과 국교를 맺은 국가는 총 128개였다.

성명을 발표할 수 있으리라 확신했기 때문이다. 나아가서 주재국과 한국의 우호관계로 보아서도 성명을 발표할 수 있으리라 생각되니, 각 공관은 주재국 정부와 적극적으로 교섭하기 바란다고 강조하였다. 외무부는 1983년 아웅산 묘소 테러사건과 KAL 007 격추사건에 대한 각국의 반응을 참고하여 실정에 부합되는 제재 조치를 취하도록 요청할 것을 각 공관에 당부했다.

2월 1일까지 총 51개 국가가 한국 측의 요청에 의하여 규탄성명을 발표하였다. 외무부는 각국이 발표한 성명 내용을 규탄의 강도에 따라 A급, B급, C급으로 구분하였다. 그중 A급에 해당되는 국가는 총 18개국으로[28] KAL기 사건이 북한의 행위임을 인정하고 북한을 직접 규탄한 국가다. B급 국가는 11개국으로[29] 성명문에 북한에 대한 지칭은 했으나, 우회적, 간접적으로 북한을 규탄한 국가이며, C급에 해당되는 국가는 22개국으로[30] 북한을 지칭하지 않고 모든 형태의 국제테러행위를 규탄한 국가이다. 이에 외무부는 B, C급 국가들의 방식으로 성명을 발표하면 대북 규탄의 효과가 떨어질 수밖에 없을 것이라고 평가했다. 따라서 이미 규탄성명을 발표한 국가일지라도 가능한 북한을 직접적으로 규탄하는 성명을 재발표하도록 교섭할 것을 각 재외공관에 지시하였다. 외무부는 특

28 A급 국가: 미국, 일본, 영국, 호주, 중국(대만), 싱가포르, 뉴질랜드, 피지, 파푸아뉴기니, 덴마크, 콜롬비아, 칠레, 코스타리카, 과테말라, 라이베리아, 노르웨이, 터키, 세인트빈센트.

29 B급 국가: 방글라데시, 인도네시아, 캐나다, 서독, 벨기에, 네덜란드, 룩셈부르크, 아일랜드, 그리스, 스페인, 포르투갈.

30 C급 국가: 말레이시아, 필리핀, 브루나이, 프랑스, 오스트리아, 이탈리아, 볼리비아, 에콰도르, 파나마, 수리남, 아르헨티나, 오만, 요르단, 시에라리온, 케냐, 태국, 스웨덴, 도미니카, 자메이카, 바베이도스, 스와질랜드, 우루과이.

히 이탈리아, 프랑스, 벨기에 등 EC 국가들로 하여금 입장을 분명히 해주도록 교섭할 것을 당부했다. 이들 국가는 유엔 안보리 및 ICAO 등 국제기구에서 동 사건 토의 시 도움이 되는 영향력을 발휘할 수 있었기 때문이다.

외무부는 또한 각 재외공관에 아직 북한을 규탄하지 않고 있는 나라와 언론매체들이 북한을 규탄하도록 유도하는 외교적 노력을 계속 가할 것을 지시했다.[31] 특히 브라질, 네팔, 세네갈 등 안보리 이사국 공관에는 조속히 주재국 정부와 접촉하여 규탄성명을 발표하도록 전력을 다할 것을 부탁하였다. 외무부는 본 사건을 어떤 형식으로든 안보리에 제기할 예정이었기에 이들 공관에는 특별히 적극적인 교섭 추진 임무를 하달한 것이다. 브라질은 처음에는 한국의 수사 결과에 대해 북한이 국제사회에서 국가적으로 큰 불이익이 될 행위를 감행한 저의를 이해할 수 없다는 입장이었으며, 만약 안보리에 동 사건을 제기할 경우 북한을 비롯한 공산권은 반드시 이에 반박할 것이라고 보았으나, 2월 9일 한국 측의 여러 차례 설득 끝에 최광수 외무장관 앞 서한으로 규탄성명을 전달하였다. 반면, 세네갈은 시종일관 한국 측 요청에 부응하기 어렵다는 반응이었다. 주세네갈대사는 1월 20일 세네갈 외상이 북한대사 이임 리셉션을 개최하였고, 1986년 세네갈 대통령의 평양 방문 후 북한을 의식하는 대한반도 입장에 비추어 세네갈의 규탄성명 발표는 기대할 수 없을 것이라는 결론을 내렸다. 한편 네팔은 한국 측이 안보리에 문제 제기 시 협조할 의사를 밝혔지만 직접적인 규탄

31 외교문서, 분류번호: 701 『대한항공(KAL) 858기 폭파사건: 청와대 보고, 1987-88』.

성명은 발표하지 않았다. 네팔은 당시 남북한 동시수교국이었으며, 엄격한 비동맹 외교정책을 추진하고 있었기에 규탄성명 발표에 제한을 두었던 것이다.[32]

2) 다자적 교섭

혐의자를 한국 국내로 인도한 후, 외무부는 〈표 9-1〉과 같이 여러 국제기구 회의에서 북한을 규탄하고자 했다. 외무부 국제기구조약국은 국제기구의 영향력, 회의의 성격, 회의에 참석하는 회원국들과의 관계, 회의 시간 등 요소를 종합적으로 고려하여 각 국제기구 회의에 알맞은 실행방안 초안을 세웠다. 더불어 최광수 장관은 실행방안 외에도 각 국제기구에 해당되는 여타 대안을 마련할 것을 국제기구조약국에 지시하였다. 각 국제기구 회의의 문제제기 방식 선정기준은 다음과 같다.

첫째, 외무부는 국제기구를 통한 대북 규탄의 가장 효과적인 방식은 국제기구 회의에서 북한의 테러 행위를 규탄하는 내용의 결의안이 채택되는 것이라고 보았다. 특히 국제사회에서 영향력이 가장 큰 유엔 안보리회의에 결의안을 상정하는 방안은 적극적으로 추진해야 한다고 판단했다. 때문에 외무부 국제기구조약국은 사건 수사가 마무리 되지 않았음에도 불구하고 본 사건의 안보리 제기 가능성 검토에 착수했다. 또한 본 사건의 항공 테러리즘 성격에 가장 부합되는 국제민간항공기구(ICAO)에도 결의안을 상정하고자 계획했다. 둘째, 한국 대표단이 국제기구 회의에 참석하여 북한 테

32 외교문서, 분류번호: 701 『대한항공(KAL) 858기 폭파사건: 국별반응 및 대북한 대응조치 교섭(아주지역), 1987-88. 전2권. V.1 중공/동남아 국가』.

표 9-1. KAL 858기 폭파사건 국제기구 회의 상정 방안

국제기구 회의	회의 장소 및 기간	상정 형식
유엔 안보리	88.1 또는 88.2 제기	결의안 제출
ICAO 이사회	몬트리올 88.2.22-3.27	
항공법 회의	몬트리올 2.9-2.24	관계국 및 우방국 규탄발언 유도
유엔 인권위원회	제네바 2.1-3.11	
국제의회연맹(IPU) 총회	과테말라 4.11-4.16	규탄 결의 또는 성명 발표
서방 7개국 정상회담	오타와 6월	

출처: 외교문서, 분류번호: 701 『대한항공(KAL) 858기 폭파사건: 대국제기구 조치, 1988. 전4권. V.1 국제기구 반응(종합) 및 항공관련 국제기구』 참조.

러리즘 규탄 발언을 하고, 더불어 미국, 일본 등 우방국들도 한국에 동조하는 발언을 한다면 비록 결의안만큼의 효과를 거두지 못하더라도 충분히 규탄 분위기를 형성할 수 있다고 보았다. 한국 정부는 이에 입각하여 항공법에 관한 국제회의와 유엔인권위원회에 한국 대표단을 파견하기로 결정했다. 특히 ICAO 주관 아래 개최되는 항공법 회의는 국제공항에서의 불법적 폭력행위의 방지에 관한 의정서를 채택할 예정인바, KAL 858기 폭파 혐의자에 대한 수사결과에 따라 북한이 배후 조정세력임이 밝혀질 경우, 시기적으로 근접한 이 회의는 본 사건을 거론 내지 규탄하는 데 가장 적절한 회의로 판단하였고, 이를 최대한 활용해야 한다고 보았다.[33] 셋째, 북한 테러 소행을 규탄하는 내용을 회의 문서로 배포하거나 개별국가가 성명으로 발표하는 방안은 단지 본 사건을 언급하는 수준에 그치는 것으로서 규탄 효과가 상대적으로 한정적이다. 국제

33 외교문서, 분류번호: 701 『대한항공(KAL) 858기 폭파사건: ICAO 주관 항공법에 관한 국제회의, Montreal(카나다), 1988.2.9.-24. 전3권. V.1 기본문서』.

의회연맹(IPU)과 서방7개국 정상회담은 주로 한국 측에 우호적인 서방국가들로 구성되었지만, 본 사건과 직접적인 연결고리가 없기에 강력한 대책을 촉구하기에 부적절하다고 판단했다. 따라서 두 회의에서 본 사건을 언급하되 상황을 보아 유연히 대처해야 한다고 보았다.

실행수단 1 : 유엔 안보리 문제제기 방안을 둘러싼 논쟁

1987년 12월 4일, 외무부 국제연합과는 본 사건 관련 유엔 제기 가능성에 대해 최초로 논의하였다.[34] 외무부에서는 KAL 858기 폭파사건 유엔 문제제기 방법으로 총 3가지 방안을 검토하였다. 첫 번째 방안은 유엔 안보리 회의를 소집하는 방법이다. 안보리 회의를 소집할 시 두 가지 결의안을 고려하였는데, 한 가지는 북한의 직, 간접적 개입을 규탄하는 결의안이고, 다른 한 가지는 일반적 테러행위의 범주 내에서 대테러 국제적 협력 강화를 촉구하는 결의안이다. KAL 858기 폭파사건에 북한의 직, 간접적 개입을 규탄하는 결의안일 경우 중국과 소련이 거부권을 행사할 것이며, 불가리아, 콩고, 잠비아 등 국가에서 반대할 것으로 예상했다.[35] 반면, 본 사건을 일반적 테러행위의 범주 내에서만 취급하는 내용의 결의안일 경우 중국과 소련이 거부권을 행사하는 명분이 약화될 것이며, 두 나라가 거부권을 행사하지 않으면 결의안 통과도 가능하

34 외교문서, 분류번호: 701 『대한항공(KAL) 858기 폭파사건: UN 안보리 대책 및 조치, 1987-88. 전6권. V.1 1987.12.3.-1988.2.4.』, 외교통상부. pp.1-28.

35 불가리아, 콩고, 잠비아 등 국가는 동구권 진영의 국가들로서 당시 북한과 우호적인 관계를 맺고 있었다.

다고 보았다. 그러나 이 경우는 한국 측이 안보리를 소집한 명분 자체가 약화되며, 따라서 이러한 방향에서의 대처로는 안보리 소집 자체가 어려워질 것으로 전망하였다.[36] 외무부는 KAL 858기 폭파사건이 안보리에 제기될 경우 북한에 의한 테러가 있었음을 증명해야 하는 문제가 토의의 가장 큰 쟁점이 될 것이며, 안보리에서의 증인 문제가 대두될 것이라고 예상했다.[37] 두 번째 방안은 북한 규탄문서를 안보리 문서로만 배포하는 방안이다. 이에 대해 유엔 안보리 문서 배포는 자칫하면 한국 측의 일방적인 주장이 될 수 있으며, 북한 규탄의 효용성이 상대적으로 약할 것이라는 단점이 지적되었다. 세 번째 방안은 안보리 이 외의 유엔 기구에서 북한의 테러행위를 규탄하는 방식으로, 유엔총회, 6위원회, 인권위원회에서 한국 측 대표가 발언하는 방안이다. 특히 유엔 인권위원회에서 북한의 테러행위는 기본적 인권을 무시하는 태도에서 가능하였음을 부각하고자 했다. 이 방안에 대해서는 각종 회의에서 규탄 발언을 하면 북한 측의 반대를 야기할 수 있고 논쟁이 격화될 가능성이 있다는 문제점이 제기되었다.

수사결과 발표 후, 박근 주유엔대사는 1월 안보리의장인 Crispin Tickell 영국대사 및 주요 우방국대사와 본 사건의 안보리 제기 문제에 관하여 협의하는 자리를 가졌다. 티켈 대사는 한국 측

36 외교문서, 분류번호: 701 『대한항공(KAL) 858기 폭파사건: UN 안보리 대책 및 조치, 1987-88. 전6권. V.1 1987.12.3.-1988.2.4.』.

37 본 사건의 안보리 제기를 위해서는 협의자인 김현희가 안보리에서 "북한의 지령에 따른 공작"이었음을 폭로하도록 유도할 수 있을 경우에만 안보리 제기의 실익이 있다고 판단하였다. 따라서 김현희의 안보리 증인 유도를 위한 방안으로서 미국과 협조하여 김현희가 북한과의 관계를 단절시키고 미국에 영주할 수 있도록 하면서 자발적인 발언을 하도록 유도하는 쪽으로 대책을 세워야 한다고 보았다.

의 안보리 제기에 미온적인 반응을 보였다.[38] 북한을 규탄하는 결의안에는 중국과 소련이 거부권을 행사할 것이 분명하며, 이 문제가 동서 대결 양상을 부각시키지 않도록 KAL기 문제에 한정하여 추진하는 것이 좋을 것이라고 건의하였다. 특히 미국이 전면에 나서는 것은 바람직하지 않기에 2월 의장국이 미국인인 만큼 시기적으로 2월로 넘어가는 것은 좋지 않을 것이라고 보았다. 티켈 대사는 사건 후 상당한 시일이 경과하였다는 점과 미국, EC 등 여러 나라가 북한을 규탄하고 있고, 중국, 소련이 서울올림픽에 참가하는 등 한국이 유리한 상황에서 반드시 안보리에 제가할 필요성이 있겠느냐는 입장이었다. 한국의 주요 우방국 대사들 또한 북한 규탄 서한과 수사 결과를 안보리 문서로 배포하는 것이 좋을 것이며 공식 토의는 피하는 것이 좋겠다는 반응이었다.

주요 우방국 대사들과 면담을 마친 박근 대사는 안보리 문제 제기에 소극적인 태도를 보였다. 박근 대사는 우선 안보리 문서로 배포하는 방안이 효과가 좋을 것이며, 앞으로 유엔 및 전문 기구 등 각종 국제회의에서 지속적으로 북한규탄을 시행하는 것이 바람직하다고 보았다. 반면, 박수길 제1차관보 등 외무부 국내 인사들은 본 사건이 중대한 사건인 만큼 최대한의 규탄 효과를 거둘 수 있는 방식으로 안보리에 상정해야 한다고 주장했다. 한편, 1월 21일에 진행된 외무부 내 토론에서는 다음과 같은 두 가지 방침에 따라 대책을 세워야 한다는 의견이 수렴되었다.

첫째, 한국의 안보리 소집요청은 반드시 안보리에서 의제 채

38 외교문서, 분류번호: 701 『대한항공(KAL) 858기 폭파사건: UN 안보리 대책 및 조치, 1987-88. 전6권. V.1 1987.12.3.-1988.2.4.』.

택이 될 것을 전제로 하여야 하므로 안보리 이사국 9개국 이상이 동 의제 채택에 찬성한다는 사전확인이 있을 경우만 안보리 소집 요청을 해야 한다. 따라서 영국 이 외의 안보리 이사국인 미국, 프랑스, 서독, 일본, 이탈리아, 아르헨티나, 브라질, 네팔, 세네갈의 주유엔대사를 접촉하여 한국이 안보리에 제기할 경우 9개국 이상의 이사국이 의제 채택에 찬성할 것인가의 여부를 미리 알아보아야 한다. 특히 브라질, 네팔, 세네갈이 찬성토록 적극 교섭해야 한다. 둘째, 안보리에서의 결의안 제출은 필수적이 아니며 결의안을 제출할 경우에도 반드시 북한을 직접 규탄하지 않더라도 테러행위에 의한 항공기 폭파의 유감 또는 재발방지 촉구 등 완화된 내용이 될 수도 있다. 이에 외무부 장관 최광수는 북한을 직접적으로 규탄하지 않고 테러행위만을 비난하는 결의안을 제출할 경우 채택될 가능성에 대한 각국의 평가를 알아볼 것을 지시하였다. 또한 외무부로서는 항공기폭파사건을 안보리에 제기, 동 문제에 대한 북한 규탄을 토의하는 자체에 주안점을 두고 있음을 강조했다.[39]

이와 같은 방침에 입각하여, 외무부는 1월 24일 "KAL 858기 폭파사건 유엔 안보리 대책 회의"에서 4가지 방안을 제시한다. 이는 티켈 안보리의장의 의견을 참고한 것으로서, 수사 결과 발표 전에 제기되었던 기존의 3가지 방안에 '결의안 채택 없이 토의만 하는 방법'을 추가한 것이다.[40] 회의에서는 이 4가지 방안의 득실을

39 외교문서, 분류번호: 701 『대한항공(KAL) 858기 폭파사건: UN 안보리 대책 및 조치, 1987-88. 전6권. V.1 1987.12.3.-1988.2.4.』.

40 티켈 안보리의장은 박근 대사와의 협의에서, 안보리에 의하여 동 사건이 다루어질 수 있는 방법은 1) 소집결의안 채택; 2) 결의안 채택 없이 토의만 하는 방법; 3) 비공식 협의를 통한 안보리의장 성명 발표; 4) 안보리문서 배포 등 4가지 방법

둘러싸고 논의가 진행되었다.

첫 번째는 안보리 장관 성명문을 발표하고 안보리 문서로 배포하는 방안이다. 이로써 한국 측은 일방적 조치로 강경한 어조의 대북 규탄을 할 수 있으며, 한국 국내 여론을 최소한으로 만족시킬 수 있다. 또한 안보리에서의 동서대결을 지양할 수 있고, 안보리에서 중국, 소련 등 북한 동조세력으로 인하여 현재까지의 대북 규탄 여론이 희석화되는 것을 방지하는 효과가 있다. 반면 이 방안을 실시하면 북한 측에서도 유사한 조치를 취하여 한국의 성명 효과가 감소될 가능성이 크며, 특히 규탄의 국제성이 결여되고, 강도가 약화되는 단점이 있다. 두 번째 방안은 안보리 의장명의 성명이다. 이 역시 한국 국내 여론에 부합되는 방안이다. 이를 통하여 미국, 영국 등 주요 우방국의 의사를 반영할 수 있을 뿐만 아니라 중국, 소련을 포함한 합의에 의해 의장 명의로 테러리즘을 규탄할 수 있다. 이 외에도 동 방안을 타방안과 연계하여 추진할 수 있다는 장점이 있다. 다만 이 방안만 실시할 시 대북 규탄 어조 약화는 불가피하며, 안보리에서의 개별 국가에 의한 대북 규탄이 불가능해진다는 단점이 있다. 그리고 안보리 토의 자체보다는 미흡하다는 여론이 생성될 가능성도 배제 못한다. 세 번째 방안은 안보리회의를 소집하여 결의안 채택 없이 토의만 하는 것이다. 비록 안보리 결의안은 상정하지 않지만 한국의 주도적인 외교 노력을 반영할 수 있고, 일반적인 국민 여론에 부합되는 방법이다. 그러나 토의로 인한 동서대결은 불가피하며, 가장 큰 문제는 의제 채택에 필요한 안보

이 있다고 건의한 바 있었다.

리 이사국들의 찬성 의사가 불확실하다는 점이다. 이는 한국 입장 지지 발언국 동원에 따른 외교적 부담으로 이어졌다. 마지막은 안보리 결의안을 상정하는 방안이다. 이 방안을 채택 시 중국과 소련이 거부권을 행사하여 결의안이 부결될지라도 안보리 다수 국가들이 한국의 입장을 지지할 것이기에 여전히 대북 규탄 효과를 볼 수 있으며, 특히 국내 여론에 가장 잘 부응할 수 있다는 장점이 있다. 반면, 결의안이 부결됨에 따라 북한에 대한 면책 분위기가 조성될 수 있고, 대외적으로 한국 외교가 실패한 인상을 줄 수 있으며, 동서 대결 양상이 재편될 수 있다는 문제점을 고려해야 했다.

박근 주유엔대사는 1월 26일과 1월 30일 최광수 장관에게 보고한 종합의견에서 4가지 방안 중 안보리 의장 성명을 선호하고 안보리 토의를 지양한다는 입장을 밝혔는데, 그 이유는 우선 미국 대사가 본 사건으로 안보리 토의 제기(결의안 여부 불문)를 원치 않고 있다고 판단하였으며, 한국 지지발언 교섭에 따른 부담도 느꼈던 것으로 보았다.[41] 또한 안보리에서 공식 토의가 시작되면 친북한 국가들은 북한을 공개적으로 비호하고 사건 조작을 운운하는 북한의 입장 지지할 것이라고 예상했고, 안보리 토의 또는 결의안 채택에 실패하면 한국에 불리한 기록(결의안 부결 사실 포함)이 남게 되므로, 한국이 국제무대에서 이미 향유하고 있는 유리한 입장이 약화될 가능성을 우려하였다. 뿐만 아니라 2월에 있을 ICAO 토의

41 박근 대사는 종합의견보고에서 "결의안 제출 시도하지 않을 경우 외교적 실익이 없으나, 결의안 채택 시도 시 일방에 의한 조사결과로서 증거가 불충분하다는 이유로 세네갈, 아르헨티나, 브라질, 유고 등의 기권이 예상되므로 지지국 수는 7-8개국에 불과할 것"이라고 예상했다. 또한 결의안 내용을 대폭 완화하여도 득표에는 별 영향이 없을 것이며, 한국의 입장만 약화되는 결과를 초래한다고 보았다.

에도 영향을 줄 가능성이 있다고 보았다.

최광수 장관은 국내 외무부 인사들과 주유엔대표부 측의 의견을 검토한 후, 주유엔대표부에 안보리 의제 채택 문제에 대한 표결이 시행될 경우 의제 채택을 위한 찬성표 획득에 확신을 가질 수 있는지 여부에 대한 판단을 보고 바란다고 하였다.[42] 이에 따라 주유엔대표부는 본 사건의 유엔 안보리 문제 제기에 대한 안보리 이사국들의 반응을 수집하였다. 각 이사국의 반응을 살펴보면, 미국, 서독, 일본 등 우방국들은 한국 측의 문제 제기에 찬성하는 입장이었으나, 영국, 프랑스는 상대적으로 조심스러운 태도였다. 반면, 동구권 국가인 소련, 중국, 알제리, 잠비아 등은 유엔에서 북한을 규탄하고자 하는 한국의 계획에 명확한 반대를 표명했다. 1월 31일, 박수길 차관보는 박근 대사에게 의제 채택을 위해서는 9개 안보리이사국의 지지가 필요하나 세네갈, 브라질 등 국가의 반응이 불명확하기에, 브라질, 네팔, 세네갈, 아르헨티나 등 이사국들과 다시 한 번 접촉해서 의제 채택 자체에 반대 가능성이 있는지 여부를 재차 확인할 것을 부탁하였다.

2월 1일 "대한항공기 폭파사건 후속 조치 및 대책 회의"에서 외무부는 안보리회의를 소집하여 토의하는 방법을 추진하는 데 대해 본격적인 논의를 시작한다. 앞서 제기된 4가지 선택지에서 본 사건을 안보리 의제로만 상정하는 방안을 추진하기로 결정한 것이다.[43] 박근 대사의 의견에 따라 안보리 소집 요청 대신에 한국의 주

42 외교문서, 분류번호: 701 『대한항공(KAL) 858기 폭파사건: UN 안보리 대책 및 조치, 1987-88. 전6권. V.1 1987.12.3.-1988.2.4.』.

43 단지 한국 측이 안보리 회의를 소집하면, 북한 및 친북한 국가들이 한국 발표 내용

장을 안보리문서로 배포하는 방안에 대해서도 고민을 했으나, 북한 측이 한국의 주장에 대하여 문서로 반박할 수 있으며 대외적으로 본 사건이 북한의 테러행위라는 확신에 자신감이 상실한 인상을 줄 수 있기에 끝내는 조금이나마 더욱 효과를 볼 수 있는 방안을 선택한 것으로 드러났다.[44] 또한 안보리회의는 일단 토의에만 국한하지만, 분위기를 보아 결의안 채택도 추진할 가능성이 있는지 유의해야 한다고 보았다. 대책회의에서는 북한이 국제사회 고립화로 인한 좌절감으로 대남 도발을 계획할 가능성이 있으며, 당분간 남북대화 재개가 어려워질 것이라고 전망했다. 뿐만 아니라 북한의 서울올림픽 참가를 유도하는 데 장애가 생길 수 있다는 우려도 제기되었다.

안보리 소집 방안을 추진하기로 결정한 후, 외무부에서는 즉각 유엔 안보리 의제 채택을 위한 안보리 이사국 교섭에 나서게 되는데,[45] 〈표 9-2〉에서 보다시피 외무부는 미국과 일본의 도움을 받아 중국, 소련과 교섭하였다. 2월 3일, 주미국대사관은 한국 측이

의 신빙성에 의문을 제기하고 한국의 인권문제 등 국내문제를 부각시킴으로써 논점이 비화될 가능성이 있기에 반드시 이에 대한 대책을 마련해야 한다고 보았다.

44 외교문서, 분류번호: 701 『대한항공(KAL) 858기 폭파사건: UN 안보리 대책 및 조치, 1987-88. 전6권. V.3 1988.2.13.-2.18』.

45 안보리이사국 교섭을 진행하는 동시에 다음과 같은 사항에 대해서도 고려하였다. 가. 한국의 안보리 소집 요청 공한 제출 후 우방국 명의로도 안보리 소집을 요청할 필요성 및 가능성, 가능할 경우의 국가; 나. 토의에서 한국지지 발언 할 안보리 이사국이 아닌 국가 중 토의에 참가하도록 교섭할 국가; 다. 안보리 토의 계속 예상 기간 및 한국의 발언 예상 횟수(반박 발안 포함); 라. 안보리 토의 시 한국의 제시가 요망되는 증거물 형태; 마. 북한 동조 발언 예상국가(중, 소, 알제리, 유고, 잠비아 및 북한 지지를 위하여 토의 참가 예상국가)에 대한 공동 전략 수립을 위한 핵심 우방국 구성 문제.

표 9-2. 안보리 이사국 교섭 경로

교섭 경로		교섭국가
한국의 독자적 교섭	주한공관	서방 6개국 및 브라질, 아르헨티나
	주유엔대표부	중국, 소련을 제외한 13개국
	현지공관	중국, 소련, 알제리, 잠비아, 유고를 제외한 10개 공관의 대주재국 교섭
미국을 통한 교섭		네팔, 브라질, 세네갈, 유고, 알제리, 잠비아, 중국, 소련
일본을 통한 교섭		브라질, 알제리, 잠비아, 중국, 소련
프랑스를 통한 교섭		세네갈

출처: 대한항공(KAL) 858기 폭파사건: UN 안보리 제기 교섭, 1988. 전6권. V.3 안보리 이사국 1』; 『대한항공(KAL) 858기 폭파사건: UN 안보리 제기 교섭, 1988. 전6권. V.4 안보리 이사국 2』.

현재까지 안보리 토의 방침을 결정하지 않았기 때문에 아르헨티나, 브라질, 세네갈의 분명한 입장 표명이 없었으나 미국 측 설명에 대한 반응에 비추어 볼 때 의제 채택 지지 확보에 큰 어려움이 없을 것으로 판단했다.[46]

2월 10일, 한국과 일본은 안보리 15개 이사국 중 11개국이 유엔 안보리 의제 채택을 지지함에 따라,[47] 안보리 긴급회의 소집을 유엔에 공식 요청한다.[48] 한국은 회의 요청서를 통해 긴급회의에

46 외교문서, 분류번호: 701『대한항공(KAL) 858기 폭파사건: UN 안보리 제기 교섭, 1988. 전6권. V.1 미국』.

47 안보리 의제 채택을 지지한 안보리 이사국은 미국, 영국, 프랑스, 서독, 일본, 이탈리아, 네팔, 아르헨티나, 세네갈, 브라질, 유고 등이다.

48 외무부는 2월 10일 주일본대사관에 정부는 뉴욕 시간 2.10. 오전 중 안보리 소집 요청 공한을 안보리 의장에게 제출하기로 결정하였음을 통보하고 일본 측도 안보리 소집 요청 공한을 한국 측과 동시에 또는 한국 측의 제출 직후에 제출토록 교섭하였다. United Nations Security Council, S/19489. *"Note/by the President of the Security Council."*

참석하고 싶다는 의사를 전달하였다.[49] 한국과 일본이 안보리 긴급 회의 소집을 추진하게 되자 북한도 대응에 나섰다. 북한은 같은 날 한국의 수사결과를 반박하는 내용의 문서를 유엔에 공식 제출한다.[50] 2월 12일에는 한국과 일본의 요청에 따라 유엔 안보리가 긴급회의를 소집할 것인가를 결정하기 위한 이사국 비공개 모임이 열린다. 모임에서 소련과 중국은 긴급회의를 소집하는 것에 대해 반대 의견을 피력했으나, 결국 회의를 소집하기로 결론이 난다. 이에 북한도 회의에 참석하겠다는 의사를 밝힌다.[51] 회의는 2월 16일부터 이틀에 걸쳐 열렸으며 총 18개국이 참여하였다.[52] 회의는 유사한 테러사건이 일어나지 않도록 해야 한다는 차원에서 진행되었다.[53] 안보리는 먼저 KAL 858기 폭파사건을 투표 없이 의제로 채택하였다. 의제채택에 관해서는 소련 대사만이 동 사건을 안보리에서 토의하는 것은 적절치 않으며 한반도를 긴장시키는 부정적인 영향을 미칠 가능성이 있다고 지적하면서 이러한 소련의 입장을

49 United Nations Security Council, S/19488. *"Note/by the President of the Security Council."*

50 이 문서는 안기부의 수사결과를 반박하는 조선중앙통신 성명, 미국의 테러지원국 지정을 비판하는 내용의 외교부 대변인 성명, 그리고 대한항공기 사건이 남측의 '자작극'이라는 내용의 한민전 성명 등 모두 세 가지의 성명서로 구성되었다.

51 United Nations Security Council, S/19492. *"Note/by the President of the Security Council."*

52 회원국 자격으로 참여한 나라는 의장국인 미국을 포함해, 알제리, 아르헨티나, 브라질, 중국, 프랑스, 서독, 이탈리아, 일본, 네팔, 세네갈, 소련, 영국, 유고, 잠비아 등 15개국이다. 여기에 투표권 없이 참관국 자격으로 참여한 나라는 한국, 북한, 바레인 등 3개국이다.

53 United Nations Security Council, S/PV. 2791. *"Provisional verbatim record of the 2791st meeting, held at Headquarters, New York, on Tuesday, 16 February 1988: Security Council."*

회의기록에 남겨줄 것을 형식적으로 요청하였을 뿐 의제채택에 반대는 하지 않았다.[54]

실행수단 2: 유엔인권위원회 대북 규탄 동조발언 우방국 교섭

외무부는 1988년 2월1일부터 3월11일 스위스 제네바에서 개최되는 제44차 인권위원회에서 회의 의제 12항인 세계인권 위반상황(Question of the violation of Human rights and fundamental freedoms in any part of world) 토의 시 북한의 KAL 858기 폭파 만행을 규탄하고자 했다. 옵서버 자격으로 회의에 참석하는 한국 대표가 발언하는 방식을 취할 예정이었으며, 43개 인권위원국 중 미국, 일본, 영국, 서독 등 우방국에 한국 지지 발언을 요청하는 방침을 정하였다.

외무부는 우선 유엔 인권위 인사들과 사전 교섭을 진행하였다. 한국 주제네바대사는 유엔 인권사무국의 진정서 담당국장과 면담하였다. 담당국장은 한국 측이 본 사건 관련하여 문제를 제기할 수 있을 것으로 보나, 한국이 선두에 나서 발언하면 남북한 대결의 양상을 너무 부각시키므로 제3국 우방이 선두 발언을 하고 한국이 추가 발언하는 방식이 보다 효과적일 것이라고 보았다. 주제네바대사는 한국 지지 발언 교섭 대상국으로 미, 일, 영, 서독 등

54 회의에 참석한 중국 대사 리루에(李鹿野)도 의제를 받아들였다. 회의에서 중국과 소련 등 공산권 국가는 북한을 지지하는 발언을 하지 않았고 단지 자신들은 국제 테러리즘에 강력히 반대하고 투쟁한다는 발언을 했다. United Nations Security Council, S/PV. 2792, *"Provisional verbatim record of the 2792nd meeting, held at Headquarters, New York, on Wednesday, 17 February 1988: Security Council."*

서방 4개국 이 외에 인권위 회원국인 콜롬비아를 추가할 것을 외무부에 건의하였다. 당지주재 Charry Samper 콜롬비아 대사는 1986년도 제42차 인권위 의장직을 역임한 바 있으며, 86년 하라레 비동맹 정상회담 시 한국 측 입장을 적극 지지하였고 1987년 8월에 외무부 초청으로 방한한 바 있는 인사로서 매우 협조적이었던 것이다. 이에 따라서 외무부는 미, 일, 영, 서독 및 콜롬비아와 접촉하였다.

미국과 콜롬비아는 유엔 인권위에서 한국 측의 발언에 동조하겠다는 입장을 명확히 밝혔다. 미국은 가장 먼저 한국 측 입장을 지지하기로 약속했다. 2월 3일 주제네바대사는 제44차 인권위원회 표제회의에 참가하는 미측 대표단 5명을 만찬에 초청하여 인권위에서 본 사건 거론대책에 관해 협의하였다. 미측은 국무부로부터 한국대표단과 상의하여 적절히 대처하라는 훈령을 받았으므로 한국 측을 지지하겠으며 구체적인 지지 방법에 관해서는 향후 한국 대표단과 긴밀히 협의하겠다고 약속했다. 콜롬비아 또한 한국 측의 요청에 매우 협조적이었다. 2월 11일 주제네바대사는 콜롬비아 Clemencia Forero 국제기구 차관보와의 면담을 통하여 제44차 제네바 인권위 및 ICAO 회의에서의 한국 측 대북 규탄 발언에 대한 주재국 지지입장을 최종 확인하였다.

반면, 일본 측은 입장을 여러 차례 번복했다. 2월 5일 일본 측은 한국이 인권위에서 먼저 발언을 하면 지지발언을 할 것이라고 외무부에 통보하였다. 그러나 2월 19일 주제네바대사와 인권위 일본 수석대표의 면담에서 인권위 대책에 관해 협의하던 중 일본 대사는 한국에 동조하는 데 소극적인 입장을 밝혔다. 일본 대사는 한국 측이 인권위에서 본 사건을 거론하면 소련 등 공산 측 대표가 의사규칙 발언을 통해 한국의 발언을 봉쇄 또는 방해할 가능성이 있기에 반드시 승산이 있는 것은 아니라고 우려했다. 또한 유엔의 가장 권위 있는 기관인 안보리에서 소기의 성과를 거두었다고 판단되므로 경제사회 이사회의 하부기관의 하나인 인권위원회에서 본 사건을 제기하여 만일 차질이 생길 경우 안보리에서 거둔 성과를 손상시킬 가능성이 있다고 보았다. 2월 22일 한일 양국 대사의 면담에서 일본 대사는 유엔 안보리에서와 같이 북한이 발언 또는 답변권 행사를 통하여 일본을 신랄하게 공격할 것으로 예상되는바, 그러한 경우 일본도 이에 반박하지 않을 수 없으므로 협약한 논전이 벌어지는 것은 바람직하지 않다는 이유를 추가적으로 언급한다. 2월 29일 주일대사는 일본 외무성 인권난민 과장을 방문하여 유엔 인권위에서의 일본 측 협조를 재요청하였는바, 동 과장은 인권위원회에서 일본은 한국 측 입장을 지지하는 발언을 할 것이라고 명확히 밝혔다.

영국과 서독은 시종일관 한국 측 요청에 소극적인 태도를 보였다. 1월 29일 주영대사는 주재국 Henry Steel 인권위원을 접촉하여 영국정부가 1월 21일 발표한 바 있는 대북한 규탄성명의 예에 따라 인권위원회에서 북한의 만행을 규탄하고 한국 측 입장을 지지하는 발언을 해줄 것을 요청하였다. Henry Steel 인권위원은 북한의 국가테러리즘을 규탄하는 영국 정부의 입장은 분명하나, 의제 12항은 구체적 인권위반 사례를 다루는 의제인바, 대한항공기 사건 제기가 적절할 것인가와 테러리즘 토의는 인권위보다 유엔총회, 안보리 등이 더욱 적절하다는 견해를 표명하였다.

1월 25일 주독대사는 주재국 외무성 유엔국장과의 면담을 통하여 서독 대표가 한국 대표에 동조하는 발언을 해줄 것을 요청하였다. 2월 16일 주제네바 대표부 이량 참사관과 서독의 Martius 공사의 면담에서 서독 대사는 EC회원국 간 협의에서 유엔 인권위가 본래의 취지에 비추어 KAL 858기 사건을 다루는 데 적절한 토론장이 아니라는 견해가 지배적이었음을 설명하고, 서독으로서는 이러한 의견을 경시할 수 없는 입장이라고 밝혔다. 2월 18일 주제네바대사는 서독 Steinmann 유엔국장대리와 접촉하여 표제회의에서 한국의 발언에 동조해줄 것을 재요청하였다. 이에 서독 대표는 유엔 안보리에서의 토의 결과가 매우 성공적이라고 평가되고 있으며, 본 사건을 다루는 데 가장 적절하다고 보는 ICAO회의에서 이 문제가 다시 취급되는 것이 예상되는 현재, 다시 이를 인권위에서 거론함이 한국 측에 이득이 될지 의문이 가며, 이제까지 얻은 성과를 축소시킬 수 있다고 보았다. 특히 이 문제를 인권위에서 매우 짧게 발언함으로써 안보리에서 토의된 중요한 문제를 격하시키는 결과를 초래할 것으로 보았다.

이에 따라 외무부 차관은 미, 일, 콜롬비아가 한국 지지발언을 할 것으로 예상되는바, 주재국이 한국 지지발언에 계속 난색을 보일 경우 무리하게 발언을 요청하지 않기 바란다고 건의하였다. 최광수 장관은 박쌍용 차관의 의견에 따라 서독, 영국과의 교섭을 일단락하기로 결정하였다. 1988년 3월 3일 오전, 한국 대표 이상옥 주제네바대사는 의제 12항인 '세계 각국의 인권 위반 상황' 토의 시 북한의 KAL 858기 폭파를 규탄하는 요지의 연설을 시행하는 한편 사건의 수사 결과를 설명한다.[55] 일본과 콜롬비아는 당일 오후 한국 측 입장을 지지하는 발언을 하고, 미국은 3월 7일에 추가적으로 사건 관련 대북 규탄 발언을 한다.

실행수단 3: 항공법 회의 & ICAO 이사회 교섭

1월 14일, 외무부는 주캐나다대사에게 "항공법에 관한 국제회의"(1988.2.9~24)와 "제123차 ICAO(국제민간항공기구) 이사회"(1988.2.22~3.27)에서 북한 테러리즘을 규탄하는 방안을 ICAO 측과 협의하도록 지시하였다. 외무부는 KAL 858기 폭파는 북한 김정일의 지령에 따라 자행된 것으로 밝혀졌으며, 동 결과는 1월15일 공식 발표 예정임을 주캐나다대사에게 통보하였다. 1월 20일 Kotaite 이사회 의장은 주캐나다대사와의 면담에서 ICAO에 대한 KAL 858기 폭파사건의 제기가 정치적 요소를 포함하고 있다고 판단하고 이사회회의가 개최되기 전에 자신의 단독 결정으로 한국이 제123차 이사회 회의 옵서버로 참석하는 것을 바람직하게 보지 않는다고 밝혔다. 따라서 이사회 회의 개최 전에 한국 측에서 의장앞 정식서면으로 옵서버로 초청하도록 요청하고 동 요청사실을 의장이 이사회에 보고하게 하여 이에 따라 이사회에서 우방국 대표들이 지지함으로서 한국의 옵서버 참석이 실현되도록 해야 한다고 건의하였다. 또한 ICAO에서 지나치게 정치적인 발언을 하는 경우 오히려 역효과가 있으므로 기술적 회의의 성격에 맞도록 동 사

55 연설의 핵심은 다음과 같다. 첫째, 북한의 KAL기 폭파 테러는 세계인권선언 등 인권 관계 제반 국제 협약상의 생명권 침해 행위로서 강력히 규탄받아 마땅함. 둘째, 북한의 테러 행위 재발 방지를 위한 국제사회의 공동 노력을 촉구함. 외교문서, 분류번호: 701『대한항공(KAL) 858기 폭파사건: 대국제기구 조치, 1988. 전4권. V.4 제44차 UN인권위원회 (1988.2.20.-3.29)』.

건을 거론하면서 간접적으로 북한을 최대한 규탄하는 방향으로 추진해야 한다고 건의하였다. 외무부는 Kotaite 의장의 건의에 따라 ICAO 문제제기 기본전략을 세웠다.

외무부는 우선 국제민간항공기구 주관 "항공법에 관한 국제회의"에서 본 사건을 언급하기로 결정하였다. 주캐나다대사는 항공법회의 의제와 관련지어 KAL 858기 사건을 언급하고 앞으로 계속 토의 필요성을 강조하는 정도의 발언을 한다면 사무총장의 보고서와 함께 이사회 회의에서 동건 결의안 채택을 성사시키는 데 효과적일 것이라고 보았다. 이에 따라 최광수 장관은 동 회의가 공항에서의 불법적 폭력행위의 억제를 위한 의정서의 채택회의로서 회의의 목적과 의정서의 대상이 한정된 법률적, 기술적 회의인 점에 유의하여 기조연설과 예방조치에 관한 의제 토의를 대북 규탄의 계기로 활용하되 회의 의제와 관련시켜 언급해야 한다고 보았다. 다만 항공법회의에서는 관련 결의문 채택이나 타 국가의 동조 발언 요청 등은 추진하지 않기로 결정했다.[56]

1월 26일 주몬트리올 총영사는 회의에서 동 사건에 대한 주목을 끌기 위해서는 한국 대표가 첫 번째 발언자로 기조연설을 하는 방안이 효과가 좋을 것으로 판단하여 이를 ICAO 법률국장에게 요청하였다. 이에 ICAO 법률국장은 관례상 회의 주최국인 캐나다 교통장관이 첫 번째 발언자가 되어왔음을 알려주면서 한국 대표가 동 장관 다음의 발언자가 될 수 있도록 유념하겠다고 약속했다. 한

56 외무부는 미국, 일본, 캐나다 등 우방국과 이라크, UAE, 바레인 등 사건 관련국의 대북 규탄 발언 교섭을 진행하려 했으나 미국 등 관계국들이 회의 성격상 동 사건 규탄 문제를 제기하는 것은 적절치 않다는 의견을 제기한 것으로 드러났다.

편, 이 경우 한국 대표의 북한 규탄 발언에 대하여 많은 여타 대표들이 동조하지 않는다면 오히려 역효과가 있을 우려가 있는바, 많은 우방국 대표들로부터 사전 협조를 확보하는 것이 필요하다고 건의하였다. 외무부 차관 박쌍용은 ICAO 법률국장의 건의에 따라서 북한 만행을 강력히 규탄하는 성명을 발표한 국가들에 소재한 재외공관에 지지 발언 요청 임무를 하달하였다.[57] 2월 9일 한국 수석대표 박쌍용 외무차관은 기조연설을 통하여 KAL 858기 폭파사건이 금번 회의 의제와 관련이 있음을 설명하고 북한의 만행을 규탄하였다.[58] 한국 측의 연설에 미국, 스웨덴, 영국, 오스트리아, 서독, 칠레, 코스타리카 등 국가들은 지지발언을 덧붙였다.

항공법회의 이후, 외무부는 ICAO 이사회에 본 사건을 제기하여 본격적으로 대북 규탄을 적극 추진할 방침을 시행하였다. 2월 4일 외무부는 주캐나다대사에게 ICAO 이사회에서 KAL 858기 폭파사건을 별도 의제로 상정하는 문제를 이사회 의장과 협의하도록 지시하였다. 이에 주캐나다대사는 2월 8일 Kotaite ICAO 이사회 의장 앞 공한으로 제123차 ICAO 이사회에서 KAL 858기 폭파사건을 토의하고 동 이사회에 한국이 옵서버로 참석할 수 있도록 협

57 교섭 임무를 하달한 재외공관 명단은 다음과 같다. 미국, 영국, 서독, 스웨덴, 싱가포르, 뉴질랜드, 피지, 파푸아뉴기니, 덴마크, 콜롬비아, 노르웨이, 터키, 칠레, 코스타리카, 과테말라, 라이베리아.

58 연설문 요지는 다음과 같다. 국제공항에서의 불법행위 억제를 위한 의정서 채택의의 언급, 한국은 원칙적으로 동 의정서 안을 수락함; 국제공항 및 민간항공기에 대한 테러사례로서 김포공항 폭파사건 및 KAL 858기 폭파 사건을 소개, 국제공항에서의 안전이라는 회의 의제와 관련하여 북한의 만행을 규탄함; KAL 폭파 사건 시, 국제공항에서의 폭력행위의 예방조치에 관한 제안을 지지함; 국제사회의 일치된 노력 없이는 효과적인 테러행위 억제가 불가능함을 역설함.

조하여 줄 것을 요청했다. 2월 17일 외무부는 KAL 858기 폭파사건의 별도의제 채택을 위한 ICAO 이사회 심의에 대비하여 소련, 중국, 체코, 탄자니아, 쿠바를 제외한 28개 ICAO 이사국 주재 공관에 이사국들의 별도의제 채택 지지 확보 교섭을 진행할 것을 통보하였다. 아울러 이사회에서 동 사건 토의 시 한국의 지지발언 및 결의안 채택을 위한 협조를 요청하도록 지시하였다.

2월 29일 '제123차 국제민간항공기구(ICAO) 이사회 3차 회의'는 KAL 858기 폭파사건을 별도 안건으로 정하고, 의제로 채택할지 여부를 논의했다. 당시 회의에서 소련, 체코, 쿠바, 중국 등 4개국은 의제가 한 국가나 다른 국가를 규탄하기 위한 정치적 내용의 성격을 갖고 있으며 사건의 기술적 원인이 완전히 밝혀지지 않은 상황에서 별도 의제 채택을 반대했다. 하지만 다수 이사국의 찬성 하에 무투표로 별도 의제 채택을 결정했다. ICAO 측은 3월 21일 남북한 옵저버 대표의 참석 하에 본 의제를 본격적으로 토의하기로 했다. 얼마 후 외무부는 ICAO 이사회에 KAL 858기 폭파사건 결의안을 제출하기로 결정하고 소련, 중국, 체코, 탄자니아, 쿠바를 제외한 28개 이사국 주재 공관에 한국 결의안에 대한 주재국의 지지확보 교섭을 시행하도록 지시하였다. 외무부는 절대다수 이사국 지지확보를 통한 무투표 채택 또는 압도적인 다수표로 동 결의안이 채택될 것을 목표로 하였으며, 이사국 중 우방국 주재 공관에 대해서는 주재국이 공동제안국으로 참여해줄 것을 요청하도록 지시하였다. 이에 서방 11개국을 포함해 다수 이사국들이 한국을 지지하는 의사를 표명했다. 당시 한국은 옵서버로 결의안 제출권이 없어 캐나다 정부와 긴밀하게 협의했으며, 미국과 일본에 대해서는 공동제안국 확보를 위한 적극적인 주선을 요청한 것으로 드러났다.

3월 21일부터 25일, ICAO 제123차 이사회는 한국의 요청에 따라 KAL 858기 사건을 토의한 후, 폭파테러행위를 규탄하는 결의안을 만장일치로 채택하였다.[59] ICAO 이사회 의장은 공산권 이사국들의 반대를 의식하여 결의안 채택에 대해 동조하지 않았으나, 한국의 설득 하에 서방이사국 공동명의로 결의안을 상정하였다. 한국은 소련의 결의안 상정 반대에도 불구하고 비동맹이사국 교섭에 적극적으로 임한 결과, 다수 국가의 지지 확보가 가능해진 것이다. 압도적인 다수 이사국의 지지가 확보되자 소련도 더 이상의 반대는 효력이 없다고 판단하여 전원일치 채택방식을 묵인하였던 것으로 드러났다. KAL 858기 폭파사건 관련 토의에서 33개 ICAO 이사국 중 23개국이 테러 규탄 발언을 하였고, 중국은 중립적인 입장을 견지하였으나, 소련, 쿠바, 체코, 탄자니아 등 4개국 등은 북한을 비호하였다.

3) 목표의 전환에 따른 대북 규탄 외교전 마무리

3월 4일까지 총 74개 국가가 KAL 858기 폭파사건 관련 규탄성명을 발표한다. 그중 21개 국가는 북한을 지칭하여 직접적으로 규탄하였고, 11개 국가는 성명문에 북한을 지칭은 했으나, 우회적, 간

59 결의안에서는 북한을 직접적으로 거론하여 규탄하거나 동 사건의 수사결과를 강조하여 언급하지는 않았다. 왜냐하면 이사회에서 결의안을 통과시키려면 각 이사국들의 지지확보가 필요했기에 최대한 ICAO의 기술적인 측면에 입각하여 정치적 색채를 제거한 내용으로 결의안을 작성한 것이다.

접적으로 규탄하였으며, 42개 국가는 북한을 지칭하지 않고 모든 형태의 국제 테러행위를 규탄하였다.[60] 한국 정부는 규탄성명을 발표하지 않은 국가들이 대부분 공산권 진영의 아프리카 국가들과 중동 국가들이었던 점에 비추어 이들 국가는 대북관계 또는 공산 강대국과의 관계를 고려하여 앞으로도 규탄성명을 발표할 가능성이 희박하다고 보았다.[61] 따라서 한국이 계속 규탄 교섭을 전개하는 것은 실익이 없을 뿐더러 공산권 국가들과의 관계를 악화시킬 수 있기에 개별 국가에 대한 규탄 발표 교섭은 이쯤에서 정리하는 것이 합당하다고 판단하였다.

3월 26일까지 총 9개 국제기구에서 KAL 858기 폭파사건에 대하여 규탄성명을 발표하거나 결의문을 채택한다.[62] 외무부는 ICAO 이사회 결의안 채택에 관한 청와대 보고에서 "그동안 KAL 858기 폭파사건의 대북 응징 외교조치는 기대치에 부응하는 성과를 거두었다고 판단되며, 향후 남북관계를 고려하여 국제기구를 통한 대북규탄은 현시점에서 일단락하는 것이 바람직하다"는 의견을 제기한다.[63] 최광수 장관도 이쯤에서 규탄 교섭을 마무리하는

60 외교문서, 분류번호: 701 『대한항공(KAL) 858기 폭파사건: 재외공관에 대한 조치, 1988. 전3권. V.1 북한 공개 규탄 교섭』.

61 규탄성명을 발표하지 않은 국가는 대부분 공산권 진영의 아프리카 국가들과 중동 국가들이었다.

62 규탄 결의문을 채택한 국제기구는 태평양지역관광협회(PATA), 아시아태평양변호사협회(APLA), 국제민간항공기구(ICAO) 등이고 규탄성명을 발표한 국제기구는 국제항공운송협회(IATA), 국제항공관제사협회연맹(IFATCA), 국제자유노조연맹(ICFTU), 국제항공연맹(FAI), 국제조종사연맹(IFALPA), 국제민간공항협회(ICAA) 등이 있다.

63 외교문서, 분류번호: 701 『대한항공(KAL) 858기 폭파사건: 청와대 보고, 1987-88』.

것이 시의적절하다고 보았고, 각 부처에 해당 사항을 통보하였다. 이로써 애초에 계획했던 국제의회연맹(IPU) 총회와 서방 7개국 정상회담에서의 규탄 방안은 적극적으로 추진하지 않기로 했으며, 양자적 교섭을 포함한 대북 규탄 외교 교섭을 일단락하기로 결정한다.

3. 폴리휴리스틱 모델을 통한 해석

1) 목표 확정 요인: 강력한 북한 테러리즘 규탄 효과 추구

KAL 858기 폭파사건이 북한의 소행임을 확신한 후 한국 정부는 국제사회에서의 강력한 대북 규탄 효과를 얻기 위해 이에 상응하는 응징책을 마련하는 데 착수한다. 1988년 1월 15일 수사 결과 발표 후 외무부는 본격적으로 외교 교섭을 통하여 각 우방국에서 북한의 행위를 강력히 규탄하고 그 책임의 소재를 분명히 해줄 것을 요구한다. 나아가 국제사회에서 이와 같은 테러행위를 엄중히 경고하도록 촉구하는 것을 대북 규탄 응징책의 주요 방침으로 제정한다.

폴리휴리스틱 모델에 의하면 의사결정자는 의사결정과정의 제1단계에서 '인지적 지름길'을 통하여 정책 대안을 마련한다. 즉 정부가 가장 중요하게 인식하는 차원에서 가장 유리한 대안을 선호하는 것이다. 당시 한국의 외교 목적은 주로 안전보장, 경제적 번영, 국민 복지 향상, 남북통일, 국제적 지위 향상과 위신의 증대, 국제평화의 추구 등이었는데, 그중에서도 제1순위는 단연 국가의 안전을 보장하는 것이었다(이범준·김의곤 1993, 11-17). 그러므로 1980년대에 절정을 찍었던 북한의 대남 테러리즘은 한국의 외교정책 영역에서 가장 위협적인 요소 중 하나였던 것이다. 이와 같은 관점에 의하면 한국 정부가 북한의 도발에 강력한 응징책을 촉구한 것은 가장 직관적인 결정을 한 것이며, 정부의 입장에서 가장 만족스러운 선택이었을 것이다.

2) 실행수단 변화 요인: 서울올림픽 대외안보환경 고려

폴리휴리스틱 모델의 두 번째 단계에서 의사결정자는 여러 가지 대안들 중 이익 극대화, 위험 최소화 원칙을 적용하여 대책방안을 선택한다. 한국 정부는 KAL 858기 폭파사건 대책방안 논의 초기에 중국과 소련으로 하여금 북한에 영향력을 행사하도록 요청하는 방안을 고려했으나, 당시 161개국이 서울올림픽에 참가하려는 의사를 표명하였기에 올림픽의 성공적인 개최를 위해서도 공산권 국가들에게 큰 부담을 줄 필요는 없다고 판단하였다. 한국 정부의 입장에서 북한을 극도로 궁지에 몰아넣을 경우 북한이 테러 이 외에는 다른 방법이 없다는 인식을 갖게 되는 것은 장기적 안목에서 볼 때 남북대화의 재개 전망과 관련하여 부정적인 효과를 가져 올 뿐만 아니라 신정부의 북방정책 수행에도 부담을 줄 염려가 있었기 때문이다. 또한 중국과 소련이 동 사건과 관련하여 가급적으로 북한과 거리를 두고 지지하지 않으려고 하는데 오히려 한국 측이 이들로 하여금 공개적으로 북한을 지지하지 않을 수 없도록 자극하는 조치는 취하지 않는 것이 좋을 것이라고 보았다.

또 다른 측면에서, 본 연구는 한 국가의 외교정책이 국내정치 세력들 간의 갈등과 홍정으로 인해 나타난 결과지만, 국제안보체

계라는 초국가적 행위자에 의해 영향을 받는다는 시사점을 제공한다. 외교정책을 결정하는 다양한 요소들, 즉 개인변수, 역할 변수, 국가 및 정부 변수, 사회변수에 못지않게 중요한 것은 국제체제 혹은 국제정치의 변수이다. 특히 약소국인 경우 국내 변수보다 국제체제 변수의 영향력은 압도적이라고 볼 수 있다(Gourevitch 1978). 한국 정부가 강경한 대북 응징책을 촉구하는 방침으로부터 상황에 따라서 실행방안을 조정하는 데에 이르기까지의 목표 변화는 당시 국제체제의 동서진영 간 화해모드 영향을 많이 받은 것으로 해석할 수 있다. 특히 외무부가 동 사건 관련 유엔 안보리 결의안을 상정하는 대안에 대해 끝까지 고민했으나 결국 고사한 이유도 애초에는 강경한 태도를 고수하려 했지만 동구권 국가와의 관계를 처리하는 측면에서 어긋나는 부분이 있었기 때문에 불가피하게 기존의 선호를 바꾼 것이다. ICAO 이사회 결의안 상정을 끝으로 사실상 대북 규탄 외교 교섭을 마무리했던 원인 역시 동서 간 '화해의 창' 역할을 하는 서울올림픽에 문제가 생길 경우를 사전 차단하기 위해서다.

IV 결론

본 연구는 한국 정부가 KAL 858기 폭파사건을 일으킨 장본인이 북한이라는 것을 확신한 후 이에 대응하기 위해 취한 일련의 조치를 살펴봄으로써, 냉전시기의 한국이 외교 분야에서 강대국의 힘에 압도되어 수동적인 모습을 보였다는 주장과 달리, 외교적으로

특유의 능동적인 전략을 실천하였던 측면에 주목하였다.

한국 정부는 KAL 858기 폭파사건에 대응하기 위해 다면적인 외교를 펼쳤다. 첫째, 북한공작요원으로 짐작되는 사건 혐의자 김현희가 발견되자, 한국 정부는 김현희를 바레인으로부터 확보하여 대통령 선거에서 여당 노태우 후보에 유리한 여론 조성을 위해 총력을 기울였다. 한국 정부는 김현희를 총선 전에 확보해야 한다는 일관된 목표를 달성하기 위해 여러 가지 실행수단을 혼합하여 사용하였다. 둘째, 동 사건이 북한 테러 소행임을 공식 발표한 후 한국 정부는 한편으로는 동 사건을 통하여 북한을 규탄하는 국제적 분위기가 확산되기를 원했고, 다른 한편으로는 서울올림픽을 앞두고 북한에 대한 규탄 분위기가 오랫동안 지속되는 것을 원치 않았다. 이에 처음에는 강력한 대북 규탄 대응책을 축구했지만 이내 실행방안을 조정하여 외교 교섭을 적정선에서 마무리한 것이다. 한국의 외교정책결정자들은 자신들의 정치적 정당성의 상당 부분을 북한과의 체제 간 갈등에서의 우위의 유지에서 찾아왔다. 그러나 이러한 갈등이 장기간 지속됨에 따라 한국 정부는 그것이 지나치게 첨예화되거나 군사적 충돌로 비화되지 않도록 관리하고, 더 나아가 그 평화적 해소방안도 동시에 모색해야 하는 과제를 안게 되었다. 때문에 KAL 858기 폭파사건 대북 규탄 실행방안을 결정함에 있어서 강력한 규탄 효과 확보 및 외교적 환경 안정화라는 상호대립의 여지가 큰 외교 목표 간의 조화를 이루어내야 하는 난제를 안게 된 것이다.

본고는 지금까지 외교정책연구 분야에서 논의된 적 없었던 KAL 858기 폭파사건을 1980년대 한국 정부의 북한 테러리즘 대응전략의 단일 사례로 연구함으로써 기존연구의 공백을 채우는 데 의미를 두었으며, 새로운 기밀해제 외교문서를 통하여 사건을 보다 구체화, 세분화하여 해석하는 데 치중하였다. 또한 한국 정부의 KAL 858기 폭파사건 대응 과정이 길고 복잡한 점을 감안하여, 이를 해석함에 있어서 체계적으로 '왜' 및 '어떻게'를 파헤칠 수 있는 폴리휴리스틱 모델을 적용하였다. 이로써 한국 정부의 의사결정 절차가 확정된 것이 아니라, 결정자들의 목적이나 결정자들이 활동하는 영역, 상황적 제약 등 변수들로 인해 다양하게 변화하는 양상을 고찰할 수 있었다. 끝으로 본 연구의 후속과제로서 한국 대북정책 및 외교정책의 시스템 전반에 대한 연구 및 정부의 정책결정 과정 속에서 확인할 수 있는 동태적이고 역동적인 부분에 대한 더욱 구체적인 접근이 필요하다. 더 나아가서 한국외교정책을 이론화하고 모델화하는 다양한 작업이 진행되어야 할 것이다.

참고문헌

1. 1차 자료

1) 한국 문서

외교문서, 분류번호: 701 『대한항공(KAL) 858기 폭파사건: 사고조사 및 원인규명, 1987-1988. 전6권』, 외교통상부.
외교문서, 분류번호: 701 『대한항공(KAL) 858기 폭파사건: 대국제기구 조치, 1988. 전4권』, 외교통상부.
외교문서, 분류번호: 701 『대한항공(KAL) 858기 폭파사건: UN 안보리 제기 교섭, 1988. 전6권』, 외교통상부.
외교문서, 분류번호: 701 『대한항공(KAL) 858기 폭파사건: UN 안보리 대책 및 조치, 1987-88. 전6권』, 외교통상부.
외교문서, 분류번호: 701 『대한항공(KAL) 858기 폭파사건: 국별반응 및 대북한 대응조치 교섭(구주지역), 1987-88. 전5권. V.5 보고자료 및 구주 각국반응(종합)』, 외교통상부.
외교문서, 분류번호: 701 『대한항공(KAL) 858기 폭파사건: 국별반응 및 대북한 대응조치 교섭(아주지역), 1987-88. 전2권』, 외교통상부.
외교문서, 분류번호: 701 『대한항공(KAL) 858기 폭파사건: 국별 반응 및 대북한 대응조치 교섭(미국), 1987-88. 전2권. V.2 1988.1.16.-1988.3월』, 외교통상부.
외교문서, 분류번호: 701 『대한항공(KAL) 858기 폭파사건: 국별 반응 및 대북한 대응조치 교섭(일본), 1987-88. 전2권』, 외교통상부.
외교문서, 분류번호: 701 『대한항공(KAL) 858기 폭파사건: 일일보고 및 일지, 1987』, 외교통상부.
외교문서, 분류번호: 701 『대한항공(KAL) 858기 폭파사건: 재외공관에 대한 조치, 1988. 전3권』, 외교통상부.
외교문서, 분류번호: 701 『대한항공(KAL) 858기 폭파사건: 청와대 보고, 1987-88』, 외교통상부.
외교문서, 분류번호: 701 『대한항공(KAL) 858기 폭파사건: 아측 홍보활동 및 각국 언론보도, 1988. 전3권』, 외교통상부.

국회회의록. 1988.1.19. 제12대국회 제138회 제2차 국회본회의.
국회회의록. 1988.1.28. 제12대국회 제138회 제5차 국회본회의.

2) 유엔 안보리 문서

United Nations Security Council, S/PV. 2792. *"Provisional verbatim record of the 2792nd meeting, held at Headquarters, New York, on Wednesday, 17 February 1988 : Security Council."*

United Nations Security Council, S/PV. 2791. *"Provisional verbatim record of the 2791st meeting, held at Headquarters, New York, on Tuesday, 16 February 1988 : Security Council."*

United Nations Security Council, S/19488. *"Note / by the President of the Security Council."*

United Nations Security Council, S/19489. *"Note / by the President of the Security Council."*

United Nations Security Council, S/19492. *"Note / by the President of the Security Council."*

3) 기타 자료

『동아일보』

『경향신문』

『조선일보』

2. 2차 자료

1) 단행본

김성익. 1992. 『전두환 육성증언, 1986.1.20~1988.2.24: 5공 청와대 통치 기록 담당자가 공개하는 격동기 대통령의 생생한 현장실토』. 서울: 조선일보사.

박수길·이서항. 2014. 『한국 외교와 외교관: 박수길 전 주UN대사=Korea National Diplomatic Academy』. 서울: 국립외교원.

배종윤. 2006. 『한국 외교정책의 새로운 이해: 외교정책 결정과정과 관료』. 파주: 한국학술정보.

이범준·김의곤. 1993. 『한국외교정책론: 이론과 실제』. 서울: 法文社.

Geva, Nehemia and Alex Mintz. 1997. *Decisionmaking on war and peace: the cognitive-rational debate*. Boulder, Colo.: Lynne Rienner Publishers.

Hermann, Charles F., Charles W. Kegley, James N. Rosenau. 1986. *New Directions in the Study of Foreign Policy*. Boston: Allen & Unwin,.

2) 학술논문

강창국. 2010. "6·25전쟁 이후 북한 대남도발 현황과 과제-연대별·집권정부별 사례를 중심으로." 『군사』 (75): 295-330.

김태준. 2002. "북한의 테러와 테러리즘." 『국방연구』 45(1): 193-227.

박기주. 2010. "북한의 테러리즘 양상과 대응방안." 『경찰논총』 5(2): 125 - 158.

이정진. 2003. "대북정책 결정과정에 나타난 대통령과 여론의 영향력 변화." 『국제정치논총』 43(1): 253-273.

평화문제연구소. 1988. "KAL기(機) 폭파 북한(北韓) 공작원 김현희(金賢姬) 자필(自筆) 진술서 전문(全文)." 『통일한국』 50: 28.

Gourevitch, Peter. 1978. "The Second Image Reversed: The International Sources of Domestic Politics." *International Organization* 32(4), 881-912.

Mintz, Alex. 1993. "The Decision to Attack Iraq : A Noncompensatory Theory of Decision Making." *Journal of Conflict Resolution* 37(4), 595-618.

______. 2004. "How Do Leaders Make Decisions?: A Poliheuristic Perspective." *Journal of Conflict Resolution* 48(1), 3-13.

______. 2005. "Applied Decision Analysis: Utilizing Poliheuristic Theory to Explain and Predict Foreign Policy and National Security Decisions." *International Studies Perspectives* 6(1), 94-98.

Mintz, Alex., Nehemia Geva, Steven B. Redd and Amy Carnes. 1997. "The Effect of Dynamic and Static Choice Sets on Political Decison Making: An Analysis Using the Decision Board Platform." *American Political Science Review* 91(3), 553-566.

필자 소개

최형화 CUI, XINHUA

지린 대학(Jilin University) 행정학원(Department of political science and public administration) 국제정치학과 졸업, 서울대학교 외교학 석사

이메일 cuixinhua55@snu.ac.kr

세계정치 시리즈

1권 주권과 국제관계

국가 주권의 재성찰 · 전재성 | 탈냉전기 세계질서와 국가주권 · 김명섭 | 근대한국의 주권개념의 수용과 적용 · 정용화 | 현대한국과 국가주권 · 마상윤 | 근대 주권 개념의 발전과정 · 박상섭 | 주권과 국제관계이론 · 이혜정

2권 개념도입사

변화하는 세계와 개념사 · 하영선 | 근대 한국의 주권 개념 · 신욱희 | 근대 한국의 부국강병 개념 · 김영호 | 근대 한국의 세력 균형 개념 · 장인성 | 근대 한국의 민주주의 개념 · 김용직 | 근대 한국의 경제 개념 · 손열

3권 세계정치와 제국

왜 지금 제국인가 · 박지향 | 네그리와 하트의 제국론 · 안병진 | 미국헤게모니의 쇠퇴와 제국 · 백승욱 | 제국의 관점에서 바라본 미국의 군사안보 전략과 21세기 국제정치 · 이수형 | 정보화시대의 제국 · 김상배 | 제국에서 근대국가로 · 최갑수 | 로마 제국 · 김경현

4권 세계정치와 동아시아 공간

한국의 동아시아론과 동아시아 정체성 · 장인성 | 동북아 지역혁신체제 · 배영자 | 동아시아 냉전체제하 냉전국가의 탄생과 변형 · 남기정 | 동아시아 공간 인식에 있어 해양과 대륙 · 이철호 | 대동아공영권 구상에서의 '지역'과 '세계' · 임성모 | 청(淸)의 무(武)전통과 근대 동아시아 안보공간 · 강동국 | 동북아시아의 국가형성과 문화적 변수 · 홍성민

5권 세계정치와 동아시아 안보구상

탈냉전시대의 안보개념 확대 · 민병원 | 동아시아 인간안보와 글로벌 거버넌스 · 이신화 | 세계정치와 동북아 안보 · 박인휘 | 문화상대주의, 주권원칙과 북한 인권 · 김수암 | 안보 패러다임의 변화와 한미동맹 재조정 · 김영호

6권 자유무역협정의 정치경제

자유무역협정 · 윤영관 | 자유주의의 새로운 흐름 · 문돈 | 자유무역협정의 국내정치경제 · 김석우 | 한국의 FTA 추진의 국제정치경제 · 손열 | 한국의 FTA 정책과 이익집단 정치 · 최태욱 | 협상이론 측면에서 본 한국의 FTA 협상 분석 · 양기웅 | 한미 FTA의 정치경제 · 이근

7권 문화와 국제정치

국제관계를 문화로 본다 · 히라노 겐이치로 | 문화와 권력 · 최정운 | 소프트파워의 세계정치 · 박의경 | 세계화와 문화 · 박길성 | 동아시아 지역주의와 문화 · 김봉진 | 민족주의와 문화 · 신범식 | 한류의 매력과 동아시아 문화네트워크 · 김상배

8권 이승만과 제1공화국

홍보, 선전, 독재자의 이미지관리 · 정용욱 | 현실주의 시각에서 본 이승만의 반공노선 · 홍용표 | 부산정치파동과 국가보안법파동에 대한 미국의 개입 비교 · 이철순 | 한국 정권교체의 국제정치 · 이완범 | 이승만 정부의 산업정책과 렌트추구 그리고 경제발전 · 김일영 | 한국전쟁 이후 이승만 정부의 경제부흥전략 · 박태균

9권 지식네트워크의 세계정치

지식네트워크의 세계정치 · 김상배 | 기술지식 네트워크의 세계정치 · 김웅희 | 지식과 지구 생산 네트워크 · 이승주 | 정책지식 네트워크의 세계정치 · 박인휘 | 정부 네트워크와 지식네트워크 · 조동준 | 글로벌 시민지식 네트워크 · 정연정 | 지구환경정치와 지식네트워크 · 신상범

10권 국제사회론과 동아시아

동아시아 국제사회론을 찾아서 · 장인성 | 영국학파의 국제사회론 · 마상윤 | 동아시아 국제이론의 모색 · 신욱희 | 구한말 한국 지식인의 '국제사회' 인식의 유형과 특성 · 김현철 | 한일회담시기 한일 양국의 국제사회 인식 · 남기정 | 동아시아의 경합하는 국제사회 구상 · 손열

11권 안보위협과 중소국의 선택

안보위협에 대처하는 중소국의 선택 · 조동준 | 멕시코의 자주외교정책 · 강경희 | 양차대전 시기 체코슬로바키아의 안보전략과 외교정책 · 김신규 | 핀란드의 편승적 중립정책 · 김진호 | 양극 세력 균형 체제(냉전)하에서 중소국의 외교적 선택 · 김철민 | 태국의 외교정책 · 이동윤

12권 동아시아 전통지역질서

동아시아 전통질서 연구의 현황과 과제 · 전재성 | 동아시아 국제관계와 화이유교규범의 변화 · 신봉수 | 원명교체, 명청교체와 한반도 · 한명기 | 홍대용 연행록의 대외관 · 김봉진 | 조선통신사의 역사적 상징성 검토 · 손승철 | 1884년 '의제 개혁'에 대한 정치적 독해 · 강상규

13권 탈사회주의 체제전환 20년

탈공산체제 이행과 민주주의 공고화 · 김연규 | 탈사회주의 체제전환의 정치경제와 비교정치 · 한병진 | 탈사회주의 권위주의 정권의 개혁저항 · 김태환 | 탈공산주의 체제전환기 국가와 시민사회 · 박수헌 | 탈사회주의 체제전환기 동유럽 선거민주주의와 정당정치 · 진승권 | 탈사회주의 시장경제 건설 · 김영진

14권 데탕트와 박정희

박정희 정부 시기 한국 주도의 동아시아 지역 집단 안전보장 체제 구상과 좌절 · 박태균 | 데탕트와 박정희의 전략적 대응 · 신욱희 | 미국의 대한정책 1974-1975 · 박원곤 | 데탕트의 위험과 기회 · 마상윤 | 박정희의 중화학공업과 방위산업 정책 · 류상영 | 일본 모델에서 한국적 혁신으로 · 니시노 준야

15권 글로벌 금융위기와 동아시아

글로벌 금융위기와 동아시아의 대응 · 이승주 | 글로벌 금융위기 이후 동아시아 금융통화협력 · 이왕휘 | 글로벌 금융위기와 동아시아 금융협력 · 이용욱 | 글로벌 금융위기와 동아시아 무역체제 · 문돈 | 동북아의 내수중시경제로의 전환 · 최태욱 | 글로벌 금융위기와 개발협력 · 강선주

16권 남북한 관계와 국제정치 이론

국제정치의 복합조직원리론으로 분석하는 남북 관계 · 전재성 | 남북 관계와 바라봄의 정치 · 정영철 |남북한 관계의 국제정치학 · 황지환 | 세력전이와 남북 관계의 변화에 대한 고찰 · 우승지 | 남북한 한반도 정치와 강대국 동맹정치 간의 연계성 분석 · 이수형 | 국내정치와 남북한 관계 · 임수호 | 분쟁 후 인간안보와 남북 관계 · 서보혁

17권 동아시아에서 정책의 이전과 확산

정책의 혁신과 확산, 그리고 변형 · 유은하 | 중국에서의 환경정책 도입 및 확산의 실패와 한계 · 조정원 |동아시아 이동통신 기술표준의 확산 · 김웅희 | 분권화 개혁론의 일본적 변용 · 이정환 | 지방자치시대의 정책혁신의 확산 · 김대진, 안빛 | 한국 복지국가 형성에서 정책이전의 역할 · 최영준, 곽숙영

18권 커뮤니케이션 세계정치

냉전과 인터넷 커뮤니케이션의 구조 · 최인호 | ICT 교역의 글로벌 거버넌스 · 강하연 | 전자정부와 정부개혁 · 정종필, 손붕 | 문화 간 커뮤니케이션과 세계정치 · 김범수 | 국제정치경제의 변화와 미디어 지구화론 · 문상현 | 중국과 한국의 사이버민족주의 비교연구 서언 · 서이종, 탕레이 | 커뮤니케이션, 초국가적 공론장, 그리고 초국가적 연대 · 신기영

19권 젠더와 세계정치

페미니즘 안보연구의 기원, 주장 그리고 분석 · 황영주 | 여성, 평화, 안보의 국제규범 형성과 확산 · 강윤희 | 국제 여성인권운동과 여성인권의 지역적 실천 · 허민숙 | 개발협력과 젠더 · 임은미 | 다문화주의와 여성 · 문경희 | 국제 이주와 여성 · 이지영 | 베트남과 필리핀의 결혼이주 관련 정책 연구 · 위선주

20권 국제정치학 방법론의 다원성

이론, 방법 그리고 방법론 · 이왕휘 | 탈실증주의 국제정치학 인식론의 모색 · 전재성 | '국제안보연구' 방법론 고찰 · 박재적 | 외교정책 설명과 방법론 · 은용수 | 세력 균형에서 협조 체제로 · 안두환 | 구성주의 국제정치경제 · 이용욱

21권 동아시아의 보편성과 특수성

아시아 패러독스? · 정성철 | 동아시아 지역무역협정 체결의 발전과 특징 · 유웅조 | 글로벌 셰일혁명과 동아시아 에너지시장/지정학 변화 · 김연규 | 환경정책 통일화의 지역성: 동아시아를 중심으로 · 임시정 | 동아시아 인권의 보편성과 상대성 · 송영훈 | 동아시아 역내문제 해결방식의 특수성 · 조동준

22권 글로벌 냉전의 지역적 특성

유럽 냉전의 개요 · 이동기 | 글로벌 냉전과 동북아시아 · 마상윤 | 냉전의 동남아시아적 전개 · 조양현 | 중동 냉전의 역사와 지역적 특성 · 김강석 | 지역적 맥락에서의 아프리카 냉전 사례 · 변웅 | 라틴아메리카의 '뜨거운 냉전' · 박구병

23권 에너지 국제정치의 변환과 동북아시아

셰일혁명과 신국제 에너지 질서 · 김연규 | 중동 에너지 수출국들의 셰일혁명에 대한 대응 전략 · 이성규 · 윤익중 | 북미 셰일혁명과 동북아시아의 대응 · 이재승 | 중국의 에너지 전략과 국제정치 · 이태환 | 러시아의 에너지 동방정책과 동북아 국가들의 대응 · 신범식 | 동북아 에너지 안보의 지형 변화와 한국의 에너지 외교 · 김성진

24권 개발협력의 세계정치

글로벌 분배적 정의의 관점에서 본 해외원조의 윤리적 토대 · 박성우 | 국제개발협력의 기원과 구조적 변화 · 윤익중 | 국제개발협력 레짐 변천사 · 김지영 | 국제개발협력 거대담론으로부터의 탈출 · 김부열 | 일본 정부개발원조의 보편주의적 이상과 특수주의적 현실 · 이정환 | 중국식 개발원조의 등장 · 여유경

25권 국제정치사상 다원적 접근과 보편적 교훈

플라톤의 〈국가〉에 나타난 국제정치사상 · 박성우 | 위기의 국제정치사상 · 김준석 | 스피노자에게 국제정치사상이 있을까? · 공진성 | 홉스를 넘어서 홉스로 · 안두환 | 영원한 평화와 국제법의 집행 · 송지우 | 국제정치이론으로서 헤겔의 인정이론 · 김동하

26권 복잡성과 복합성의 세계정치

체제, 관계, 복잡성/복합성, 삼각관계 · 신욱희 | 국제정치와 시스템이론 · 민병원 | 동북아의 불완전한 주권국가들과 복합적 무정부상태 · 전재성 | "상시적 망각"과 "적극적 기억"의 국제정치학 · 은용수 | 국제안보 개념의 21세기적 변용 · 조은정 | 신체 없는 종(種)의 등장과 국제정치학 · 도종윤

27권 중국의 부상과 국내정치적 취약성

중국의 경제체제 · 왕윤종 | 중국의 대외협력 · 백우열 | 중국의 군사안보 · 이영학 | 중국의 정책과정 · 정주연 · 증 명 | 중국의 정보혁명 · 김진용 | 중국의 자원무기화 · 박선령

28권 4차 산업혁명론의 국제정치학 주요국의 담론과 전략, 제도

4차 산업혁명의 국제정치학 · 김상배 | 4차 산업혁명과 독일의 담론, 전략 그리고 제도 · 김주희 | 미국의 4차 산업혁명 담론과 전략, 제도 · 유인태 | 4차 산업혁명과 일본의 국가전략 · 이승주 | 중국의 4차 산업혁명 담론과 전략, 제도 · 차정미 | 4차 산업혁명의 한국적 담론과 대응전략 진단 · 윤정현

29권 감정의 세계, 정치

국제정치와 인간 본성 · 민병원 | 공감과 공동체적 삶 · 소병일 | 감정, 삶, 사회 · 하홍규 | 국제정치학 감정연구의 쟁점, 함의, 그리고 향배 · 은용수 · 용채영 | 감정으로 정치 보기 · 민희 | 한미동맹과 감정 · 이중구 | 북한 정치체제와 마음의 습속 · 김성경

30권 러시아와 세계정치

러-터 관계가 오스만제국의 정책 방향에 미친 영향 · 이은정 | '내년에는 예루살렘에서' · 최아영 | 아르메니아 민족국가 형성과 러시아, 1828-1991 · 강윤희 | 소비에트 정권의 중앙아시아 이슬람 정책의 변천과 그 영향 · 김태연 | 벨라루스 국가 정체성과 러시아와의 관계 · 김효섭 | 러시아와 이란의 조심스러운 동행 · 이주영

31권 기후변화와 세계정치

지구적 기후변화와 민주주의의 비선형성 · 이재현 | 기후소송의 국제 동향과 시사점 · 이혜경 | 한국 배출권 거래제도의 현황과 동북아 탄소시장의 통합 가능성 · 신상범 | 기후변화와 북한 · 한희진 | 파리협정 체결 이후 중국의 기후변화 외교와 대외협력 · 조정원 | 국가 전력시스템의 기후변화 적응역량 강화를 위한 정책방향 · 김성진 | 기후변화 취약성에 대한 인식과 도시 기후 적응 어젠다 · 이태동

32권 미국 국내정치와 외교정책

미국 국내정치와 외교정책 상관성 · 서정건 | 트럼프에 대한 또 다른 평가 · 김준석 | 부시 행정부의 '테러와의 전쟁' 외교정책 결정 연구 · 이수훈 | 미 의회의 양극화와 정당정치가 미국 군사·안보 정책에 미치는 영향 · 김주리 | 공화당 분파 간 세력 균형 변화가 트럼프 행정부의 대북 정책에 미치는 영향 · 권보람 | 트럼프 시대 미국인들의 외교정책 인식 · 하상응 | 예외주의의 종언? · 차태서

33권 규범의 국제정치

국제개발 규범의 형성과 확산 과정에 관한 연구 · 손혁상 | 반부패 규범의 내재화 주기 · 김유경 | 대인지뢰금지 규범의 생애주기 · 조동준 | 양심적 병역거부권 인정의 국제규범화 · 유영수 | 이주노동자 규범의 발전 과정 · 이병하 | 여성 연대와 열린 해석 · 황영주 | 이행기정의 규범의 생애주기 · 김헌준